Möglichkeiten einer Projektfinanzierung bei CSP-Vorhaben

SCHRIFTEN ZUR
EMPIRISCHEN WIRTSCHAFTSFORSCHUNG

Herausgegeben von Peter M. Schulze und Peter Winker

Band 20

PETER LANG
Frankfurt am Main · Berlin · Bern · Bruxelles · New York · Oxford · Wien

Jörg Böttcher

Möglichkeiten einer Projektfinanzierung bei CSP-Vorhaben

PETER LANG
Internationaler Verlag der Wissenschaften

Bibliografische Information der Deutschen Nationalbibliothek
Die Deutsche Nationalbibliothek verzeichnet diese Publikation in der Deutschen Nationalbibliografie; detaillierte bibliografische Daten sind im Internet über http://dnb.d-nb.de abrufbar.

Zugl.: Gießen, Univ., Diss., 2011

Gedruckt auf alterungsbeständigem,
säurefreiem Papier.

D 26
ISSN 1437-0697
ISBN 978-3-631-61566-9

www.peterlang.de

Vorwort

Weltweit sind Politik, Wirtschaft und Gesellschaft mit zwei krisenhaften Entwicklungen konfrontiert - der Finanz- und Wirtschaftskrise sowie dem globalen Klimawandel. Beide Krisen gehen an die Wurzeln der gegenwärtigen Gesellschafts- und Wirtschaftsstrukturen westlicher Prägung, haben erhebliche volkswirtschaftliche Auswirkungen und stellen die Frage nach einer Überwindung tradierter Strukturen. Während zum Teil beide Themen isoliert voneinander behandelt werden, gibt es gute Gründe für die Annahme, dass gerade der Umwelt- und Klimaschutz einen Beitrag zur Lösung der Finanz- und Wirtschaftskrise leisten kann.

Einerseits haben die zunächst abstrakten energiepolitischen Ziele einer sicheren, umweltverträglichen und preisgünstigen Energieversorgung etwa durch den Gasstreit zwischen Russland und der Ukraine, der intensiven und durch den STERN-Report angefeuerten Diskussion um den Klimawandel, dem DESERTEC-Vorhaben sowie den weltweit steigenden Energiepreisen eine ungeahnte Konkretisierung gefunden und die Erneuerbaren Energien in den Fokus der Betrachtung gerückt. Andererseits haben das weitgehende Scheitern des Klimagipfels in Kopenhagen und die Verhandlungshistorie des Klimagipfels von Cancún aber auch nochmals deutlich gemacht, dass ein konzertiertes Vorgehen zumindest aller wesentlichen Emittenten von Treibhausgasen wahrscheinlich eine Wunschvorstellung bleibt. Schon auf nationaler Ebene zeigt das energiepolitische Dreieck in offenen Gesellschaften ein Spannungsfeld auf, das bei Überleitung auf die internationale Ebene zu einem kaum lösbaren Gefangenendilemma führt. Diese Aspekte bilden die Leitplanken für das Aktionsfeld der nationalen, europäischen und internationalen Energiepolitik.

Löst man sich von der übergeordneten politischen Dimension der Erneuerbaren Energien und betrachtet ihre Teilsegmente, so stellt man fest, dass sie sich in unterschiedlichen Entwicklungsphasen befinden, was wiederum mit ihrer Marktintegration und politischen Förderung korrespondiert. Onshore-Windenergie, Photovoltaik-Kraftwerke und Wasserkraft sind mittlerweile etablierte Formen, während sich Offshore-Windenergie und solarthermische Kraftwerke in einer frühen Marktphase befinden. Angesichts der umfangreichen bereits getätigten Investitionen in die beiden letztgenannten Bereiche kann aber erwartet werden, dass auch sie vor einem deutlichen Marktwachstum stehen.

Bei all der Fach- und Medienpräsenz der Erneuerbaren Energien sind zwei Aspekte erstaunlich: Zum einen wird im Zusammenhang mit Erneuerbaren Energien nur sehr selten das Thema ihrer Finanzierung angesprochen. Stattdessen fokussiert sich die Diskussion zumeist auf ihre politischen, ökologischen und technischen Aspekte. Dies mag damit zusammenhängen, dass Vorhaben aus dem Bereich Erneuerbare Energien erst seit wenigen Jahren Größenordnungen erreicht haben, die ihre Finanzierung zu einem für viele Banken und andere Finanzintermediäre interessanten Geschäft machen und sich in einer jungen Branche gewisse Finanzierungsstandards erst etablieren müssen. Die Erfahrung zeigt, dass Erneuerbare Energien fast ausnahmslos in der Form einer Projektfinanzierung realisiert werden, sobald sie eine hinreichende Technikreife erreicht haben. Unternehmensfinanzierungen kommen hingegen dann zum Einsatz, wenn es sich um eine nicht erprobte Technologie handelt oder andere, gravierende Risikofaktoren bestehen, die den Einsatz einer Projektfinanzierung unmöglich machen. Die tatsächliche Bedeutung der Finanzierungsmethode Projektfinanzierung für die Erneuerbaren Energien ist hoch. Gleichzeitig reicht das Spektrum der Darstellungen zum Thema Projektfinanzierung von handlungsorientierten Managementempfehlungen bis hin zu eher theoretisch ausgerichteten Abhandlungen, die sich an Entstehungsgründen und Ausgestaltungen von Projektfinanzierungen abarbeiten.

Zum anderen erstaunt, dass angesichts des erheblichen Potentials des weltweiten solaren Strahlungsangebots lange Zeit die Realisierung von solarthermischen Kraftwerken praktisch keine Rolle gespielt hat. Dies hat sich in der öffentlichen Wahrnehmung erst mit der Vision des DESERTEC-Vorhabens geändert, das eine erhebliche Chance auf eine nachhaltige Energieversorgung und einen Wachstumspfad insbesondere für die Länder in der MENA-Region (MIDDLE EAST AND NORTH AFRICA) aufzeigt.

Beide Aspekte, die Realisierung von solarthermischen Kraftwerken und ihre Finanzierung, sind Thema dieser Arbeit. Wir wollen im Folgenden prüfen, ob und inwieweit konzentrierende solarthermische Kraftwerke (CONCENTRATING SOLAR POWER-Vorhaben, CSP-Vorhaben) über die Methodik einer Projektfinanzierung realisiert werden können.

Dies verlangt aufzuzeigen, welche Lösungen bislang in der Praxis entwickelt worden sind, aber im Vorfeld auch zu analysieren, welche ökonomischen Wirkzusammenhänge für den Erfolg oder das Scheitern von Projekten verantwortlich sind. Beide Aspekte, die Erfahrungen aus der Praxis und die kritische Reflexion der Praxis durch die wirtschaftliche Logik sind notwendig, um einerseits nicht in ein geübtes, aber möglicherweise fragwürdiges Verhaltensmuster zu verfallen und sich andererseits nicht in einer abstrakten, die Finanzierungspraxis zu stark vernachlässigenden Theorie zu verlieren.

Ohne die zentralen Ergebnisse der Arbeit vorwegnehmen zu wollen, lässt sich bereits an dieser Stelle festhalten: Die Realisierung von CSP-Kraftwerken zeigt einen möglichen Weg, um langfristig die politischen Ziele einer sicheren, preisgünstigen und ökologisch verträglichen Energieversorgung zu fördern. Insbesondere die Länder der MENA-Region haben ausreichend Potential, um einen wesentlichen Beitrag zu einer nachhaltigen Energieversorgung zu gewährleisten. Bis zur Mitte des 21. Jahrhunderts könnten die MENA-Länder ihre Wüstengebiete zu ertragreichen Energiequellen ausbauen und einen deutlichen Wachstumsschub realisieren. Gleichzeitig besteht für sie die Option, den Ländern Europas sauberen Strom zu verkaufen, damit eigene Wirtschaftsziele zu erreichen und den EU-Ländern die Möglichkeit zu eröffnen, ihre Treibhaus-Emissionen aus der Stromerzeugung schneller zu senken. Allerdings sollte man auch nicht in übertriebenen Optimismus verfallen, denn die Herausforderungen sind erheblich: Die Sicherstellung eines verlässlichen Rechts- und Regulierungssystems sowie eines belastbaren Leitungssystems skizzieren zwei zentrale Aufgabenbereiche, die vor einer Realisierung zu lösen sind.

Das Schreiben dieses Buches wäre ohne die Unterstützung meiner Frau Carolin nicht möglich gewesen, der ich von Herzen danken möchte. Explizit gilt mein besonderer Dank Herrn Prof. Dr. Peter Winker, der trotz vielfältiger anderweitiger Verpflichtungen immer zwei offene Ohren hatte und mir den notwendigen Freiraum bei der Erstellung belassen hat. Dank gebührt auch Herrn Prof. Dr. Andreas Walter, ohne dessen Unterstützung das Entstehen dieses Buches ebenfalls nicht möglich gewesen wäre.

Heikendorf, im November 2011 *Jörg Böttcher*

Inhalt

Abbildungsverzeichnis

Tabellenverzeichnis

Abkürzungsverzeichnis

BCU	Banking Case Uncertainty
BMU	Bundesministerium für Umwelt, Naturschutz und Reaktorsicherheit
BSH	Bundesamt für Seeschifffahrt und Hydrographie
CDM	Clean Development Mechanism
CSP	Concentrating Solar Power
DCF	Discounted Cashflow
EAD	Exposure at Default (Forderungshöhe bei Ausfall)
EBRD	European Bank for Reconstruction and Development
e.D.	eigene Darstellung
EE	Erneuerbare Energien
EEG	Erneuerbare-Energien-Gesetz
EL	Expected Loss
EnWG	Gesetz über die Elektrizitäts- und Gasversorgung
EPC	Engineering, Procurement, Construction
EREC	European Renewable Energy Council
EU	Europäische Union
EUR	Euro
EURIBOR	Euro Interbank Offered Rate
EWEA	European Wind Energy Association
EZB	Europäische Zentralbank
ff.	folgende (Seite)
GE	Geldeinheiten
HCE	Heat Collector Element
HGÜ	Hochspannungs-Gleichstrom-Übertragung
Hrsg.	Herausgeber
IEA	International Energy Agency

IFC	International Finance Corporation
IPP	Independent Power Producer
IRB	Internal-Ratings-Based
ISO	International Organization for Standardization
JI	Joint Implementation
KfW	Kreditanstalt für Wiederaufbau
kW	Kilowatt
KW	Kapitalwert
kWh	Kilowattstunde
LGD	Loss Given Default (Verlustquote bei Ausfall)
MCP	Measure, Correlate, Predict
MENA	Middle-East North Africa
MUSD	Millionen USD
OECD	Organization for Economic Cooperation and Development
o.V.	ohne Verfasser
PD	Probability of Default (Ausfallwahrscheinlichkeit)
PetaJ	Peta Joule
PfandBG	Pfandbriefgesetz
PG&E	Pacific Gas and Electric Company
PPP	Public Private Partnership
PV	Photovoltaik
S.	Seite
SCE	Southern California Edison
u.a.	und andere
USD	US-Dollar
W	Watt

1. Einführung

Die INTERNATIONAL ENERGY AGENCY (IEA) prognostiziert in einer ihrer Studien (*World Energy Outlook 2009*), dass der weltweite primäre Energiebedarf zwischen 2007 und 2030 mit einer jährlichen Wachstumsrate von 1,5 % ansteigen wird, wobei Asien und der Mittlere Osten Hauptträger des Bedarfs sein werden. Die Stromnachfrage wird im gleichen Zeitraum sogar um 2,5 % ansteigen[1]. Dieser erwartete Energiebedarf lässt sich nur dann decken, wenn auch hinreichende Finanzierungsmittel zur Verfügung stehen, was vor dem Hintergrund der noch nicht ausgestandenen Finanzkrise fraglich geworden ist. Die IEA sieht bis 2030 einen kumulierten Kapitalbedarf von etwa 26 Billionen USD, wobei etwa die Hälfte der Investitionen in Entwicklungsländern benötigt wird. Im gleichen Zeitraum steigen die CO_2-Emissionen - ohne einen Politikwechsel - ebenfalls mit einer Wachstumsrate von 1,5 % an[2] mit den vielfach beschriebenen Folgen auf das globale Klima. Um den Temperaturanstieg unter 2 Grad Celsius zu begrenzen, bedarf es erheblicher politischer Anstrengungen und umfangreicher Investitionen in umweltverträgliche Energieträger[3]. Der STERN-REPORT hat darüber hinaus deutlich gemacht, welche weltweiten ökonomischen Folgen sich aus dem Klimawandel ergeben: Die jährlichen Kosten entsprechen, sofern nicht gehandelt wird, einem jährlichen Verlust zwischen 5 % bis 20 % des globalen Bruttoinlandsprodukts, wobei Entwicklungs- und Schwellenländer noch wesentlich härter betroffen sein können[4].

Die genannten Aspekte umreißen das politische Spannungsfeld der Energiepolitik, die eine langfristige Versorgungssicherheit zu akzeptablen Preisen und ökologisch verträglichen Rahmenbedingungen erreichen soll. Erneuerbaren Energien kommt in diesem Umfeld eine hohe Bedeutung zu, da sie benötigt werden, um den Treibhauseffekt möglichst klein zu halten. Während bestimmte Formen - wie Wasserkraft, Onshore-Windenergie und Photovoltaik - mittlerweile als etablierte Technologien angesehen werden können, befinden sich andere Technologien - wie Offshore-Windenergie und Solarthermie - in einer frühen Marktphase, die aber gleichwohl erhebliches Ausbaupotential versprechen.

Im Rahmen dieser Arbeit soll untersucht werden, ob und inwieweit CSP-Vorhaben über die Methodik einer Projektfinanzierung dargestellt werden können.

---

1 IEA 2009b, S. 4.

2 IEA 2009b, S. 6.

3 IEA 2009b, S. 7.

4 N. Stern 2007, S. 143.

Zu diesem Zweck weist die Untersuchung folgende Abfolge auf: Im Anschluss an diese Einführung stellen wir in Kapitel 2 die Kernelemente einer Projektfinanzierung vor, die sich als Referenzpunkte durch die weitere Arbeit ziehen. Nach einer knappen begrifflichen Abgrenzung (Kapitel 2.1) und der Skizzierung der Wesensmerkmale einer Projektfinanzierung (Kapitel 2.2) wird in den Kapiteln 3.1 bis 3.6 mit möglichen Marktversagenstatbeständen eine theoretische Fundierung von regulierenden, energiepolitischen Maßnahmen dargestellt, die im unterschiedlichen Ausmaß auch Einfluss auf die Ausgestaltung einer Vertragsstruktur von Projektfinanzierungen haben können. In den Kapiteln 4.1 bis 4.7 wird ein möglicher Marktversagenstatbestand, die Informationsasymmetrie zwischen Auftraggeber und Auftragnehmer, als Dreh- und Angelpunkt der Ausgestaltung von Projektverträgen und der Partnerwahl näher erläutert. Insgesamt bilden die Kapitel 3 und 4 eine allgemeine Basis für das Verständnis der Besonderheiten von Projektfinanzierungen im Allgemeinen und von CSP-Vorhaben im Besonderen.

In Kapitel 5 werden die branchenspezifischen Besonderheiten von CSP-Vorhaben mit dem traditionellen Risikomanagementprozess einer Projektfinanzierung verzahnt. Die Darstellung in diesem Kapitel erlaubt es, für verschiedene Formen von CSP-Projekten das jeweilige Risikoprofil zu ermitteln und geeignete Maßnahmen zur Risikobewältigung darzustellen. In diesem Zusammenhang werden die bei CSP-Kraftwerksprojekten auftretenden Einzelrisiken auf ihre Relevanz und Auswirkung hin analysiert (Kapitel 5.3.1 bis 5.3.9), bevor jeweils passende risikopolitische Maßnahmen und potentielle Risikoträger identifiziert werden. Die Analyse der Einzelrisiken wird dabei zunächst allgemein vorgenommen, bevor sie anhand des eingangs beschriebenen Fallbeispiels (Kapitel 5.2) konkretisiert wird. Das Kapitel endet mit einer bewertenden Zusammenfassung der betrachteten Einzelrisiken (Kapitel 5.3.10).

Kapitel 6 beschreibt die Risikoquantifizierung, bei der die zuvor dargestellten Risikopotentiale der Einzelrisiken ganzheitlich untersucht werden und unter diesen Aspekten eine tragfähige Finanzierungsstruktur entwickelt wird. Die Risikoquantifizierung erfolgt anhand des bereits zuvor verwendeten Fallbeispiels.

Kapitel 7 fasst die Untersuchungsergebnisse dieser Arbeit zusammen und beantwortet damit die Frage, inwieweit Projektfinanzierungen für CSP-Projekte möglich und geeignet sind. Des Weiteren wird ein Ausblick auf einen möglichen Entwicklungspfad von CSP-Kraftwerksprojekten gegeben.

Starten wollen wir mit einer Entwicklungsperspektive - den Chancen der Solarindustrie an dem zukünftigen Energie-Mix. Gemessen am gesamten Energieverbrauch in Mitteleuropa beträgt die solare Einstrahlung mehr als das Hundertfache. Zwar trägt die Photovoltaik bislang nur einen geringen Teil zur Stromversorgung bei und der Anteil der Solarthermie ist noch geringer. Dafür sind aber die Wachstumsraten insbesondere der Energieerzeugung aus Photovoltaik unter allen Energieformen am höchsten, was ebenso für das Kostensenkungspotential in der gesamten Solarindustrie gilt. Nach Schätzung der IEA können in 2030 etwa 11 % (4.754 TWh) des weltweiten Strombedarfs durch Sonnenenergie gedeckt werden. Neben Photovoltaik sollen CSP-Kraftwerke etwa 46 % der prognostizierten Menge an Solarstrom erzeugen[5].

CSP-Vorhaben sind eine verhältnismäßig neue technische Ausprägung der Nutzung von Solarenergie. Da sich damit einhergehend auch ihre politische Förderung sowie ihre Marktintegration und Finanzierungsoptionen in einer frühen, in der Entwicklung befindlichen Phase befinden, erscheint es hilfreich, auf die Erfahrungen anderer Erneuerbaren Energien vergleichend zu verweisen, um mögliche Rückschlüsse auf und Hinweise für die weitere Entwicklung von CSP-Vorhaben zu gewinnen.

Während die Realisierung von Photovoltaik-Vorhaben mittlerweile als Standardgeschäft bei Projektfinanzierungen angesehen werden kann, sind die Realisierungszahlen von Solarthermie-Vorhaben bislang eher bescheiden: Weltweit waren 2008 insgesamt 500 MW am Netz, ein Jahr zuvor waren es 440 MW. Zum Vergleich: Der Photovoltaik-Bereich wies mit 7,6 GW für 2007 und 13 GW für 2008 eine erhebliche Ausbaudynamik auf, die wesentlich getrieben war durch lukrative Fördersysteme.

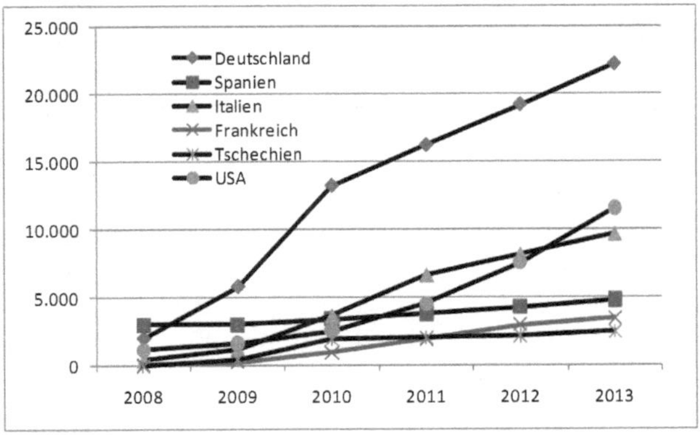

Abbildung 1: Globale installierte PV-Leistung in MW_{peak}[6]

5 Wuppertal Institut 2009, S. 10.

6 REN 21 2009, S. 23.

Die Prognose für die weitere Marktentwicklung des globalen PV-Marktes ist auch für die nächsten Jahre positiv (Abbildung 1), was allerdings stark von der Entwicklung der staatlichen Fördersysteme abhängt.

Diese unterschiedliche Marktdurchdringung erscheint zunächst überraschend, da viele Einflussgrößen, die für die Photovoltaik maßgeblich sind, insbesondere die Volatilitäten beim Elementarrisiko, vergleichbar zu bewerten sind. Auch die als limitierend genannten Größen - geringe Umwandlungseffizienz, hohe Kapitalkosten, erheblicher Flächenbedarf, Bedarf nach einer staatlichen Förderung[7], Konzentration in sonnenreichen Regionen und Leitungsbeschränkungen - gelten in ähnlicher Form auch für den Bereich der Photovoltaik[8], so dass diese Faktoren die unterschiedliche Historie nicht befriedigend erklären können.

Immerhin bestehen deutliche Unterschiede zwischen beiden Energieerzeugungsformen, die als erster Erklärungsansatz genügen sollen: CSP-Technologien - Parabolrinne, Solarturm, Fresnel und Dish-Stirling - weisen eine beschränkte kommerzielle Historie auf, die allerdings bei den verschiedenen Technologien unterschiedlich ausgeprägt ist. Zudem gibt es mit Spanien nur ein Land, in dem ein explizites Regelwerk für CSP-Projekte besteht. Die für CSP diskutierten Länder in der MENA-Region stellen zudem höhere Anforderungen an das Management von Länderrisiken[9].

Fragt man nach den Gründen für die ausgeprägte Erfolgsstory bei der Nutzung der Photovoltaik, so wird man Folgendes festhalten können: Wie bei anderen Erneuerbaren Energien auch, stellt man eine Marktdurchdringung gerade in den Ländern fest, in denen ein langfristiges, stabiles Mindestpreissystem etabliert worden ist. Die verhältnismäßig geringere technische Komplexität der Solarenergie - im Vergleich etwa zu der verfahrenstechnisch anspruchsvollen Bioenergie - und das gut planbare Einstrahlungsangebot begünstigen ihre Finanzierbarkeit. Damit bietet sich hier auch für die Politik eine besonders gute Chan-

---

7 So z.B. STANDARD & POORS 2009, S. 5. Allerdings ist diese Behauptung aus zwei Gründen einzuschränken: 1. Zum einen müssen die jeweiligen landesspezifischen Gegebenheiten berücksichtigt werden. Wenn etwa der Kraftwerkspool in einem Land veraltet ist und mehrheitlich aus Dieselgeneratoren besteht, sind die volkswirtschaftlichen Gestehungskosten tendenziell höher als etwa in Spanien oder Deutschland, so dass ein CSP-Vorhaben im Substitutionswettbewerb schneller vorteilhaft wird. 2. Zum anderen müsste die Frage geklärt werden, ob und inwieweit externe Kosten der Stromproduktion bereits in einer „Marktbetrachtung" beinhaltet sind. Häufig wird dies nicht der Fall sein (siehe hierzu Kapitel 3.5). Auf die Fragestellungen, die sich aus dem Regulierungsumfeld ergeben, wird in Kapitel 5.3.5 eingegangen.

8 Standard & Poors 2009, S. 4.

9 T. D'Olier-Lees; S.B. Samson 2009, S. 4.

ce, mit relativ geringen Einflüssen ihre energiepolitischen Ziele umzusetzen. Hieraus resultiert ein Risikoprofil, das die Solarenergie für eine Projektfinanzierung besonders attraktiv macht.

Mit der Einführung des Stromeinspeisegesetzes und insbesondere des EEG hat sich der Markt in Deutschland ebenso rasant entwickelt wie die Anwendung von Projektfinanzierungen in diesem Bereich Routine geworden ist. Seit 2004 ist bei Photovoltaikanlagen eine Ausbaudynamik eingetreten, die mit rund 3.850 MW_p im Jahr 2007 zu einer Verzwanzigfachung der installierten Leistung gegenüber 2003 geführt hat. Durch das starke Wachstum hat sich Deutschland zum weltweit wichtigsten Markt für Photovoltaikanlagen entwickelt. Eine weitere dynamische Entwicklung ist möglich, wenn auch die wichtigsten Länder für Solarenergie einem ungebremsten Ausbau durch Änderungen der Regulierungssysteme aktuell entgegensteuern[10].

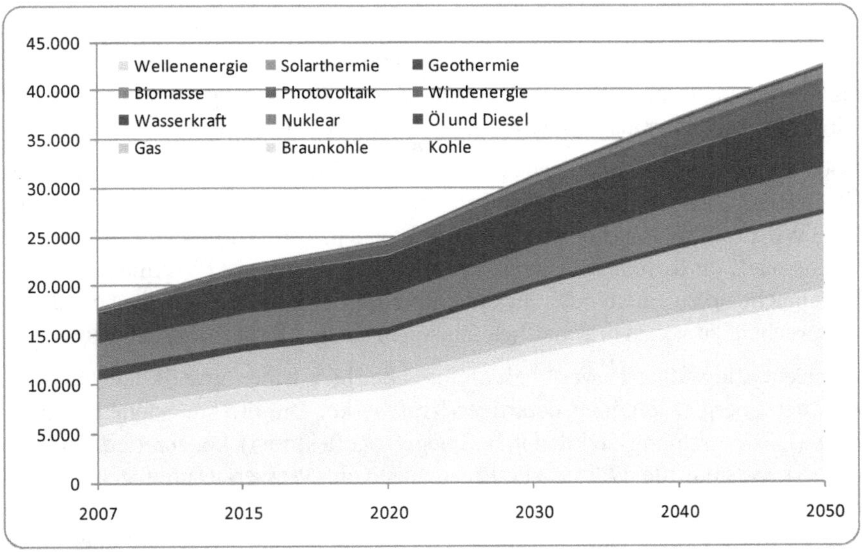

Abbildung 2: Prognose der globalen installierten Stromerzeugung in TWh pro Jahr[11]

Das Angebot an Stromerzeugungskapazitäten wird die nächsten Jahrzehnte weiter deutlich wachsen (Abbildung 2). Trotz der zunehmenden Bedeutung der Er-

10 Bloomberg 2010, S. 4.

11 Eigene Darstellung auf Grundlage der Daten von Greenpeace; EREC 2010, S. 214 (Tabelle 13.1).

neuerbaren Energien werden finite Energieträger, insbesondere Steinkohle, die hauptsächlichen Energieträger sein.

Der Anteil des Stromverbrauchs, der durch Photovoltaik abgedeckt wird, liegt derzeit in Deutschland noch bei 0,6 %. In seinem Leitszenario geht das Bundesministerium für Umwelt, Naturschutz und Reaktorsicherheit („BMU“) für 2020 von 14.000 MW_p aus. Die Stromgestehungskosten bei der Photovoltaik sind zwischen 1991 und 2003 um rund 60 % gesunken, allein 25 % entfallen dabei auf die Jahre zwischen 1999 und 2003. Auch danach ist davon auszugehen, dass die hohen Produktionszuwächse zu sinkenden Herstellungskosten für Photovoltaikmodule geführt haben[12].

Die spezifischen Investitionskosten für größere PV-Systeme werden mit dem steigenden Angebot, durch realisierte Skaleneffekte und aufgrund des technischen Fortschritts abnehmen. So werden für die Zukunft erhebliche Kostensenkungen prognostiziert: Im Jahr 2010 kosteten PV-Anlagen in Deutschland noch 2.800 Euro/kw_p, für das Jahr 2020 wird ein Wert von 1.600 Euro/kw_p erwartet und für das Jahr 2050 ein Wert von noch 900 Euro/kw_p, eine Entwicklung, die regelmäßig auch im Rahmen der verschiedenen Regulierungssysteme gefordert wird, aber auch eher als Tendenzaussage verstanden sein will.

Doch zurück zu solarthermischen Kraftwerken. Das Energiepotential von CSP-Kraftwerken ist erheblich: Man kann mit einer Solareinstrahlung von etwa 2,2 TWh pro Quadratkilometer im Jahr rechnen. CSP-Kraftwerke lassen sich bereits heute zu Kosten realisieren, die unter den Kosten für PV-Anlagen liegen. Dies macht sie zu einem auch für die Politik höchst interessanten Bereich, da sie versprechen, zu volkswirtschaftlich günstigen Kosten Strom zu produzieren.

„Concentrating Solar Power“ beschreibt dabei bereits den grundsätzlichen Prozess der Energieerzeugung derartiger Kraftwerke: Die direkte Sonneneinstrahlung (Direktstrahlung) wird durch Spiegel (Reflektoren) konzentriert und die dadurch entstehende Wärme zur Erzeugung von (Wasser-)Dampf genutzt, der einem konventionellen (Dampf-)Kraftwerksbereich zugeführt wird, in dem die Wärme mittels einer Turbine zunächst in mechanische Energie und über einen Generator sodann in elektrische Energie umgewandelt wird. Der Abschnitt, der bei CSP-Kraftwerken die Direktstrahlung zur Erzeugung von (Wasser-)Dampf nutzt, substituiert folglich den Verbrennungsabschnitt für fossile Energieträger

12 Gute Übersichten zu den Erneuerbaren Energien und aktuellen Daten zu ihrer Entwicklung bieten der jährlich erscheinende Global Status Report des REN21-Netzwerks (www.ren21.net), die International Energy Agency (www.iea.org) und das Renewable Energy Council (www.erec.org).

bei konventionellen Kraftwerken. Die Abbildung 3 stellt schematisch den Prozess der Energiegewinnung bei einem CSP-Vorhaben dar:

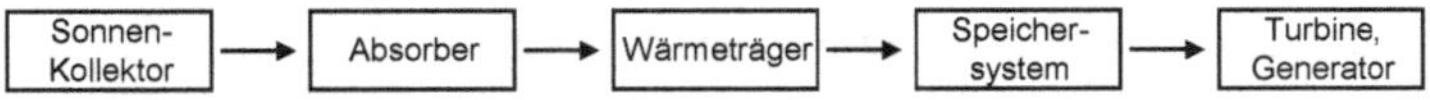

Abbildung 3: Prozess der Energiegewinnung bei einem CSP-Vorhaben (e.D.)

Zurzeit nehmen CSP-Kraftwerke unter den realisierten Erneuerbare Energien-Projekten neben Wind-, Wasser-, Photovoltaik- und Biomassekraftwerken noch eine untergeordnete Rolle ein. Gleichwohl zeigt ein Wert von 9.587 MW, der entweder bereits installiert oder kurzfristig realisiert wird, die bereits jetzt bestehende Bedeutung dieser Form der Energieerzeugung[13].

Für die Zukunft werden den CSP-Technologien deutliche Potentiale zugeschrieben, wie die Abbildung 4 einer vorstellbaren Entwicklung eines Mix von Energieträgern zur Deckung des prognostizierten globalen Energiebedarfs zeigt.

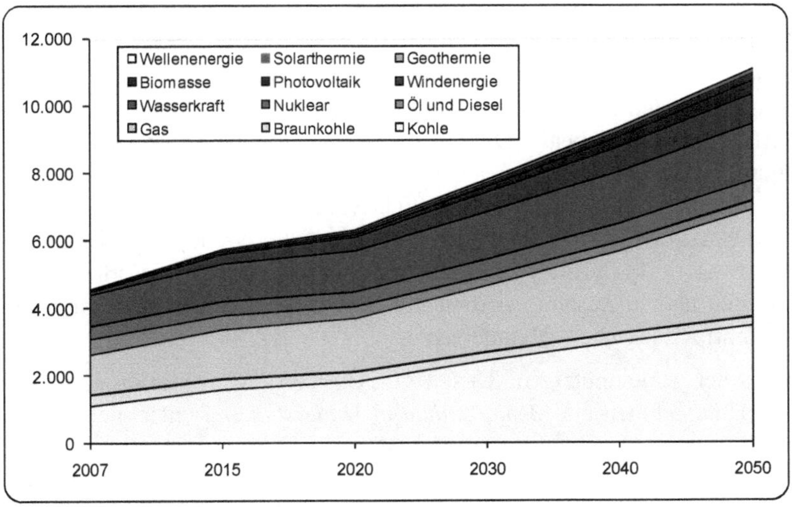

Abbildung 4: Entwicklung der globalen Erzeugungskapazitäten in GW[14]

Doch auch wenn gemäß der Abbildung 4 den CSP-Kraftwerken erst ab etwa dem Jahr 2015 ein deutlicher Wachstumsschub prognostiziert wird, werden bereits heute CSP-Projekte realisiert. Zudem werden die Kapazitäten, die ab 2015

13 J.P. Morgan 2009, S. 40.

14 Eigene Darstellung auf Grundlage der Daten von Greenpeace; EREC 2010, S. 214 (Tabelle 13.4).

zu realisieren sind, derzeit detailliert geplant, weil die Bauzeit dieser Kraftwerke aufgrund ihrer Komplexität mehrere Jahre in Anspruch nimmt. Somit benötigen diese Kraftwerke auch frühzeitig eine Finanzierung, so dass das Thema der CSP-Kraftwerke bereits heute an die Banken herangetragen wird und diese die Finanzierbarkeit derartiger Projekte zu prüfen und entsprechende Finanzierungsstrukturen zu entwickeln haben, sofern sie an diesem sich entwickelnden Markt partizipieren möchten.

Die Nutzung von Solarthermie weist eine Reihe von Vorteilen auf, die sie perspektivisch als eine hoch interessante Energiequelle erscheinen lässt. Auf die Vorteile werden wir im Zusammenhang mit der Diskussion der verschiedenen Risikoaspekte näher eingehen (Kapitel 5). Wie bei anderen Vorhaben im Bereich der Erneuerbaren Energien, werden auch bei CSP-Vorhaben die Eigenkapitalgeber versuchen, diese in der Form einer Projektfinanzierung zu realisieren, um so für sich eine Haftungsbeschränkung zu erreichen. Dies wird aber nur dann gelingen, wenn die vom Projekt generierten Cashflows als so stabil und vorhersagbar angesehen werden können, dass auf eine Mithaftung der Eigenkapitalgeber über die gesamte Darlehensdauer verzichtet werden kann.

Institutionell wird die Weiterentwicklung der Förderung der solarthermischen Nutzung u.a. von der TRANS-MEDITERRANEAN RENEWABLE ENERGY COOPERATION (TREC) vorangetrieben[15]. Die TREC ist eine Initiative, die sich für die Übertragung von in Wüstenregionen erzeugten Strom aus Solar- und Windenergie nach Europa einsetzt. TREC wurde 2003 vom CLUB OF ROME, dem HAMBURGER KLIMASCHUTZ-FONDS und dem JORDANISCHEN NATIONALEN ENERGIEFORSCHUNGSZENTRUM (NERC) gegründet. Sie hat das DESERTEC-Vorhaben ins Leben gerufen und in Zusammenarbeit mit dem Deutschen Zentrum für Luft- und Raumfahrt wissenschaftlich untersucht.

Im Rahmen der gemeinnützigen „DESERTEC FOUNDATION“ wurde im Juli 2009 von zwölf Unternehmen ein *Memorandum of Understanding* unterzeichnet. Im Oktober 2009 wurde die Planungsgesellschaft DII („DESERTEC INDUSTRIAL INITIATIVE“) gegründet, die bis 2012 unterschriftsreife Planungen erstellen soll. Das Desertec-Konzept sieht vor, im Nahen Osten und Nord-Afrika über solarthermische Kraftwerke und Windparks Meerwasserentsalzung und Stromerzeugung zu ermöglichen und den Strom dann mittels HGÜ-Leitungen (Hochspannungs-Gleichstrom-Übertragung) in diese Länder und ab 2020 bis nach Europa zu leiten.

15 Es gibt daneben eine Reihe weiterer Initiativen, die insbesondere die Nutzung von Solarstrom in Afrika zum Gegenstand haben. Siehe hierzu K. Westphal 2008, S. 22-27.

Dies zunächst zur Einstimmung. Ausgangspunkt und Angelpunkt des folgenden Kapitels ist der Begriff des Risikomanagements, der als Controlling-Prozess der Risikoerkenntnis, Risikoallokation und Risikoquantifizierung verstanden wird. Neben der reinen - die Erfahrungen der Praxis widerspiegelnden - Darstellung der Risiken, den typischen Risikoträgern und den Risikoinstrumenten werden die Charakteristika einer Projektfinanzierung zum Anlass genommen, die verschiedenen Aspekte des Risikomanagements aus ökonomischer Sicht zu analysieren.

Dabei geht es neben der Beschreibung der verschiedenen Risikomanagementstrategien auch darum zu erörtern, welche Schritte notwendig sind, damit ein Auslandsmarkt für das Thema Solarthermie interessant wird. Insgesamt richtet sich die Attraktivität eines Auslandsmarktes nach verschiedenen Faktoren, die in ihrer Breite im Rahmen des Risikomanagementprozesses betrachtet werden[16].

16 K. Neumann 2008, S. 27.

2. Begriffliche Abgrenzungen

2.1. Bedeutung von CSP-Vorhaben im Kontext der Erneuerbaren Energien

Der folgende Abschnitt 2.1 basiert in Teilen auf meiner Publikation „Finanzierung von Erneuerbare-Energien-Vorhaben“ (Kapitel 2.1), wobei die Aspekte, die Bezug auf CSP-Vorhaben nehmen, neu hinzu gekommen sind[17].

Spricht man über Erneuerbare Energien, hat man regelmäßig eine Fülle unterschiedlicher Nutzungsoptionen vor Augen. Das gilt für die verschiedenen Quellen, die zum Einsatz kommenden Technologien und die Verwendungsarten. Als Energiequellen können derzeit das Sonnenlicht, die Windenergie, die Wasserkraft, Biomasse und Erdwärme genutzt werden. Unter der Nutzung von Erneuerbaren Energien kann ein Prozess der Energiewandlung in Strom und Wärme verstanden werden, dem aus Quellen wie der Sonne, dem Wind oder der Erdwärme ständig Primärenergie zugeführt wird, ohne dass dabei begrenzte Ressourcen verbraucht werden. Entscheidend ist dabei aber das Prinzip der Nachhaltigkeit, d.h. dass eine Ressource nicht stärker beansprucht wird, als sie sich regenerieren kann[18].

Tabelle 1: Übersicht über Art und Nutzungsformen Erneuerbarer Energien[19]

Primärenergiequelle	Erscheinungsform	Natürliche Energieumwandlung	Technische Energieumwandlung	Sekundärenergie
Sonne	Biomasse	Biomasse-Produktion	Heizkraftwerk/Konversionsanlage	Wärme, Strom, Brennstoff
	Wasserkraft	Verdunstung, Niederschlag, Schmelzen	Wasserkraftwerk	Strom
	Windkraft	Atmosphärenbewegung	Windenergieanlage	Strom
		Wellenbewegung	Wellenkraftwerk	Strom
	Solarstrahlung	Meeresströmung	Meeresströmungskraftwerk	Strom
		Erwärmung der Erdoberfläche und Atmosphäre	Wärmepumpen	Wärme
			Meereswärmekraftwerk	Strom
		Solarstrahlung	Fotolyse	Brennstoff
			Solarzelle, PV-Kraftwerk	Strom
			Kollektor, solarthermisches Kraftwerk	Wärme
Mond	Gravitation	Gezeiten	Gezeitenkraftwerk	Strom
Erde	v.a. Isotopen-Zerfall	Geothermik	Geothermisches Heizkraftwerk	Wärme, Strom

17 J. Böttcher 2009, S. 9-11.

18 Das Konzept der Nachhaltigkeit geht politisch auf die Arbeit der BRUNDTLAND-Kommission, in seiner ethischen Fundierung wesentlich auf die Arbeit von HANS JONAS: „Das Prinzip Verantwortung“ zurück.

19 BMU 2009, S. 7.

Die Unterscheidung in diese unterschiedlichen Betrachtungsarten der Erneuerbaren Energien dient einerseits der Klassifizierung dieser Energieformen. Andererseits ermöglicht sie, den Anknüpfungspunkt der politischen Förderung und die technische Seite ihrer Nutzung darzustellen, die wiederum bei der Ausgestaltung des spezifischen Risikomanagements entscheidend ist.

Als Einstieg in die Bedeutung der Erneuerbaren Energien bietet sich ein Blick auf die Entwicklung und Struktur des globalen Primärenergieverbrauchs bis zum Jahr 2006 an:

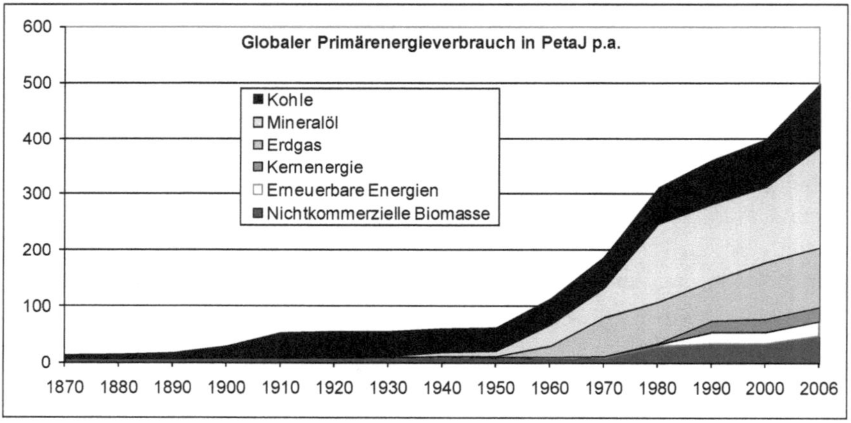

Abbildung 5: Globaler Primärenergieverbrauch (1870 bis 2006)[20]

Zunächst zeigt die Abbildung 5, dass sich die weltweite Energieversorgung wesentlich auf die endlichen fossilen Energieträger Mineralöl, Erdgas und Kohle stützt. Selbst bei einem raschen Umsteuern werden diese traditionellen Energieträger auch in den nächsten Jahrzehnten unverzichtbar sein. Damit rückt aber die Frage nach den noch verfügbaren Ressourcen und den Reichweiten dieser Energieträger in den Fokus der Betrachtung. Bei den Reserven handelt es sich um die Energiemengen, die mit den heutigen technischen Möglichkeiten wirtschaftlich abbaubar sind. Ressourcen sind Mengen, die entweder zwar nachgewiesen, aber nicht wirtschaftlich abbaubar sind oder aus geologischen Gründen in einem bestimmten Gebiet vermutet werden können. Die Reserven der fossilen Energieträger entsprechen dem 80fachen des derzeitigen jährlichen Weltenergieverbrauchs, wobei Kohle etwa die Hälfte ausmacht. Erdöl ist mit 18 % der noch vorhandenen Reserven am weitesten ausgebeutet. Vergleicht man den derzeiti-

20 BMU 2009, S. 9.

gen Anteil von Erdöl von 38 % an der globalen Energieversorgung, wird klar, dass sowohl auf die schwerer zugänglichen Ölreserven als auch auf die teureren Ressourcen zugegriffen werden muss[21].

Die sich abzeichnende Verknappung fossiler Energieträger spiegelt sich auch in den statischen Reichweiten dieser Energie wider. Die Tabelle 2 vermittelt einen Eindruck von der Verfügbarkeit verschiedener Energieträger aus deutscher Sicht. Man kann sich trefflich über die statischen und dynamischen Reichweiten unterschiedlicher Energieträger streiten. Fest steht, dass fossile Energieträger endlich sind und so weit wie möglich für nachfolgende Generationen geschont werden sollten. Auch sollte man in dem Zusammenhang nicht übersehen, dass Kohle, Öl und Gas nicht nur zur Energieumwandlung eingesetzt werden können, sondern wertvolle Rohstoffe für den medizinischen und pharmazeutischen Bereich darstellen.

Tabelle 2: Importquote, Lieferrisiko und Reichweite ausgewählter Energieträger[22]

Energieträger	Importquote 2007 in %:	Lieferrisiko:	Statische Reichweite in Jahren:	Anteil am Primärenergieverbrauch in % (2008):	Anteil an der Bruttostromerzeugung im Jahr 2008:
Braunkohle	-1,0	gering	200	11,1	23,5
Steinkohle	67,2	gering	125	13,1	20,1
Uran	100,0	gering	25 - 166	11,6	23,3
Erdgas	83,1	relevant	60	22,1	13,0
Mineralöl	94,3	gering	41	34,7	1,6
Erneuerbare Energien	0,0	sehr gering	unendlich	7,4	15,1

Deutschland ist in einem hohen Maße von Energieimporten abhängig: Lediglich 27 % der im Inland verbrauchten Energie wird auch im Inland erzeugt. Besonders hohe Abhängigkeiten bestehen beim Mineralöl und beim Erdgas. Der Anteil ausländischer Lieferanten beim Mineralöl liegt bei 97,3 % und beim Erdgas bei 84,1 %. Der Ausstieg aus der inländischen Steinkohleförderung hat zudem dazu geführt, dass mittlerweile 72,3 % der im Inland verbrauchten Steinkohle importiert wird[23].

Gleichzeitig wird damit klar, dass auch im globalen Kontext eine sukzessive Substitution der traditionellen Energieträger durch erneuerbare Energien unverzichtbar wird.

---

21 BMU 2009, S. 10.

22 AGEB 2009, S. 12 f. Die statische Reichweite bei Uran ist schwer abschätzbar, da sie u.a. vom Brennstoffkreislauf, dem eingesetzten Reaktortyp und der Kernbeladungsstrategie abhängt.

23 AGEB 2009, S. 13.

Dieses Bild ist in den Kontext einer nachhaltigen Energieversorgung zu stellen, die auf den drei Säulen einer sicheren, preisgünstigen und ökologisch verträglichen Energieversorgung fußt (siehe die folgende Abbildung 6).

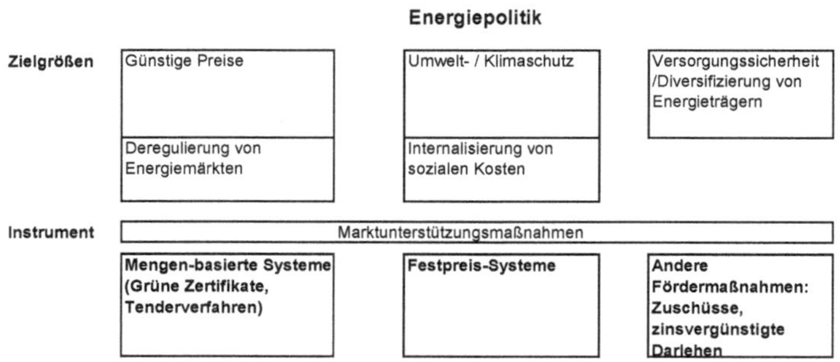

Abbildung 6: Säulen der Energiepolitik[24]

Ihre Gewichtung wird national jeweils unterschiedlich ausfallen und kann sich im Zeitablauf durchaus ändern. Versorgungssicherheit ist eng verknüpft mit der Verfügbarkeit von Ressourcen und damit auch mit dem Aspekt der Ressourcenschonung[25].

Welche Rolle spielen Erneuerbare Energien für die Energieversorgung? Die Erneuerbaren Energien haben ihren Anteil am Primärenergieverbrauch gesteigert, gleichzeitig ist ihre absolute Bedeutung mit 6,5 % aber immer noch verhältnismäßig gering ist. Gleichwohl ist erkennbar, dass der weltweite Energiebedarf in den nächsten 40 Jahren so stark steigen wird, dass selbst der Zuwachs nicht über die Erneuerbaren Energien aufgefangen werden kann (siehe hierzu Abbildung 4).

Die genannten energiepolitischen Sachzwänge überführen sich in energiepolitische Ziele. Zentral für die Perspektive der Erneuerbaren Energien sind die zugrunde liegenden politischen Grundsatzentscheidungen zu einer Energieversorgung. Dabei kommt den Effizienzzielen sowohl auf Ebene der EU als auch der der Mitgliedsstaaten herausragende Bedeutung zu[26]:

---

24 J. Böttcher; P. Blattner 2006, S. 80.

25 Wir werden in Kapitel 5.3.5 darstellen, inwieweit CSP-Vorhaben einen Beitrag zur Erfüllung dieser Ziele leisten können.

26 Dargestellt ist aus deutscher Sicht das Integrierte Klima- und Energieprogramm (IKEP), in dem die Eckpunkte zur Umsetzung der im April 2007 gesetzten Energie- und Klimaziele definiert werden. Das Bundeskabinett hat im Dezember 2007 ein erstes Maßnahmenpaket mit 14 Vorhaben vorgelegt, das die Vorgaben des IKEP konkretisiert.

Tabelle 3: Energieeffizienzziele in der EU und Deutschland (e.D.)

	EU	Deutschland
Anteil Erneuerbare Energien am Endverbrauch	20 % im Jahre 2020	25-30 % im Jahre 2020
Anteil Biokraftstoffe am Endverbrauch	10 % im Jahr 2020	12 - 15 % im Jahr 2020 (seit 10/2008: CO_2-Minderung durch Biokraftstoffe um 7 %)
Reduktion des Primärenergieverbrauchs	..um 20 % bis 2020	
Reduktion des Treibhausgasausstoßes	..um 20 % bis 2020 (Referenz: 1990)	..um 40 % bis 2020 (Referenz: 1990)

Inzwischen wurden in 18 EU-Mitgliedsstaaten Einspeisevergütungsmodelle etabliert, wobei die Länder mit Einspeiseregelung gegenüber solchen mit einer Quotenregelung deutlich dominieren. Die beiden wesentlichen Vergütungsmodelle für den Bereich Photovoltaik und Solarthermie werden in Kapitel 5.3.5 vorgestellt.

Getragen wurde die positive Entwicklung der Erneuerbaren Energien in Deutschland durch die Mindestvergütungssätze des EEG. Ohne die finanzielle Förderung nach dem EEG sind die Erneuerbaren Energien gegenüber der konventionellen Stromerzeugung im Regelfall noch nicht konkurrenzfähig. Dies gilt für unterschiedliche Sparten in unterschiedlichem Maße. Dabei nähert sich die Windkraft an Land am ehesten der Wettbewerbsfähigkeit, während die Photovoltaik davon noch vergleichsweise weit entfernt ist. Neben den betriebswirtschaftlichen Kosten müssen in einer volkswirtschaftlichen Betrachtung die externen Effekte der Erneuerbaren Energien, aber auch der traditionellen Energien betrachtet werden[27].

Angesichts der Ziele auf EU-Ebene ist es erforderlich, dass das Wachstum der Erneuerbaren Energien insbesondere bei der Strom- und Wärmebereitstellung in den nächsten Jahren beibehalten wird bzw. auf der Wärmeseite noch deutlich gesteigert wird, da diese Bereiche bisher noch eine deutlich effizientere Nutzung regenerativer Energiequellen ermöglichen als etwa biogene Kraftstoffe.

Die Herausforderungen für die Weiterentwicklung Erneuerbarer Energien liegen darin, einerseits ihre Systemintegration zu gewährleisten und andererseits sicherzustellen, dass sie sich langfristig aus eigener Kraft an den Märkten etablieren. CSP-Vorhaben müssen dabei im besonderen Maße Antworten auf diese Anforderungen finden.

27 Siehe hierzu das Kapitel 3.5.

In liberalisierten Strommärkten ist es ein wirtschaftliches Ziel von Stromerzeugern, Stromtransporteuren und -verteilern, den Strombedarf der Endkunden jederzeit zu decken, ohne dabei eine überdimensionierte Reserveleistung vorzuhalten oder umgekehrt Gefahr zu laufen, einen Engpass zu erleiden. Ebenso wie Laständerungen auf der Verbraucherseite stellt die fluktuierende Einspeisung aus Erneuerbaren Energieträgern ins Stromnetz auf Erzeugerseite ein Problem dar. Das schwankende Angebot von Wind- und Sonnenenergie führt dazu, dass auf der Erzeugerseite zum Teil erhebliche Schwankungen entstehen. Biomassekraftwerke sowie weitgehend auch Laufwasserkraftwerke können dagegen flexibel betrieben werden oder stellen ein grundlastäquivalentes Energieangebot zur Verfügung.

Darüber hinaus ist die räumliche Wirkung der Stromerzeugung aus Erneuerbaren Energien zu berücksichtigen. Dies gilt vor allem hinsichtlich ihrer Auswirkungen auf die Stromnetze. Höhere Transportaufwendungen ergeben sich aus der zunehmend asymmetrischen Verteilung der Anlagen. Die meisten europäischen Netze sind so aufgebaut worden, dass von einzelnen, wenigen Versorgungszentren die Endkunden bis zur Peripherie bedient werden. Wind- und Solarenergie werden allerdings regelmäßig eher in der Peripherie erzeugt, wofür die Netze nicht notwendigerweise ausgelegt sind. Ganz besondere Anforderungen resultieren mit Blick auf die zu überbrückende Entfernungen wie auf die zu erwartende Gesamtleistung zukünftig aus der Anbindung der CSP-Vorhaben an den Strom-Transport zu den Verbrauchsschwerpunkten.

Neben den Netzplanern stellt die fluktuierende Strombereitstellung aus Wind und Sonne die Kraftwerkseinsatzplanung vor hohe Anforderungen. Im Unterschied zu Lastschwankungen, für die sich aufgrund langjähriger praktischer Erfahrung Vorhersagesysteme etabliert haben, sind derartige Systeme für die Integration Erneuerbarer Energien noch vergleichsweise am Anfang. Die Energiewirtschaft hat sich in der Vergangenheit an die Besonderheiten zentraler Erzeugungsanlagen, wie z.B. der Kernenergie, angepasst, die in der Regel in Grundlast betrieben werden. Ebenso wird in Zukunft eine Anpassung an die Erfordernisse eines veränderten, dezentralen und heterogenen Anlagenparks erfolgen müssen. Die zukünftige Aufgabe der Kraftwerks- und Netzbetreiber ist, den Betrieb der einzelnen Erzeugungsanlagen so zu kombinieren, dass die Nachteile einzelner Technologien möglichst durch die Vorteile anderer Technologien ausgeglichen werden.

Der Ausgleich zwischen realer und prognostizierter Leistung erfolgt auf der Erzeugerseite im Bereich der Minutenreserve heute durch bewusst in Teillast gefahrene Mittellastkraftwerke oder schnellstartende Spitzenlastkraftwerke. Mit dieser Regelenergiebereitstellung ist auch ein erheblicher Aufwand verbunden.

Grundsätzliche Alternativen sind der Einsatz von Stromspeichern, das Lastmanagement, die Entwicklung von Hybridkonzepten sowie das Erzeugungsmanagement.

Für die zukünftig verstärkte Nutzung Erneuerbarer Energien ist die weitere Ausschöpfung von Kostendegressionspotentialen notwendig. Allein bei der Windenergie haben sich die spezifischen Kapitalkosten in den letzten beiden Jahrzehnten jeweils halbiert, weitere Kostensenkungen sind aber noch nötig. Die Möglichkeiten zur Kostenreduktion sind dabei vielfältig - sie bestehen aus Lerneffekten, Technologiesprüngen (z.B. der Blattform bei Windenergieanlagen oder dem Übergang auf Dünnschichtsolarzellen im Bereich der Photovoltaik) und einer dynamischen Marktentwicklung (Masseneffekte). Dies unterscheidet Erneuerbare Energien von konventionell erzeugtem Strom, wo zwar auch technologische Verbesserungen einsetzen, die aber in ihrem Entwicklungszyklus weiter fortgeschritten sind, so dass dieser Prozess nun langsamer vor sich geht. Darüber hinaus ist zu bedenken, dass Effizienzfortschritte bei konventionellen Energieträgern durch zeitgleich steigende Preise bei den Energieträgern wieder kompensiert werden. Die mit dem Ausbau Erneuerbarer Energien verbundenen Kosten hängen damit maßgeblich von der Entwicklung der fossilen Energieträgerpreise zusammen.

Mit Blick auf CSP-Vorhaben ergeben sich weitere Entwicklungsfelder, die vor einer weiteren Marktdurchdringung zu lösen sind. Um diese Entwicklungsfelder besser einschätzen zu können, ist es hilfreich, die verschiedenen Formen der Nutzung von Solarenergie kursorisch vorzustellen. Der Bereich der Energiegewinnung durch Sonnenenergie umfasst drei unterschiedliche technologische Konzepte - die direkte Gewinnung von Strom (Photovoltaik), die Gewinnung von Wärme (Solarthermie) und die Photolyse. Die Photolyse, die Erzeugung von Wasserstoff aus Sonnenenergie, ist bisher nur in Laborversuchen untersucht worden, so dass sie derzeit nicht für eine kommerzielle Nutzung in Frage kommt und im Folgenden nicht betrachtet wird.

Die direkte Umwandlung von Energie aus Sonnenlicht in Elektrizität wird als Photovoltaik bezeichnet. Die technische Grundlage ist der im Jahre 1839 von ALEXANDER BECQUEREL entdeckte Fotoeffekt, unter dem die Freisetzung von Ladungsträgern durch Lichteinstrahlung verstanden wird. Die Technik der Photovoltaik wird seit über hundert Jahren verwendet und ist heute in den verschiedensten Größenordnungen und Anwendungsgebieten zu finden. Neben der Stromversorgung für Konsumgeräte wird sie zur dezentralen Stromerzeugung für Haushalte eingesetzt und auch Satelliten werden durch Photovoltaik mit Strom versorgt. Grundsätzlich kann man sagen, dass die Methode der Projektfinanzierung für den Bereich der Photovoltaik geeignet ist, wobei derzeit gewisse Einschränkungen hinsichtlich bestimmter Modultypen bestehen.

Bei der Solarthermie wird Sonneneinstrahlung in thermische Energie umgewandelt. Die dabei zum Einsatz kommenden Technologien gehen weit auseinander: neben der direkten Wärmenutzung kann die Technik auch zum Antrieb eines Stromgenerators genutzt werden. Während die Solarthermie im Bereich der Privathaushalte vor allem in Deutschland aufgrund des 100.000-Dächerprogramms im Jahre 1999 eine starke Verbreitung erfahren hat[28], ist diese Technik in der kommerziellen Energieproduktion - je nach verwandtem Technologietyp - in einem unterschiedlich fortgeschrittenen Stadium, wobei Parabolrinnen-Kraftwerke am weitesten entwickelt sind (siehe Kapitel 5.3.2).

Viele Erneuerbare Energien haben sich in den letzten Jahren weltweit etabliert, wofür vor allem regelmäßig ihre technische Zuverlässigkeit und gute Planbarkeit von Cashflows verantwortlich gewesen sind. Wie genau die Finanzierung von CSP-Vorhaben erfolgen kann und welche Besonderheiten in diesem Zusammenhang zu beachten sind, werden wir in den folgenden Kapiteln darstellen.

2.2. Projektfinanzierung bei Erneuerbaren Energien

Das folgende Kapitel 2.2 ist in größeren Teilen aus meiner Publikation „Finanzierung von Erneuerbare-Energien-Vorhaben (Einleitung und Kapitel 2.4) entnommen[29].

Je größer ein unternehmerisches Vorhaben, desto größer sind in aller Regel dessen Chancen, desto schwerwiegender aber auch die Folgen seines Scheiterns für diejenigen, die es finanziert oder sich anderweitig verpflichtet haben. Übersteigt ein Vorhaben die Finanzkraft oder Risikobereitschaft eines Unternehmens, erscheint das Vorhaben aber gleichwohl als wirtschaftlich attraktiv, so bietet es sich an, Chancen und Risiken auf mehrere Schultern zu verteilen und gegenüber den Kapitalgebern allein das Projekt mit seinem Cashflow haften zu lassen. Diese beiden zentralen Überlegungen - Cashflow-Orientierung einerseits und explizite Risikozuweisung zwischen den Projektbeteiligten andererseits - sind die zentralen Strukturelemente einer Projektfinanzierung.

Es ist das Vorhaben und dessen Cashflow, nicht aber ein bestimmtes Unternehmen, das für die Finanzierung gerade steht. Das Vorhaben muss daher ein geschlossener, in sich rechtlich, technisch und wirtschaftlich tragfähiger Kreis

28 In Spanien besteht für Neubauten die Pflicht, eine solarthermische Anlage zu errichten.
29 J. Böttcher 2009, S. 1-7 (Einleitung) und S. 19-25 (Kapitel 2.4).

sein, der den Investoren eine glaubwürdige Aussicht auf eine angemessene Eigenkapitalverzinsung und den Fremdkapitalgebern ausreichende Sicherheit auf Rückführung des eingesetzten Kapitals bietet: Das Projekt muss sich selbst tragen, sich selbst finanzieren. Dies ist der Grundgedanke einer Projektfinanzierung.

Für den Begriff der Projektfinanzierung finden sich in der Literatur durchaus unterschiedliche Definitionsansätze, wobei sich der von NEVITT/FABOZZI weitgehend durchgesetzt hat:

> Projektfinanzierung ist die Finanzierung eines Vorhabens, bei der ein Darlehensgeber zunächst den Fokus der Kreditwürdigkeitsprüfung auf die Cashflows des Projekts als einzige Quelle der Geldmittel, durch die die Kredite bedient werden, legt[30].

Aus dieser Definition werden regelmäßig drei Merkmale einer Projektfinanzierung abgeleitet, nämlich die Cashflow-Orientierung (*Cash-Flow Related Lending*), das Prinzip der Risikoteilung zwischen den Projektparteien (*Risk Sharing*) und die Verbuchung der Projektkredite in der Projektgesellschaft (*Off-Balance-Financing*)[31]. Bevor wir auf die Ausprägungen dieser Aspekte näher eingehen, sei ein kurzer Abriss der historischen Bedeutung der Projektfinanzierung erlaubt.

Obwohl Projektfinanzierungen häufig als eine junge Erscheinung im internationalen Finanzwesen eingestuft werden, ist ihr Grundgedanke - die Verknüpfung eines Kredites mit dem Schicksal des zu finanzierenden Projektes - alles andere als neu. Bereits im 5. Jahrhundert vor Christus kannten die antiken Griechen Darlehen für Seetransporte, die nur rückzahlbar waren, wenn das betreffende Schiff seine Mission erfolgreich erfüllte. Ebenso zeigt das Beispiel der Realisierung des Suez-Kanals Mitte des 19. Jahrhunderts, dass es sich um eine lang bekannte Finanzierungsmethode handelt. Weitergehende Bedeutung erlangte die Projektfinanzierung ab etwa 1930 bei der Erschließung der Erdölvorkommen in Nordamerika und ab 1960 bei Rohstoffprojekten[32]. Die Methode ist also tatsächlich älter als ihre Benennung.

---

30 P. K. Nevitt; F.J. Fabozzi 2000, S. 1. Auch wenn durch die Definition eine klare Betonung auf die Rolle der Kreditgeber gelegt werden, wird im Folgenden die Methode der Projektfinanzierung aus dem Blickwinkel der verschiedenen Projektbeteiligten vorgenommen, da ihr effizientes Zusammenspiel entscheidend für den Erfolg einer Projektfinanzierung ist. Die deutliche Betonung der Rolle der Kreditgeber ist gleichwohl sinnvoll, da sie den mit Abstand größten Anteil an der Gesamtfinanzierung übernehmen sollen und damit ihre Akzeptanz dafür entscheidend ist, ob eine Projektfinanzierung zustande kommt oder nicht.

31 W. Schmitt 1989, S. 24.

32 Siehe z.B. ROBERT BAIN: Toll Road Traffic & Revenue Forecasts, London 2009.

Das globale Volumen von Vorhaben, die als Projektfinanzierungen realisiert worden sind, unterstreicht die gesamtwirtschaftliche Bedeutung dieser Finanzierungsmethode (Abbildung 7):

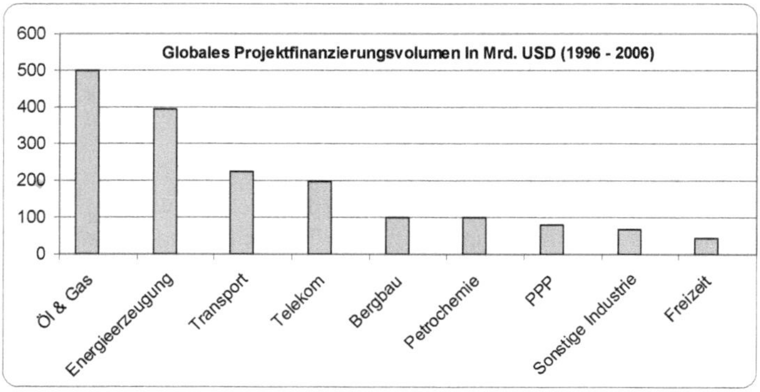

Abbildung 7: Globales Projektfinanzierungsvolumen[33]

Die dynamische Entwicklung des Einsatzes von Projektfinanzierung während der letzten 40 Jahre lässt sich über die folgende Abbildung 8 skizzieren:

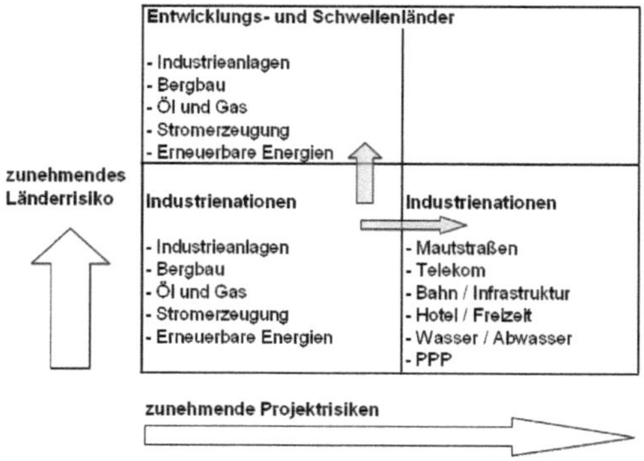

Abbildung 8: Strukturelle Entwicklung des Projektfinanzierungsmarktes[34]

Nachdem sich zunächst relativ gut prognostizierbare Projektfinanzierungen in Industrieländern bewährt hatten, gab es einen Trend, ähnlich gelagerte Vorhaben auch in Schwellen- und Entwicklungsländern zu realisieren und einen weiteren

33 Eigene Darstellung auf Grundlage der Daten von J.D. Finnerty 2007, S. 35.

34 J. Böttcher 2009, S. 2.

Trend, neue Branchen mit einer höheren Volatilität der Cashflows als Projektfinanzierungen in Industrieländern zu realisieren.

Für den Export in Schwellen- und Entwicklungsländer waren häufig die Unternehmen verantwortlich, die bereits in den 70er Jahren als Eigenkapitalgeber bei Projektgesellschaften, den so genannten Sponsoren oder Initiatoren, aufgetreten waren. Gleichzeitig hatten die Unternehmen Vorteile, die neben dem Exportgut die Finanzierung mitlieferten. Aufgrund der zum Teil hohen Länderrisiken und der Devisenknappheit ausländischer Staaten ist die Finanzierung der Exportgeschäfte über den Weg der klassischen Exportfinanzierung, bei dem die finanzielle Basis der Exportgeschäfte durch Lieferanten- und Bestellerkredite sichergestellt wird, in vielen Fällen nicht mehr durchführbar. Da bei der Projektfinanzierung die Wirtschaftlichkeit des Projekts und nicht die Bonität des ausländischen Schuldners über die Finanzierungsmöglichkeit bestimmt, kann die Projektfinanzierung vielfach als geeignetes Finanzierungskonzept eingesetzt werden. Positiver Effekt für diese Länder war, dass die landeseigene Infrastruktur verbessert werden konnte, ohne die staatlichen Ressourcen oder die Steuerzahler im besonderen Maße zu beanspruchen. Die Unternehmen konnten durch den „Technikexport" neues Investitionspotential schaffen. Die Gründe, die etwa ab Mitte der 90er Jahre für den Aufschwung der Projektfinanzierung angeführt wurden - Erschöpfung der staatlichen Ressourcen und die Investitionsbedarfe insbesondere der asiatischen und osteuropäischen Volkswirtschaften in Infrastrukturprojekte - werden auch aus heutiger Sicht noch gelten können.

Der zweite Trend äußerte sich darin, dass Projektfinanzierungen verstärkt auch in neuen Branchen eingesetzt wurden. Neu war zu diesem Zeitpunkt der Einsatz dieser Finanzierungstechnik bei der Realisierung von Mautstraßen, Gefängnissen, Freizeiteinrichtungen oder Telekom-Vorhaben. Diese Bereiche zeichneten sich durch ein höheres Projektrisiko im Vergleich zu den traditionellen Bereichen aus. Häufig trugen die Sponsoren auch nach der Fertigstellung noch einen Teil des Projektrisikos und mussten sich darüber hinaus um den Betrieb der Anlage kümmern.

Als eine Konsequenz der Finanzkrise werden sich voraussichtlich die beiden Trendpfeile wieder umkehren: Risikoreduzierung im Sinne von „sichere Vorhaben in sicheren Ländern" ist auch im dritten Jahr nach der Lehman-Pleite das Gebot der Stunde.

Während die obige Trendbeschreibung eher die Konsequenzen der Investitionen in Projektfinanzierungen beschreibt, ist damit noch wenig über die zugrunde liegenden Ursachen für das Interesse an Projektfinanzierungen gesagt. Hierzu empfiehlt es sich, die ökonomische Vorteilhaftigkeit der Beteiligung der verschiedenen Projektbeteiligten an einer Projektfinanzierung zu betrachten. Wir werden diese Überlegungen vertieft in Kapitel 3 darlegen, hier nur so viel:

Da es nicht ein Unternehmen gibt, das sämtliche Chancen und Risiken des Vorhabens übernimmt, bedürfen Projektfinanzierungen ausgeklügelter und belastbarer vertraglicher Gestaltungen, die den vielfältigen rechtlichen, wirtschaftlichen und technischen Einflussgrößen Rechnung tragen. Vertragsgestaltungen bei Projektfinanzierungen müssen die heterogenen Interessen der Beteiligten ausgleichen und in ein konstruktives Gleichgewicht bringen, das stabil und dynamisch ist und dem Projekt seine Entwicklungschancen belässt. Festzuhalten ist bereits an dieser Stelle, dass die Verteilung der Chancen und Risiken auf die verschiedenen Projektbeteiligten eine der Kernaufgaben für die Strukturierung einer Projektfinanzierung ist. Festzuhalten ist aber auch, dass gute Projektfinanzierungen maßgeschneiderte, unkonventionelle Lösungen sind, da das Chance-Risiko-Profil des Projekts mit den Präferenzen und Möglichkeiten der Projektbeteiligten verzahnt werden muss[35].

Zusammenfassend wird man als Erklärung für den Einsatz von Projektfinanzierungen die Möglichkeit nennen können, Risiken bei typischerweise großvolumigen Projekten auf mehrere Parteien zu verteilen und - aus Sponsorensicht - die eigene Haftung zeitlich zu begrenzen.

Wir wollen im Folgenden die Möglichkeiten darstellen, ob und inwieweit eine Projektfinanzierung bei CSP-Vorhaben möglich ist. Dazu möchten wir an dieser Stelle die gewählte methodische Herangehensweise erläutern: Eine Form der Darstellung von Projektfinanzierungen besteht darin, die praktischen Gegebenheiten einer Projektfinanzierung innerhalb einer bestimmten Branche darzustellen, eine andere darin, die theoretischen Aspekte einer Projektfinanzierung zu beleuchten. Tatsächlich ist die Einbringung von Praxiserfahrungen für ein erfolgreiches Gestalten von Projektfinanzierungen unabdingbar, aber auch keine hinreichende Voraussetzung. Auch wenn die Gesamtheit von Projektfinanzierungen zur Zufriedenheit aller Beteiligten gelaufen sein sollte, gibt es einige spektakuläre Projektfinanzierungen, die mit großem Eklat gescheitert sind. Ein Weg zu einem tieferen Verständnis von Projektfinanzierungen ist daher die Analyse von Projekten und die Erklärung des praktischen Handelns der Projektbeteiligten durch die Theorie.

Neben den oben genannten drei Teilaspekten - Cashflow-Orientierung, Risikoallokation und Off-Balance-Finanzierung - ist aber die Existenz eines abgrenzbaren Projekts die Grundvoraussetzung für die Entscheidung für die Projektfinan-

---

35 J. Böttcher; P. Blattner 2006, S. 9-15.

zierung. Der Aspekt der Abgrenzbarkeit bezieht sich dabei auf verschiedene Dimensionen[36]:

Einmaliger, azyklischer Ablauf: Die Projektparteien finden sich zusammen und schließen regelmäßig bilateral mit der Projektgesellschaft vor Projektbeginn ein Bündel von Verträgen miteinander ab, um einen einmaligen Prozess zu gestalten. Zum Teil handelt es sich um Verträge, die sich auf einen einmaligen Leistungsaustausch beziehen (z.B. den Anlagenbauvertrag), zum Teil aber auch um Verträge, die sich durch einen stetigen Leistungsaustausch auszeichnen. Diese Unterscheidung ist insoweit bedeutsam, als sich die Folgen aus einem schlagend gewordenen Principal-Agent-Problem regelmäßig bei dem zweiten Typ von Verträgen leichter beheben lassen (siehe hierzu Kapitel 4.6). In allen Ausprägungen bewegt man sich auf der Ebene impliziter oder relationaler Verträge, auf die später noch einzugehen sein wird. An dieser Stelle soll insoweit der Hinweis genügen, dass das Spektrum von Verträgen aufgrund fehlender Verfügbarkeit eingeschränkt ist und dass andererseits bei einer Projektfinanzierung der Versuch unternommen wird, möglichst alle Eventualitäten explizit zu erfassen, was naturgemäß nie vollständig gelingen kann.

Terminierbarkeit von Anfangs- und Endzeitpunkten: Das Projekt lässt sich zeitlich abgrenzen. Damit wird der Spielraum für vertragliche Unvollständigkeiten geringer, da sich ein begrenzter Zeitraum eher überschauen und durch geeignete vertragliche Regelungen abdecken lässt. Projekte mit einer unbefristeten Laufzeit würden die Gründung eines auf Dauer angelegten Unternehmens erforderlich machen und eine Ausgestaltung einer Vertragsstruktur sehr erschweren, da sich kaum ein Projektbeteiligter auf unbegrenzte Zeit in ein Joint Venture einbinden lässt. Dem steht auch nicht entgegen, dass es bestimmte Projektfinanzierungen gibt, die seit Jahrzehnten bestehen. Bei diesen Fällen sind regelmäßig die Projektfinanzierungsdarlehen zurückgeführt worden und die Anlagentechnik funktioniert weiterhin.

Speziell formulierte Zielvorgabe: Die Sponsoren einer Projektgesellschaft verfolgen per se unterschiedliche Zielsetzungen. Um ein Projekt aber gemeinschaftlich realisieren zu können, müssen sie für ein Projekt ein gemeinsames Ziel definieren und verfolgen. Damit sind die Unternehmensziele der verschiedenen Sponsoren von den spezifischen Zielen des jeweiligen Projekts zu trennen. Natürlich wird ein Sponsor nicht ein Projekt verfolgen, das seinen Unternehmenszielen zuwider läuft. Sofern er einem Projekt aber grundsätzlich zugestimmt hat, erscheint es aus Gründen der Komplexitätsreduktion geboten, die für das Projekt tätigen Mitarbeiter auf diese möglichst konkreten Projektziele zu verpflichten

36 J. Böttcher 2009, S. 20 f.

und nicht ständig mit der Palette der möglichen Ziele des Sponsors zu konfrontieren. Dies schließt eine regelmäßige Evaluierung der Zielkongruenz nicht aus.

Eindeutig definierte finanzielle, personelle und sachlich-materielle Ressourcen: Da die unterschiedlichen Sponsoreninteressen in der Projektgesellschaft gebündelt werden, müssen auch die jeweiligen Vertragsbeziehungen zwischen Sponsoren und Projektgesellschaft erkennbar zu Marktpreisen ausgestaltet werden. Ist das Projekt hingegen zu eng und mit unscharfen Schnittstellen mit dem restlichen Unternehmensprogramm verknüpft, müssen die anderen Sponsoren oder die Kreditgeber befürchten, durch für sie nicht erkennbare oder auch nicht nachweisbare Vermögensverschiebungen übervorteilt zu werden. Möglich wäre dies durch überhöhte Transferpreise oder die Belastung der Projektgesellschaft durch Risiken des Sponsors.

Grundvoraussetzung für die Durchführung einer Projektfinanzierung ist die Existenz eines Vorhabens, das sich durch einmalige, azyklische Abläufe, eine befristete Laufzeit, eine besondere Zielvorgabe und genau zurechenbare finanzielle, personelle und sachliche Ressourcen auszeichnet. Organisatorisch verlangt dies, eine eigenständige Projektgesellschaft zu gründen, die den Zweck der Projektdurchführung hat[37]. Diese rechtlich selbständige Trägergesellschaft wird so ausgestaltet, dass sie rechts- und kreditfähig ist: sie schließt sowohl den Kreditvertrag als auch alle anderen Projektverträge ab und verwirklicht das Vorhaben im eigenen Namen.

Wie stehen nun die oben beschriebenen Kriterien Off-Balance-Finanzierung, Cashflow-Orientierung und Risk Sharing in Bezug zu einem so beschriebenen Projekt?

Zur Durchführung des Projekts wird eine Projektgesellschaft gegründet, die die Fremdkapitalmittel selbst aufnimmt und als Kreditschuldner gegenüber den Banken auftritt. Die Sponsoren sind lediglich als Eigenkapitalgeber in Höhe ihrer Einlage beteiligt, wodurch diese, sofern seitens der Muttergesellschaft keine Garantien oder Bürgschaften gestellt werden, im Regelfall nicht haften[38]. Weder Vermögen noch Schulden des Vorhabens erscheinen in der Bilanz der Sponsoren, möglicherweise - je nach geltendem Bilanzrecht - nicht einmal die vom Sponsor gegebenen Garantien[39].

Die Regeln der Konsolidierung sind grundlegend für die Strukturierung von Projektfinanzierungen. Grundsätzlich gilt, dass eine Off-Balance Sheet-Finanzierung dann möglich wird, wenn keiner der Projektsponsoren mehr als 50 % am

37 M. Hupe 1995, S. 12 f..

38 M. Hupe 1995, S. 12.

39 J. Böttcher 2009, S. 21.

Eigenkapital der Projektgesellschaft hält. Eigenkapitalbeteiligungen bis zu 50 % werden lediglich als Beteiligung an anderen Unternehmen ausgewiesen. Allerdings ist zu berücksichtigen, dass bestimmte langfristige Verpflichtungen, wie z.B. Garantien oder sonstige Verpflichtungen (so genannte *credit enhancements*), die typischerweise von den Sponsoren insbesondere in der Fertigstellungsphase gewährt werden, im Anhang bzw. den Notes des Sponsors angegeben und erläutert werden müssen. Selbstverständlich variieren diese Verpflichtungen in Abhängigkeit von Regelungen in dem jeweiligen Rechnungslegungssystem und müssen jeweils überprüft werden. So beinhalten etwa die Konsolidierungsgrundsätze nach US-GAAP nicht nur eine Beteiligung von mehr als 50 %, sondern auch die Existenz einer tatsächlichen Kontrolle der Tochtergesellschaft und die ökonomische Verflechtung („*economic complementarity*“) zwischen Mutter und Tochter[40].

Angestrebt wird regelmäßig, die Projektkredite direkt in der Bilanz der Projektgesellschaft auszuweisen, so dass die Jahresabschlüsse der Sponsoren durch die Kreditaufnahme nicht berührt werden (**Off-Balance Sheet-Financing**). Die Kreditfinanzierung des Projekts außerhalb ihrer eigenen Bilanzen könnte - so eine vielfach gehörte Meinung - für die Sponsoren den Vorteil haben, dass ihr Kredit-Standing unberührt bleibe, da die Verschuldung der Projektgesellschaft nicht in der Bilanz der Sponsoren erscheine und damit ihre Bilanzkennzahlen durch das Projekt nicht beeinflusse[41]. Richtig ist sicherlich, dass die Einhaltung bestimmter Bilanzkennzahlen eine wichtige Konvention der Finanzierungsmärkte ist. Insofern kann eine Off-Balance-Sheet-Finanzierung als ein Hilfsmittel einer Kapitalmarkt orientierten Bilanzpolitik verstanden werden. Allerdings ist es unrealistisch zu vermuten, die Marktpartner würden die Existenz von Projektfinanzierungen nicht wahrnehmen oder sich keine Gedanken über die möglichen Verbindlichkeiten und Verpflichtungen des Sponsors machen. Im Regelfall sollte man davon ausgehen, dass es anderen Marktteilnehmern gelingt, die Verbindlichkeiten des Sponsorunternehmens einzuschätzen, seien diese nun bilanziell sichtbar oder nicht.

Ökonomisch viel wichtiger ist die Frage, welche Verbindlichkeiten die Sponsoren tatsächlich übernehmen. Regelmäßig werden Projektfinanzierungen mit ei-

40 E.C. Buljevich; Y.S. Park 1999, S. 122 f..

41 Dieser vermutete Vorteil setzt aber stillschweigend voraus, dass die Kreditgeber des Sponsors sich bei ihren Kreditentscheidungen formal an der Kennzahlenanalyse orientieren und die Wirklichkeit der Belastung des Kreditnehmers nicht wahrnehmen. Ökonomisch wird man kaum den Erfolg von Projektfinanzierungen aus diesem Charakteristikum ableiten können; wenn überhaupt, dann ein Bedarf an besseren Techniken der Kreditwürdigkeitsprüfung bei Banken.

ner beschränkten Haftung (*Limited Recourse*) der Sponsoren durchgeführt (siehe dazu auch Kapitel 4.3). Eine solche Haftungsbeschränkung sollte auch hinter dem Off-Balance-Sheet-Charakter einer Projektfinanzierung stehen, denn unabhängig von bilanzrechtlichen Gestaltungsmöglichkeiten bilanziert ein seriöser Kaufmann sein Vermögen und seine Schulden und somit auch eine Projektfinanzierung, wenn und soweit ihm aus ihr Verbindlichkeiten erwachsen. Das ökonomisch interessante Merkmal ist eben, dass es bei der Projektfinanzierung gelingt, Projekte durchzuführen, ohne dass die Gesellschafter für sie in vollem Umfang haften. Diese so genannte Stand-Alone-Eigenschaft eines Projekts verdient besondere Aufmerksamkeit, und zwar unabhängig davon, wie sie sich in der konkreten Vertragsgestaltung und damit in den Bilanzen der Sponsoren niederschlägt.

Aufgrund der fehlenden ökonomischen Vergangenheit und der hohen Spezifität sowie der damit verbundenen geringen Veräußerungswerte der Aktiva ist bei der Kreditentscheidung eine Verfahrensweise wie beim konventionellen Kreditgeschäft unzweckmäßig. Eine die Bonität begründende Historie kann die Projektgesellschaft nicht aufweisen und die Sponsoren wollen ihre Haftung möglichst weitgehend begrenzen, so dass auch ihre zukünftige Zahlungsfähigkeit nicht das primäre Beurteilungskriterium für die Kreditentscheidung eines Fremdkapitalgebers sein kann[42]. Vielmehr steht bei der Kreditwürdigkeitsprüfung die eigenständige Lebensfähigkeit des Projekts, die sich in der Erwirtschaftung eines für die Deckung der Betriebskosten und des geplanten Schuldendienstes ausreichenden Cashflow äußert, im Mittelpunkt der Betrachtung[43]. Die Orientierung der Kreditvergabe am zukünftigen Cashflow eines Projekts bezeichnet man als **Cashflow Related Lending**. Hierbei handelt es sich um eine prospektive Kreditwürdigkeitsprüfung nach dem Beurteilungskriterium der Cashflow-Entwicklung[44].

Die Stabilität und Auskömmlichkeit des Cashflows sind die entscheidenden Kriterien für die Beurteilung der Wirtschaftlichkeit eines Projekts. Risikomanagement bei Projektfinanzierungen meint folglich die Sicherstellung eines stabilen Cashflows. Auch die Behandlung der Einzelrisiken, die wir uns in den späteren Kapiteln ansehen werden, ist vor diesem Hintergrund zu würdigen. Die Sponsoren eines Projekts mobilisieren Fremdmittel auf Basis des Projekts und seines Cashflows und nicht auf Basis der Aktiva der Sponsoren[45]. Die genaue Kalkulation zukünftiger Cashflows ist die Grundlage für das Risk Sharing in der für

42 J. Jütte-Rauhut 1988, S. 52; H. Uekermann 1992, S. 11 f..
43 D. Tytko 1999, S. 10.
44 P.B. Grosse 1990, S. 43.
45 P. Benoit 1996, S. 1.

Projektfinanzierungen typischen Form. Die dabei erforderlichen präzisen vertraglichen Regelungen basieren auf einer entsprechend genauen Kalkulationsgrundlage und wirken zusätzlich auf sie zurück.

Bei konventionellen Unternehmensfinanzierungen besitzen die Kreditgeber uneingeschränkte Rückgriffsrechte auf das Vermögen des Kreditnehmers und in Abhängigkeit von der Rechtsform auch auf ihr Privatvermögen. Bei Projektfinanzierungen liegt aufgrund der rechtlichen und wirtschaftlichen Eigenständigkeit sowie des *Cash Flow Related Lending* aber ein anderes Risikotragfähigkeitsprinzip vor. Da sich Fremdkapitalgeber üblicherweise nicht nur mit dem prognostizierten Cashflow und den hochspezifischen Aktiva des Projekts als Sicherheit zufrieden stellen lassen, muss sichergestellt sein, dass die verschiedenen Projektbeteiligten einen hinreichenden Anreiz verspüren, dem Projekt zu einem nachhaltigen Erfolg zu verhelfen. Diese für Projektfinanzierungen typische Verteilung von Risiken nennt man **Risk Sharing**, die die Grundlage für eine tragfähige Projekt- und Finanzierungsstruktur ist[46]. Tragfähig heißt, dass die Struktur der vertraglichen Verpflichtungen der Projektbeteiligten auch beim Eintritt von Risiken eine Fortführung des Projekts zulässt und die ökonomischen richtigen Anreize bei den Projektbeteiligten setzt, sich für den Projekterfolg einzusetzen[47]. Die Ausgestaltung der Risikostruktur, also die vertraglichen Ausgestaltungen der Risikoträgerschaft, ist das zweite, neben der Cashflow-Orientierung zentrale Beurteilungskriterium zur Beurteilung der Tragfähigkeit einer Projektfinanzierung. Wichtig ist, dass sich das Konzept der Risikoteilung üblicherweise nicht allein auf die Einbindung der Sponsoren bei bestimmten Risiken[48] gegenüber dem Kreditinstitut bezieht, sondern vielmehr auf die Einbindung der zentralen Projektbeteiligten gegenüber der Projektgesellschaft, die sich vertraglich verpflichten, bestimmte Risiken vom Projekt fernzuhalten[49]. Die Risikozuweisung setzt voraus, dass die einzelnen Risiken nach ihrer Risikoursache identifiziert und auf Risikoträger separiert werden, um sie dann durch geeignete vertragliche Regelungen (Risikoinstrumente) den einzelnen Parteien zuzuordnen. Solche Risiken können etwa Fertigstellungsrisiken, Zulieferrisiken, verfahrenstechnische Risiken, Marktrisiken oder Länderrisiken betreffen. Diese Form des Risk Sharing ist für die Projektfinanzierung derart zentral, dass wir uns in

46 W. Schmitt 1989, S. 23; H. Uekermann 1993, S. 14 ff..

47 Die Frage, ob die Chance-Risiko-Position für den Projektbeteiligten auch dann noch auskömmlich ist, wenn er das in Rede stehende Risiko zu tragen hat, beinhaltet philosophische Bestandteile und lässt sich nur in Ansätzen in kaufmännischer Verhandlung nach Marktgesetz bewältigen.

48 Der Begriff „Risiko" wird in Kapitel 5.1 definiert.

49 M. Hupe 1995, S. 19.

den verschiedenen folgenden Kapiteln mit der Risikoidentifizierung und Risikoallokation durch geeignete Verträge beschäftigen werden.

Die Risikoallokation führt regelmäßig gerade nicht zu einer Reduzierung des gesamten Projektrisikos, sondern vielmehr zu einer Verteilung auf verschiedene Projektbeteiligte. Diese Verantwortlichen für ein Risiko können darauf Einfluss nehmen, ob das Risiko eintritt oder nicht. Ein Hersteller kann durch entsprechende Aktivitäten sicherstellen, dass die von ihm gebaute Anlage auch langfristig gut funktioniert. Ein Abnehmer hat über seine Vertriebskanäle besseren Zugang zum Markt für den Projekt-Output, ein Lieferant kann für Liefersicherheit sorgen. Kurz: Risk Sharing zielt darauf ab, Verhaltensanreize so zu setzen, dass alle Projektbeteiligte konsequent das Wohl des Projekts verfolgen.

Konstitutive Merkmale einer Projektfinanzierung sind die beiden Merkmale *Cashflow-Related Lending* und *Risk Sharing*, während das Charakteristikum *Off-Balance Sheet Financing* als zusätzliche, aber nicht notwendige Zielsetzung der Sponsoren verfolgt wird.

Die Frage, ob die Methode einer Projektfinanzierung für eine bestimmte Form von Erneuerbaren Energien grundsätzlich geeignet ist, muss aktuell jeweils neu beantwortet werden. Dies liegt zum einen darin begründet, dass die technologischen Fortschritte in verschiedenen Teilsegmenten erheblich sind und einen wirtschaftlichen Einsatz damit erst begründen können. Je mehr Vorhaben in einer bestimmten Branche umgesetzt werden, umso mehr Erfahrungen können mit der Technologie gemacht werden und eröffnen so die Möglichkeit, Projektfinanzierungen einzusetzen.

Kommt eine Unternehmensfinanzierung zum Einsatz, wird ein Investitionsvorhaben als Teil des Unternehmens betrachtet. Die Bewertung des Investitionsvorhabens basiert auf der Kreditwürdigkeit des Gesamtunternehmens und nicht auf dem erwarteten Cashflow des Projekts an sich (siehe Abbildung 9). Wird dagegen eine Projektfinanzierung dargestellt, ist die Bewertung der Fremdkapitalgeber ausschließlich an die Fähigkeit des Projekts geknüpft, einen eigenen Cashflow zu generieren.

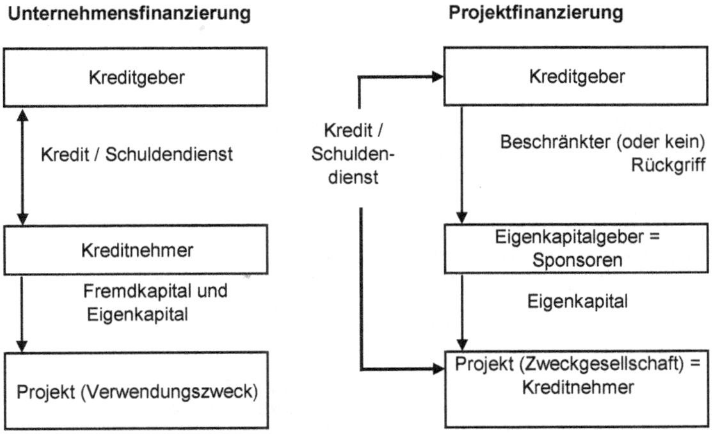

Abbildung 9: Vergleich Unternehmensfinanzierung und Projektfinanzierung I[50]

Da die Sponsoren bei einer Projektfinanzierung eine unbegrenzte Haftung für das Fremdkapital ablehnen, wird für die Realisierung der Projekte die Gründung einer eigenständigen Projektgesellschaft durch die Sponsoren als Gesellschafter regelmäßig notwendig. Alleiniger Geschäftsgegenstand dieser Projektgesellschaft ist die Realisierung, also die Errichtung und der Betrieb des Projekts. Sie nimmt als Einzweckgesellschaft die Fremdmittel auf und haftet unbeschränkt mit ihrem Vermögen, so dass bei formaler Betrachtung ein Unternehmenskredit vorliegt. Materiell handelt es sich aber um einen Kredit für das konkrete Vorhaben. Die Kreditgeber erwarten die Rückzahlung des Kapitaldienstes allein aus dem Cashflow, der aus dem Projekt generiert wird. Als Sicherheit stehen allein die Aktiva und der Cashflow des Projekts als Haftungsmasse den Gläubigern zur Verfügung. Diese Haftungsmasse ist allerdings projekttypisch nur schwer verwertbar, was mit Blick auf die hohen Investitionsspezifika (Kraftwerke, Mobiltelefonienetze, Transportsysteme etc.) nicht näher erläutert werden muss. Daher wird im Krisenfall, in dem der Cashflow zur Bedienung des Kapitaldienstes nicht ausreicht, nicht die Sicherheitenverwertung im Vordergrund stehen, sondern die Fortführung des Projekts, erforderlichenfalls unter finanziellen Opfern aller Beteiligter[51].

Aus dem Wunsch der Sponsoren, die ihre Haftung allein auf das Projekt - d.h. dessen Cashflow - beschränken möchten und dem Sicherheitsbedürfnis der Fremdkapitalgeber, die die fristgerechte Zinsbedienung und Rückzahlung ihrer Kredite möglichst weitgehend sichern wollen, ergibt sich ein zentraler Span-

50 In Anlehnung an W. Schmitt 1989, S. 22.
51 J. Böttcher; P. Blattner 2006, S. 130-133.

nungsbogen der Projektfinanzierung, für den es keine vorgefertigten Lösungen gibt, sondern der die Beteiligten in jedem Fall zur wechselseitigen Austarierung ihrer Interessen zwingt.

Unternehmensfinanzierung und Projektfinanzierung unterschieden sich in folgenden wesentlichen Aspekten, wie in Tabelle 4 dargestellt:

Tabelle 4: Vergleich Unternehmensfinanzierung und Projektfinanzierung II[52]

	Unternehmensfinanzierung	**Projektfinanzierung**
Beschreibung	Darlehen wird durch den Kreditnehmer ("Sponsor") aus seinen **gesamten Unternehmensaktivitäten** zurückgeführt	Sämtliche Kosten (inkl. Schuldendienst) müssen aus den **Cashflows des Projektes** zurückgeführt werden
Haftung der Sponsoren	Kreditnehmer haftet für die Rückführung der Darlehen während der **gesamten Laufzeit der Darlehen**	Sponsoren haften regelmäßig nur bis zur **Fertigstellung** des Projektes, danach ist es alleine das Projekt mit seinen Cashflows
Fokus:	Wesentlicher Indikator für zukünftige Performance: Bewertung der Jahresabschlüsse und Rückschlüsse auf zukünftige Performance	Zukünftige Cashflows
Finanzierung hängt ab von..	.. der Kreditwürdigkeit des Kreditnehmers	.. der Zuverlässigkeit und Vorhersagbarkeit der Cashflows des Projektes

Während sich die Kreditgeber beim klassischen Unternehmenskredit hinsichtlich der Befriedigung ihrer Kreditforderungen auf das Zahlungsversprechen und die Bonität eines bestehenden Unternehmen verlassen können, muss bei einer Projektfinanzierung das wirtschaftliche Potential des Vorhabens selbst ausreichend sein, die Darlehen zurückzuzahlen. Diese Prüfung der Kreditwürdigkeit anhand von geplanten, zukünftigen Cashflows ist das vorrangige, zentrale Kriterium von Projektfinanzierungen.

Im Zusammenhang mit der Diskussion um das Wesen einer Projektfinanzierung trifft man häufig auf zwei Missverständnisse. Das erste Missverständnis lautet, dass die Kreditbedienung einzig bei einer Projektfinanzierung aus den zukünftigen Cashflows erfolge. Das zweite Missverständnis lautet, dass eine Projektfinanzierung riskanter sei als eine Unternehmensfinanzierung.

Zum ersten Missverständnis: Auch bei einer Unternehmensfinanzierung ist es keinesfalls so, dass die Kreditgewährung allein auf die „Substanz" bzw. die verfügbaren Sicherheiten hin erfolgt. Zum einen ist hier die „Substanz" einzig in der Fähigkeit des Unternehmens begründet, aufgrund zukünftig zu erwirtschaftender Cashflows seine Kredite zu bedienen. Allerdings gibt es im Unterschied

52 J. Böttcher 2009, S. 28.

zu einer Projektfinanzierung bei einer Unternehmensfinanzierung im Regelfall keine detaillierte langfristige Cashflow-Planung, sondern es muss versucht werden, über die Jahresabschlussanalyse in Kombination mit weitergehenden Unternehmens- und Marktanalysen eine Indikation zu erhalten, ob die Kredite zurückgeführt werden können oder nicht. Zum anderen macht bei einer Projektfinanzierung die explizite vertragliche Gestaltung der Projektverträge die Gesamtheit der Cashflows des Projekts aus, die damit die Wirtschaftlichkeit des Vorhabens und seine Einschätzung auf Seiten der Kreditgeber bestimmen. Damit wird es auch möglich, hinlänglich verlässliche Aussagen zur Prognostizierbarkeit der Cashflows zu machen. Diese Möglichkeit besteht regelmäßig nicht bei einer Unternehmensfinanzierung, da sich die Vielzahl der Unternehmensaktivitäten typischerweise nicht in eine Summe vertraglich separierbarer und planbarer Aktivitäten zerlegen lässt. Damit ist die Entscheidung über eine Unternehmensfinanzierung im Kern darauf angewiesen, die bisherigen Jahresabschlüsse als Indikator für zukünftigen Unternehmenserfolg und Basis für die Kreditbedienung heranzuziehen.

Zum zweiten Missverständnis: In einer allgemeinen Betrachtung lässt sich zunächst nicht per se behaupten, dass eine Unternehmensfinanzierung riskanter sei als eine Projektfinanzierung oder umgekehrt. Selbstverständlich kann ein Vorhaben so strukturiert werden, dass die ökonomischen Grundsätze eines Risikomanagementprozesses missachtet werden, was die Gefahr des Scheiterns eines Projekts wesentlich erhöht[53]. Auch hilft die historische Betrachtung von Projektfinanzierungen und Unternehmensfinanzierungen in der Krise nicht wirklich weiter, da eine Vielzahl von Finanzierungen gar nicht betrachtet worden sind und sich häufig Realoptionen ergeben, die eine Restrukturierung der jeweiligen Finanzierung zulassen. Aus grundsätzlichen Überlegungen - Orientierung an einem Cashflow-Strom, der alleinig durch ein einziges Asset generiert wird - sollte eine Projektfinanzierung allerdings strengeren Prüfungskriterien genügen als dies bei Unternehmensfinanzierungen regelmäßig der Fall ist. Dies mag auch ein Grund dafür sein, dass Projektfinanzierungen regelmäßig dort zu finden sind, wo stabile Cashflows zu erwarten sind. Im Bereich der Erneuerbaren Energien bedeutet dies, dass regelmäßig die Kriterien bewährte Technik, sicheres Regu-

53 Überspitzt kann man auch festhalten, dass die öffentliche Auszeichnung eines Projektes durchaus als ein Warnsignal für ein erhöhtes Risiko wahrgenommen werden kann. Typischerweise werden nämlich nicht jene Vorhaben ausgezeichnet, die eine vielfach geübte Struktur in sicheren Märkten duplizieren, sondern die in einem bestimmten Aspekt ein neues Gestaltungselement, eine neue Technologie oder einen anderen Risikoaspekt in ein Projekt einbauen. Die Erfahrung zeigt, dass es gerade die neuen Elemente sind, die im weiteren Projektverlauf zu Problemen führen.

lierungsumfeld und weitgehender Ausschluss eines Fertigstellungsrisikos erfüllt sein sollten. Dabei sollte man sich auch bewusst sein, dass die Erfolgsfaktoren für eine Projektfinanzierung nicht zwingend für eine Unternehmensfinanzierung gelten müssen. Ein Beispiel: Wir werden im weiteren Verlauf darstellen, dass in vielen Ländern die Methodik der Projektfinanzierung für CSP-Vorhaben durchaus gut geeignet ist. Dies gilt aber nicht umgekehrt für die Finanzierung von Unternehmen, die in der Solar-Branche tätig sind, wie z.B. Modulhersteller. Sie sind darauf angewiesen, dass sie ihre Produkte langfristig an die Endabnehmer (typischerweise Projekte) absetzen können. Sie müssen damit darauf vertrauen, dass ein einmal gespanntes Regulierungsumfeld langfristig in seiner Struktur erhalten bleibt. Weiter müssen sie darauf vertrauen, dass die von ihnen produzierte Technologie langfristig wettbewerbsfähig bleibt und nicht durch den technischen Fortschritt obsolet wird.

Beteiligte einer Projektfinanzierung

Die Komplexität einer Projektfinanzierung zeichnet sich unter anderem dadurch aus, dass neben Eigenkapital- und Fremdkapitalgebern weitere Parteien mit unterschiedlichen Interessen und Zielen prägend auf das Projekt einwirken. Die Kenntnis über alle am Projekt Beteiligten und deren Ziele spielt im Rahmen der Risikoallokation und Risikoanalyse die zentrale Rolle[54], weswegen diese nachfolgend beschrieben werden sollen (Abbildung 10)[55].

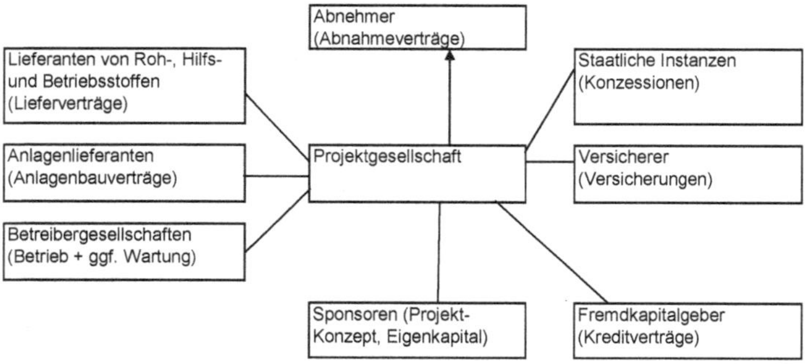

Abbildung 10: Darstellung der wesentlichen Beteiligten einer Projektfinanzierung[56]

Die Sponsoren sind mit einem bestimmten Eigenkapitalanteil am Projekt beteiligt, entwerfen die Projektidee, ergreifen die Initiative zur Gründung des Pro-

54 D. Tytko 1999, S. 22.

55 J. Böttcher 2009, S. 30.

56 J. Böttcher 2004, S. 142.

jekts und sind häufig für dessen Betrieb verantwortlich[57]. Meist finden sich mehrere Projektträger zusammen, um ihr unterschiedliches Leistungsvermögen zu kombinieren. Typische Sponsoren sind Lieferanten der Vorleistungen und Abnehmer der Endprodukte des Projekts, die auf diese Weise die Absatz- bzw. Beschaffungsseite sichern wollen. Darüber hinaus treten auch Regierungen, staatliche Institutionen, Entwicklungsbanken und Finanzinvestoren als Sponsoren auf[58].

Als Kreditgeber kommen international tätige Geschäftsbanken, inter- und supranationale Entwicklungsbanken, Exportkreditgesellschaften sowie Leasinggesellschaften in Betracht. Das Fremdkapital stellt meist den größten Teil des benötigten Kapitals, daher kommt den Fremdkapitalgebern neben den Sponsoren eine zentrale Rolle zu. Bei vielen Projektfinanzierungsvorhaben erfolgt die Kreditvergabe durch Konsortien, wobei ein federführendes Kreditinstitut (*Lead Bank*) bestimmt wird[59].

Mit dem Begriff „Contractors“ werden die Projektbeteiligten bezeichnet, welche die Projektanlage planen, konstruieren und die zur Erfüllung des Projektunternehmenszweckes notwendigen Teile des materiellen Anlagevermögens liefern. Darüber hinaus gehören die Errichtung der Projektanlage und die Ingangsetzung zu den Aufgaben eines Contractors. Insbesondere Unternehmen des industriellen Anlagenbaus übernehmen diese Funktion[60]. Dem Generalunternehmer kommt eine zentrale Aufgabe zu, da er sicherstellen muss, dass die Anlage zu den vorbestimmten Kosten und zu einem bestimmten Spätestdatum erstellt wird. Den Abnehmern kommt eine entscheidende Bedeutung für den Erfolg eines Projekts zu, da der Cashflow auf der Einnahmeseite von dem Absatz der Projektleistungen abhängt[61]. Ebenfalls einen hohen Stellenwert hat die termingerechte Beliefe-

57 M. Gröhl 1990, S. 13 f..

58 H. Uekermann 1993, S. 18 f..

59 D. Tytko 1999, S. 25. Für eine Projektfinanzierung kommen praktisch alle Arten von Fremdkapital in Frage, wobei meist ein Mix aus verschiedenen Finanzierungsformen mit unterschiedlichen Anspruchsarten, Laufzeiten und Trägern in Frage kommt. Im Detail siehe hierzu P.K. Nevitt; F.J. Fabozzi 2000, S. 57-227.

60 H. Uekermann 1993, S. 20. Beim Abschluss dieses Vertrages zeigt sich der Charakter einer Projektfinanzierung besonders deutlich: Das im Rahmen dieses Vertrages von dem Contractor übernommene Risiko (z.B. Fertigstellung zu einem bestimmten Zeitpunkt mit bestimmten Leistungsparametern), die Bonität und die Verlässlichkeit des Contractors dokumentieren eine Verpflichtung für die plangemäße Projektrealisierung, die den Fremdkapitalgebern anstelle der vollen Haftung des Kreditnehmers im Regelfall ausreicht.

61 D. Tytko 1999, S. 29.

rung mit Roh-, Hilfs- und Betriebsstoffen durch die Lieferanten je nach Abhängigkeit von der Verfügbarkeit dieser Stoffe.

Es ist einleuchtend, dass die Interessen der einzelnen Projektbeteiligten nicht immer gleichgerichtet sein können. Die Anbieter von Leistungen und Waren für die Projektgesellschaft werden möglichst hohe Preise durchsetzen wollen, die Nachfrager möglichst niedrige. Von der Ausgangslage der Interessen unterscheidet sich eine Projektfinanzierung nicht von anderen Transaktionsformen, wohl aber in der Lösung dieser Interessengegensätze, die im Regelfall in einer langfristigen vertraglichen Austarierung der Chancen und Risiken mündet. Hinzu kommt, dass sich die Chancen und Risiken der verschiedenen Projektbeteiligten in Abhängigkeit von der jeweiligen Projektphase ändern: Bestimmte Projektbeteiligte - wie z.B. die Kreditgeber - sind etwa zur Planungsphase im Regelfall noch gar nicht präsent, andere - wie etwa der Projektierer eines Solarparks - scheiden spätestens zur Betriebsphase aus. Um ein Projekt stabil - d.h. robust - gegenüber Umweltänderungen zu gestalten, ist es notwendig, die Chancen und Risiken der verschiedenen Projektbeteiligten im Projektablauf gemeinsam mit der Projektentwicklung zu analysieren - eine Analyse der Interessen der Projektbeteiligten zu einem bestimmten Zeitpunkt wäre statisch, eine bloße Phasenbetrachtung würde von den Akteuren abstrahieren.

Der Erfolg einer Projektfinanzierung hängt stark von der effizienten Zusammenarbeit und damit der Motivation der jeweiligen Projektbeteiligten ab, die sich wiederum aus den spezifischen Vor- und Nachteilen des jeweiligen Beteiligten ableitet. Zur Beurteilung der Machbarkeit einer Projektfinanzierung tritt damit neben die Prüfung der Belastbarkeit des Vorhabens gegenüber Planabweichungen die Untersuchung der jeweiligen Anreize und Beiträge der Beteiligten, um sicherzustellen, dass eine Kreditrückführung auch in schwierigen Zeiten nicht durch ein mangelndes Interesse der Projektbeteiligten gefährdet wird. Die folgende Übersicht gibt einen Überblick über die wesentlichen Projektbeteiligten und deren Anreiz- und Beitragsstrukturen bei einer Projektfinanzierung.

Im Zentrum der Organisation einer Projektfinanzierung steht die von den Sponsoren gegründete Projektgesellschaft. Sie nimmt das Beteiligungskapital auf und besorgt die darüber hinaus zur Finanzierung des Aufbaus und der Durchführung des Projekts benötigten Fremdmittel. Eines der Hauptmotive für die Gründung der Projektgesellschaft ist aus Sicht der Sponsoren die eigene Haftungsbeschränkung gegenüber den Kreditgebern, die unterschiedlich weit ausgeprägt sein kann[62].

Zu den weiteren Projektbeteiligten zählen:

---

62 Siehe hierzu den folgenden Abschnitt „Varianten der Projektfinanzierung“.

- eine eventuell engagierte Betreiber- und Managementgesellschaft,
- die öffentlichen Hände des Projektlandes, die ein vielfältiges Spektrum an Funktionen übernehmen können (z.B. Erteilung von Genehmigungen bis hin zur Schaffung von infrastrukturellen Rahmenbedingungen) sowie
- die Versicherer, die den verschiedenen Projektbeteiligten Schutz gegen den Eintritt von Risiken gewähren[63].

Dies sind die Projektbeteiligten, die üblicherweise in der Literatur genannt werden. Gleichwohl erscheint es sinnvoll, die Gruppe der Projektbeteiligten noch weiter zu fassen. Jede Gruppe, die von einem Projekt betroffen ist, ist in ihrer Interessenlage berührt und sieht ihre eigenen Nutzenmöglichkeiten betroffen. Bei den genannten Projektbeteiligten, wie den Zulieferern oder den Abnehmern ist dies offensichtlich: Ihre Beziehung zum Projekt wird denn auch explizit vertraglich geregelt. Bei anderen Projektbeteiligten kann dies mal mehr, mal weniger auffallen: So kann der Staat ein erhebliches Interesse an der Realisierung eines bestimmten Infrastrukturprojekts haben, auf der anderen Seite „nur“ als Steuerempfänger eingebunden sein. Häufig ausgeblendet als vom Projekt Betroffene sind die direkten Anwohner des Projekts. Ihre Rolle wird - wenn überhaupt - häufig unter Umweltschutzgesichtspunkten abgebildet. Dies ist insoweit nachvollziehbar, als dass Immissionen des Projekts nicht die Anwohner beeinträchtigen sollten und daher im Rahmen einer Umweltverträglichkeitsprüfung des Projekts beachtet werden müssen. Allerdings werden über einen Ansatz, der lediglich die Umweltwirkungen zu berücksichtigen versucht, die möglichen Befindlichkeiten der ansässigen Bewohner nicht abgebildet. Gerade hier können aber Widerstände bestehen, die die Projektrealisierung erheblich erschweren können[64]. Aus diesem Grunde schlagen wir eine Begriffserweiterung vor: Mit Projektbeteiligten werden wir im Folgenden die Gruppen bezeichnen, die vertraglich oder gesetzlich in das Projekt eingebunden sind. Dies entspricht der traditionellen Darstellung. Mit Projekt-Stakeholdern wollen wir neben den Projektbeteiligten auch die Gruppen einbeziehen, die in ihren Interessen von einem Projekt berührt werden.

Varianten der Projektfinanzierung

Da die Projekt-Aktiva in einem Zerschlagungs-Szenario faktisch kaum verwertbar sind, andererseits die Kreditgeber die alleinige Beschränkung ihrer Sicherstellung auf die Aktiva der Projektgesellschaft nicht akzeptieren, werden regel-

---

63 H. Uekermann 1993, S. 21.
64 D. van Laak 2008, S. 55.

mäßig die Sponsoren - in einem mehr oder minder starken Umfang - in die Haftung für das Projekt mit einbezogen[65].

Die Haftung bezieht sich regelmäßig auf zwei Ebenen - einerseits auf die Höhe der anfänglichen Eigenkapitaleinbringung, andererseits auf den zeitlichen Umfang der Haftung der Sponsoren gegenüber den Fremdkapitalgebern.

Dem Wunsch der Kreditgeber nach einer möglichst umfangreichen Eigenkapitalbindung steht der gegensätzliche Wunsch der Eigenkapitalgeber gegenüber, möglichst wenig Eigenkapital einzusetzen, um den Leverage-Effekt zu nutzen und eine bessere Eigenkapitalrendite zu erzielen. Darüber hinaus suchen die Sponsoren regelmäßig eine Off-Balance-Sheet-Finanzierung. Eine Finanzierung über die Bilanz des Sponsors würde hingegen zu einer Bilanzverlängerung und damit zu einer Verschlechterung der Eigenmittelquote und anderer Kapitalstrukturkennziffern führen.

In der Praxis treten abhängig von dem Risikoprofil des Projekts, den Zielen der Sponsoren und den Verhandlungspositionen und Machtpositionen der beteiligten Parteien unterschiedliche Verteilungen der Projektrisiken zwischen den Sponsoren und den Fremdkapitalgebern auf, die so genannte *Full Recourse Finanzierung*, *Limited Recourse Finanzierung* und die *Non Recourse Finanzierung*[66].

Full Recourse Finanzierung

Bei der Full Recourse Finanzierung besitzen die Fremdkapitalgeber umfassende Rückgriffsrechte gegenüber den Projektsponsoren in Höhe der gesamten Projektkredite über deren gesamte Laufzeit. Obwohl das zu finanzierende Projekt aus dem bzw. den Unternehmen ausgegliedert wurde, haften die Sponsoren voll für die Kredite und tragen das Risiko der Zahlungsunfähigkeit der Projektgesellschaft[67]. Der Haftungsumfang, dem die Projektsponsoren unterliegen, entspricht damit dem eines normalen Unternehmenskredits[68]. Aus Sicht der fremdfinanzierenden Bank mag diese Situation vorteilhaft sein, da neben die Deckung des Kapitaldienstes aus dem Projekt-Cashflow auch die Haftung des Sponsors während der gesamten Darlehenslaufzeit tritt.

Normalerweise wird diese Variante nur sehr selten gewählt, da der Unterschied zu einer Unternehmensfinanzierung - aus Sicht des Projektsponsors - relativ gering ist, gleichwohl aber die tendenziell höheren Transaktionskosten einer Pro-

---

65 J. Böttcher 2009, S. 33 ff..

66 W. Schmitt 1989, S. 24.

67 J. Jütte-Rauhut 1988, S. 56; M. Schulte-Althoff 1992, S. 42.

68 D. Tytko 1999, S. 13.

jektfinanzierung zu berücksichtigen sind. Da eine solche Finanzierung für die Banken aus Risikosicht einem normal gesicherten Darlehen entspricht, stellt sie unter Zugrundelegung der oben gewählten begrifflichen Abgrenzung - insbesondere der Abstellung auf den Projekt-Cashflow als alleiniger Kreditbedienungsquelle - keine echte Projektfinanzierung dar.

Wir haben diese Konstruktion erlebt bei der Einführung einer neuen Entsorgungstechnik, von deren Vorteilhaftigkeit die Sponsoren zwar überzeugt waren, die aber aufgrund des relativ unsicheren Marktumfeldes nicht ohne zusätzliche Banksicherheit fremdfinanzierungsfähig gewesen wäre.

Limited Recourse Finanzierung

Bei dieser Variante, die in der Praxis mit Abstand am häufigsten Anwendung findet[69], haben die Kreditinstitute nur beim Vorliegen vorher festgelegter Tatbestände und nur im beschränkten Umfang die Möglichkeit des Rückgriffs auf die Sponsoren zum Zweck der Kredittilgung[70].

Die Haftungsbeschränkung kann zeitlich oder betragsmäßig erfolgen, wobei die zeitliche Limitierung der Rückgriffsmöglichkeiten häufiger vorkommt. Zu einer unverzichtbaren Kreditsicherung zählen die Regressansprüche gegenüber den Sponsoren während der Errichtungsphase. Erst nach der Fertigstellung eines Projekts werden die Sponsoren aus ihrer Haftung entlassen, da die Kreditgeber im Falle der nicht betriebsbereiten Erstellung Gefahr laufen, die ausgezahlten Gelder zu verlieren. Aus diesem Grund verlangen die Banken häufig von den Sponsoren Fertigstellungsgarantien[71].

Die Sponsoren tragen hier nur einen Teil der Projektrisiken, wobei sie im Regelfall bis zur Fertigstellung auch nur eingeschränkt haften. Umgekehrt tragen die Kreditgeber - explizit oder implizit - Risiken, die im Rahmen eines traditionellen Unternehmenskredites vollständig von dem Unternehmen getragen worden wären.

Dem Fertigstellungszeitpunkt kommt bei dieser Variante eine herausragende Bedeutung bei, da er den Zeitpunkt des Risikoübergangs von den Sponsoren auf das Projekt markiert. Darüber hinaus ist diese Absicherungsvariante so bedeutsam für Projektfinanzierungen, dass das Absicherungselement selbst praktisch untrennbar mit dem Konzept der Projektfinanzierung verbunden ist.

---

69 Die Dominanz der Limited-Recourse-Ausprägung zeigt sich etwa darin, dass VINTER Projektfinanzierung mit Limited-Recourse-Finanzierung gleichsetzt. G. Vinter 1995, S. vii.

70 F. Heintzeler 1983, S. 1214.

71 J. Jütte-Rauhut 1988, S. 58.

Non Recourse Finanzierung

Diese Möglichkeit der rückgriffslosen Finanzierung, die auch als reine Projektfinanzierung bezeichnet wird, entlässt die Sponsoren aus jeder Haftung, die über ihren Eigenkapitalanteil hinausgeht. Für die vertraglich vereinbarten Zins- und Tilgungsleistungen haftet ausschließlich die Projektgesellschaft, wodurch die zukünftige Ertragskraft des Projekts die einzige Kreditsicherheit während der gesamten Projektlaufzeit darstellt[72].

Indem die Kreditgeber durch die Entlassung der Projektträger aus der Haftung im Wesentlichen das unternehmerische Risiko für das Projekt übernehmen, kommt diese Finanzierungsvariante in der Praxis nur selten vor[73]. Sie bietet sich bei Projekten an, bei denen dingliche Sicherheiten mit hohen Wiederverkaufswerten existieren (z.B. Rohstoffvorkommen) und darüber hinaus optimale Bedingungen gegeben sind, die einen positiven Projektverlauf als sehr wahrscheinlich erscheinen lassen[74].

Um einem möglichen Missverständnis vorzubeugen: Die genannten Formen einer Projektfinanzierung beschreiben lediglich das unterschiedliche Ausmaß der Haftung der Sponsoren gegenüber den Kreditgebern, sagen aber noch nichts über die Einbindung der übrigen Projektbeteiligten in das Projekt. Projektfinanzierung stellt sich aber als eine Finanzierungsmethode dar, bei der die Finanzierung gerade nicht losgelöst von den Eigenschaften und Fähigkeiten der wesentlichen Projektbeteiligten durchgeführt wird, sondern in der diese über geeignete Anreizsysteme möglichst eng in das Projekt eingebunden werden (siehe hierzu Kapitel 4). Gleichwohl ist die begriffliche Unterscheidung in die drei genannten Formen zweckmäßig, da sie den ökonomischen Grund verdeutlicht, warum (Limited-Recourse)-Projektfinanzierungen als Finanzierungsmethode für Sponsoren attraktiv sein können, nämlich aufgrund des Haftungsbefreiung der Sponsoren ab erreichter Fertigstellung des Projekts.

Projektphasen einer Projektfinanzierung

Um die Planung und Durchführung zu systematisieren, werden Projekte in mehrere Phasen unterteilt. Unter einer Phase versteht man dabei „einen in sich geschlossenen Abschnitt eines Projekts, der sich durch seine Aufgabenstellung und den daraus abzuleitenden Aktivitäten von weiteren Abschnitten unterscheidet“[75]. Die Risikostrukturen und das Ausmaß des Engagements der verschiedenen Pro-

72 J. Jütte-Rauhut 1988, S. 54.
73 W. Schmitt 1989, S. 26.
74 J. Jütte-Rauhut 1988, S. 55.
75 I. Albert; B. Högsdal 1987, S. 13.

jektbeteiligten ändern sich im Lebenslauf des Projekts mit diesen Phasen[76]. Die in der Abbildung 11 dargestellten Phasen sollen kurz erläutert werden.

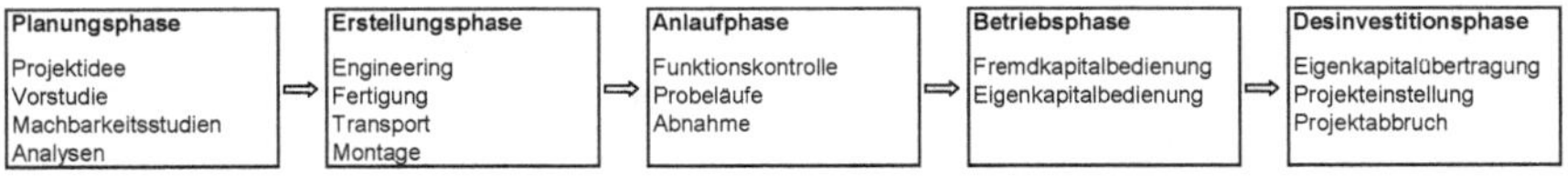

Abbildung 11: Darstellung der Projektphasen einer Projektfinanzierung[77]

Planungsphase

Die von den Sponsoren entwickelte Idee wird zunächst durch eine Grobplanung beschrieben und systematisiert. Nach Festlegung der Grobstruktur beginnt die detaillierte Planungsarbeit mit der Erstellung einer Machbarkeitsstudie (*Feasibility Study*)[78], die das technische sowie das wirtschaftliche Konzept umfasst. Im Rahmen des wirtschaftlichen Teils sind die Cashflow-Betrachtungen, die auf Absatz- und Kostenprognosen basieren, von zentraler Bedeutung. Nach Abschluss des Planungsprozesses treffen die Sponsoren und die Fremdkapitalgeber die Entscheidung über die Realisierung des Projekts[79].

Erstellungsphase

Die Erstellungsphase lässt sich, wie in Abbildung 11 dargestellt, in folgende Unterabschnitte einteilen: Engineering/Konstruktion, Fertigung und Beschaffung, Transport sowie Bauarbeiten und Montage. Je nach Projektstruktur erfolgt die Erstellung durch einen Generalunternehmer, so dass die Sponsoren in dieser Phase lediglich Organisations- und Kontrollaktivitäten ergreifen, oder durch die Projektgesellschaft selbst. Bei letzterer Variante werden Teilaufgaben fremdvergeben, wodurch die Projektgesellschaft Risiken übernimmt, die sie ansonsten auf den Generalunternehmer abwälzen kann. Andererseits ist es ihr so leichter möglich, den Projektverlauf zu beeinflussen[80].

Anlaufphase

In dieser Phase entscheidet sich, ob das gewählte technische Konzept funktionsfähig ist, da die Anlage „eingefahren“ und den vereinbarten Abnahmetests unterzogen wird. Bei einem positiven Testergebnis ergeben sich elementare Folgen für die Projektbeteiligten, weil die Fertigstellungsgarantie der Sponsoren endet

76 A. Reuter; C. Wecker 1999, S. 42.

77 J. Böttcher; P. Blattner 2006, S. 25.

78 Angaben zum genaueren Aufbau und den Bestandteilen einer Machbarkeitsstudie bei M. Gröhl 1990, S. 89 ff..

79 M. Hupe 1995, S. 36 ff..

80 M. Hupe 1995, S. 39.

und das Risiko auf das Projekt und damit auch auf die Fremdkapitalgeber übergeht. Daher sind intensive und längere Tests empfehlenswert. Die Anlaufphase ist der Zeitraum mit der höchsten finanziellen Exposition des Projekts: Die Kosten der Erstellung und der Abnahmetests sind verausgabt, mögliche Anlaufverluste im Rahmen der Anfahrkurve müssen finanziert werden, ohne dass bisher Erlöse aus der Produktion angefallen sind[81].

Betriebsphase

Nach Abnahme der Anlage beginnt die Betriebsphase, in der aus dem erwirtschafteten Cashflow das Fremdkapital bedient und aus den verbleibenden Gewinnen das eingesetzte Eigenkapital verzinst wird. Durch die kontinuierliche Tilgung sinkt die Belastung für das Projekt und die Risikosituation der Kreditgeber verbessert sich. Indem die Cashflows zunächst für die Zins- und Tilgungsleistungen verwandt werden, erfolgt die Verzinsung des Eigenkapitals erst mit einer zeitlichen Verzögerung nach dem Fremdkapital. Weil die Projektgesellschaft eine *„single purpose company“* darstellt, werden keine pauschalen Reinvestitionen oder sogar Neuinvestitionen getätigt, wodurch die erwirtschafteten freien Cashflows - nach Bedienung des Kapitaldienstes - vollständig zur Eigenkapitalverzinsung zur Verfügung stehen[82].

Desinvestitionsphase

Eine Desinvestition des Projekts kann mit der Einstellung der Projektaktivitäten vor oder nach Erreichen des Projektzieles einhergehen. Anreize zur Beendigung des Projekts können sich aus Sicht der Sponsoren aus strategischen Überlegungen ergeben, wobei allerdings manche Projekte bereits von vornherein eine begrenzte Laufzeit haben. Meist sind jedoch technische, ökonomische oder vertragliche Restriktionen ursächlich für die Beendigung des Projekts. Andererseits muss ein Vorhaben, das über eine Projektfinanzierung realisiert worden ist, aber auch gar nicht beendet werden[83].

Eine Besonderheit liegt bei so genannten BOT-Projekten (*Build, operate, transfer*) vor. Nach diesem Konzept ist es Aufgabe der privatwirtschaftlichen Träger, ein Projekt zu errichten und zu betreiben. Zu diesem Zweck erhalten die Sponsoren eine staatliche Konzession, die ihnen das Betreiberrecht für eine befristete Zeitdauer - die Laufzeit der Konzession - einräumt. Zum Laufzeitende wird das Projekt von den privaten Sponsoren auf den Staat übertragen, der es entsprechend weiter nutzen kann. Angewandt wird dieses Verfahren insbesondere bei Infrastrukturprojekten, etwa der Errichtung von Mautstraßen oder dem Bau von

81 M. Hupe 1995, S. 39 f.; A. Reuter; C. Wecker 1999, S. 48.

82 M. Hupe 1995, S. 40 f.; A. Reuter; C. Wecker 1999, S. 49 f..

83 D. Tytko 1999, S. 41.

Kraftwerken. Funktional bestehen keine großen Unterschiede zu anderen Projektfinanzierungen, allerdings müssen die Sponsoren beachten, dass sich ihre Investitionen innerhalb des Konzessionszeitraumes rechnen müssen[84].

Abschließend sei der Kapitaleinsatz bei einer Projektfinanzierung schematisch in Abbildung 12 dargestellt: In der anfänglichen Planungsphase (Jahre 1 bis 3) wird das Vorhaben allein durch die Sponsoren finanziert, die die Kosten für die Machbarkeitsstudie des Projekts, Erhalt von Konzessionen und sonstigen Genehmigungen übernehmen müssen. Im Jahr 4 tritt das Projekt in seine Errichtungsphase ein, wobei verhandelt wurde, dass die Eigenmittel vor den Fremdmittel einzubringen sind. Im Jahr 5, nachdem die Sponsoren ihren vereinbarten Eigenmittelanteil eingebracht haben, finanzieren die Banken nach Baufortschritt das Projekt mit. Die größte finanzielle Exposition des Projekts ist zum Abschluss der Errichtungs- und Anlaufphase erreicht. In der sich anschließenden Betriebsphase (ab dem Jahr 7) werden die Darlehen sukzessive zurückgezahlt.

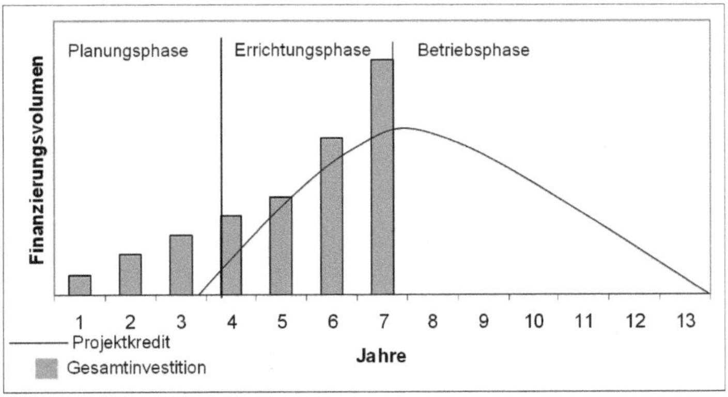

Abbildung 12: Fremdkapitaleinsatz in den Projektphasen[85]

Im Anschluss an diese eher definitorische Grundlegung wollen wir in den nächsten drei Kapiteln darstellen, wie der Risikomanagement-Prozess bei Projektfinanzierungen erfolgt. Dazu wird in einem ersten Schritt dargestellt, inwieweit Marktversagenstatbestände bei Projektfinanzierungen eine Rolle spielen und welche Konsequenzen sich hieraus für die gesetzlichen und vertraglichen Beziehungen innerhalb von Projektfinanzierungen ergeben.

84 S.M. Levy 1996, S. 16 f..
85 J. Böttcher 2009, S. 39.

3. Marktversagenstatbestände bei Projektfinanzierungen

3.1. Bedeutung von Marktversagenstatbeständen bei Projektfinanzierungen

Wie eingangs dargestellt, werden in Darstellungen zu Projektfinanzierungen entweder eher Managementempfehlungen gegeben oder theoretische Modelle an dem Sujet erprobt. Häufig mangelt es aber an der notwendigen Verzahnung zwischen ökonomischer Wirklichkeit und theoretischer Fundierung.

Eine besondere Herausforderung ist in diesem Zusammenhang aufzuzeigen, nach welchen Kriterien anreizkompatible Kontrakte geschlossen werden und welche herausragende Bedeutung staatlichen Institutionen bei der Ausgestaltung des Rechts- und Regulierungsumfeldes zukommt. Dies gilt insbesondere für solche Bereiche, für die die Anwendung der Methode der Projektfinanzierung neu ist und bei der sich noch keine etablierten Standards eingespielt haben, wie es etwa für den Bereich von CSP-Kraftwerken gilt. Da hier die Unsicherheiten größer sind, ergibt sich zudem das Erfordernis einer weitergehenden Einbindung von Projektbeteiligten in die Projektstruktur.

Das Instrumentarium, mit dem diese Sachverhalte analysiert werden sollen, wird in der Ökonomie unter dem Oberbegriff des Marktversagens behandelt. Von einem Marktversagen wird allgemein dann gesprochen, wenn eine wirtschaftliche Konstellation besteht, in denen der Marktmechanismus unfähig ist, Angebot und Nachfrage effizient zu koordinieren[86]. Mögliche Ursachen werden in asymmetrischen Informationen, externen Effekten, natürlichen Monopolen und öffentlichen Gütern vermutet. Die Analyse dieser Sachverhalte mündet üblicherweise in Empfehlungen an den Staat, hier korrigierend einzugreifen. Zunächst ist dies natürlich wichtig, da damit Hinweise gegeben werden, welche Rahmendaten insbesondere der Staat bei der Ausgestaltung des Rechts- und Regulierungsumfeldes beachten sollte. Darüber hinaus ist die Analyse insofern von Bedeutung, als sie darüber informiert, in welcher Form Projektfinanzierungen vertraglich effizient organisiert werden können.

Bevor wir uns die Relevanz verschiedener Marktversagenstatbestände ansehen, sei im Folgenden zunächst das Referenzmodell eines Marktes im Gleichgewicht dargestellt. In der Neoklassischen Theorie erreicht der Preismechanismus bei vollkommenen Märkten ein Marktgleichgewicht, das eine effiziente Ressour-

86 A. Woll 1987, S. 450.

cenallokation widerspiegelt (Abbildung 13). Dieses Gleichgewicht ist paretooptimal, d.h. durch eine Umverteilung der Ressourcen kann kein Marktteilnehmer besser gestellt werden, ohne dass ein anderer schlechter gestellt wird[87].

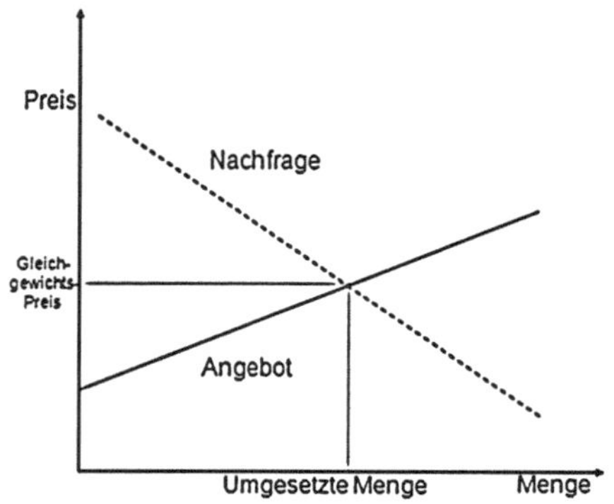

Abbildung 13: Entstehung des Gleichgewichtspreises

Bei einem Marktversagen werden Ressourcen verschwendet. Gleichwohl erscheint die Herleitung von realen Handlungsempfehlungen auf Grundlage dieser Modellergebnisse als fragwürdig:

- Zum einen handelt es sich bei dem zugrunde liegenden Modell der vollständigen Konkurrenz um ein Modell, das die wohlfahrtsoptimierenden Modellannahmen - wie etwa die Abwesenheit von Transaktionskosten - abbildet; diese Annahmen sind aber wenig realistisch.
- Zum anderen ist fraglich, ob das paretianische Wohlfahrtsoptimum aus wirtschaftspolitischer Sicht einen dauerhaft wünschenswerten Zustand beschreibt, da eine Fixierung auf einen statischen Gleichgewichtszustand dynamische Wettbewerbselemente ausblendet, die aber mit Blick auf langfristige Wohlfahrtssteigerungen unverzichtbar sind.

Daher wird in der folgenden Betrachtung der Marktversagensbegriff an den Markt-Wettbewerbsprozess angelehnt und übernimmt damit die Sichtweise von EICKHOF[88]. Die Hauptfunktion des Marktes wird in der Koordination der individuellen Pläne der Marktteilnehmer gesehen. Sofern im Rahmen der Koordination gar kein Marktaustausch stattfindet, wird von totalem Marktversagen gesprochen. Koordiniert der Markt Angebot und Nachfrage, allerdings ohne eine Ten-

87 Z.B. P. Grüner 2008, S. 31.
88 N. Eickhof 1995, S. 12.

denz zum Markt räumenden Gleichgewicht, wird die Situation als partielles Marktversagen bezeichnet.

Die Betrachtung von Marktversagenstatbeständen ist zunächst einmal eine volkswirtschaftliche Übung, die an einer effizienten Allokation von Ressourcen interessiert ist. Ein Marktversagenstatbestand kann ein Politikhandeln begründen, damit diese Situation vermieden wird. Die Existenz externer Effekte kann etwa als Anlass für eine spezielle Branchenregulierung der Energiemärkte angeführt werden. Einzelne Marktversagenstatbestände erlauben es aber auch aufzuzeigen, wie eine effiziente Vertragsgestaltung und Partnerwahl erfolgen kann.

Im Folgenden wollen wir den ersten Aspekt aufgreifen und zeigen, welche besondere Bedeutung die effiziente Allokation auf Märkten für Projektfinanzierungen hat und welche Schlussfolgerungen sich hieraus für die Strukturierung von Projektfinanzierungen ableiten lassen.

Things without all remedy
Should be without regard: what's done is done.
WILLIAM SHAKESPEARE: MACBETH, ACT III, SCENE II, ZIFF. 11F.

3.2. Transaktionales Marktversagen - warum Märkte ins Stocken geraten können

Die neoklassische Theorie hat sich umfangreich mit dem Thema auseinandergesetzt, unter welchen Umständen es zu nicht markträumenden Preisen kommen kann. Dabei sind zwei Ebenen zu unterscheiden - neben der einzelwirtschaftlichen Betrachtung die aggregierte Betrachtung auf den Märkten.

Marktteilnehmer berücksichtigen neben dem eigentlichen Marktpreis auch Transaktionskosten, die vor oder während der marktlichen Transaktion entstehen. Rational handelnde Marktteilnehmer werden aufgrund der Höhe der Transaktionskosten auf einen Marktaustausch verzichten, wenn sie entweder die Transaktionskosten höher bewerten als den Nutzen der Transaktion oder als die einer nicht-marktlichen alternativen Leistungsbeziehung. In diesen Fällen findet keine Marktkoordination statt[89]. Allerdings: Die Transaktionskosten zu beobachten ist ähnlich schwierig wie sie zu prognostizieren, da es das Wissen und die Erwartungen aller Transaktionspartner widerspiegelt. Immerhin wird zugestanden, dass Transaktionskosten geringer werden, je häufiger ähnlich gelagerte Transaktionen durchgeführt werden. Dieser Aspekt kann für CSP-Projektfinanzierungen relevant sein, da die Anzahl von bereits durchgeführten Transaktionen insgesamt gering ist.

89 N. Eickhof 1995, S. 14.

Den Sachverhalt eines transaktionalen Marktversagens kann man sich wie in Abbildung 14 vorstellen:

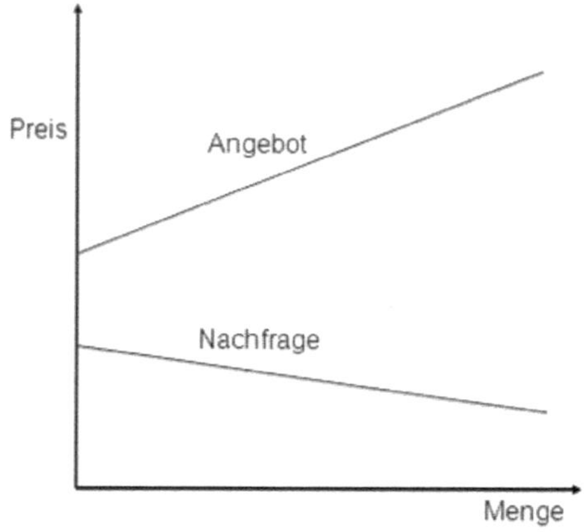

Abbildung 14: Beispiel für ein transaktionales Marktversagen (e.D.)

Angebot und Nachfrage können in dem Beispiel nicht zusammengeführt werden, es kommt kein Marktergebnis zustande. Dies beinhaltet die Gefahr, dass es in einer frühen Marktphase einer Technologie zu einem transaktionalen Marktversagen kommt, das eine weitere Entwicklung der Industrie unmöglich macht. An dieser Stelle könnten staatliche Eingriffe gerechtfertigt sein, um einer Technologie, die erst in der Zukunft wettbewerbsfähig sein kann, zum Durchbruch zu verhelfen.

Allerdings: Ob sich auf Grundlage von praktisch nicht ermittelbaren Transaktionskosten staatliche Eingriffe rechtfertigen lassen, erscheint jedenfalls fraglich. Gleichwohl ist der Sachverhalt einer nicht möglichen Koordination zwischen Angebot und Nachfrage aber aus einem anderen Grunde für uns von Bedeutung.

Wie wir noch in Kapitel 5.3.2 zeigen werden, weisen sämtliche CSP-Technologien derzeit Stromgestehungskosten auf, die deutlich oberhalb der in Europa am freien Strommarkt gehandelten Strompreise liegen. Zum Vergleich betrug der an der Leipziger Strombörse EUROPEAN ENERGY EXCHANGE gehandelte Strompreis einer kWh beispielhaft während des Zeitraums August 2009 bis August 2010 maximal 10,4 Cent/kWh, während der Durchschnittspreis bei etwa 4,6 Cent/kWh lag[90]. Unterstellt man den maximalen am Markt gehandelten Tarif

90 EEX 2010.

im Fallbeispiel Solar BERENGAR und unter Berücksichtigung der Finanzierungsstruktur des Sponsors-Case[91], so zeigt sich schnell, dass ein wirtschaftlicher Betrieb des Projekts unter diesen Bedingungen nicht möglich ist: Die Stromerlöse betragen dann 17,55 M€, wovon zunächst die Betriebskosten von 10,19 M€ abzuziehen sind. Der hiernach verbleibende Cashflow von 7,36 M€ kann den unveränderten Kapitaldienst von 16,56 M€ bei weitem nicht decken. Das Verhältnis des Cashflows zum Kapitaldienst beschreibt die bei Projektfinanzierungen wichtigste Finanzkennzahl, den Schuldendienstdeckungsgrad (*Debt Service Cover Ratio, DSCR*). Wir werden auf diese Kennzahl detailliert in Kapitel 6.1 eingehen; der hier erzielbare Wert von 0,44 ist aber unzureichend und würde einen unmittelbaren Restrukturierungsbedarf eines Vorhabens aufzeigen.

Die genannten Beträge beziehen sich auf das erste Betriebsjahr, jedoch kann der Kapitaldienst unter diesem kalkulierten Stromtarif in keinem Jahr innerhalb der Finanzierungslaufzeit vollständig geleistet werden. Somit werden auch die bankseitigen Voraussetzungen für die Gewährung einer Projektfinanzierung in Form eines jederzeitigen DSCR von mindestens 1,0 nicht erfüllt. Diese Situation entspricht dem in der obigen Abbildung 14 dargestellten Fallbeispiel.

Der Markttarif wäre zu gering, um das Projekt in Europa realisieren und dann erfolgreich betreiben zu können. Somit ist das Projekt in Europa nur unter einem staatlich geförderten und langfristig verlässlichen Stromtarif durchführbar. Um einen DSCR von 1,0 bei sonst unveränderten Rahmenbedingungen zu erreichen, benötigt das Projekt Solar BERENGAR einen Stromeinspeisetarif von zumindest 22,47 Cent/kWh. Zu beachten ist hierbei jedoch, dass der Tarif in Verbindung mit der Finanzierungs- und Risikostruktur des Projekts auch eine angemessene Rendite für die Sponsoren und das von ihnen bereitgestellte Eigenkapital bieten muss, da dies ihren eigentlichen Anreiz zur Durchführung des Projekts darstellt. Über diesen Weg der Anreizbildung versprechen sich Länder mit derartigen Fördersystemen eine schnelle Entwicklung ihrer Märkte für Erneuerbare Energien und somit eine schnelle Erfüllung ihrer eingegangenen Verpflichtungen zu bestimmten Klimaschutzzielen.

Die oben betrachtete Konstellation stellt die Situation dar, dass Angebot und Nachfrage im Rahmen eines marktlichen Koordinationsprozesses nicht zusammenzuführen sind. In diesem Fall spricht die Literatur von einem transaktionalen Marktversagen, das einen Staatseingriff rechtfertigen kann. Für diese Länder gilt: Die Bedeutung der Stabilität des Regulierungsumfeldes und der damit zu-

91 Der Sponsors Case bildet die Annahmen der Sponsoren ab. Dieser und die verwandten Begriffe werden in Kapitel 6.1 beschrieben. Die Annahmen des Fallbeispiels Solar BERENGAR werden in Tabelle 16 dargestellt.

sammenhängenden Vergütungssätze für die Realisierung von Projektfinanzierungen ist überragend. Unter reinen Marktbedingungen wären nach dem heutigen Stand CSP-Projekte nicht wettbewerbsfähig mit den meisten anderen Energieträgern, was unmittelbar eine regulatorische Basis erfordert, damit die Cashflows ein bestimmtes vorhersagbares Niveau erreichen, das wiederum die Voraussetzung für eine Projektfinanzierung darstellt. Dies ist aber zunächst nur eine Momentaufnahme und wird des Weiteren von Land zu Land jeweils verschieden ausfallen.

Insbesondere in den afrikanischen Ländern, in denen es aufgrund der klimatischen Gegebenheiten besonders sinnvoll wäre, über Solarthermie Strom zu erzeugen, gibt es regelmäßig noch kein Einspeiseregime. Allerdings ist der Energieerzeugungs-Pool, auf den viele dieser Länder zurückgreifen, veraltet und erzeugt Strom zu wesentlich höheren Kosten als dies in Europa der Fall ist. In der Abbildung 15 ist die Stromproduktion in GWh des Jahres 2008 in ausgewählten Ländern Afrikas abgebildet. Erkennbar ist, dass die Stromproduktion wesentlich auf fossilen Energieträgern, insbesondere Gas und Öl, basiert. Vielfach erfolgt die Stromerzeugung über Dieselaggregate, die mit eine der teuersten Formen der Stromerzeugung darstellen.

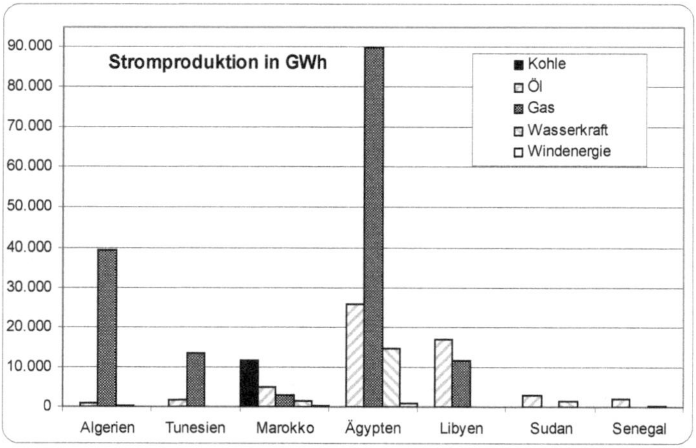

Abbildung 15: Stromproduktion in GWh (Stand 2008)[92]

92 Siehe IEA, wobei die Länderdaten wie folgt abgerufen werden können: www.iea.org/stats/electricitydata.asp?COUNTRY_Code=AA. „AA" steht dabei jeweils für eines der dargestellten Länder und muss entsprechend angepasst werden (DZ = Al-

Damit stellt sich die Marktkoordination wie in Abbildung 16 dar:

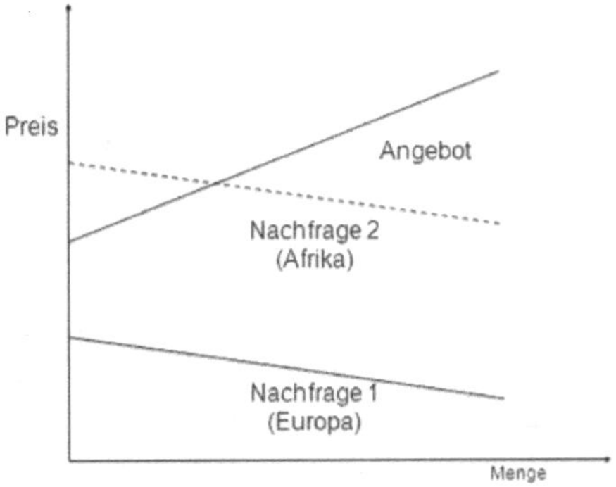

Abbildung 16: Funktionierender Marktprozess (e.D.)

Das bedeutet, dass in einzelnen nordafrikanischen Ländern erzeugter solarthermischer Strom in einer nationalen Betrachtung durchaus wettbewerbsfähig sein kann mit alternativen Energieträgern vor Ort. Damit wird auch klar, dass nicht pauschal gefordert werden kann, einen wettbewerblichen Ausnahmebereich aufgrund eines transaktionalen Marktversagens zu verlangen.

Ob daraus auch weitergehend gefolgert werden kann, dass es eines speziellen Rechts- und Regulierungsumfeldes für CSP-Solarstrom bedarf, wollen wir im Folgenden anhand von zwei Beispielen diskutieren. Dazu verbinden wir das einzelwirtschaftliche Kalkül mit dem Konzept der Realoption, und hier insbesondere mit dem Konzept der Warteoption.

Üblicherweise werden Investitionen nach dem Maßstab des internen Zinssatzes oder der Kapitalwertmethode beurteilt. Eine der zugrunde liegenden Prämissen ist dabei die Abbildung der Zahlungskonsequenzen der Investitionen nach Beträgen und Zahlungszeitpunkten. Dies bedeutet zum einen, dass die Pläne der Investoren vollständig gemäß dem ursprünglichen Investitionsplan umgesetzt werden und zum anderen, dass etwaige Planabweichungen keine Gegenmaßnahmen auslösen. Beide impliziten Annahmen liegen in der Realität so nicht vor. Das Konzept der Handlungsoptionen beschäftigt sich mit realen Möglichkeiten eines Wirtschaftssubjekts und ihren Bewertungen. Für unsere Zwecke

---

gerien, TN = Tunesien, MA = Marokko, EG = Ägypten, LY = Libyen, SD = Sudan und SN = Senegal).

kommt dem Konzept der Warteoptionen eine besondere Bedeutung zu, wie wir anhand von zwei Beispielen verdeutlichen wollen.

Angenommen sei, dass ein Investor ein Wirtschaftsgut, z.B. ein Parabolrinnenkraftwerk, heute (t_0) zu einem Preis von 90 Geldeinheiten (GE) kaufen kann. Er erhält dafür über die Projektlaufzeit einen sicheren, barwertigen Rückfluss im Folgejahr (t_1) von 105 GE. Der Kalkulationszinssatz sei 10 %. Bei sofortigem Kauf errechnet sich der Kapitalwert in t_0 zu 5,45 GE, so dass nach dem Kapitalwertkriterium für das sofortige Investment geraten wird. Das Beispiel sei nunmehr insoweit verändert, dass der Investor das Recht habe, eine weitere Periode zu warten und er dann neu entscheiden kann, ob er investieren will oder nicht. Die erwarteten Preise für ein Parabolrinnenkraftwerk liegen nach einem Jahr entweder bei 60 GE oder bei 120 GE. Beide Umweltzustände seien gleich wahrscheinlich. Der Investor wird nach einem Jahr nur dann investieren, wenn sich das Anlagegut auf 60 GE verbilligt hat, im anderen Fall wäre der Kapitalwert seiner Investition negativ. Der Kapitalwert bei Ausübung einer Warteoption errechnet sich dann wie folgt:

$$KW_{Warten} = 0{,}5 *(-60/1{,}1 + 105/1{,}1 * 1/1{,}1) = 16{,}12 \text{ GE}.$$

Der Kapitalwert ist höher, wenn der Investor eine Periode wartet anstatt sofort zu investieren. Beispiele für vergleichbare Situationen finden sich recht häufig: Der US-amerikanische Markt für Erneuerbare Energien sieht bislang als ein wesentliches Entgelt die Nutzung von bestimmten Steuervergünstigungen (PTC, *production tax credits*) vor, die voraussetzen, dass die Investoren auch Gewinne erzielen, um die PTCs nutzen zu können. In Folge der Finanzkrise konnte etwa ein Drittel der bisherigen Investoren PTCs in 2009 nicht mehr nutzen, so dass für sie Investitionen in Erneuerbare Energien auch nicht mehr interessant waren. Dieser Rückgang der Nachfrage setzte die erzielbaren Preise für Wirtschaftsgüter deutlich unter Druck. Damit ergab sich eine Situation, wie wir sie oben beschrieben haben - auch die verbleibenden Investoren mussten damit rechnen, dass sich die Anlagenpreise rückläufig entwickeln und hielten sich individuell-rational mit Investitionen zurück.

Ein zweites Beispiel: Angenommen, eine Investition erfordere eine sofortige Entscheidung und führe zu Anfangsauszahlungen von 180 GE. Die Investition führe zu einer unendlichen Annuität von 20 GE (z.B. Tarifentgelte), der Kalkulationszinssatz betrage 10 %. Damit ergibt sich ein Kapitalwert von

$$KW_0 = -180 + 20/0{,}1 = 20.$$

Unterstellt sei nunmehr, dass der Investor eine Periode wartet, bevor er die Investition vornimmt. In diesem Fall verschiebt sich der gesamte Investitionszahlungsstrom um eine Periode, so dass sich der Kapitalwert wie folgt ergibt:

$KW = KW_0/1,1 = 18,18$ GE.

Das Warten führt hier zu keinem Vorteil, da annahmegemäß keine neuen zukünftigen Umweltzustände erwartet werden. Dies ist ein generelles Ergebnis: Warteoptionen haben dann keinen Wert, wenn mit einer Entwicklung gemäß dem ursprünglichen Investitionsszenario oder sogar einer Verschlechterung gerechnet wird, sofern diese dann keine Rückwirkung auf bereits getätigte Investitionen hat[93].

Das Bild ändert sich, wenn wir folgende Modifikation des Beispiels vornehmen: Unterstellt sei, dass eine Regierung plane, die Vergütungssätze nach einer bestimmten Frist zu verändern. Nach einem Jahr sei mit einer Entscheidung zu rechnen, ob die Tarifentgelte für neue Vorhaben entweder 17 oder 23 GE betragen. Wenn der Investor nunmehr eine Periode wartet, ergeben sich folgende Werte:

$KW_{Warten} = 0,5 * (-180/1,1 + 23/0,1 * 1/1,1) = 22,73$ GE.

Sofern sich der für den Investor ungünstige Fall von 17 GE ergeben sollte, wird er nicht investieren, da der Kapitalwert dann negativ wäre. Nur bei einer Annuität von 23 GE wird er tätig werden. In diesem Fall ergibt sich durch das Warten ein höherer Kapitalwert von 22,73 GE, der Wert des Wartens beträgt 2,73 GE.

Das oben beschriebene Verhalten der Investoren ist individuell rational. Es führt aber auch dazu, dass Unsicherheiten und Volatilitäten zu Investitionszurückhaltung oder aber höheren Renditeforderungen führen. Dieses Phänomen konnte insbesondere im Jahr 2009 im US-Markt für Erneuerbare Energien beobachtet werden, da Investoren einen besseren Zeitpunkt für den Einstieg abwarteten.

Generell kommt Warteoptionen dann ein besonderer Wert zu, wenn erwartet wird, dass sich wirtschaftlich relevante Rahmendaten deutlich ändern können. Müssen die Investoren befürchten, dass sich Investitionen nicht mehr rechnen, werden sie sich mit ihren Investitionen zurückhalten. Dies gilt aber auch umgekehrt dann, wenn deutliche Anzeichen dafür sprechen, dass sich wirtschaftliche Rahmendaten zukünftig verbessern, ohne dass sie bei jetziger Entscheidung davon profitieren können. Dies kann etwa dann vorliegen, wenn es stichtagsbezogene Regelungen gibt, die bestehende Nutzer von einer verbesserten Neuregelung ausschließen.

---

93 Ein gutes Beispiel war die Unsicherheit, die sich im spanischen Photovoltaik-Markt des Jahres 2008 ergeben hatte. Die Wirtschaftssubjekte rechneten mit einem deutlichen Rückgang der Einspeisetarife, der in der Übergangszeit zu einer intensiven Investitionstätigkeit im spanischen Solarmarkt führte, die bis Ende September 2008 andauerte.

Nachdem wir in diesem Kapitel gezeigt haben, dass Märkte sehr sensibel auf das Setzen politischer Rahmendaten reagieren, betrachten wir im folgenden Kapitel den Marktversagenstatbestand der Informationsasymmetrien, der für die bilaterale Ausgestaltung von Projektverträgen von herausragender Bedeutung ist.

3.3. Informationsasymmetrien - Adverse Selection und Moral Hazard

Die Ungleichverteilung von Wissen wird üblicherweise als asymmetrische Informationsverteilung bezeichnet. Eine asymmetrische Informationsverteilung liegt dann vor, wenn die Vertragspartner in einem Markt nicht über die gleichen Informationen über die Qualität einer angebotenen Ware oder Dienstleistung verfügen[94].

Die Frage, welche Konsequenzen sich hieraus für die Vertragsbeziehungen zwischen Vertragsparteien ergeben, sollte sinnvollerweise aufgespalten werden: 1. Welche Konsequenzen ergeben sich, wenn ein Vertragspartner vor Vertragsabschluss einen Informationsvorsprung hat? Diese Fragestellung wird in der Literatur unter dem Oberbegriff der *Adverse Selection* untersucht. 2. Welche Konsequenzen ergeben sich auf den Vertragsabschluss und auf den Vertragsinhalt durch das Wissen, dass der Vertragspartner während der Vertragsdurchführung einen Handlungsspielraum gewinnt, den er im Eigeninteresse ausüben kann[95]? Der als *Moral Hazard* beschriebene Sachverhalt beruht auf verborgenen Handlungen (*Hidden Action*) oder verborgenen Informationen (*Hidden Information*), die der Auftraggeber nicht kostenlos beobachten kann. *Hold Up* ist eine verdeckte Absicht (*Hidden Intention*) des Auftragnehmers vor Vertragsabschluss, die erst nach Vertragsabschluss offensichtlich wird[96]. Die sich hieraus für eine Projektfinanzierung ergebenden Fragestellungen behandeln wir in den Kapiteln 4.5 und 4.6.

Das grundsätzliche Modell zur Informationsasymmetrie wurde von GEORGE A. AKERLOF 1970 am Beispiel des Gebrauchtwagenmarktes vorgestellt[97]. Der Verkäufer eines Gebrauchtwagens weiß mehr über dieses Erfahrungsgut als die po-

---

94 Die direkte Informationsgewinnung ist nicht kostenfrei möglich, so dass nur solange ein Anreiz besteht, weitere Informationen zu erlangen, solange der Nutzen der zusätzlichen Information die Kosten der Informationsgewinnung übersteigt. Dabei stellt die Beurteilung des Nutzens der zusätzlichen Information das zentrale Problem dar, da der Informationsnutzen erst ex post beurteilt werden kann. J.C. Riley 2001, S. 474.

95 D. Schneider 1993, S. 40.

96 R. Richter; E.G. Furubotn 2003, S. 174-182. Siehe hierzu auch O. Williamson 1983, S. 522 ff..

97 G.A. Akerlof 1970, S. 488-500.

tentiellen Käufer - er kennt die Vorgeschichte, die Wartungshäufigkeit und sein eigenes Fahrverhalten, der Käufer kennt lediglich die Durchschnittsqualität von Fahrzeugen. Wenn nun auf dem Gebrauchtwagenmarkt für Autos einer Marke bei vergleichbarer Ausstattung ein bestimmter Preis erzielt wird, wird tendenziell ein reparaturanfälliger Wagen angeboten. Der wahre Wert des Fahrzeugs liegt unter diesem Preis, damit wird aber die durchschnittliche Qualität der zu einem vorgegebenen Preis angebotenen Gebrauchtwagen im Vergleich zum geforderten Preis schlecht sein. Die Käufer können nicht erwarten, ein gutes Geschäft zu machen. Der Käufer wird einen Erwartungswert für die Qualität bilden, die der durchschnittlichen Qualität aller Gebrauchtwagen eines Typs entspricht, und daraus einen Reservationspreis ableiten, also den Preis, den er maximal zu zahlen bereit ist. Umgekehrt gilt für die Verkäufer, dass sie für die guten Autos einen Mindestverkaufspreis - also ihren Reservationspreis - verlangen werden, der über dem maximalen Kaufpreis der Käufer liegt. Für diese guten Autos kommt daher kein Vertrag zustande, lediglich die qualitativ schlechteren Wagen kommen zum Verkauf, da ihr Mindestverkaufspreis unter dem Maximum des Käufers liegt. In einer dynamischen Betrachtung werden die Anbieter guter Wagen aus dem Markt gedrängt, die Erwartungshaltung der Käufer und ihr Reservationspreis sinkt, so dass der Marktpreis tendenziell sinkt und am Ende nur noch schlechte Fahrzeuge angeboten werden[98].

Grundsätzlich gibt es mehrere Möglichkeiten, um zu verhindern, dass es zu einem suboptimalen Marktergebnis kommt:

- Beim *Signaling* versuchen die besser informierten Marktteilnehmer, die Informationsasymmetrie abzubauen. Es ist ja nicht so, dass alle Anbieter einen Vorteil haben, wenn sie schlechtere Qualität an die Nachfrager verkaufen. Die Anbieter qualitativ besserer Produkte haben ja durchaus ein Interesse, sich glaubwürdig von den Anbietern schlechter Produkte abzusetzen. Dazu nehmen sie Kosten auf sich, ein Signal zu produzieren, wie z.B. eine ISO-Zertifizierung. Dies werden sie aber nur dann tun, wenn die Vorteile der Signalproduktion höher sind als die Kosten hierfür.
- Beim *Screening* bemühen sich die schlechter informierten Marktteilnehmer, über Zusatzinformationen die Qualität der Produkte besser einschätzen zu können. Beim Gebrauchtwagenkauf wäre dies etwa die Begutachtung des Fahrzeugs durch einen Gutachter. Auch hier gilt: Dies werden die schlechter informierten Marktteilnehmer nur dann tun, wenn die daraus resultierenden Vorteile größer sind als die Kosten hierfür.
- Bei der *Self-Selection* werden den besser informierten Parteien unterschiedliche Vertragsmenüs angeboten, so dass die guten und die schlechten Anbieter

98 G.A. Akerlof 1970, S. 488-500.

jeweils unterschiedliche Verträge wählen. Die Anbieter guter Produkte können etwa eine Gewährleistung abgeben oder ihre Entlohnung von der Performance abhängig machen. Dies wäre schlechten Anbietern zu teuer, so dass jeder Anbieter, der einen entsprechend konditionierten Vertrag akzeptiert, sich als guter Anbieter zu erkennen gibt.

Alle genannten Lösungsmöglichkeiten verursachen Kosten, so dass das Marktgleichgewicht nicht dem Marktgleichgewicht unter vollkommener Konkurrenz entspricht und somit lediglich *second best* ist. Allerdings darf man dabei nicht die dynamischen Effekte außer Acht lassen.

Für Projektfinanzierungen hat das Phänomen der asymmetrischen Informationen eine hohe Bedeutung. Verschiedene Aspekte der Risikoübernahme und der Ausgestaltung eines Anreizsystems werden wir ab Kapitel 4.2 darstellen.

3.4. Existenz von natürlichen Monopolen

Ein klassischer Marktversagenstatbestand wird beim Vorliegen eines natürlichen Monopols vermutet. Ein natürliches Monopol liegt dann vor, wenn der Anbieter eine subadditive Kostenfunktion aufweist. Die Versorgung zusätzlicher Nachfrager ist zu immer geringeren zusätzlichen Kosten möglich, so dass die gesamte Nachfrage am effizientesten durch einen Anbieter erfolgen kann. Jeder weitere Anbieter würde die volkswirtschaftlichen Kosten des Angebots dieses Gutes lediglich erhöhen, was eine Fehlallokation von Ressourcen darstellen würde. Der Sachverhalt lässt sich wie in Abbildung 17 darstellen[99]:

99 U. van Suntum 1986, S. 68.

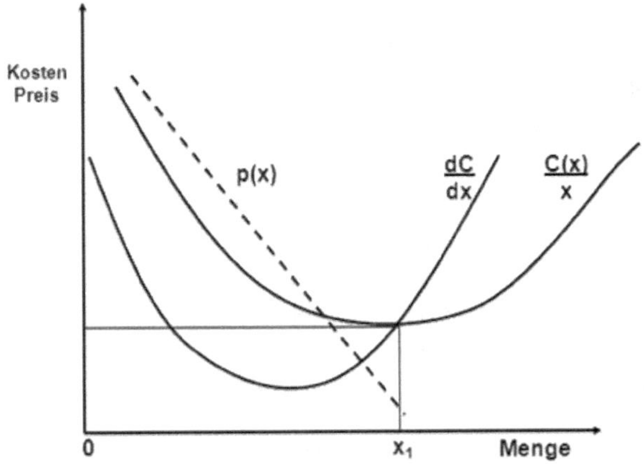

Abbildung 17: Kostenstruktur bei einem natürlichen Monopol (e.D.)

In Abbildung 17 wird der Verlauf einer - normalen - Nachfragefunktion p(x), der Durchschnittskosten C(x)/x und der Grenzkosten dC/dx abgebildet. Die Durchschnittskosten C(x)/x fallen bis zur Ausbringungsmenge x_1. Bei dieser Produktionsmenge sind die Grenzkosten gleich den Durchschnittskosten. Zunehmende Skalenerträge liegen damit im Bereich zwischen 0 und x_1 vor. In diesem Bereich liegen die Grenzkosten unter den Durchschnittskosten[100].

Wie würde der Markt unter einem natürlichen Monopol funktionieren? Zunächst würde sich der natürliche Monopolist wie ein normaler Monopolist verhalten, bei der Menge von Grenzumsatz gleich Grenzpreis produzieren und dabei einen Preis realisieren, der oberhalb des Preises unter Wettbewerbsbedingungen liegt. Langfristig ist aber fraglich, ob sich dieser Monopolpreis halten lässt. Als Knappheitssignal würde der Preis weitere Wettbewerber anlocken, die den Preis im Idealfall auf das Niveau drücken, dass sich auch unter Wettbewerbsbedingungen ergeben würde. Die Besonderheit beim natürlichen Monopol ist, dass in einer dynamischen Betrachtung wiederum nur ein Anbieter verbleibt, der aber nicht den Monopolpreis durchsetzen kann. Der Preiswettbewerb wird allerdings kaum friktionslos erfolgen, da der jeweilige Anbieter irreversible Investitionen getätigt hat. Es liegen versunkene Kosten vor, die im Falle eines Marktaustritts nicht mehr verdient werden können. Im wettbewerblichen Prozess sind für die etablierten Unternehmen lediglich die Grenzkosten entscheidungsrelevant. Das etablierte Unternehmen kann damit drohen, bei Markteintritt eines neuen Wett-

100 J. Finsinger 1991, S. 82.

bewerbers die Preise bis auf die Grenzkosten zu senken. Für den potentiellen Wettbewerber sind aber die gesamten Kosten entscheidungsrelevant. Diese Asymmetrie kann potentielle Wettbewerber abschrecken, so dass etablierte Unternehmen letztlich doch einen höheren Preis als den Wettbewerbspreis durchsetzen können[101].

Vermutet wird die Existenz von natürlichen Monopolen insbesondere bei Schienen- und Leitungsnetzen. Ein zweites Angebot eines Netzes, das parallel neben dem bestehenden Netz verläuft, kann - sofern die Kapazität des bestehenden Netzes noch nicht ausgeschöpft ist - nicht pareto-optimal sein. Ein Wettbewerb verschiedener Anbieter um die Stromeinspeisung in das Netz braucht deshalb zwar nicht ausgeschlossen werden, aber für die eigentliche Transportleistung erscheint eine wettbewerbliche Organisation ökonomisch nicht sinnvoll. Würden konkurrierende Leitungen etabliert, würde jeder Anbieter versuchen, zu minimalen Durchschnittskosten anzubieten, und da dies wegen der begrenzten Nachfrage immer nur einem einzigen Anbieter gelingen kann, würde sich eine ruinöse Konkurrenz ergeben, in deren Verlauf letztlich nur ein Anbieter verbliebe, so dass der Wettbewerb zu beschränken wäre. Andererseits sollte das so geschützte Monopolunternehmen seine Monopolstellung nicht zum Nachteil der Konsumenten ausnutzen und müsste daher vom Staat reguliert werden. Monopolistisch überhöhte Preise seien durch eine Preisregulierung zu verhindern[102].

Aus der Sicht einer Projektfinanzierung ist es zwingend erforderlich, dass das Gesamtprojekt in der Lage ist, den produzierten Strom auch vergütet zu bekommen, was verlangt, dass auch das Netz spätestens bei Betriebsbereitschaft der ersten Produktionseinheit besteht. Dies führt zu praktischen Problemen.

Wie soll gewährleistet werden, dass das Netz auch in der Lage ist, seine Kapazität für andere Vorhaben zur Verfügung zu stellen? Wie gesagt, wenn es sich um ein natürliches Monopol handelt, wäre es volkswirtschaftlich wünschenswert, wenn das Netz von allen Anbietern genutzt werden kann. Aus einer projektspezifischen Sicht möchte man die Vorhaben soweit wie möglich gegenüber außen einwirkenden Risiken isolieren. Dies bedeutet, dass es nicht akzeptabel ist, wenn das Projekt die Kosten für Investitionen tragen muss, die aus seiner Sicht heraus überdimensioniert sind, bei denen andererseits aber noch nicht die Finanzierung gesichert ist. Im schlechtesten Fall würde das Vorhaben neben den eigentlichen Projektkosten noch die Kosten für ein - möglicherweise überdimensioniertes - Leitungsnetz tragen, was die Wirtschaftlichkeit massiv beeinträchtigen würde und bereits schon in der Planungsphase zu erheblichen Problemen führen würde.

---

101 C.B. Blankart 2006, S. 74.

102 J. Finsinger 1991, S. 79.

Die Fremdkapitalgeber würden, sofern keine Planungssicherheit besteht, von dem schlechtesten Fall des Projektverlaufs - vollständige Tragung der Leitungsnetzkosten durch ein Projekt - ausgehen und auf dieser Basis die Dimensionierung der Fremdmittel auslegen. Dieses Vorgehen kann dazu führen, dass die Fremdkapitalausstattung so gering ausfällt, dass die interne Rendite des Vorhabens aus Investorensicht zu gering ist und die Realisierung des Vorhabens an diesem Teilaspekt scheitert. An dieser Stelle liegt ein klassisches Gefangenen-Dilemma vor[103].

Aus der Erkenntnis heraus, dass leitungsgebundene Netze zu einem natürlichen Monopol mit dem damit verbundenen Marktversagen führen können, hat der Gesetzgeber in diesen Fällen häufig ein Unbundling vorgenommen. Unbundling bedeutet, dass es eine Trennung gibt zwischen dem Netzinfrastrukturbetrieb und den vor- und nachgelagerten Wertschöpfungsstufen. Da es in den letztgenannten Bereichen regelmäßig keine Tendenz zu einem natürlichen Monopol gibt, können diese Bereiche auch marktlich organisiert sein, während die eigentliche Netzinfrastruktur Gegenstand einer weiter reichenden Regulierung ist[104].

Aus Sicht des Netzbetreibers kommt es darauf an, dass das Netz einerseits so ausreichend dimensioniert ist, dass alle relevanten Erzeugungseinheiten angeschlossen werden können, andererseits aber auch sicherzustellen, dass alle geplanten Erzeugungseinheiten auch realisiert werden, damit die Refinanzierung des Leitungsnetzes auch gesichert ist. Dies ist in der Praxis insoweit problematisch, als nicht alle Projekte, die an das Netz angeschlossen werden sollen, einen vergleichbaren Stand der Projektentwicklung aufweisen. Während also ein erstes Vorhaben so weit vorangetrieben ist, dass bereits ohne weiteres mit dem Bau begonnen werden könnte, befinden sich andere Projekte, die an das Netz angeschlossen werden sollen, noch in einer frühen Projektphase. Würde man in dieser Situation den Pionier bremsen, bis auch das letzte Projekt eine entsprechende Projektreife erreichen hat, kann dies im Extremfall dazu führen, dass kein einziges Projekt realisiert wird, wenn sich auch nur ein Vorhaben - aus welchen Gründen auch immer - für längere Zeit verzögert. Ein derartiges Marktversagen kann etwa dadurch vermieden werden, dass der Gesetzgeber die zuständigen Übertragungsnetzbetreiber verpflichtet, die Netzanbindung in eigener Verantwortung zu errichten und - z.B. - über die Netzentgelte zu refinanzieren.

---

103 Die Grundform eines Gefangenen-Dilemmas wurde erstmals von G. HARDIN beschrieben. Es beschreibt die Situation, dass es zwar individuell rational sein kann, sich für eine Handlungsoption A zu entscheiden, dass es aber kollektiv-rational wäre, sich für eine Handlungsoption B zu entscheiden. G. Hardin 1968, S. 1243-1248.

104 N. Eickhof; D. Kreikenbaum 1998, S. 2 ff..

Selbst wenn Stromerzeugung und Leitung durch ein Unbundling voneinander getrennt sind, ergeben sich erhebliche Abstimmungserfordernisse zwischen Projektgesellschaft und dem Netzbetreiber. Die Projektgesellschaft benötigt eine vorhandene oder vertraglich zu einem bestimmten Zeitpunkt zugesagte Netzanbindung. Nur wenn klar ist, dass der erzeugte Strom auch in das Leitungsnetz eingespeist werden kann, wird das Projekt Einnahmen generieren können. Andererseits benötigt der Netzbetreiber ebenfalls ein gewisses Maß an Planungssicherheit, um die mit der Verlegung der HGÜ-Kabel (Hochspannungs-Gleichstrom-Übertragung) verbundenen Risiken und Kosten tatsächlich auf sich zu nehmen. Für den Netzbetreiber geht es darum, versunkene Investitionen von vornherein auszuschließen.

Die Fallfrage wird damit sein, in welchem Umfang dem Sicherungsbedürfnis des Netzbetreibers Rechnung zu tragen ist. Die Netzbetreiber werden die Anforderungen entsprechend hoch ansetzen. Aus einer ähnlich gelagerten Thematik beim Anschluss von Offshore-Windparks ist bekannt, dass die Netzbetreiber verlangt hatten, dass vor einer Netzanschlusszusage bereits verbindliche Zusagen für die Finanzierung des Projekts vorlagen. Die für die Fremdfinanzierung zuständigen Banken wiederum verlangten eine Netzanschlusszusage, um sicherzustellen, dass das Projekt auch in der Lage ist, Cashflows zu generieren[105]. Um diese Blockadesituation aufzulösen, hat der deutsche Gesetzgeber für Offshore-Windparks gesetzlich festgeschrieben, dass der Netzbetreiber die Finanzierungszusagen nicht zur Voraussetzung des Netzanschlusses oder der Einspeisung machen darf[106]. Diese Regelung ist für die Finanzierung von großer Bedeutung, da Rechte und Pflichten eindeutig geregelt werden.

Hinsichtlich der Anschlusspflicht und der Kostentragung gilt für Offshore-Windparks in Deutschland das Prinzip der „Steckdose auf See" (§ 17 Abs. 2a EnWG):

- Der Leitungsbau und die Kostentragung vom Umspannwerk auf See bis zum technisch und wirtschaftlich günstigsten Verknüpfungspunkt an Land erfolgt durch den nächstgelegenen Übertragungsnetzbetreiber.
- Die Netzanbindung muss bei Herstellung der technischen Betriebsbereitschaft der Offshore-Anlagen errichtet sein.
- Die Übertragungsnetzbetreiber sind gegenüber den Projektgesellschaften zum Ersatz der historischen Planungs- und Genehmigungskosten verpflichtet, die bis zu einem bestimmten Stichtag (hier: 17.12.2006) entstanden sind, sofern

---

105 R. Busch; A. Gabler; B. Treibmann 2010, S. 58.

106 Siehe hierzu detailliert R. Busch; A. Gabler; B. Treibmann 2010, S. 55 ff. und J. Böttcher 2010 b, 14 f..

mit der Errichtung der Offshore-Anlagen vor dem 31.12.2015 begonnen wurde.

In diesem Zusammenhang ist die praktische Ausgestaltung des Anschlusses aber noch problematisch: Die Übertragungsnetzbetreiber streben nach größtmöglicher Sicherheit, um ihre Kosten auf die Netzentgelte umlegen zu können. Dies ist aus ihrer Sicht nachvollziehbar, da ineffiziente Investitionen nicht bei der Netzentgeltkalkulation berücksichtigt werden können und sie gegenüber den Regulierungsbehörden nachweisen müssen, dass die Investitionen ex ante berechtigt waren. Daraus entwickeln sich restriktive und hochgesteckte Anforderungen an die Projektplaner, die den Nachweis der ernsthaften Projektverwirklichung vor Anschlusszusage erbringen müssen.

Die zuständige Bundesnetzagentur stellt hierzu wesentlich auf die Definition von Anbindungskriterien und Meilensteine für das Anbindungsverfahren ab. Hinsichtlich der Anbindungskriterien sind dies vier Kriterien:

- BSH-Genehmigung für Offshore-Anlagen oder eine entsprechende Zusicherung,
- Plausibler Bauzeitenplan,
- Baugrunduntersuchung für alle anzubindenden Anlagenstandorte,
- Verträge über die Bestellung der Windenergieanlagen und verbindliche Finanzierungszusage, ggf. unter Vorbehalt der Netzanbindungszusage, oder Vor-Verträge über die Bestellung wesentlicher Großkomponenten.

Als Meilensteine für das Anbindungsverfahren werden genannt:

- Stufenweise gekoppelt an das Vorliegen der Anbindungskriterien,
- bei Verletzung durch die Netzbetreiber wird schuldhaftes Handeln vermutet, was die Einholung von Schadenersatz durch die Windparkbetreiber vereinfacht.

Tabelle 5: Bundesnetzagentur: Planungsphase und Realisierungsphase (e.D.)

Planungsphase		
Stichtag für die Prüfung, ob die Anbindungskriterien 1 bis 3 oder 1, 2 und 4 vorliegen	1.3. t_0	1.9.t_0
Bedingte Netzanbindungszusage und Beginn des Ausschreibungsverfahrens für Netzanbindung	30.04.t_0	31.10.t_0
Prüfung, ob Anbindungskriterien 1 bis 4 vorliegen	1.9.t_0	1.3.t_1
Unbedingte Netzanbindungszusage und Zuschlagerteilung für die ausgeschriebene Netzanbindung	31.10.t_0	30.04.t_1
Realisierungsphase		
Realisierung der Netzanbindung (30 Monate ab Zuschlagerteilung)	30.04.t_3	31.10.t_3

Bei einem nicht termingerechten Netzanschluss ergeben sich folgende Konsequenzen:

Zunächst einmal besteht eine erleichterte Durchsetzung von Ersatzansprüchen bei Offshore-Windparks. Auch wenn die Bundesnetzagentur nicht für die Durchsetzung des EEG zuständig ist, stellt sie gleichwohl die Rechtsverletzung fest, die wiederum für die Zivilgereichte bindend ist (§ 32 Abs. 4 EnWG).

Die Schadenersatzpflicht richtet sich nach den allgemeinen Regeln (§§ 280, 286 und 823 BGB). Während die Beweislast für fehlendes Verschulden beim Netzbetreiber liegt, trägt der Anlagenbetreiber das Risiko der Höheren Gewalt (insbesondere das Wetterrisiko). Eine Zurechnung des Verschuldens von Vorlieferanten (z.B. Kabel oder Umspannwerk) ist aber noch offen.

Der Schadensumfang ergibt sich aus der Anwendung der allgemeinen Regeln, d.h.:

- Verzugsschaden: z.B. Zinsaufwand bei einem Überbrückungskredit,
- Entgangener Gewinn infolge des Verzuges: Dies kann beispielsweise die geringere Vergütung wegen der Degression des Einspeisetarifs sein und ein Zinsanspruch ab Eintritt des Schadens.

Dieser Abschnitt und die vertiefte Behandlung der Besonderheiten deutscher Offshore-Windparks machen eines deutlich: Das gesamte rechtliche Rahmenwerk hat für die Realisierung von leitungsgebundenen Projekten eine herausragende Bedeutung und entscheidet ganz grundsätzlich, ob eine Projektfinanzierung überhaupt in Frage kommt oder nicht.

3.5. Externe Effekte

Ein externer Effekt liegt dann vor, wenn die ökonomischen Entscheidungen eines Wirtschaftssubjekts Auswirkungen auf Dritte haben, die nicht kompensiert werden (Abbildung 18)[107].

107 H.R. Varian 2007, S. 743 ff..

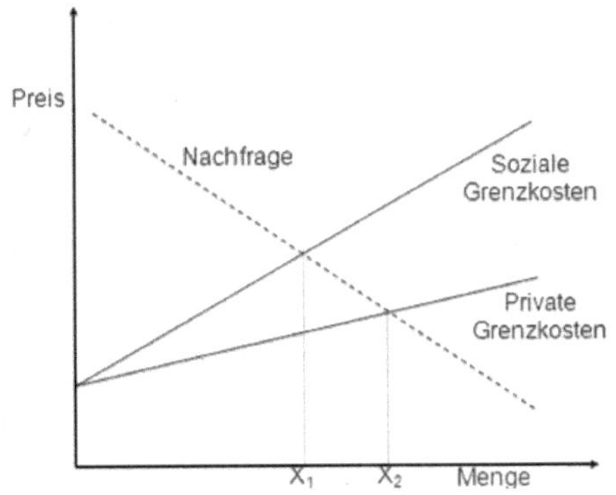

Abbildung 18: Externe Effekte

Ausgangspunkt der obigen Abbildung 18 ist die Überlegung, dass die Nachfrager lediglich die privaten Grenzkosten, nicht aber die sozialen Grenzkosten zu tragen haben. Daher fällt ihre Nachfrage höher aus als es bei der Berücksichtigung der sozialen Grenzkosten der Fall wäre und sie bezahlen weniger als es bei Berücksichtigung der sozialen Grenzkosten der Fall wäre[108].

Da die externen Effekte außerhalb der Kostenrechnung der Marktteilnehmer liegen, ist der Wettbewerbsprozess zwischen den Anbietern gestört und führt - bei negativen externen Effekten - zu einer höheren Nutzung einer Ressource als dies volkswirtschaftlich wünschenswert wäre; im Beispiel der Produktion bei x_2. Um ein wohlfahrtsökonomisches Optimum zu erreichen, sollen die externen Effekte internalisiert werden, d.h. einer Partei zugewiesen werden, die sie in ihrer Kostenrechnung berücksichtigen kann. Auf die verschiedenen theoretischen Verfahren, die in diesem Zusammenhang entwickelt worden sind, soll an dieser Stelle nicht vertieft eingegangen werden[109]. Die verschiedenen Herangehensweisen lassen sich unter zwei Konzepte subsumieren:

- Entweder werden die Ursachen der Kostenverzerrungen angegangen, indem die Anbieter, die die Allgemeinheit mit sozialen Zusatzkosten belasten, mit entsprechenden Ge- und Verboten oder mit finanziellen Belastungen konfrontiert werden.
- Oder es wird gemäß dem *Second-Best*-Kriterium versucht, Allokationsverzerrungen bei einem Energieträger durch korrigierende Maßnahmen, wie z.B.

108 U.v. Suntum 1986, S. 78 f..
109 H.R. Varian 2007, S. 754 ff..

Subventionen bei den mit ihm konkurrierenden Energieträgern, auszugleichen[110].

Allerdings bestehen bei der Einschätzung, ob externe Effekte vorliegen und wie sie zu bewerten sind, erhebliche Werturteile sowohl bei den konventionellen als auch den Erneuerbaren Energien. Die Betrachtung von externen Effekten hängt eng mit einem subjektiven Werturteil zusammen, was bereits eine qualitative Beurteilung als schwierig erscheinen lässt. So sind die energiepolitischen Diskussionen insbesondere in Europa im hohen Maße von Werturteilen geprägt, die die sozialen Kosten und Erträge von konventioneller und alternativer Energieerzeugung höchst unterschiedlich beurteilen[111].

Trotz aller Schwierigkeiten, externe Effekte operational zu qualifizieren und zu quantifizieren, wird gerade ihr Vorliegen als wesentliche Begründung für die Schaffung von wettbewerblichen Ausnahmebereichen und staatlicher Einflussnahme angeführt. Insbesondere der STERN-Report hat den Zusammenhang zwischen Klimawandel und ökonomischen Folgekosten deutlich gemacht[112].

3.6. Öffentliche Güter bei Projektfinanzierungen

Märkte können hinsichtlich der pareto-effizienten Bereitstellung öffentlicher Güter versagen. Öffentliche Güter sind durch Nicht-Rivalität im Konsum und Nichtausschließbarkeit vom Konsum gekennzeichnet[113].

Der Konsum des betreffenden Gutes durch einen zusätzlichen Nachfrager schmälert nicht die Konsummöglichkeiten dieses Gutes durch andere Nachfrager und wird auch umgekehrt durch deren Konsum nicht beeinträchtigt (Nicht-Rivalität im Konsum). Das Ausschlussprinzip ist bei öffentlichen Gütern nicht anwendbar, d.h. zahlungsunwillige Individuen können vom Konsum des Gutes nicht ausgeschlossen werden. So ist die Landesverteidigung ein öffentliches Gut - jeder im Land Ansässige ist Nutznießer davon und die individuelle Teilhabe beeinträchtigt auch nicht den Schutz aller anderen Individuen[114].

---

110 Zu nennen sind hier die folgenden Modelle: Das Konzept der Unterlassungskosten, die Ermittlung einer Schadensfunktion, das Konzept der geäußerten Präferenzen und das Preiskonzept. Siehe hierzu M. Fritsch et al. 2007, S. 38 f..

111 Um einen Eindruck von der Spannweite der Diskussionen zu erhalten, genügt ein Blick in aktuelle Publikationen etwa von GREENPEACE [Greenpeace; EREC (ed.): Energy [R]evolution, 3rd edition, o.O. 2010] bzw. von Autoren wie WILFRED BECKERMAN [Beckerman, Wilfred: Small is stupid: Blowing the whistle on the Greens, London 1995, Duckworth Pub.].

112 Siehe hierzu die einführenden Überlegungen in Kapitel 1. N. Stern 2007, S. 143.

113 H.R. Varian 2007, S. 797 ff..

114 U. van Suntum 1986, S. 89.

Die private Bereitstellung öffentlicher Güter derartiger Güter leidet unter einem Trittbrettfahrerverhalten, das darin besteht, das Gut von anderen bereitstellen zu lassen, um dann in den kostenfreien Genuss des Gutes zu kommen. Auch wenn insgesamt eine ausreichende Zahlungsbereitschaft vorhanden wäre, käme aufgrund eines individuell-rationalen Kalküls und der Nichtausschließbarkeit gleichwohl keine kaufwirksame Nachfrage nach dem Gut zustande[115].

Bei Projektfinanzierungen tritt diese Problematik regelmäßig dann auf, wenn die Methodik der Projektfinanzierung erstmalig in einem neuen Anwendungsfeld eingesetzt wird. Dieses neue Anwendungsfeld kann etwa der Einsatz einer neuen Technologie sein, aber auch der Einsatz in einem Land, das erstmalig ein Regulierungssystem für eine bestimmte Technologie einsetzt. Projektfinanzierungen benötigen eine kalkulierbare und verlässliche Basis, so dass Einflussfaktoren, die die Unsicherheit bei den zu erwartenden Cashflows erhöhen, besonders kritisch gesehen werden und den Einsatz einer Projektfinanzierung wesentlich einschränken. Damit ist die Anwendung von Projektfinanzierungen in den vorgenannten Fällen nicht selbstverständlich, da die positive Erfahrung ihrer Anwendung in dem konkreten Anwendungsfall noch nicht besteht.

Verläuft ein Vorhaben mit neuartiger Technik erfolgreich, haben die Projektbeteiligten ein öffentliches Gut geschaffen, an dem über die Projektbeteiligten hinaus die gesamte Branche partizipiert[116]. Das öffentliche Gut besteht darin, dass nachgewiesen wurde, dass es sich um eine großindustriell einsetzbare Technik handelt, für die die Methode der Projektfinanzierung grundsätzlich in Frage kommt. Damit ist der Anreiz der grundsätzlich interessierten Parteien groß, sich an Pioniervorhaben nicht zu beteiligen und erst dann in diese Technik einzusteigen, wenn ihr Erfolg durch den Einsatz anderer Beteiligten nachgewiesen wurde[117]. Es gewinnen die Projektbeteiligten, die in der ersten Phase nicht mitmachen, aber darauf hoffen, dass andere früher einsteigen und den Weg bereiten.

Dies kann in der Konsequenz dazu führen, dass ein Marktversagen vorliegt und kein derartiges Projekt realisiert wird. In diesem Fall wird häufig die staatliche Bereitstellung des öffentlichen Gutes gefordert, die hier beispielsweise in der öffentlichen Finanzierung von Pilotanlagen in der Region bestehen könnte. Kaum zu lösen ist in diesem Zusammenhang die Frage, welche Menge des öffentlichen Gutes effizient ist, da dazu Informationen über die individuellen Zahlungsbereitschaften erforderlich sind.

---

115 C.B. Blankart 1991, S. 49-51.

116 Die Argumentation folgt MANCUR OLSON'S „Die Logik kollektiven Handelns".

117 H.R. Varian 2007, S. 811 f..

Tatsächlich zeigt aber die Erfahrung, dass Projektfinanzierungen realisiert werden, obwohl die Anwendung der Methodik in diesem Bereich neu ist. Zur Erklärung lassen sich zwei Überlegungen anführen:

- Angenommen, es liege eine innovative Technik vor, die allerdings die Chance bietet, bei Erfolg dupliziert zu werden und den Projektbeteiligten Zusatzerträge zu erbringen. Die Zusatzerträge ergeben sich daraus, dass die Beteiligten mit diesem Vorhaben Wissen erwerben, das der Wettbewerb erst mit Zeitverzögerung aufholen kann, so dass auch Folgevorhaben im Rahmen der bisherigen Beteiligten realisiert werden.
- Ein zweiter Ansatz zielt darauf ab, dass die an dem Vorhaben beteiligten Projektbeteiligten häufig just in dem Geschäftsfeld tätig sind, das nunmehr zur Finanzierung ansteht, und die Projektfinanzierung eine neue Finanzierungsvariante darstellt, die auch für die Beteiligten zusätzliche Entlohnungsmöglichkeiten vorsieht. Wenn Entlohnungssysteme an Geschäftsabschlüsse gekoppelt werden, ohne dass die langfristige Tragfähigkeit nachgewiesen werden muss, ergeben sich tendenziell adverse Anreize, sich risikofreudiger zu verhalten[118].

Die Entwicklung in der Nutzung der Solarthermie (siehe Kapitel 5.3.2) verdeutlicht diese Aussage. Die erfolgreiche Inbetriebnahme der ersten Projekte wird die weitere Ausbreitung erheblich beschleunigen, da die Risiken nunmehr wesentlich besser greifbar und damit quantifizierbar werden. Ein weiterer Eintritt neuer Entwickler und Investoren wird zudem dazu führen, dass sich mehr Wettbewerb einstellt, der dann auch hilft, die Kosten zu senken.

Zusammenfassend wird man feststellen können, dass die Marktversagenstatbestände bei CSP-Vorhaben differenziert zu beurteilen sind:

- Zum Teil gibt es behauptete Marktversagenstatbestände, die nur eine geringe Geltung beanspruchen können (transaktionales Marktversagen, öffentliche Güter).
- Andere mögliche Marktversagenstatbestände können durch die politische Ausgestaltung des Regulierungsumfeldes vermieden werden (natürliches Monopol, externe Effekte).
- Schließlich gibt es mit dem Thema der Informationsasymmetrien einen Sachverhalt, der für das Verständnis von Projektfinanzierungen und die Ausgestaltung von Projektverträgen von überragender Bedeutung ist.

---

118 Ein Beispiel mag der Boom der Projektfinanzierungen im Bereich Mobiltelefonie ab etwa 1995 darstellen. Optimistische Gutachten von Telefonie-Experten, die erfolgreiche Nutzungsdaten von einzelnen Ländern auf andere Länder übertrugen, wurden von anderen Beteiligten (insbesondere Banken) gerne geglaubt.

In jedem Fall zeigt die Diskussion um mögliche Marktversagenstatbestände wichtige Konsequenzen für die Gestaltung von Projektstrukturen und Projektverträgen auf.

Die Diskussion um ein transaktionales Marktversagen hat deutlich gemacht, dass Energiemärkte national zu bewerten sind und länderspezifische Lösungen erfordern. Die Diskussion um das natürliche Monopol hat aufgezeigt, wie komplex das Thema Leitungsanbindung ist und welche Hindernisse bestehen, hier eine praktikable Lösung zu finden. Ebenso ergeben sich aus der Betrachtung nationaler Märkte und der Monopol-Diskussion Handlungsempfehlungen, CSP-Vorhaben eher auf nationaler Ebene zu realisieren und erst in einem zweiten Schritt eine Anbindung europäischer Märkte anzustreben.

Wir haben in diesem ersten Teil der Darstellung des Risikomanagementprozesses beschrieben, welche Bedeutung Marktversagenstatbestände für Projektfinanzierungen haben können. Im nächsten Schritt geht es darum aufzuzeigen, welche Konsequenzen sich aus einem Marktversagenstatbestand, dem der asymmetrischen Informationsverteilung, auf die Ausgestaltung der Projektstruktur und der Projektverträge ergeben.

4. Ökonomische Analyse der Vertragsbeziehungen und der Partnerwahl

4.1. Risikoprämie und Risikotragfähigkeit

Die folgenden Abschnitte 4.1 bis 4.5 sind aus meiner Publikation „Finanzierung von Erneuerbare-Energien-Vorhaben" (dort die Kapitel 3.3.3 bis 3.3.7.) entnommen, wobei Teile ergänzt worden sind[119].

Die neoklassische Kapitalmarkttheorie hat sich intensiv mit dem Preis für das Risiko beschäftigt. Ein zentrales Ergebnis ist, dass in einer Welt vollkommener Kapitalmärkte eine vollständige Diversifikation der Investitionen möglich ist. Risiken, die nur auf einen Einzeltitel bezogen sind, haben einen Preis von Null, da sie durch Diversifikation vollständig abgebaut werden können. Einen Preis gibt es in dieser Modellwelt nur für das systematische Risiko, d.h. das Risiko eines vollständig diversifizierten Portfolios, das von der allgemeinen Marktentwicklung getrieben wird[120].

Die Erkenntnisse dieser Theorie bilden eine wichtige Grundlage des heutigen Verständnisses von der Funktionsweise der Kapitalmärkte. Allerdings sind die Annahmen, unter denen sie abgeleitet werden, kaum realistisch. Märkte funktionieren nicht friktionsfrei, und eine vollkommene Diversifikation ist weder möglich noch sinnvoll erreichbar. Allerdings ist der Grad der Annäherung an dieses Ideal unterschiedlich hoch. Ein Kapitalmarktinvestor, der ein umfängliches freies Vermögen investieren will, kann sehr wohl eine weitgehende Diversifikation erreichen. Ein Unternehmen, dessen Erfolg von dem Erfolg eines Projekts abhängt, ist hingegen schlecht diversifiziert. Für die Übernahme eines zusätzlichen Risikoanteils aus diesem Projekt müsste man demnach diesem Unternehmen einen entsprechend hohen Preis zahlen. Dahinter steht noch ein weiterer Effekt, der in der Modellwelt vollkommener Kapitalmärkte nicht vorgesehen ist. Das Unternehmen möchte das zusätzliche Projektrisiko auch deshalb vermeiden, weil bei Realisation sehr schlechter Ergebnisse - z.B. dem Scheitern des Projekts - über den Verlust aus dem Projekt hinaus weitere Kosten entstehen: Das Unternehmen geht im schlimmsten Fall Konkurs und Folgekosten entstehen. Diese Probleme entstehen nicht für einen Kapitalmarktinvestor, der sein eigenes Geld investiert.

---

119 Die Ergänzungen beziehen sich auf den Beginn des Kapitels 4.2 und die Abbildung 20. Siehe J. Böttcher 2009, S. 52-71.

120 K. Specht; W. Gohout 2009, S. 9-58.

In der Ökonomie wird die Abneigung gegen Risiko als Risikoaversion bezeichnet. Um die Auswirkungen eines risikoaversen Verhaltens zu analysieren, konstruieren Ökonomen individuelle Nutzenfunktionen. Eine Nutzenfunktion ist eine Funktion, die jedem Pay-Off, das ein Individuum erhält, einen bestimmten Nutzenwert zuordnet. Individuen streben an, ihren Nutzenwert zu maximieren. Häufig wissen sie zum Zeitpunkt einer Entscheidung aber nicht, welchen Pay-Off sie später erhalten werden. Können sie die Wahrscheinlichkeit einschätzen, mit der sie die verschiedenen Pay-Offs erhalten, können sie anstelle des Nutzenwertes den Erwartungswert des Nutzenwertes maximieren. Offenkundig lehnen die Individuen Risiken ab, wenn sie statt eines riskanten Zahlungsstroms den Erwartungswert dieses Zahlungsstroms als sichere Zahlung erhalten können. Der Nutzenwert dieses Erwartungswerts ist also bei einem risikoaversen Individuum höher als der Erwartungsnutzen des riskanten Zahlungsstroms. Damit dies für alle denkbaren riskanten Zahlungsströme gewährleistet ist, muss die Nutzenfunktion eines Individuums konkav sein.

Der Gedanke lässt sich an einem einfachen Beispiel veranschaulichen. Ein Projekt kann mit jeweils derselben Wahrscheinlichkeit von 0,5 entweder erfolgreich sein oder scheitern. Ist das Projekt erfolgreich, ergibt sich ein Gewinn von 40 GE. Scheitert es, ist der Gewinn 0. Das Projekt hat also einen erwarteten Gewinn von 20 GE und ist damit lohnend. Ein risikoaverser Investor hätte aber lieber den Erwartungswert von 20 GE als ein Projekt mit gleichem Erwartungswert, das aber auch schief gehen kann. Die konkave Nutzenfunktion veranschaulicht diesen Sachverhalt (Abbildung 19)[121]:

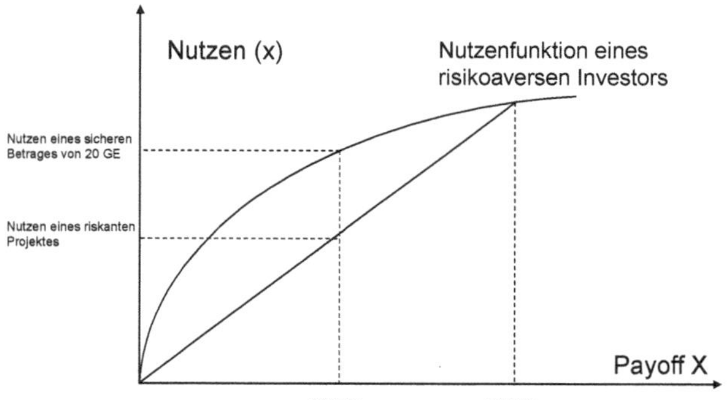

Abbildung 19: Nutzenfunktion eines risikoaversen Investors (e.D.)

121 J. Böttcher 2009, S. 53.

Betrachten wir die Beteiligten einer Projektfinanzierung etwas genauer unter dem Gesichtspunkt, wer hinsichtlich der Diversifikation und möglicher Konkurskosten am besten Risiken übernehmen kann (Tabelle 6):

Tabelle 6: Abstufung der Risikotragfähigkeit bei Projektfinanzierungen[122]

	Charakteristika	Risikotragfähigkeit
Contractors (Fertigstellungsphase)	Kleinere Contractors sind bezüglich eines einzelnen Projektes wenig differenziert, damit sind Konkurskosten hoch relevant. Bei größeren Contractors besteht eine bessere Diversifikation.	Gering bis mittel
Contractors (Betriebsphase)	Contractors sind zumeist gut differenziert, da sie häufig bei verschiedenen Projekten tätig sind. Konkurskosten haben nur geringen Einfluss.	Mittel bis hoch
Fremdkapitalgeber	Diversifikation ist ein Grundprinzip der Funktionsweise von Banken. Der tatsächliche Grad der Diversifikation hängt vom Geschäftsmodell und der Größe des Vorhabens ab. Eine Mindestdiversifizierung ist gesetzlich vorgegeben. Insbesondere die Eigenkapitalanforderungen sollten die Relevanz von Konkurskosten einschränken.	Mittel bis hoch
Versicherungen	Risikobewertung und -diversifikation sind das Kerngeschäft von Versicherungen. Auch hier sollten die Eigenkapitalanforderungen die Relevanz von Kapitalkosten einschränken. Mögliche Kumulrisiken können über Rückversicherungen abgebaut werden.	Hoch
Kapitalmarktinvestoren	Bei einem Benchmark-Fall: Beliebig gute Diversifikation und gestaltbarer Leverage-Grad, so dass sich im Idealfall nur systematische Risiken ergeben.	Sehr hoch

Bei Projektfinanzierungen ist die Einbindung der Projektbeteiligten in die Projektstruktur von besonderer Bedeutung. Dabei ist im Folgenden zwischen solchen Contractors zu unterscheiden, die ein Gewerk oder eine Dienstleistung einmalig für die Projektgesellschaft erbringen und solchen, die in mehrmaligen Transaktionen mit der Projektgesellschaft stehen. Die Arbeitshypothese ist, dass bei mehrmaligen Transaktionen durch geringere versunkene Kosten das Risiko für beide Vertragsseiten verringert wird und daher auch andere Anreizstrukturen erforderlich sind. Damit sollte unterschieden werden zwischen dem Contractor, der für die Fertigstellung verantwortlich ist und den Projektbeteiligten, die während der Betriebsphase etwa für die Betriebsführung zuständig sind. Wir werden die Darstellung so aufbauen, dass wir zunächst jeweils den Fall einer einmaligen Transaktion durchspielen und im Anschluss überlegen, was sich bei mehrfachen Transaktionen ändert (siehe hierzu das Kapitel 4.6).

Was sind die Konsequenzen dieser Überlegungen für die Risikoallokation bei einer Projektfinanzierung? Stellen wir uns als Beispiel einen Contractor vor, der für ein Projekt eine genau spezifizierte Anlage im Werte von M€ 4 liefern soll, was auch seinem Anfangsvermögen entspricht. Da das Vorhaben für ihn erkennbar sehr groß ist, sei er risikoavers eingestellt, während die anderen Pro-

122 J. Böttcher 2009, S. 54.

jektbeteiligten wesentlich besser diversifiziert sind und sich risikoneutral verhalten. Wie sollte der Vertrag mit dem Contractor strukturiert sein?

Die Präferenzen des risikoaversen Contractors sollen durch die Nutzenfunktion $X^{0,5}$ beschrieben werden. Dabei sei X das Endvermögen des Contractors. Damit der Contractor die Anlage liefert, muss er sich mindestens so gut stellen wie in dem Fall, dass er nicht liefert. Der einfachste Weg wäre, ihm die 4 M€ zu zahlen, die die Anlage kostet. Da die Anlage aber für das Projekt unabdingbar ist, wird ihm regelmäßig auch abverlangt werden, einen Teil des Risikos zu tragen. Ein Weg wäre, ihm eine Beteiligung am Unternehmensgewinn anzubieten. Damit dies für den Contractor attraktiv ist, muss allerdings sein Erwartungsnutzen für ihn genauso attraktiv sein wie die 4 M€, die er für das Bauteil aufwenden muss. Im obigen Beispielsfall erwarten wir, dass das Projekt - mit einer Wahrscheinlichkeit von 20 % (Misserfolg) bzw. 80 % (Erfolg) - einen Gewinn von 0 oder von 30 M€ erwirtschaftet. Im ersten Fall ist die Beteiligung wertlos, im zweiten Fall erhält der Contractor aus seinem Beteiligungsanteil a einen Betrag in Höhe von 30 M€ * a. Sein Erwartungsnutzen 0,8 * (a * 30 M€)^{0,5} muss also genau so hoch sein wie der Nutzen aus seinem bisherigen Vermögen - 4 M€^{0,5} = 2 M€. Löst man dieses Gleichungssystem auf, erhält man eine erforderliche Beteiligung von 20,84 %. Der Erwartungswert dieser Beteiligung, 0,2084 * 80 % * 30 M€ = 5,00 M€, ist deutlich größer als das Anfangsvermögen oder das Endvermögen bei einem bloßen Kaufvertrag mit einem Fixpreis. Die Differenz 5,0 M€ - 4,0 M€ = 1,0 M€ ist die Prämie, die der Contractor für seine Teilnahme am Risiko des Projekts fordert. Diese geht zu Lasten der anderen Beteiligten, für die das Vorhaben entsprechend weniger wertvoll wird. Das heißt, in diesem Beispiel stellt sich der Contractor durch einen Beteiligungsvertrag besser, die anderen Beteiligten aber schlechter. Abhängig von den obigen Annahmen kann sich die Präferenz des Contractors ändern, allerdings stellen sich die anderen Projektbeteiligten in jedem Fall schlechter.

Diese Ergebnisse lassen sich verallgemeinern. Es ist nicht sinnvoll, risikoaverse Projektbeteiligte mit hohen Risiken zu belasten, nur weil das Prinzip der Risikoteilung dies postuliert. Risiken verschwinden nicht dadurch, dass man sie auf möglichst viele Parteien aufteilt. Vielmehr sollte man die Parteien belasten, die diese Risiken auch gut tragen können. Im Idealfall sollten die Sponsoren an prohibitiv hohen Prämien für eine weitere Risikoübernahme merken, dass sie die Risikotragfähigkeit eines Projektbeteiligten über Gebühr belasten. Es besteht aber auch die Gefahr, dass man über die konsequente Verfolgung des Risikoteilungsprinzips an Projektbeteiligte gerät, denen es bereits so schlecht geht, dass ihnen gar keine andere Wahl bleibt, alles jedes Risiko zu akzeptieren. In jedem Fall ist bei der Risikoteilung Vorsicht geboten, auch wenn es aus Anreizaspekten geboten ist, auch risikoaverse Vertragspartner gezielt am Risiko zu beteiligen. Diese Aspekte betrachten wir in den folgenden Kapiteln 4.2 bis 4.7.

Denn der Wille
Und nicht die Gabe macht den Geber.
LESSING, NATHAN DER WEISE, ZFN. 539 F.

4.2. Risikoübernahme bei asymmetrischer Information

Der folgende Abschnitt 4.2 ist aus meiner Publikation „Finanzierung von Erneuerbare-Energien-Vorhaben" (dort das Kapitel 3.3.4) entnommen[123].

Wie wir weiter oben gezeigt hatten (Kapitel 3.3), kann es in einem Markt aufgrund von Informationsasymmetrien systematisch zu keinen oder zu sub-optimalen Ergebnissen kommen.

Bei Projektfinanzierungen sind die verborgenen Informationen vor Vertragsabschluss aus mindestens drei Gründen von besonderer Bedeutung: 1. Zunächst findet zum Fertigstellungszeitpunkt regelmäßig eine Haftentlassung der Sponsoren statt, die die besondere Bedeutung der fristgerechten und planmäßigen Errichtung des Vorhabens unterstreicht (Kapitel 5.3). 2. Weiter handelt es sich bei Projektfinanzierungen in vielen Teilaspekten um einmalige Transaktionen, die eine spätere Korrektur von Verträgen erschweren (Kapitel 2.2). 3. Die Tragweite von Fehlentscheidungen ist auch deshalb erheblich, da die Wirtschaftlichkeit einer Projektfinanzierung durch die bilateralen Beziehungen zwischen der Projektgesellschaft und den Projektbeteiligten bedingt ist, und mithin zum Zeitpunkt der Unterschrift unter die jeweiligen Verträge fixiert wird (Kapitel 2.2).

Schaut man etwas genauer auf den Ablauf einer Projektfinanzierung, so lässt sich zwischen den Phasen Fertigstellung und Betrieb noch eine Unterscheidung vornehmen: Steht in der Fertigstellungsphase die richtige Auswahl des Generalunternehmers im Vordergrund, der das Projektgewerk zu verantworten hat, so ist es in der Betriebsphase die Sicherstellung des laufenden Betriebs durch die Einbindung geeigneter Contractors. Der Unterschied besteht wesentlich darin, dass eine Fehlentscheidung bei der Contractor-Auswahl für die Fertigstellung erhebliche und nur schwer zu korrigierende Auswirkungen hat, hingegen in der Betriebsphase die Kontrolle mehrerer Beteiligte erforderlich ist, die relativ schnell ausgetauscht werden können. Die versunkenen Kosten werden regelmäßig im ersten Fall größer sein, so dass die Austauschmöglichkeiten hier auch faktisch eingeschränkt sind.

123 J. Böttcher 2009, S. 55-58.

Qualitätsinformationen sind nur dann über Märkte erhältlich, sofern die Qualität direkt feststellbar ist. Viele Aspekte der Produktqualität lassen sich vor dem Kauf auch nach sorgfältiger Analyse nicht feststellen, sondern die Produkte offenbaren erst nach längerem Gebrauch ihre wahren Eigenschaften; es sind so genannte Erfahrungsgüter[124]. Dies ist gerade bei Projektfinanzierungen ein kritischer Punkt, da ihre Realisierbarkeit ganz wesentlich davon abhängt, dass die Qualitäten und Preise der für die Projekte relevanten Verträge planbar und verlässlich sind.

Der Sachverhalt asymmetrischer Information spielt bei einer Vielzahl von Fragestellungen im Bereich der Projektfinanzierungen eine besondere Bedeutung. Hierzu steht neben der optimalen Ausgestaltung von Risikoübernahme und Anreizsystemen auch die Frage, wer als Risikoträger in Frage kommt und wer nicht. Die erste Fragestellung werden wir in den folgenden Kapiteln betrachten, die zweite Fragestellung unmittelbar folgend. Sie ist der Ausgangspunkt für die Probleme, die sich auf verborgene Informationen vor Vertragsabschluss beziehen.

Das von AKERLOF beschriebene Allokationsproblem (siehe Kapitel 3.3) hat auch für Projektfinanzierungen seine Relevanz. Untersucht wird im Folgenden die Frage, welche Kapitalgebergruppe geeignet ist, bestimmte Risiken eines Projekts zu übernehmen.

Unbeeinflussbare Risiken transparenter Projekte sind am besten am Kapitalmarkt platziert. Sie können dort breit gestreut werden und Kapitalmarktinvestoren können für die Übernahme der Risiken nicht mehr als die Marktrisikoprämie durchsetzen. Werden alle derartigen Risiken solcher Projekte am Kapitalmarkt platziert, weist das Projekt die niedrigsten möglichen Finanzierungskosten auf und erzielt umgekehrt für die Sponsoren den höchsten möglichen Gewinn. Allerdings zeigt die Formulierung auch seine eingeschränkte Anwendung: Welches Projekt ist so transparent, dass es dem breiten Kapitalmarkt angedient werden kann? Welche Risiken können tatsächlich durch die Projektbeteiligten beeinflusst werden?

Zunächst zur Frage der Transparenz. Wenn die Kapitalmarktteilnehmer über den Wert eines Vorhabens nicht hinreichend informiert sind, werden sie eine Risikoprämie verlangen. Stellen wir uns zwei verschiedene Projekte vor, die dem Kapitalmarkt angeboten werden. Dabei weist das erste Vorhaben nach Abzug des Kaufpreises für die Anlage mit gleicher Wahrscheinlichkeit einen Cashflow von 0 M€ oder von 12 M€ auf. Nehmen wir an, das zweite Projekt erwirtschafte einen Cashflow von 2 M€ oder 18 M€. Der Einfachheit halber soll angenommen

124 J. Finsinger 1991, S. 207.

werden, dass beide Projekte mit gleicher Wahrscheinlichkeit auftreten und die Kapitalmarktinvestoren beide Vorhaben nicht voneinander unterscheiden können. Was wäre der Preis für die Projekte, wenn die risikoneutralen Kapitalmarktinvestoren ihren Erwartungswert maximieren wollen?

Zunächst erscheint dies als eine einfache Rechnung: Das erste Projekt hat einen Erwartungswert von 6 M€, das zweite von 10 M€. Da beide gleich wahrscheinlich sind, würden risikoneutrale Investoren für eine solche Art der Lotterie maximal 8 M€ zahlen, um den Zuschlag zu bekommen. Die Sponsoren des schlechten Projekts würden 2 M€ mehr verdienen als ihr Vorhaben wert ist. Die Sponsoren des guten Projekts verlieren allerdings 2 M€, die sie als Risikoprämie den Kapitalmarktinvestoren für ihre Bereitschaft, ein intransparentes Risiko zu kaufen, überlassen müssen. Die durchschnittliche Informationsprämie wäre allerdings 0, da die Projekte aufgrund des Informationsstands des Kapitalmarktes fair gepreist sind und die Sponsoren, obwohl sie die tatsächlichen Eigenschaften ihres Vorhabens kennen, keine Konsequenzen ziehen. Dies ist offensichtlich eine unrealistische Annahme.

Nehmen wir weiter an, dass sich für einige Projekte andere Akteure, z.B. bestimmte Sponsoren oder auch Banken und Versicherungen finden, deren Risikoaversion zwar positiv, aber nicht sehr ausgeprägt ist, und die auch darüber informiert sind, ob es sich um das wertvollere oder das weniger wertvolle Projekt handelt. Denken wir uns beispielsweise eine so informierte Versicherung, der man das Projektrisiko auch verkaufen könnte. Für schlechte Projekte ändert sich nichts. Bei guten Projekten könnte man allerdings erwägen, das Risiko dieser Versicherung und nicht den Kapitalmärkten zu übertragen. Nehmen wir z.B. an, dass die Präferenzen dieser besonders wenig risikoaversen Versicherung durch eine Nutzenfunktion $x^{0,9}$ dargestellt wird und sie über ein Anfangsvermögen von 10 M€ verfügt. Welchen Preis würde die Versicherung für das Projekt mit dem höheren Wert höchstens zahlen? Ohne diesen Kauf wäre ihr Nutzen aus ihrem Vermögen genau $10^{0,9}$. Kauft sie das Projekt, muss sie aus dem Vermögen den Kaufpreis P aufbringen und erhält den vollen Projekt-Cashflow, also entweder 6 M€ oder 10 M€. Den daraus resultierenden Erwartungsnutzen kann man darstellen als

$$0{,}5 * (10 - P + 6)^{0,9} + 0{,}5 * (10 - P + 10)^{0,9}.$$

Dieser Wert muss mindestens so groß sein wie der Nutzen ohne den Kauf des riskanten Projekts, also $10^{0,9}$. Löst man die entsprechende Gleichung auf, findet man heraus, dass die Versicherung bereit ist, bis zu 9,38 M€ für das gute Projekt zu zahlen. Dies ist deutlich mehr als die 8 M€, die man am Kapitalmarkt bekäme. Diese Projekte würden also nicht am Kapitalmarkt angeboten.

Tatsächlich würden alle guten Projekte, für die sich nicht allzu risikoaverse Inside-Investoren finden, nicht mehr auf dem Kapitalmarkt erscheinen. Formuliert man die Nutzenfunktion allgemeiner mit X^a mit a als inversem Maß für die Risikoaversion, würden bei einem Marktpreis von 8 M€ die guten Projekte, die einen informierten Investor mit einem Wert für a größer 0,35 finden können, nicht mehr den uninformierten Kapitalmarktteilnehmern angeboten. Nun tritt aber der Effekt der so genannten Adversen Selektion auf. Die Kapitalmarktinvestoren können zwar nicht gute und schlechte Projekte voneinander unterscheiden, sie wissen aber, das bei einem Marktpreis von 8 M€ viele gute Projekte nicht mehr am Kapitalmarkt angeboten werden. Nehmen wir z.B. an, dass die guten Projekte hinsichtlich der niedrigsten Risikoaversion (d.h. dem höchsten a) eines Inside-Investors auf dem Intervall von 0 bis 1 gleich verteilt wären. In diesem Fall verblieben bei einem Marktpreis von 8 M€ und damit einem kritischen Wert für a von 0,35 gerade einmal 25,9 % der guten Projekte am Kapitalmarkt. Die Kapitalmarktinvestoren wissen nun, dass nur 35 % / (100 % + 35 %) = 25,9 % der Projekte am Kapitalmarkt den höheren Wert aufweisen. Entsprechend werden sie ihre Zahlungsbereitschaft anpassen. Damit ergibt sich ein neuer, niedrigerer Preis von

$$0{,}259 * 10\ \text{M€} + (1 - 0{,}259) * 6\ \text{M€} = 7{,}04\ \text{M€}.$$

Besonders gravierend ist, dass sich dieser Prozess weiter fortsetzt. Durch den niedrigeren Preis fällt auch der Grenzwert für a, ab dem die guten Projekte am Kapitalmarkt nicht mehr auftreten, in unserem Beispiel auf 0,07. Damit sind aber nur noch 6,5 % der Projekte am Markt vom hohen Wert, und der Marktwert fällt analog zur obigen Überlegung weiter. Dieser Prozess setzt sich so lange fort, bis nur noch schlechte Projekte am Kapitalmarkt angeboten werden und diese zum richtigen Preis von 6 M€[125]. Die Abbildung 20 veranschaulicht nochmals das Wettbewerbsversagen bei adverser Selektion:

125 Diese Ergebnisse basieren auf den Überlegungen, die AKERLOF in seinem Aufsatz „*The Market for Lemons*“ erstmals beschrieben hat. G. Akerlof 1970, S. 488-500.

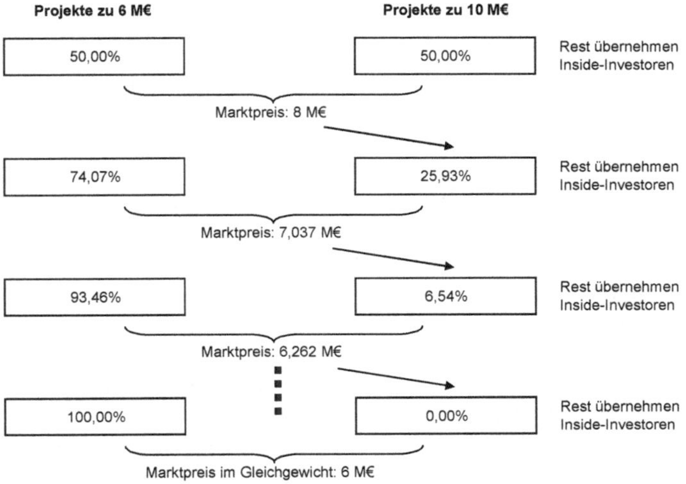

Abbildung 20: Wettbewerbsversagen bei adverser Selektion (e.D.)

Die Kapitalmarktfinanzierung guter Projekte scheitert damit vollständig. Dieses Marktversagen weitet sich noch aus, wenn man viele Projekte ganz unterschiedlicher Qualität vorfinden kann. Auch von diesen würden nur die allerschlechtesten am Kapitalmarkt angeboten. Alle anderen würden von Inside-Investoren finanziert. Der Anteil dieser Projekte an dem Markt für Projektfinanzierungen wäre allerdings verschwindend gering.

Auch wenn eine Risikoallokation am Kapitalmarkt aus risikotheoretischer Perspektive vorzuziehen ist - in aller Regel wird sie bei der Projektfinanzierung an Informationsproblemen und den damit verbundenen Problemen adverser Selektion scheitern. Umgekehrt können Projekte nur dann über den öffentlichen Kapitalmarkt finanziert werden, wenn sie für die Kapitalmarktteilnehmer hinreichend transparent sind.

Die Überlegungen zu einer adversen Selektion sind auch aus zwei weiteren Gründen für die Praxis der Projektfinanzierung hilfreich[126]:

- Derjenige, dem ein bestimmtes Angebot gemacht wird, kann aus der bloßen Tatsache des Angebotes vor dem Hintergrund der adversen Selektion negative Rückschlüsse auf die Qualität des Angebots ziehen. Diese Problematik stellt sich bei Projektfinanzierungen fortlaufend. Die Einladung, an einer Syndizierung einer Projektfinanzierung teilzunehmen, ist nicht unproblematisch. Warum wird man eingeladen? Hat die syndizierende Bank ein Interesse an einer

126 J. Böttcher 2009, S. 57 f..

langfristigen Beziehung, möglicherweise auch an mehreren Syndizierungstransaktionen, und verhält sie sich daher seriös? Ähnliche Fragen können sich bei der Suche nach geeigneten Zulieferern, Herstellern, Betreibern oder Abnehmern ergeben. Es ist alles andere als gleichgültig, von wem die Initiative ausgeht.

- Auch wenn das überwiegende Volumen bei Projektfinanzierungen über Banken dargestellt wird, gibt es seit den 90er Jahren einen Markt für *Project Bonds*. Bei jeder Projektfinanzierung stellt sich aus Sicht der Sponsoren die Frage, ob und wann dieser Weg gangbar ist. Bei *Project Bonds* sind es zumeist internationale Investoren, die die Bedienung ihrer Mittel aus den Cashflows des spezifischen Projekts erwarten. Vorhaben, die für den Einsatz von *Project Bonds* in Frage kommen, müssen weitgehend transparent, relativ einfach strukturiert und verhältnismäßig sicher sein. Hinzu kommt: Die Fähigkeit, flexibel auf notwendige Anpassungen von Projekt-, Kredit- oder Sicherheitenverträgen zu reagieren, ist bei *Project Bonds* eingeschränkt, da regelmäßig nur die Gesamtheit der Bonds-Besitzer über die Vertragsänderungen beschließen kann, was aufgrund von Free Rider-Phänomenen oftmals nur sehr eingeschränkt möglich sein wird.

Projekte, bei denen diese Bedingungen erfüllt sein können, sind insbesondere im Bereich Erneuerbare Energien zu finden, mit der Prioritätenfolge Solarenergie, Windenergie und Biomasse. Sind die Vorhaben erst einmal erfolgreich in Gang gekommen, besteht selten Anpassungsbedarf und die Risiken verlagern sich auf Risikoaspekte, die die Kapitalmarktteilnehmer ebenso gut beurteilen können wie die Sponsoren, etwa die Entwicklung der Energiepreise oder die Abschätzung des Ressourcenrisikos. In diesem Fall übernehmen die Kapitalmärkte tatsächlich ein relevantes Risikopaket, nur eben nicht bei schlechterem Informationsstand gegenüber dem Risikoverkäufer.

Wie kritisch die Kapitalmärkte hinsichtlich der Erfüllung dieser Bedingungen sind, wird immer auch von der allgemeinen Marktlage abhängen. Während man vor der Finanzkrise vieles über die öffentlichen Kapitalmärkte finanzieren konnte - darunter auch vieles, was sich dafür nicht eignet -, werden heute derartige Aspekte viel kritischer gesehen, so dass es weitaus schwerer ist, *Project Bonds* zu platzieren.

Alors pourquoi on dit que vous êtes l'Arabe de la rue, si vous êtes pas arabe ?
Arabe, Momo, ça veut dire «ouvert de huit heures du matin jusqu'à minuit et même le dimanche» dans l'épicerie.
ÉRIC-EMMANUEL SCHMITT : MONSIEUR IBRAHIM ET LES FLEURS DU CORAN, S. 11

4.3. Risikoallokation und Handlungsanreize

Der folgende Abschnitt 4.3 ist aus meiner Publikation „Finanzierung von Erneuerbare-Energien-Vorhaben" (dort das Kapitel 3.3.5) entnommen, wobei das Rechenbeispiel neu kalkuliert wurde[127].

Das Konzept der Risikotragfähigkeit erklärt Teilaspekte der für eine Projektfinanzierung typischen Risikoallokation, und die Probleme asymmetrischer Informationsverteilung verdeutlichen nur, warum man regelmäßig eine Projektfinanzierung nicht den Investoren der öffentlichen Kapitalmärkte andienen kann. Erklärt wird damit allerdings nicht, warum bei einer Projektfinanzierung Risiken auch von Parteien getragen werden, die sich dazu nicht eignen[128].

Das Grundprinzip eines an Handlungsanreizen orientierten Risk Sharings bei einer Projektfinanzierung ist, der Partei das Risiko zuzuordnen, die den Risikoeintritt am besten beeinflussen kann. Bei risikoaversen Projektbeteiligten ist bei dieser Risikoübertragung allerdings der Trade-Off mit der vom jeweiligen Vertragspartner eingeforderten Risikoprämie zu berücksichtigen. Es gibt Fälle, in denen es sich nicht lohnt, Handlungsanreize zu setzen, weil die Prämie dafür zu hoch wäre. Im Ergebnis kommt es nicht auf einen maximalen, sondern auf einen optimalen Risikotransfer an, der gerade ausreicht, die gewünschten effizienten Handlungsanreize zu setzen.

In diesem Zusammenhang muss zunächst zwischen einer Entlohnung nach Input und einer nach Output unterschieden werden. Die Grundidee outputorientierter Entlohnung besteht darin, dass das Arbeitsentgelt von einer Ergebniskennzahl abhängt, nicht aber von einem Maß an Zeit, das in den Leistungsprozess eingebracht wird. Eine inputbasierte Bezahlung richtet sich hingegen nach der Menge an Zeit, die jemand für eine Aktivität aufgewandt hat. Ein Stundenlohn entlohnt Arbeitnehmer für ihre Anwesenheit am Arbeitsplatz und ihre dort vermutlich erbrachten Arbeitsbemühungen. Eine implizite Annahme ist, dass jemand umso mehr Mühe in seine Arbeit investiert, je mehr Stunden er hierfür aufbringt.

Die mit einem Risikotransfer verbundenen Probleme sollen im Folgenden in einer erweiterten Version des oben eingeführten Modells analysiert werden. Die Erweiterung ermöglicht es auch, sich über die richtige Form der Einbindung der jeweiligen Vertragspartner Gedanken zu machen. Angenommen sei ein Projekt,

127 J. Böttcher 2009, S. 58-65.
128 J. Böttcher 2009, S. 58 ff..

das im Idealfall einen Cashflow von 30 M€ erwirtschaftet, allerdings sei das Vorhaben auch zwei miteinander unkorrelierten Risiken ausgesetzt. Es kann passieren, dass aus der Produktion des Projekts nicht die gewünschte Menge an den Absatzmärkten verkauft werden kann. In diesem Fall verringert sich der Cashflow auf 10 M€. Andererseits besteht die Gefahr, dass die zu erstellende Produktionsanlage nicht die gewünschte Leistungsfähigkeit erreicht. Auch dies verringert den Cashflow auf 10 M€. Treten beide Risiken zugleich auf, reduziert sich der Cashflow ebenfalls auf 10 M€, da bei schlechter Absatzlage die verringerte Produktionskapazität keinen limitierenden Faktor darstellt. Uns interessiert nunmehr die Frage, wie das Verhältnis zwischen einem Contractor, den Sponsoren und der Projektgesellschaft ausgestaltet ist. Die Annahmen des Modells sind in der folgenden Tabelle 7 zusammengefasst.

Tabelle 7: Cashflows (in M€) bei zwei Projektrisiken

	Hohe Leistungsfähigkeit der Produktionsanlage	Geringe Leistungsfähigkeit der Produktionsanlage
Gute Marktentwicklung	30	10
Schlechte Marktentwicklung	10	10

Die Produktionsanlage wird von einem Contractor erstellt, der dafür 5 M€ (siehe auch Tabelle 8) aufwenden muss. Da der Contractor relativ klein ist, verhält er sich sehr risikoavers und maximiert seinen Erwartungsnutzen über sein Endvermögen gemäß der Nutzenfunktion. Unter den Sponsoren finden sich dagegen Financiers, die zu risikolosen Konditionen finanzieren können. Hierbei können nunmehr verschiedene Fälle unterschieden werden.

4.3.1. Risk Sharing ohne Hidden Action

Betrachten wir zunächst den Fall, dass der Contractor den Risikoeintritt nicht beeinflussen kann. Wenn die Produktionsanlage ein Standardprodukt ist, dessen Leistungsmerkmale sich genau spezifizieren lassen und deren Einhaltung sich gerichtsfest nachweisen lässt, bleibt dem Contractor kein Spielraum für eine Manipulation. Man kann ihn durch einen so genannten *Forcing Contract* dazu zwingen, genau die Produktionsanlage zu liefern, die vereinbart ist. Ein solcher Vertrag sähe die Zahlung nur für den Fall vor, dass zum vereinbarten Zeitpunkt die vereinbarte Anlage geliefert wird. Sicherheitshalber lässt sich auch noch ein Schadenersatz vereinbaren und einklagen, für den Fall, dass nicht geliefert wird. Weitere Anreize sind dann für den Contractor nicht notwendig: Er ist ruiniert, wenn er nicht leistet, also wird er leisten, da er es nachweislich kann. In diesem Fall wäre es nicht sinnvoll, ihn mit Risiken zu belasten, für die er dann noch eine Risikoprämie einfordern würde, die aber keinen zusätzlichen Absicherungseffekt entfaltet.

Tatsächlich ist in einer solchen Situation ein einfacher Kaufvertrag mit Fixpreis die beste Lösung. Der Vollständigkeit halber sei angenommen, dass die Wahrscheinlichkeit des Risikoeintritts der beiden unkorrelierten Risiken jeweils 0,5 sei. Die Eintrittswahrscheinlichkeit der durch die beiden Risiken gekennzeichneten vier Umweltzustände ist demnach 0,25. Bei einem Kaufvertrag mit Fixpreis ergibt sich die folgende Pay-Off-Tabelle für das Endvermögen (Tabelle 8):

Tabelle 8: Pay-Off (in M€) bei Kaufpreis mit Fixpreis

Umweltzustand	Wahrscheinlichkeit	Projekt-Cashflow	Pay-Off Contractor	Pay-Off Sponsor
Gute Marktentwicklung, hohe Leistungsfähigkeit	0,25	30	5	25
Gute Marktentwicklung, geringe Leistungsfähigkeit	0,25	10	5	5
Schlechte Marktentwicklung, hohe Leistungsfähigkeit	0,25	10	5	5
Schlechte Marktentwicklung, geringe Leistungsfähigkeit	0,25	10	5	5

Die Sponsoren erhalten einen erwarteten Überschuss von $E(X_{Sponsor}) = ¼ * 25 + ¾ * 5 = 10$ M€, und da sie risikoneutral sind, kann man diesen Wert auch als gültigen Wert ihres Erwartungsnutzens sehen.

Für den realistischeren Fall, dass alle beteiligten Parteien einen gewissen Grad der Risikoaversion aufweisen, wird die Lösung deutlich komplizierter. In diesem Fall muss die Aufteilung der Cashflows so erfolgen, dass die Grenzraten der Substitution zwischen den Pay-Offs der einzelnen Umweltzustände gleich groß sind. Als Nebenbedingung ist zu berücksichtigen, dass alle Beteiligten mindestens ihren Reservationsnutzen realisieren. In unserem Beispiel wäre dies für den Contractor der Nutzen aus seinem Anfangsvermögen, das er ja behält, wenn er sich nicht an dem Projekt beteiligt. Diese Ausprägung der Problematik einer optimalen Risikoallokation hat mit den Einzelrisiken allerdings nichts zu tun und kann durch eine sinnvolle Partenteilung auf den gesamten Zahlungsstrom erreicht werden[129].

Das Konzept hat einen entscheidenden Nachteil: Das Bestreben, für ein konkretes Vorhaben eine optimale Risikoallokation zu erreichen, ist aussichtslos. Wesentliche Eingangsgrößen, wie z.B. die Nutzenfunktionen der Beteiligten, sind nicht bekannt. Zudem sind bei einem realen Projekt viel mehr Parteien beteiligt als in diesem einfachen Modell und die Zahlungsströme sind viel komplexer. In der Praxis nähert man sich einer optimalen Risikoallokation durch eine Art entgeltlicher Steuerung an: Ausgehend von dem Leitgedanken, so viele Risiken wie

129 Partenteilung bedeutet, dass im Rahmen der Finanzierung einer Investition Verträge geschlossen werden, die die unsicheren Gesamterträge in Teile mit unterschiedlichem Risikograd zerlegen. L. Kruschwitz; R. Becker; M. Röhrs 2002, S. 179.

möglich vom Projekt fernzuhalten, werden die Risiken so lange Dritten angedient, bis diese anfangen sich zu wehren und dafür Risikoprämien verlangen, die eine weitere Belastung mit Risiken verbieten. Dabei ist neben der Berufung auf vorangegangene Transaktionen sehr stark Versuch und Irrtum die Grundlage. Möglicherweise findet man aus der Überlegung der Handlungsanreize auch Parteien, an die man zuvor gar nicht gedacht hat und denen man zu Gunsten des Projekts Risiken andienen kann.

Das Thema der Risikoallokation in der Projektfinanzierung ist mit der Frage nach dem Kriterium der Risikotragfähigkeit oder des Grades der Risikoaversion aber noch nicht erschöpfend behandelt. Es fehlt noch der wichtigste Baustein, die Anreizwirkung der Risikoallokation auf das Verhalten der beteiligten Parteien.

4.3.2. Risk Sharing mit Hidden Action mit verifizierbarem Risikoeintritt

Hidden Action ist ein Begriff aus der Principal-Agent-Theorie. Die Grundvorstellung dieser Theorie ist, dass ein Auftraggeber (*Principal*) einen Auftragnehmer (*Agent*) damit beauftragt, etwas für ihn zu tun. Im Rahmen dieser Principal-Agent-Beziehung hat der Agent einen Wissensvorsprung, der es ihm erlaubt, bei der Auftragsdurchführung zu Lasten des Principals verborgene Handlungen vorzunehmen[130].

In unserem Beispiel würde etwa die Projektgesellschaft den Contractor beauftragen, für sie die Produktionsanlage zu erstellen. Eine Situation mit Hidden Action liegt vor, wenn der Auftraggeber nicht beobachten kann, wie der Agent seinen Auftrag ausführt. Der Agent kann sich anstrengen oder nicht, er kann gewissenhaft sein oder schlampig arbeiten, hohe Risiken in Kauf nehmen oder sie vermeiden. Der Auftraggeber kann - da eine Überwachung des Auftragnehmers nicht kostenlos möglich ist - letztlich nur das Ergebnis dieser Aktivitäten sehen. Da dieses Ergebnis aber auch durch den Zufall bestimmt wird, kann aus einem Ergebnis nicht eindeutig auf das Verhalten des Agenten geschlossen werden. So könnte der Agent zwar schlampig gearbeitet haben, die von ihm erstellte Anlage gleichwohl gut funktionieren.

Aus einer Ex-post-Perspektive mag es dem Principal gleichgültig sein, wie ein gutes Ergebnis erzielt wurde. Ex ante möchte er aber die Wahrscheinlichkeit eines guten Ergebnisses erhöhen, und das kann er nur, indem er Einfluss auf das Verhalten des Agenten nimmt. Könnte er ihn beobachten, würde er ihn durch entsprechende Anweisungen zu dem gewünschten Verhalten zwingen. Dies läuft

130 D. Schneider 1993, S. 45. Siehe hierzu auch Kapitel 3.3.

in der Situation einer Hidden Action ins Leere. Der Principal kann nicht kostenlos kontrollieren, ob seine Anweisungen befolgt wurden. Wesentlich ist, dem Agenten ein Anreizschema zu geben, das ihn aus eigenem Interesse zu dem gewünschten Verhalten bringt. Dafür muss er in aller Regel am Erfolg und damit auch am Risiko des jeweiligen Vorhabens beteiligt werden, und zwar unabhängig davon, über welche Risikotragfähigkeit er verfügt.

Damit haben wir den Kern der Risikoallokation bei Projektfinanzierungen erreicht. Die Vereinbarungen zur Risikoallokation bilden ein komplexes Anreizschema, das die Interessen der Projektbeteiligten harmonisieren und auf den Erfolg des Projekts ausrichten soll. Danach noch verbleibende Risiken können nach dem Kriterium der Risikotragfähigkeit verteilt werden, also z.B. an Versicherungen ausgelagert werden oder bei den Financiers verbleiben. Zunächst kommt es aber darauf an, eine Vertragsstruktur zu finden, bei der sich alle Beteiligten für das Projekt einsetzen. Welche Verträge sich hierfür eignen, hängt davon ab, was zum Verhalten der einzelnen Parteien gerichtsfest feststellbar ist.

Im vorhergehenden Kapitel hatten wir die weitgehende Annahme getroffen, dass die Bereitstellung einer genau bezeichneten Produktionsanlage überprüft werden kann und dem Auftragnehmer - hier dem Contractor - kein weiterer Handlungsspielraum verbleibt. Damit waren alle relevanten Dimensionen beobachtbar und aus Anreizgesichtspunkten musste man dem Contractor daher keine Risiken übertragen. Die Situation ändert sich, wenn wir realistischerweise annehmen, dass der Contractor durch sein (unbeobachtbares) Verhalten Einfluss auf den Erfolg des Projekts hat. Zunächst sei der Fall betrachtet, dass nur das Gesamtergebnis sichtbar ist, nicht aber der Eintritt eines konkreten Risikos.

Bleiben wir bei dem bisher schon betrachteten Beispiel (Tabelle 8), nehmen aber nun an, dass der Contractor durch eine größere Sorgfalt bei der Erstellung der Produktionsanlage die Wahrscheinlichkeit, dass diese eine hohe Leistungsfähigkeit aufweist, auf 90 % anheben kann. Damit ergeben sich neue Wahrscheinlichkeiten für den Eintritt der vier bereits eingeführten Umweltzustände, so beispielsweise für den gewinnträchtigen Umweltzustand die Eintrittswahrscheinlichkeit 0,9 * 0,5 = 0,45. Der Contractor bewertet diese zusätzliche Anstrengung negativ. Der Einfachheit halber unterstellen wir, dass dieser negative Nutzen entgeltlich abgebildet werden kann, und zwar über einen Betrag von 1 M€. Nun gilt es abzuwägen: Das Projekt hat ohne das zusätzliche Bemühen des Contractors für einen risikoneutralen Sponsor - wie oben gezeigt - einen Wert von 10 M€.

Bei großer Sorgfalt des Contractors ändern sich einerseits die Wahrscheinlichkeiten, andererseits muss dem Contractor in jedem Fall eine zusätzliche Kompensation von 1 M€ gezahlt werden (Tabelle 9).

Tabelle 9: Pay-Off (in M€) bei Entlohnung des Contractors gemäß dem Risikoeintritt

Umweltzustand	Wahrscheinlichkeit	Projekt-Cashflow	Pay-Off Contractor	Zusatzvergütung Contractor	Pay-Off Sponsor
Gute Marktentwicklung, hohe Leistungsfähigkeit	0,45	30	5	1	24
Gute Marktentwicklung, schlechte Leistungsfähigkeit	0,05	10	5	1	4
Schlechte Marktentwicklung, hohe Leistungsfähigkeit	0,45	10	5	1	4
Schlechte Marktentwicklung, geringe Leistungsfähigkeit	0,05	10	5	1	4

Der theoretische Gesamtwert des Projekts erhöht sich auf

$$0{,}45 * 24 \text{ M€} + 0{,}55 * 4 \text{ M€} = 13 \text{ M€}.$$

Es könnte damit sinnvoll sein, den Contractor zu mehr Sorgfalt zu veranlassen, wenn dabei keine zu hohen Kosten entstehen. Das Niveau seiner Sorgfalt kann dabei annahmegemäß von Dritten nicht beobachtet werden. Eine bessere Bezahlung durch einen Pauschalbetrag von 1 M€ würde ihn also zunächst nur dazu veranlassen, sich als *Free Rider* zu verhalten, das zusätzliche Geld zu kassieren und den Aufwand einer zusätzlichen Sorgfalt zu vermeiden. Dabei nützt es den Sponsoren wenig, wenn sie selbst das Verhalten des Contractors beobachten können, diese Beobachtung aber Dritten nicht beweiskräftig vermitteln können.

Nehmen wir aber an, dass sich durch Expertisen Dritter im Rahmen von Probeläufen oder während der Betriebszeit nachweisen lässt, ob die Anlage über eine hohe oder niedrige Leistungsfähigkeit verfügt. Damit ist zwar nicht gesagt, dass der Contractor sorgfältig oder wenig sorgfältig gearbeitet hat. Aber dies ist genau das Risiko, auf das der Contractor Einfluss hat. Da der Contractor auch nur auf dieses Risiko Einfluss hat und sonst keinen Einfluss auf das Gesamtergebnis, muss ein effizienter Vertrag die Zahlungen an den Contractor allein dazu anzupassen. Oder anders formuliert: Gesucht sind die Beträge, die dem Contractor in Abhängigkeit von einer hohen oder niedrigen Leistungsfähigkeit des Projekts für die Erstellung der Produktionsanlage zu zahlen sind und die die folgenden Bedingungen erfüllen müssen[131]:

- Für den Contractor muss es besser sein, ein hohes Sorgfaltsniveau zu wählen (Effizienz- oder Anreiznebenbedingung).

131 Die folgende Argumentation folgt der Darstellung aus B. Wolff; E.P. Lazear 2001, S. 40 ff..

- Es muss für den Contractor besser sein, an dem Projekt teilzunehmen, als darauf zu verzichten (Partizipationsbedingung).

Beide Nebenbedingungen lassen sich in Gleichungen fassen und sind nur in Gleichheit zu erfüllen, denn schließlich soll der Contractor auch nicht mehr erhalten, als für die gewünschte Leistung in der gewünschten Qualität gezahlt werden muss. Sind beide Nebenbedingungen mit Gleichheit erfüllt, lässt sich die Partizipationsbedingung auch schreiben als

$$0{,}5 * \text{Betrag}_{\text{hohe Sorgfalt}}{}^{0{,}5} + 0{,}5 * \text{Betrag}_{\text{niedrige Sorgfalt}}{}^{0{,}5} = 4^{0{,}5}.$$

Dies lässt sich auflösen nach

$$\text{Betrag}_{\text{hohe Sorgfalt}} = (4 - \text{Betrag}_{\text{niedrige Sorgfalt}}{}^{0{,}5})^2$$

und dieser Term wiederum in die Anreiznebenbedingung einsetzen, die dann etwas länger ausfällt:

$$0{,}5 * \text{Betrag}_{\text{hohe Sorgfalt}}{}^{0{,}5} + 0{,}5 * \text{Betrag}_{\text{niedrige Sorgfalt}}{}^{0{,}5} =$$

$$0{,}9 * (\text{Betrag}_{\text{hohe Sorgfalt}} - 1)^{0{,}5} + 0{,}1 * (\text{Betrag}_{\text{niedrige Sorgfalt}} - 1)^{0{,}5}$$, dies ergibt

$$0{,}5 * (4 - \text{Betrag}_{\text{niedrige Sorgfalt}}{}^{0{,}5}) + 0{,}5 * (\text{Betrag}_{\text{niedrige Sorgfalt}})^{0{,}5} =$$

$$0{,}9 * ((4 - \text{Betrag}_{\text{niedrige Sorgfalt}}{}^{0{,}5})^2 - 1)^{0{,}5} + 0{,}1 * (\text{Betrag}_{\text{niedrige Sorgfalt}} - 1)^{0{,}5}.$$

Diese Gleichung löst man am besten numerisch nach Betrag $_{\text{niedrige Sorgfalt}}$ und erhält hieraus und aus der Anreiznebenbedingung Betrag $_{\text{niedrige Sorgfalt}}$ = 2,90 M€ und Betrag $_{\text{hohe Sorgfalt}}$ = 5,28 M€. Entsprechend ergeben sich die folgenden Cashflows für die Beteiligten (Tabelle 10):

Tabelle 10: Pay-Off (in M€) bei Entlohnung des Contractors in Abhängigkeit von dem Risikoeintritt

Umweltzustand	Wahrscheinlichkeit	Projekt-Cashflow	Pay-Off Contractor	Pay-Off Sponsor
Gute Marktentwicklung, hohe Leistungsfähigkeit	0,45	30	5,282	24,718
Gute Marktentwicklung, schlechte Leistungsfähigkeit	0,05	10	2,896	7,104
Schlechte Marktentwicklung, hohe Leistungsfähigkeit	0,45	10	5,282	4,718
Schlechte Marktentwicklung, geringe Leistungsfähigkeit	0,05	10	2,896	7,104
			Gesamtwert Sponsor	13,95687

Der Contractor ist nun indifferent zwischen seinem Ergebnis bei hoher und geringer Sorgfalt (in der Praxis wird man ihm für die größere Sorgfalt bei hoher Leistungsfähigkeit der Produktionsanlage noch etwas mehr zahlen, damit er auch sicher diese Option wählt). Dabei muss er allerdings auch Risiken übernehmen und verlangt dafür eine Prämie. Die Prämie sollte natürlich nur so hoch sein, dass es sich für die Sponsoren lohnt, diese zusätzlichen Anreize zu setzen. In unserem Beispielsfall bedeutet das für die Sponsoren:

$$0{,}45 * 24{,}718 + 0{,}1 * 7{,}104 + 0{,}45 * 4{,}718 = 13{,}95687 \text{ M€}$$

und damit 3,95687 M€ mehr als bei einem Vertrag ohne Anreiz zur Sorgfalt. Die Risikoprämie, die dem Contractor dafür gezahlt werden muss, ist mit 1 M€ noch recht moderat.

Die Frage ist nun, wie man diese Anreizwirkungen vertraglich umsetzen kann. Man kann eine Art Prämienvertrag vereinbaren, der dem Contractor einen sicheren Kaufpreis von 2,9 M€ zubilligt und ihm eine zusätzliche Prämie von 2,382 M€ auszahlen, wenn die Produktionsanlage eine hohe Leistungsfähigkeit aufweist. Diese Prämie wäre dann in 90 % aller Fälle zu zahlen. In der Realität dürften aber Gewährleistungen und Garantien häufiger auftreten, die auch der Vorstellung von Risiko als einer unerwünschten negativen Abweichung vom Plan eher entsprechen. Danach erhält der Contractor einen fixen Kaufpreis von 5,282 M€, garantiert aber zugleich eine hohe Leistungsfähigkeit der Produktionsanlage und ist zu einer Strafzahlung über 2,386 M€ verpflichtet, wenn er dieser Anforderung nicht gerecht wird. Dieser Fall tritt in unserem Beispiel mit einer Wahrscheinlichkeit von 10 % ein. Beide Konzepte verbinden sich, wenn zwar ein Kaufpreis von 5,282 M€ vereinbart wird, dieser jedoch in zwei Raten von 2,896 M€ und 2,386 M€ zu zahlen ist, von denen die letzte nur dann fällig ist, wenn der Contractor eine hohe Leistungsfähigkeit nachweisen kann. Alle drei Konzepte kommen im Rahmen einer Projektfinanzierung regelmäßig vor.

Interessant ist auch die Frage, welche Vereinbarung sich hier nicht findet. Dies ist eine vollkommene Freistellung des Contractors vom Risiko, die angesichts eines risikoneutralen Sponsors und eines risikoaversen Contractors eigentlich geboten gewesen wäre. Dies wäre allerdings für eine Projektfinanzierung auch sehr untypisch.

Insgesamt können wir aus diesen Beispielen eine Reihe wichtiger Erkenntnisse für die Risikoallokation ableiten. Risikoallokation bedeutet zunächst, Risiken den Parteien zuzuordnen, die sie am besten beeinflussen können. Eine optimale Risikoallokation bedeutet aber nicht, sie damit uneingeschränkt zu belasten. Vielmehr kommt es darauf an, den richtigen Trade-Off zwischen Risikoprämie für die Risikoübertragung auf die betreffende Partei und den gewünschten Handlungsanreizen zu finden. Dies ist in der Praxis schwieriger als in der Theorie. Gleichwohl lohnt es auch in der Praxis, sich immer wieder die entscheidenden Parameter vor Augen zu führen:

- Durch wie viel Risikotragfähigkeit bzw. Risikoaversion ist der jeweilige Contractor gekennzeichnet? Im eigentlichen Sinne wird das Ausmaß der Risikoneigung nicht messbar sein; allerdings kann es gelingen, durch die Vorlage geeigneter Verträge zur *Self-Selection* (siehe hierzu Kapitel 3.3) geeignete Contractors herauszufiltern.
- Wie stark müssen die Handlungsanreize sein, um das Projekt erfolgreich voranzubringen?
- Welchen Aufwand hat der Contractor, wenn er den Handlungsanreizen entspricht?

Eine optimale Risikoallokation entsteht aus einem Abwägungsprozess zwischen den gewünschten Handlungen, den dafür erforderlichen Anreizen sowie der Risikotragfähigkeit der verpflichteten Partei. Eine effiziente Lösung wird normalerweise nicht den vollständigen Transfer eines Risikos auf eine bestimmte Partei beinhalten, kann aber auch den Verzicht auf die gewünschte Handlung bei Einsparung der dafür erforderlichen Anreize bedeuten. Anreize kosten immer Geld und müssen daher - auch bei einer Projektfinanzierung - wohldosiert zum Einsatz kommen.

4.4. Risikoallokation bei Hidden Action mit nicht-überprüfbarem Risikoeintritt

Der folgende Abschnitt 4.4 ist aus meiner Publikation „Finanzierung von Erneuerbare-Energien-Vorhaben" (dort das Kapitel 3.3.6) entnommen, wobei der Beispielfall neu kalkuliert wurde[132].

Der kritische Punkt bei den oben diskutierten Verträgen ist der Nachweis des Risikoeintritts. Nochmals zu unserem obigem Beispiel: Hier könnte man sich vorstellen, neutrale Experten hinzuzuziehen, die die Leistungsfähigkeit der Anlage überprüfen. Denkbar wäre auch ein vorab standardisierter Probelauf, dessen Ergebnis über die Erfüllung des Kriteriums Aufschluss geben soll. Die Auswertung müsste allerdings wieder durch einen unabhängigen Experten erfolgen. Schließlich könnte man auf die Leistungsfähigkeit der Anlage in den ersten Monaten oder sogar Jahren abstellen.

Bisher haben wir nur einen relativ gut bestimmbaren Sachverhalt analysiert. Denken wir uns z.B. als Leistung eines Partners die Unterstützung beim Aufbau einer positiven Reputation oder Marktstimmung für ein Produkt oder die Unterstützung des Projekts im politischen Raum oder der Schutz gegen eine nachträgliche Veränderung der regulatorischen Rahmenbedingungen eines Projekts. Es

132 J. Böttcher 2009, S. 65-68.

gehört schon viel Fantasie dazu, einen hinreichend bestimmten Vertrag auf den konkreten Risikoeintritt zu entwerfen, und ob dieser dann vor Gericht Bestand hat, ist zweifelhaft, da auch Bereiche angesprochen werden, die besser nicht vertraglich geregelt werden.

Dabei ist das Problem der Durchsetzung von Verträgen bei einer Projektfinanzierung besonders gravierend, weil auch die Durchführung von Projekten ausgesprochen zeitkritisch ist. Häufig müssen bestimmte Teilleistungen ausgeführt werden, bevor weitere Arbeiten vorgenommen werden können, ansonsten droht ein erhebliches Fertigstellungsrisiko. Damit bekommt der jeweilige Leistungsverpflichtete ein erhebliches Druckmittel in die Hand, die Sponsoren zu Eingeständnissen über das vertragliche Geregelte hinaus zu zwingen. Einen solchen Vertragsbruch nennt man in der wissenschaftlichen Theorie einen *Hold-up* oder räuberischen Überfall. Solch ein Überfall ist überall da möglich, wo Verträge nicht, nicht mit vertretbarem Aufwand oder innerhalb der verfügbaren Zeit durchgesetzt werden können oder wo ihre Durchsetzung aufgrund einer Veränderung der Umwelt nicht mehr sinnvoll ist. Die Verträge sind in diesem Sinne unvollständig. Die Unvollständigkeit von Verträgen führt zu einer Wiederverhandlung, in der die bisherigen Vertragskonditionen keine Bedeutung mehr haben. Ausschlaggebend für das Verhandlungsergebnis ist einerseits, wie geschickt die Parteien verhandeln. Andererseits ist für das Verhandlungsergebnis relevant, welche Position die Parteien einnehmen, wenn die Verhandlungen scheitern, und über welches Drohpotential sie demnach verfügen. Dies bezeichnet man als Drohpunkt einer Partei, und rational handelnde Parteien werden sich auch bei stärkster Verhandlungsmacht der Gegenpartei nicht hinter diesen Drohpunkt drücken lassen.

Bei wiederkehrenden Transaktionen sind regelmäßig die Möglichkeiten eines *Hold-Ups* deutlich eingeschränkt, da die negativ betroffene Partei die Möglichkeit hat, der anderen Partei zu kündigen und durch eine andere Partei zu ersetzen. Das Wissen um diese Sanktionsmöglichkeit sollte dazu führen, dass beide Parteien diszipliniert werden und ein *Hold-up* an Relevanz verliert (siehe hierzu Kapitel 4.6).

Über die Verteilung von Verhandlungsmacht bei der Projektfinanzierung kann man unterschiedlich denken. Die Bedrohung folgt vor allem daraus, dass mit der Durchführung spezifischer Investitionen sich der Drohpunkt der Projektgesellschaft immer weiter verschlechtert. Das Projekt muss einfach zum Erfolg geführt werden, sonst sind alle Investitionen verloren[133]. In der Praxis der Projekt-

133 Zwar werden regelmäßig in solchen Situationen Zerschlagungsszenarien durchgespielt, doch sind diese in aller Regel keine wirtschaftliche Alternative: 1. Die Sunk Costs der

finanzierungen haben derartige Wiederverhandlungen eine große Bedeutung. Wo sie nicht vermieden werden können, sind sie durch eine entsprechende Regelung, etwa durch Bildung eines Schiedsgerichts, zu institutionalisieren. Viele Regelungen in der Projektfinanzierung sind aber darauf ausgerichtet, eine Wiederverhandlung zu vermeiden, indem man möglichst unbedingte Leistungsversprechen vereinbart. Beispiele sind etwa Take-or-Pay- oder Tolling-Agreements, die die Zahlung von der tatsächlichen Annahme der Ware oder Leistung abhängig machen, oder der Versuch, Versicherungsverträge mit möglichst wenig Einschränkungen und damit auch möglichst wenig potentiellen Diskussionspunkten abzuschließen.

Im Folgenden sei angenommen, dass ein auf den Risikoeintritt konditionierter Vertrag aufgrund der damit verbundenen vertraglichen Unvollständigkeit nicht möglich ist. Unser Beispiel ist so konstruiert, dass man aus dem Ergebnis keine Schlussfolgerungen über die Ursachen ziehen kann. Ein Ergebnis von 5 M€ kann entstehen, weil der Contractor nicht sorgfältig gearbeitet oder aber sich der Markt schlecht entwickelt hat. Wenn aber die Risikoursache nicht mehr beobachtbar ist, bleibt nur noch, die Entlohnung des Contractors vom beobachtbaren Gesamtergebnis abhängig zu machen. Auch so könnte man den Contractor dazu gewinnen, sorgfältig zu arbeiten und die Wahrscheinlichkeit auf eine Produktionsanlage mit hoher Leistungsfähigkeit zu erhöhen. Allerdings wirken diese Verhaltensanreize weniger unmittelbar auf das Verhalten des Contractors ein. Daher ist zu prüfen, ob sich dies unter den neuen Bedingungen noch lohnt.

Die Vorgehensweise zur Ermittlung des besten Vertrags zur Implementierung eines hohen Sorgfaltsniveaus entspricht der Vorgehensweise, wie sie im vorherigen Kapitel beschrieben wurde. Die Zahlungen an den Contractor können sich allerdings nur noch daran orientieren, ob ein gutes Ergebnis von 30 M€ oder ein schlechtes Ergebnis von 10 M€ erzielt wurde, ohne dass die Ursache zur Aussteuerung herangezogen werden kann. Auch hier bestehen eine Partizipations- und eine Anreiznebenbedingung, die beide in Gleichheit erfüllt sein müssen. Dementsprechend lässt sich die Partizipationsbedingung schreiben als

$$0{,}25 * \text{Betrag}_{\text{hohe Sorgfalt}}^{\;0{,}5} + 0{,}75 * \text{Betrag}_{\text{niedrige Sorgfalt}}^{\;0{,}5} = 4^{\,0{,}5}.$$

Dies lässt sich auflösen nach

$$\text{Betrag}_{\text{hohe Sorgfalt}} = (8 - 3 * \text{Betrag}_{\text{niedrige Sorgfalt}}^{\;0{,}5})^{2}$$

und dieser Term wiederum in die Anreiznebenbedingung einsetzen:

Investitionen sind zumeist prohibitiv hoch. 2. Der Verwertungserlös selbst bei mobilen Vermögensgegenständen ist eingeschränkt, da es sich nicht um Commodities handelt und diese an gänzlich anderen Standorten errichtet werden müssen.

$0{,}25 * \text{Betrag}_{\text{hohe Sorgfalt}}{}^{0{,}5} + 0{,}75 * \text{Betrag}_{\text{niedrige Sorgfalt}}{}^{0{,}5} =$

$0{,}45 * (\text{Betrag}_{\text{hohe Sorgfalt}} - 1)^{0{,}5} + 0{,}55 * (\text{Betrag}_{\text{niedrige Sorgfalt}} - 1)^{0{,}5}$, dies ergibt

$0{,}25 * (8 - 3 * \text{Betrag}_{\text{niedrige Sorgfalt}}{}^{0{,}5}) + 0{,}75 * (\text{Betrag}_{\text{niedrige Sorgfalt}})^{0{,}5} =$

$0{,}45 * ((8 - 3 * \text{Betrag}_{\text{niedrige Sorgfalt}}{}^{0{,}5})^2 - 1)^2 + 0{,}55 * (\text{Betrag}_{\text{niedrige Sorgfalt}} - 1)^{0{,}5}$.

Die Lösung ergibt sich wiederum numerisch am schnellsten, und es ergibt $X_{\text{hohes Ergebnis}}$ = 9,36 M€ sowie $X_{\text{niedriges Ergebnis}}$ = 2,61 M€. Entsprechend ergeben sich die folgenden Pay-Offs für alle Beteiligten (Tabelle 11):

Tabelle 11: Pay-Offs (in M€) bei Entlohnung des Contractors in Abhängigkeit von dem Projekterfolg

Umweltzustand	Wahrscheinlichkeit	Projekt-Cashflow	Pay-Off Contractor	Pay-Off Sponsor
Gute Marktentwicklung, hohe Leistungsfähigkeit	0,45	30	8,8528	21,1472
Gute Marktentwicklung, schlechte Leistungsfähigkeit	0,05	10	2,8052	7,1948
Schlechte Marktentwicklung, hohe Leistungsfähigkeit	0,45	10	2,8052	7,1948
Schlechte Marktentwicklung, geringe Leistungsfähigkeit	0,05	10	2,8052	7,1948

Der Contractor benötigt eine deutliche Gewinnbeteiligung, die er sich mit einer deutlichen Risikoübernahme erkauft. Die Sponsoren erhalten einen Erwartungswert von 0,45 * 21,1472 + 0,55 * 7,1948 = 13,4734 M€ und damit immer noch mehr als 3,47 M€ mehr als ohne besondere Sorgfalt des Contractors. Allerdings erhalten die Sponsoren nunmehr 483,5 T€ weniger als bei verifizierbarem Risikoeintritt. Es kommt die Sponsoren also teurer zu stehen als im Falle eines überprüfbaren Risikoeintritts, das gewünschte Verhalten zu implementieren. Damit erhält man aber auch einen Hinweis darauf, um wie viel teurer die Gestaltung eines Vertrages mit einem Zahlungsschema sein darf, das auf den Risikoeintritt konditioniert ist. Zusammenfassend: Sofern es aufgrund von vertraglichen Unvollständigkeiten nicht möglich ist, einen Anreizvertrag auf den konkreten Risikoeintritt zu gestalten, können als Second-Best-Lösung angemessene Verhaltensanreize ersatzweise über eine Beteiligung am Unternehmensergebnis erreicht werden. Allerdings wirkt ein derartiges Anreizschema ungenauer und ineffizienter, was sich etwa darin niederschlägt, dass eine höhere Risikoprämie gezahlt werden muss, um einen bestimmten Anreiz zu setzen.

Welche Vertragsform verbirgt sich hinter dem obigen Anreizschema? Eine Möglichkeit wäre, dass der Contractor die Produktionsanlage für 2,8052 M€ veräußert und zusätzlich eine Option auf den Cashflow des Projekts mit einem Strike-Preis bei 23,9524 M€ erhält. Diese Option müsste man ihm bei einem Projekt-Cashflow von 30 M€ zu einem Preis von 6,0476 M€ abkaufen, während sie bei einem Projekt-Cashflow von 10 M€ wertlos ist und verfällt. Diese Lösung hat immerhin den Vorteil, dass der Contractor bis zur Ausübung der Option keinen Anteil an der Projektgesellschaft hat und die Sponsoren bis dahin recht frei agieren können. Allerdings wird der Contractor befürchten, dass Cashflows dem Projekt entfremdet werden und er dies nicht wirksam verhindern kann.

Allgemein gilt, dass die Probleme unvollständiger Verträge sich am besten über eine Mitunternehmerschaft der betroffenen Partner lösen lassen. Wer wesentliche, aber nicht überprüfbare Leistungen für das Projekt erbringen soll, dessen Interessen müssen mit denen des Projekts gut harmonisieren. Bei der Entscheidung, wer Sponsor oder wesentlicher Projektbeteiligter eines Projekts wird, kommt es weniger auf den Betrag an als auf seinen Charakter. Parteien, die einen sehr teuren, aber eindeutig beschreibbaren Beitrag leisten, brauchen keine Eigentümerstellung. Für diesen Beitrag lassen sich vertragliche Regelungen finden, die eine an den Bedürfnissen des Projekts orientierte Leistung gewährleisten. Kleine, vertraglich aber nicht gut beschreibbare Beiträge können dagegen ein Anknüpfungspunkt für eine Sponsorenschaft des jeweiligen Leistungserbringers sein.

Der kann nicht klagen über harten Spruch,
Den man zum Meister seines Schicksals macht.
FRIEDRICH SCHILLER: WILHELM TELL, ZIFFER 1934 F.

4.5. Auswahl der Vertragspartner: Screening bei Hidden Action und Hidden Characteristics

Der folgende Abschnitt 4.5 ist aus meiner Publikation „Finanzierung von Erneuerbare-Energien-Vorhaben" (dort das Kapitel 3.3.7) entnommen[134].

Ein wesentliches Problem jeder Projektfinanzierung ist die Wahl der geeigneten Vertragspartner. Die Überprüfung der Referenzen, der wirtschaftlichen und technologischen Leistungsfähigkeit und Seriosität potentieller Auftragnehmer nimmt einen erheblichen Raum in der Vorbereitung einer Projektfinanzierung ein und verursacht nicht unerhebliche Transaktionskosten. In diesem Abschnitt

134 J. Böttcher 2009, S. 68-71.

soll dargestellt werden, dass auch die Gestaltung der Verträge eine wichtige Rolle bei dieser Auswahl spielen kann[135].

In der bisherigen Betrachtung wurden zwei Typen eines Contractors analysiert: Solche, die durch höhere Sorgfalt die Wahrscheinlichkeit erhöhen können, dass die Produktionsanlage eine hohe Leistungsfähigkeit aufweist, und andere, die darauf keinen Einfluss nehmen können. Die Analyse erfolgt jeweils separat mit dem Ergebnis, dass man den letztgenannten Typ von jedem Risiko freistellen sollte, während man mit dem erstgenannten Typ einen Anreizvertrag schließen sollte, der ihn zu größerer Sorgfalt anhält. Jeder Contractor, der danach gefragt wird, welcher Typ er denn sei, wird sich selbstredend zu den „Guten“ zählen, aber dies mag nicht der Wahrheit entsprechen.

Zumeist wird man in dieser Situation die Vertragspartner sehr sorgfältig untersuchen, um Anzeichen dafür zu finden, dass diese Aussage auch stimmt. Leider lässt sich dies aber nicht immer zweifelsfrei feststellen. Bei der Fähigkeit zu besonderer Sorgfalt handelt es sich um eine so genannte *Hidden characteristic*, eine Eigenschaft eines Vertragspartners, die zwar zentral für die Vertragsbeziehung ist, aber auch nur dem Vertragspartner selbst bekannt ist. Die Folgen, die eine derartige Informationsasymmetrie haben kann, hatten wir in seinen Konsequenzen in Kapitel 4.2 dargestellt.

Das Mittel, mit dem damit verbundenen Informationsproblem umzugehen, ist die richtige Gestaltung einer Ausschreibung. Diese muss so aussehen, dass sich die Parteien durch ihr Verhalten selbst offenbaren. Die Gestaltung einer Ausschreibung erfüllt also eine doppelte Funktion: Sie soll nicht nur potentielle Vertragspartner über das Projekt und ihre mögliche Einbindung informieren, sondern auch die ausschreibende Partei darüber aufklären, welche Typen von Vertragspartnern zur Verfügung stehen.

In unserem Fall bietet es sich an, die potentiellen Vertragspartner danach zu unterscheiden, wie sie sich zum Risiko des Projekts stellen. Die „Guten“ können durch sorgfältiges Arbeiten die Auswirkung des Risikos auf ihren Nutzen verringern. Sie können daher ein riskanteres Vertragsmodell zu günstigeren Konditionen akzeptieren als potentielle Vertragspartner ohne diese Befähigung. Betrachten wir dazu nochmals die Situation eines Vertrages, dessen Entgelt gegenüber dem Contractor vom Risikoeintritt abhängig ist (Tabelle 12).

135 J. Böttcher 2009, S. 68 ff..

Tabelle 12: (wiederholt): Pay-Offs (in M€) bei Entlohnung des Contractors in Abhängigkeit von dem Risikoeintritt

Umweltzustand	Wahrscheinlichkeit	Projekt-Cashflow	Pay-Off Contractor	Pay-Off Sponsor
Gute Marktentwicklung, hohe Leistungsfähigkeit	0,45	30	5,282	24,718
Gute Marktentwicklung, schlechte Leistungsfähigkeit	0,05	10	2,896	7,104
Schlechte Marktentwicklung, hohe Leistungsfähigkeit	0,45	10	5,282	4,718
Schlechte Marktentwicklung, geringe Leistungsfähigkeit	0,05	10	2,896	7,104
			Gesamtwert Sponsor	13,95687

Um den Vertrag mit einem Anreiz zu sorgfältigem Verhalten zu konstruieren, sind sowohl die Partizipations- als auch die Anreizbedingung zu erfüllen. Der Contractor erhält dazu bei Risikoeintritt nur 2,90 M€, sonst aber 5,28 M€. Zu diesen Konditionen stellen sich beide Contractor-Typen auch beim Anreizvertrag gleich gut. Eine Differenzierung ist hier nicht möglich, da auch ein Contractor, der keine Sorgfalt walten lassen kann, diesen Vertrag annimmt, der ihm den gleichen Nutzen verspricht wie ein Vertrag mit fixem Anspruch.

Dies ändert sich jedoch, wenn man dem Contractor zusätzliches Risiko anbietet, etwa bei Risikoeintritt nur eine Entlohnung von 2,7 M€. Damit die Partizipationsbedingung eines fähigen Contractors dadurch nicht verletzt wird, muss man zum Ausgleich die Zahlung bei Nichteintritt des Risikos auf etwa 5,5 M€ erhöhen. Damit ist die Anreiznebenbedingung übererfüllt, da der Contractor stärker unter dem zusätzlichen Risiko leidet, wenn er keine Sorgfalt walten lässt. Dies impliziert aber auch, und darauf kommt es an dieser Stelle an, dass für einen Contractor ohne besondere Befähigung die Partizipationsbedingung verletzt wird. Sein Nutzen aus einem solchen Vertrag fällt unter den Wert 2[136], den er als Reservationsnutzen aus seinem Anfangsvermögen erhalten könnte. Einen solchen Vertrag würde daher ein Contractor ohne Fähigkeit zu sorgfältiger Arbeit niemals annehmen. Ein Contractor, der diesen Vertrag annimmt, sollte daher über diese besondere Fähigkeit verfügen.

Wie verhält es sich nun, wenn niemand den angebotenen Vertrag annimmt, womöglich, weil niemand über die erforderlichen Fähigkeiten verfügt? In diesem Fall ist offenbar ein Vertrag mit Fixpreis optimal, den man nun anbieten kann. Alternativ könnte man von Anfang an eine Auswahl an Verträgen anbieten und die Bewerber selbst auswählen lassen, welchen Vertrag sie vorziehen. Selbstverständlich würde man auf den Vertrag mit Festpreis nur zurückgreifen, wenn sich

136 Dieser Wert ergibt sich als Ergebnis aus der Nutzenfunktion des Contractors, dessen Anfangsvermögen bei 4 liegt.

kein Partner findet, der durch Wahl des riskanten Vertrages seine besondere Befähigung beweist. Wir erreichen die so genannte *Self-Selection*, d.h. die Auswahl geeigneter Vertragspartner durch ein geeignetes Testverfahren, hier durch die Vorgabe einer geeigneten Auswahl von Verträgen.

Die Komplexität einer solchen Auswahl lässt sich weiter erhöhen, wenn man berücksichtigt, dass die potentiellen Vertragspartner unterschiedlich risikoavers sein könnten. Vermutet man, dass es potentielle Vertragspartner mit sehr geringer Risikoaversion gibt, sollte man diesen neben dem auf den Risikoeintritt konditionierten Vertrag auch ein Beteiligungsrisiko anbieten. Auch hier gilt der Grundsatz, dass das Vertragsangebot so ausgestaltet sein muss, dass es von dafür ungeeigneten Kandidaten, in diesem Fall von Kandidaten mit hoher Risikoaversion, abgelehnt werden muss, weil es ihre Partizipationsnebenbedingung verletzt. Es genügt nicht, dass ein alternativer, auf ihre Eigenschaften abgestimmter Vertrag für sie günstiger ist als ein Vertrag mit höherem Risiko. Denn auch die Bewerber werden sich Gedanken darüber machen, warum ihnen eine ganze Auswahl von Verträgen angeboten wird, und im Zweifel das Verhalten eines besser geeigneten Bewerbers imitieren. Eine solche Tarnung ist nur dann auszuschließen, wenn sie bei der Wahl des nicht auf ihren Typ ausgerichteten Vertrages tatsächlich Verluste machen. Daher sind bei einer Ausschreibung mit alternativen Vertragsangeboten diese nicht nur maßzuschneidern auf den jeweiligen Typ; sie müssen auch relativ knapp gefasst sein, damit keiner der Bewerber die für ihn falsche Lösung wählt. Denn wenn dies geschieht, hat die Projektgesellschaft einem unfähigen Contractor eine Risikoprämie gezahlt, ohne irgendetwas dafür zu erhalten. Die modellhafte Umsetzung dieser Anforderung ist dabei wiederum leichter als in der Praxis, die wesentlich komplexer ist und in der viele benötigte Informationen gar nicht oder nur schätzweise vorliegen. Dennoch liegt eine Kernaufgabe bei der Ausgestaltung einer Projektfinanzierung genau darin, in diesem Sinne maßgeschneiderte Verträge ausgestalten zu können. Die Theorie kann immerhin Hinweise geben, welche Faktoren hierfür maßgeblich sind.

4.6. Auswahl eines geeigneten Contractors bei mehrfachen Transaktionen

Bislang hatten wir bei der Auswahl eines geeigneten Contractors jeweils eine einmalige Transaktion unterstellt und dies am Beispiel des Fertigstellungsrisikos deutlich gemacht. Dieser Aspekt ist für eine Projektfinanzierung auch zentral, da an der Fertigstellung einerseits der Haftungsübergang festgemacht wird und sich andererseits die ökonomische Vorteilhaftigkeit dieser Finanzierungsmethode aus Sicht der Sponsoren manifestiert.

Nunmehr wollen wir untersuchen, inwieweit sich Änderungen bei der Partnerwahl ergeben, wenn wir es mit wiederholten Transaktionen innerhalb einer Projektfinanzierung zu tun haben. Dies ist regelmäßig bei Beziehungen in der Betriebsphase der Fall, wenn es zu wiederholten Austauschbeziehungen zwischen der Projektgesellschaft und den anderen Projektbeteiligten kommt, sei es auf der Bezugsseite oder der Absatzseite.

Angenommen sei, dass die Projektgesellschaft die Wahl zwischen zwei Contractors habe, die z.B. für die Wartung des Projekts zuständig seien. Bei dem ersten Contractor (WHITEWATER) seien die Kosten mit 500 T€ pro Jahr recht gut prognostizierbar[137]. Der andere Contractor (SCARAMANGA) sei weniger gut kalkulierbar und verursache entweder Kosten von nur 250 T€ oder von 750 T€ jährlich. Wenn wir annehmen, dass beide Szenarien mit gleicher Wahrscheinlichkeit eintreten, ist das erwartete Ergebnis bei SCARAMANGA ebenfalls 500 T€. Welche der beiden Wartungsunternehmen soll nun vertraglich eingebunden werden? Auch wenn es der Intuition widersprechen mag, sollte der riskantere Partner eingebunden werden, und zwar mit folgender Begründung: Nehmen wir an, dass das Projekt eine Projektdauer von 20 Jahren aufweist und es ein Jahr dauere festzustellen, ob SCARAMANGA nun Kosten von 250 T€ oder 750 T€ verursache.

Wenn WHITEWATER verpflichtet wird, entstehen über 20 Jahre Kosten von 10 M€. Alternativ könnte SCARAMANGA als Wartungsunternehmen verpflichtet werden. Mit einer Wahrscheinlichkeit von 50 % wird er jährliche Kosten von 250 T€ verursachen, wodurch das Projekt für 20 Jahre Kosten von nur 5 M€ zu tragen hat. Mit derselben Wahrscheinlichkeit könnte er auch jährliche Kosten in Höhe von 750 T€ verursachen, würde aber auch nur für ein Jahr beschäftigt sein. Der Erwartungswert von SCARAMANGA liegt dennoch weitaus höher als der von WHITEWATER. Dessen Kosten liegen bei 10 M€, aber der von SCARAMANGA bei

$$0{,}5 * (20 * 500\ T€) + 0{,}5 * (1 * 750\ T€) = 2.825\ T€.$$

Die erwarteten Kosten von SCARAMANGA sind damit um ein Vielfaches niedriger als die von WHITEWATER.

Obwohl die erwarteten Kosten für das erste Jahr für beide Unternehmen identisch sind, ist SCARAMANGA letztlich viel versprechender. Denn da die Projektgesellschaft ihn behalten kann, wenn er sich gut entwickelt, aber entlassen kann, wenn er seinen Aufgaben nicht gewachsen ist, ist der langfristige Wert von SCARAMANGA, dem riskanteren Unternehmen, höher. Weil die Projektgesell-

137 Wie an anderen Stellen der Arbeit auch, handelt es sich bei WHITEWATER und SCARAMANGA um fiktive Namen.

schaft sich von schlechten Unternehmen ja auch wieder trennen kann, lohnt es sich, riskanteren Unternehmen eine Chance zu geben.

Weisen zwei Unternehmen denselben Erwartungswert auf und generieren sie dieselben Kosten, lohnt es sich, den riskanteren zu verpflichten. Schlechte Ergebnisse können durch Entlassung gemildert werden und gute durch fortgesetzte Beschäftigung über die gesamte Projektlaufzeit verstärkt werden. Der Wert dieses Glückspiels ist häufig so groß, dass es auch dann die bessere Strategie sein kann, wenn das sichere Unternehmen geringere Kosten pro Jahr aufweist.

SCARAMANGA ist WHITEWATER vorzuziehen, weil die Kosten eines schlechten Jahres durch die Chance auf viele gute Jahre überkompensiert werden. Entsprechend nimmt der Wert eines riskanten Kandidaten mit geringerer Projektlaufzeit ab: Sofern keine hinreichende Zeit verbleibt, die Risiken über die Zeit einzuspielen, sinkt der Wert der Risikoübernahme. Je länger die Projektlaufzeit ist, umso höher ist der Wert der Option. Deshalb sind Überlegungen über den Wert riskanter Kandidaten besonders relevant, wenn dies in einer frühen Projektphase stattfindet und die Projektlaufzeit lang ist.

Die Möglichkeit, schlechte Unternehmen zu entlassen, ist so wertvoll für die Projektgesellschaft, dass es - solange sie besteht - sehr unwahrscheinlich ist, dass der sichere Kandidat der attraktivere wird.

Weiter gilt: Je weniger Zeit benötigt wird, um die Produktivität des verpflichteten Unternehmens festzustellen, desto wertvoller wird das riskante Unternehmen. Dies kann man sich wie folgt vorstellen: Wenn es etwa 19 von 20 Jahren dauern würde, die Produktivität von SCARAMANGA zu ermitteln, sänke sein Wert erheblich. In diesem Fall müsste die Projektgesellschaft ihn über 19 Jahre behalten, um seine Produktivität festzustellen. In diesem Fall kann die Projektgesellschaft ihn auch gleich 19 Jahre behalten. Denn da die Produktivität vorher nicht offenbart wurde, muss es, wenn es eine gute Idee war, ihn zu kontrahieren, auch eine gute Idee sein, ihn bis zur Enthüllung der Information zu behalten. Aber unter diesen Bedingungen ist es weder eine gute Idee, SCARAMANGA einzustellen, noch ihn zu behalten. Mit den angenommenen Werten wäre der Erwartungswert der Kosten über die Projektlaufzeit beispielsweise

$$0{,}5 *[19 * (750 \text{ T€})] + 0{,}5* [20 * 250 \text{ T€}] = 9.625 \text{ T€}.$$

Weil er 19 Jahre lang verpflichtet ist, während der SCARAMANGA jeweils jährliche Kosten von 750 T€ verursacht, ist er ein potentiell sehr teurer Kandidat. Der Wert der Option, ihn zu verpflichten und schnell zu kündigen, wenn er sich als Verlustbringer erweist, ist gering, weil er erst gekündigt werden kann, nachdem er bereits erhebliche Kosten verursacht hat.

Dies leitet zu einem verwandten Thema über. Selbst bei hohen Entlassungskosten ist die Rekrutierung des riskanteren Unternehmens noch attraktiv, solange das erwartete jährliche Ergebnis nicht unter das des sicheren Unternehmens fällt. Dazu ein Extrembeispiel: Angenommen sei, Entlassungen seien unmöglich. Wenn die Projektgesellschaft nun WHITEWATER einstellt, wird WHITEWATER diese Rolle über die gesamte Projektlaufzeit ausfüllen. Aber wenn seine erwarteten Kosten bei T€ 500 liegen, ist er im Durchschnitt genau so gut wie SCARAMANGA. Auch wenn WHITEWATER nicht entlassen werden kann, ist SCARAMANGA aber keineswegs vorzuziehen. Weil er mit ebenso großer Wahrscheinlichkeit einen Nettoverlust von T€ 500 erbringt, ist sein zu erwartendes jährliches Ergebnis ebenso hoch wie das von WHITEWATER.

Die Argumente für die Einstellung von riskanten Vertragspartnern sind so stark, dass sie häufig auch für Projektgesellschaften mit einer starken Abneigung gegen Risiko Bestand haben. Weil der Nettogewinn aus der Verpflichtung des riskanteren Kandidaten so viel höher ist als der des sicheren, kann sich die Einstellung des Risikobewerbers für fast alle Projektgesellschaften lohnen. Selbst Projektgesellschaften mit einer starken Risikoaversion können diese Strategie hinreichend profitabel finden, um ihre Bedenken zu überwinden.

4.7. Entlohnungssysteme bei mehrfachen Transaktionen

Wir hatten weiter oben beschrieben, wie Entlohnungssysteme ausgestaltet werden sollten, wenn es sich um einmalige, nicht wiederkehrende Transaktionen handelt (Kapitel 4). Was ändert sich, wenn Transaktionen mehrfach zwischen den Parteien stattfinden? Zu diesem Zweck sollte zwischen inputbasierten und outputbasierten Verträgen unterschieden werden. Wenn eine Partei nach ihrem Output bezahlt wird, spielt die Zeit, die sie hierfür aufwendet, keine Rolle (output-basierter Vertrag). Bei einer input-basierten Bezahlung erfolgt die Entlohnung hingegen nach der Menge der Zeit, die jemand für eine Aktivität aufgewandt hat[138].

Eine Bezahlung auf Basis von Arbeitsergebnissen bietet mindestens zwei Vorteile. Zum einen motiviert eine ergebnisabhängige Bezahlung die guten Contractors zum Verbleib und die schlechten zum Ausscheiden aus der Projektstruktur. Zum anderen hält eine solche Entlohnung die Contractors zu intensiverem Arbeitseinsatz an. Die jeweiligen Vorteile und Nachteile sehen wir uns im Folgenden an.

138 H. Jung 2008, S. 8.

Outputbasierte Entlohnungsschemata bewegen ineffiziente Vertragspartner zum Kündigen ihrer Verträge. Werden sie exakt nach ihrem Output bezahlt, kündigen sie, sobald ihr Entgelt unter die Entlohnung des nächstbesten für sie erreichbaren Arbeitsplatzes fällt. Umgekehrt bleiben alle Vertragspartner, die mehr verdienen als ihre *Outside Option*, mit der Projektgesellschaft verbunden. Im Folgenden seien zwei mögliche Entlohnungsschemata dargestellt[139].

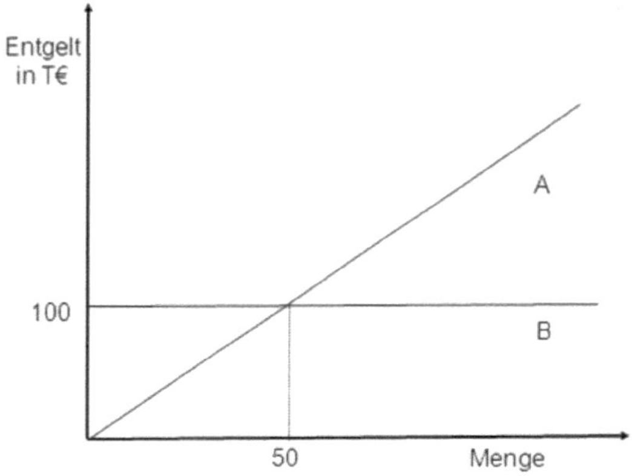

Abbildung 21: Entlohnung von Contractors (e.D.)

Die mit A gekennzeichnete Linie beschreibt ein Entgeltsystem, das bei 0 beginnt und dann 2.000 € pro Leistungseinheit vorsieht. Ein Contractor, der in einem Monat 50 Leistungseinheiten erbringt, kommt auf einen Monatslohn von 100 T€. Die mit B gekennzeichnete Linie stellt ein System dar, das ein monatliches Fixgehalt von 100 T€ vorsieht. Verkäufer mit einem Leistungsoutput von 40 Leistungseinheiten erhalten ebenso 100 T€ wie solche, die 80 Leistungseinheiten produzieren.

Welches System ist nun für eine Projektgesellschaft vorteilhaft? Dies hängt davon ab, welchen Typ eines Contractors man vorfindet. Unterstellen wir zunächst zwei Projektgesellschaften[140], die die beiden obigen Entlohnungssysteme anbieten. Die Projektgesellschaft DINGUS verdient an allen Contractoren, die mehr als 50 Leistungseinheiten erbringen. Denn ein Contractor, der beispielsweise 100 Leistungseinheiten produziert, kostet sie nur 100 T€, was Stückkosten von

139 Zur Systematik siehe H. Jung 2008, S. 563.

140 Die beiden Projektgesellschaft „DINGUS“ und „MALLARD“ sind wiederum hypothetische Namen für Projektgesellschaften.

1.000 € entspricht. Derselbe Contractor würde die Projektgesellschaft MALLARD 200 T€ kosten, was Stückkosten von 2.000 € entspricht.

Dies ist allerdings eine rein statische Betrachtung. Tatsächlich werden die Contractors, die mehr als 50 Leistungseinheiten erbringen, nicht bei DINGUS bleiben, sondern zu MALLARD wechseln, wo sie mehr Geld verdienen. Demnach wird DINGUS nur die Contractors halten können, die 50 Leitungseinheiten oder weniger erbringen können. Über welches Entlohnungssystem stehen die Projektgesellschaften nun besser dar? Eindeutig bei MALLARD. Bei DINGUS erzeugt der beste Contractor 50 Leistungseinheiten pro Monat, der schlechteste keine einzige, so dass der Durchschnitt unter 50 Leistungseinheiten liegen wird. Liegen diese im Durchschnitt bei 40 Leistungseinheiten, ergeben sich durchschnittliche Stückkosten von 2.500 € pro Leistungseinheit. Alle besonders leistungsfähigen Contractors gehen zu MALLARD und produzieren dort mehr als 50 Leistungseinheiten pro Monat, z.B. 75 Leistungseinheiten. Allerdings beeinflusst die umgesetzte Menge nicht die Stückkosten von MALLARD, da diese auf 1.000 € festgelegt sind. Für MALLARD ist es egal, ob ein Contractor einen Output von 80 Leistungseinheiten oder fünf Contractor einen Output von jeweils 16 Leistungseinheiten erbringen. Die gesamten Entgeltkosten sind in beiden Fällen mit 80 T€ gleich, was durchschnittlichen Stückkosten von 1.000 € entspricht. MALLARDS Durchschnittsentgelt für die erbrachte Leistung ist mit 2.000 € deutlich unter dem von DINGUS mit 2.500 €, weil sich die Contractors mit niedriger Produktivität systematisch zu DINGUS orientieren.

Daraus ergibt sich ein wesentlicher Grund für die Bevorzugung eines Ergebnis abhängigen Entlohnungssystems: Es bewegt die produktiveren Contractors zur Kooperation mit der Projektgesellschaft und belässt die weniger produktiven Contractors bei den Fixlohn zahlenden Konkurrenten. Eine variable Entlohnung hilft demnach, das Adverse Selection-Risiko zu begrenzen. Der zweite Grund für den Einsatz Ergebnis abhängiger Entlohnungssysteme hängt mit ihrer Anreizwirkung zusammen, wie wir es bereits weiter oben in Kapitel 4.2 beschrieben haben. Der dritte Grund für ein vom Ergebnis abhängiges Entlohnungssystem ergibt sich aus der Mechanik der gängigen Ratingverfahren, mit denen Projektfinanzierungen beurteilt werden (siehe Kapitel 5.3.10).

In diesem Kapitel haben wir dargestellt, welche Konsequenzen sich aus einem Marktversagenstatbestand, dem der asymmetrischen Information, auf die Auswahl der Projektbeteiligten und die Ausgestaltung der Projektverträge ergeben. Im folgenden Kapitel verzahnen wir diese Ergebnisse einer aus Anreizsicht optimalen Risikoallokation mit dem in der Praxis geübten Prozess der Risikoidentifikation und Risikoallokation, wobei wir uns auf das Risikoprofil von CSP-Projekten konzentrieren.

5. Risikoidentifikation, Risikoträger und Risikoinstrumente

5.1. Risiko und Risikomanagement - Grundsätze

Der folgende Abschnitt 5.1 ist aus meiner Publikation „Projektfinanzierung" (dort das Kapitel 3.1) entnommen, wobei Teile überarbeitet worden oder neu hinzugekommen sind[141].

In der betriebswirtschaftlichen Literatur existiert eine Vielzahl von Interpretationsvarianten für den Begriff des Risikos[142]. Risiko soll hier als negative Abweichung vom Planwert einer Zielgröße verstanden werden, da sie für jeden Beteiligten eine Verlustgefahr bedeutet[143]. Dieses Verständnis ist in Abbildung 22 dargestellt:

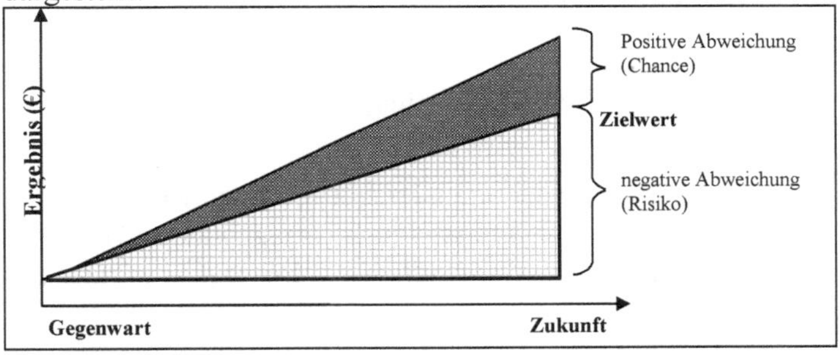

Abbildung 22: Darstellung von Chance und Risiko[144]

Durch das Risikomanagement soll ein systematischer und erfolgsorientierter Ansatz zum Umgang mit Risiken erreicht werden. Dies gilt insbesondere für Projektfinanzierungen, da die Neuartigkeit und Einzigartigkeit jedes Projekts unbekannten Einflussfaktoren unterliegen, welche zu Risikopositionen führen[145]. Des Weiteren ergeben sich durch die zukunftsgerichtete Cashflow-Orientierung

141 J. Böttcher; P. Blattner 2006, S. 33-36.

142 Ausführlicher M. Hupe 1995, S. 43 ff.; D. Tytko 1999, S. 142 f.; H. Uekermann 1993, S. 23. Zum Risikobegriff aus technischer Sicht siehe P. Frohböse 2010, S. 13-16.

143 In Anlehnung an M. Hupe 1995, S. 46. In einem breiteren Begriffsverständnis wird unter Risiko die Gefahr verstanden, dass ein tatsächlich realisiertes Ergebnis vom erwarteten Ergebnis positiv oder negativ abweicht. Positive Abweichungen werden dann als „Chance" bezeichnet, negative Abweichungen als „Risiko im engeren Sinn". Dieser letztgenannten Interpretation des Risikobegriffs wollen wir hier folgen.

144 J. Böttcher 2009, S. 41.

145 M. Hupe 1995, S. 43 ff..

und die damit verbundene Rückgriffsbegrenzung spezielle Anforderungen an das Risikomanagement, da hierdurch regelmäßig auch unternehmerische Risiken auf die Fremdkapitalgeber übertragen werden[146].

Die Bedeutung der Behandlung von Risiken im Zusammenhang mit einer Projektfinanzierung ergibt sich unmittelbar aus ihrem Charakter: Da es allein das Vorhaben ist, das als wirtschaftliche Basis für die angemessene Eigenkapitalverzinsung und die Bedienung des Kapitaldienstes dient, ist die Werthaltigkeit und die Robustheit des Projekts von entscheidender Bedeutung. Da das Projekt aber erst sukzessive entsteht, lässt sich die Wirtschaftlichkeit nur per Prognose bestimmen. Da die Perspektive in die Zukunft zunehmend unsicher ist, hat sich die Prognose mit dem Eintritt aller Arten von Einflüssen zu befassen, deren Wirkung auf das Projekt einzuschätzen und nach Wegen zu suchen, ob und inwieweit einzelne Projektbeteiligte bereit sind, das Projekt von Risiken freizuhalten.

Wesensmerkmal jeder Projektfinanzierung ist die Orientierung an den zukünftigen Cashflows und die oben beschriebene Einbindung der Projektbeteiligten, woraus sich folgende Konsequenzen ableiten:

Zunächst ist bei einer Projektbeurteilung besonderes Augenmerk auf die Faktoren zu legen, die den Cashflow beeinflussen. Als maßgebliche Cashflow-Determinanten für ein Projekt kommen namentlich die Beschaffungsseite, die Absatzmärkte, die Betriebskosten, die Finanzierungskonditionen und schließlich Einflussgrößen des öffentlichen Sektors in Betracht.

Eine weitere Aufgabe des Risikomanagements ist die Reduktion von Informationsasymmetrien. Informationsasymmetrien beschreiben einen Informationsvorsprung einer Partei gegenüber einer anderen. Nutzt die Partei, die einen Informationsvorsprung hat, ihren Vorteil aus, wird eine andere Partei benachteiligt[147]. Im Extremfall führen solche heterogenen Informationsstrukturen zum Scheitern des Projekts, weshalb deren Reduktion eine weitere Kernaufgabe des Risikomanagements sein muss (siehe hierzu Kapitel 4.2). Aufgrund der Zukunftsorientierung der Projektfinanzierung und ihrer Einmaligkeit sind das Ausmaß an Informationsasymmetrie zwischen den verschiedenen Projektbeteiligten - z.B. der Projektgesellschaft und dem Kreditgeber - größer als bei eher traditionellen Kreditvergaben, woraus sich erhebliche Konsequenzen für das Risikomanagement ergeben, das versuchen muss, diese Informationsasymmetrien möglichst zu minimieren. Verfahren, um der Entstehung solcher Informationsasymmetrien

146 K.-U. Höpfner 1995, S. 166 ff..

147 R. Richter; E.G. Furubotn 2003, S. 4.

vorzubeugen, sind das Management von Einzelrisiken und eine gut funktionierende Informationsstruktur unter den Beteiligten.

In diesem Zusammenhang muss überprüft werden, inwieweit die Risikoübernahmebereitschaft der einzelnen Projektbeteiligten in Relation zu ihrer Fähigkeit steht, für Projektrisiken zu haften. Die Aufteilung der Risiken auf die Projektbeteiligten erfolgt dabei normalerweise nach dem Grundsatz, dass die Vertragspartei das Projektrisiko übernehmen sollte, das sie aufgrund ihrer Geschäftstätigkeit am besten beurteilen und somit auch kontrollieren kann (Grundsatz der Kontrollfähigkeit).

Dieser Grundsatz der Risikoverteilung ist aber nur dann anwendbar, wenn außerdem der Grundsatz der Risikotragfähigkeit berücksichtigt wird: Hierbei sind die akzeptierte Risikoübernahme mit der erwarteten Vergütung und den strategischen, individuellen Zielen zu vergleichen. Diese zu erkennen, ist eine - eher selten thematisierte - Aufgabe im Rahmen der Risikoallokation (siehe hierzu Kapitel 4). Diese Aufgabe wird insoweit erschwert, als die Risiko-Einschätzung der Beteiligten und das wirtschaftliche Projektschicksal einer dynamischen Entwicklung unterliegen und wesentlich die bisherigen Erfahrungen sowohl der gesamten Branche als auch der verschiedenen Projektbeteiligten mit Projektfinanzierungen vergleichbaren Typs widerspiegeln.

Schließlich müssen zwingend die Anreizwirkungen der jeweiligen Vertragsgestaltung mit berücksichtigt werden, wobei die Anreize möglichst so gesetzt werden sollten, dass der Auftragnehmer aus eigenem Interesse auch die Ziele der Projektgesellschaft verfolgt (siehe hierzu das Kapitel 4)[148].

Der Prozess des Risikomanagements wird häufig als eine Stufenfolge beschrieben, wie in Abbildung 23 dargestellt[149]:

148 J. Böttcher 2010 a, S. 8.
149 J. Böttcher; P. Blattner 2006, S. 100.

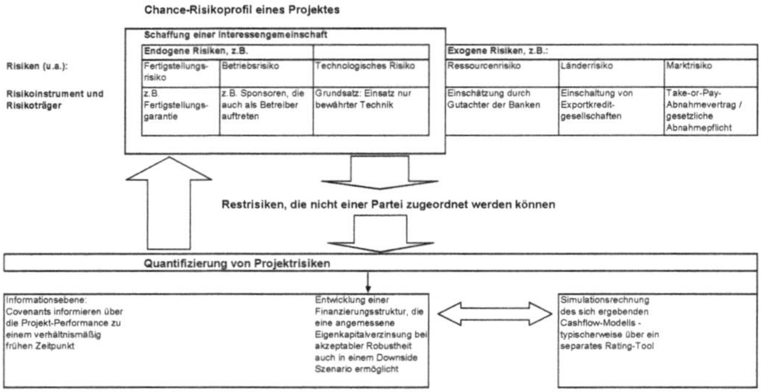

Abbildung 23: Prozess des Risikomanagements[150]

Bestandteile des Risikomanagementprozesses

Das Erkennen der einzelnen Risiken ist Grundvoraussetzung für die Anwendung von risikopolitischen Maßnahmen. Zur Identifikation der einzelnen Risiken bei der Projektfinanzierung werden die Risiken, die ein Projekt durchläuft, systematisch auf ihre Einflussfaktoren hin untersucht. Bei der Zuteilung - der Risikoallokation - wird untersucht, ob und in welchem Maße die identifizierten Risiken den Projektbeteiligten zugewiesen werden sollen und welches Restrisiko nach Zuteilung bei den Kapitalgebergruppen verbleibt[151]. Die Bewertung der einzelnen Risiken erfolgt anhand ihrer Auswirkungen auf den Cashflow, wobei die Ursachen eines Risikos aufgedeckt und die Risikofolgen qualitativ und quantitativ aufgezeigt werden. Das dazu verwendete Instrument - das Cashflow-Modell - wird aufgrund seiner Bedeutung gesondert dargestellt.

Bei der Risikoallokation sind zwei Ebenen zu unterscheiden: Zum einen geht es um die Frage, ob und inwieweit ein Projektbeteiligter bereit ist, in einem vertraglich festgelegten Umfang seinen Beitrag zu leisten und etwaige Risikofolgen zu tragen. Die Beiträge der verschiedenen Beteiligten sind dabei durchaus verschieden, wie die folgende Tabelle 13 zeigt:

150 J. Böttcher 2004, S. 167.

151 K.-U. Höpfner 1995, S. 176 f.. Siehe auch Kapitel 4.2.

Tabelle 13: Anreiz-Beitrags-Struktur der Projektbeteiligten[152]

Projektbeteiligter	Hauptanreiz	Hauptbeitrag
Sponsor	Erwirtschaftung einer hohen EK-Rendite	Einbringung des risikotragenden Eigenkapitals
Anlagenhersteller (Contractor)	Ertrag aus Anlagenverkauf	Anlagenerstellung und Gewährung umfangreicher Gewährleistungen
Lieferanten	Verkaufserlöse der gelieferten Güter	Überlassung der Vorleistungen
Abnehmer	Erhalt des Endproduktes	Vergütung des Endproduktes
Fremdkapitalgeber	Zinserträge und Provisionen	Bereitstellung von Fremdkapital
Betreiber	Betriebsführungsentgelt	Betrieb der Anlage

Unabhängig von der Art der Transaktion gilt, dass die Motivation zur Beibehaltung eines Interesses am Projekt und der Mitwirkung von der individuellen Anreiz-Beitrags-Struktur des Projektbeteiligten abhängt, die im Saldo positiv sein muss. Ausführlich haben wir die diesbezüglichen Überlegungen und Ausgestaltungen in mehreren Kapiteln dargestellt (siehe Kapitel 4.1 und folgende Kapitel).

Neben der vertraglichen Zuordnung der identifizierten Risiken kommt der Fähigkeit der verschiedenen Beteiligten, die vertraglichen Konsequenzen auch tragen zu können, eine besondere Bedeutung zu. In diesem Zusammenhang wird die Cashflow-Orientierung der Projektfinanzierung verlassen, und der Umfang der vertraglichen Verpflichtungen der Risikoträger muss im Hinblick auf ihre wirtschaftliche Leistungsfähigkeit bewertet werden. Dieser Zusammenhang ist in der folgenden Abbildung 24 dargestellt[153].

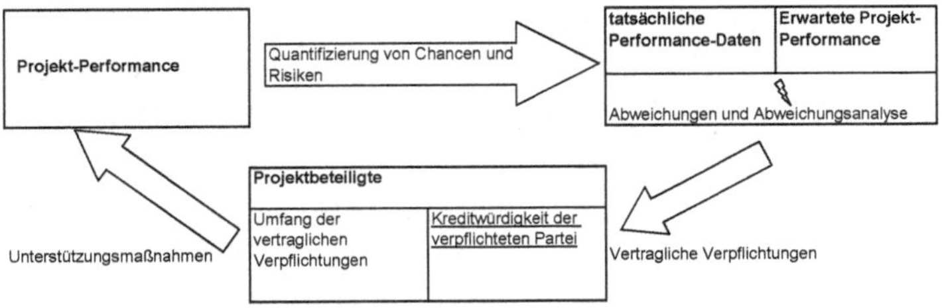

Abbildung 24: Risikoallokation und Risikomanagementprozess[154]

Insofern beinhaltet jede Projektfinanzierung auch Bestandteile einer Unternehmensfinanzierung, da die zumindest partielle Risikoübernahme durch die Pro-

152 J. Böttcher 2009, S. 44.

153 W. Schmitt 1989, S. 62 f..

154 J. Böttcher; P. Blattner 2006, S. 103.

jektbeteiligten wesentlich für eine Projektfinanzierung ist und in jedem Fall auch eine Bonitätsbeurteilung dieser Risikoträger erforderlich macht, wie sie für Unternehmensfinanzierungen typisch ist. Die Bonität des Risikoträgers ist umso intensiver zu prüfen, je weitgehender sich ein Projektbeteiligter vertraglich gegenüber dem Projekt verpflichtet. Diesbezüglich wird auf die einschlägige Literatur der Kreditnehmerbeurteilung[155] verwiesen, da in dieser Arbeit auf diese Thematik nicht näher eingegangen wird.

Schließlich sind die Risiken während der Projektlaufzeit zu kontrollieren und - bei Bedarf - geeignete Gegenmaßnahmen einzuleiten[156].

Die dargestellten Prozessstufen sind nicht als isolierte Teilaufgaben zu verstehen, sondern als ein wechselseitig ineinander greifender Prozess, der das Projekt begleitet und dessen Ergebnis nicht nur vom Risikoprofil des Projekts abhängt, sondern wesentlich auch von den Chance-/Risiko-Präferenzen der verschiedenen Projektbeteiligten. Die Aufgabe der Auswahl und Anwendung der Risikoinstrumente sowie der Risikoträger erweist sich in der Praxis als komplexer und diffiziler Verhandlungsprozess (siehe hierzu Kapitel 4.5). In der weiteren Darstellung wird auch deutlich werden, dass die obige Stufenfolge zunächst aus didaktischen Gründen gewählt worden ist. In der Praxis ergibt sich eine Wechselwirkung zwischen den einzelnen Prozessstufen.

Wir werden im Folgenden die verschiedenen Stufen des Risikomanagements gemäß der gerade beschriebenen Stufenfolge darstellen. Wie traditionell üblich, schließt sich an diese Darstellung der verschiedenen Prozessstufen die Frage an, welche Instrumente zur Verfügung stehen, das jeweilige Risiko bestmöglich abzusichern und wer der primäre Risikoträger sein sollte. Die Identifizierung und das Management von Risiken sind die Kernaufgaben für die Gestaltung einer Projektfinanzierung, da die Rückgriffsrechte der Fremdkapitalgeber während der Betriebsphase auf das Projekt und den von ihm erwirtschafteten Cashflow beschränkt sind.

Die Wirtschaftlichkeit und Robustheit einer Projektfinanzierung wird durch ihre Fähigkeit bestimmt, die prognostizierten Cashflows zuverlässig erwirtschaften zu können. Weichen die realisierten Cashflows - zeitlich oder betraglich - von den prognostizierten Cashflows ab, sind Anpassungsmaßnahmen notwendig, um eine Gefährdung des Projekts zu verhindern. Alle Risikoaspekte eines Projekts wirken auf den Cashflow-Strom, so dass Risikomanagement bei Projektfinanzierungen nichts anderes meint als die Steuerung - und ggf. Korrektur - der den

155 Z.B. P. Blattner 2003, S. 122-165.
156 E.C. Buljevich; Y.S. Park 1999, S. 90.

Cashflow bestimmenden Einflussgrößen. Diese zentrale Aussage sei näher erläutert.

Aufgrund des strukturellen Nachrangs der Eigenkapitalgeber gegenüber den Kreditgebern sind es zunächst die Eigentümer, die das Risiko von negativen Planabweichungen tragen[157]: Ihre Rendite verschlechtert sich und es ist eine unternehmerische Aufgabe der Projektgesellschaft hier gegenzusteuern. Aufgrund der meist recht weit reichenden Fremdkapitaleinbindung sind allerdings auch die Kreditgeber verhältnismäßig schnell von Planabweichungen betroffen. Um ihren vertraglichen Rückzahlungsanspruch zu wahren, lassen sie sich daher im Rahmen der Projektanbahnung für den Fall von negativen Planabweichungen weitgehende Kontroll- und Sanktionsrechte einräumen. Damit es möglichst überhaupt nicht während der Projektlaufzeit zu derartigen Planabweichungen kommt, werden verschiedene Sicherungselemente eingebaut. Eines dieser Sicherungselemente, die in Kapitel 6.2 im Detail behandelt werden, ist die Gestaltung einer dem Risikoprofil angemessenen Finanzierungsstruktur. Dabei wird die Finanzierungsstruktur so ausgestaltet, dass das Projekt auch bei Eintreten eines Worst-Case-Szenarios in der Lage ist, den Schuldendienst zu bedienen. Die Schuldendienstdeckungsfähigkeit des projektimmanenten Cashflows ist die notwendige Bedingung für die Fremdkapitalgeber, sich an einer Projektfinanzierung zu beteiligen. Der Cashflow muss neben der Bedienung der operativen Kosten und des Kapitaldienstes immer noch einen zusätzlichen Puffer aufweisen, um Planabweichungen aufzufangen, die nicht von einem vertraglich verpflichteten Projektbeteiligten getragen werden. Es sind damit der Cashflow und seine Verlässlichkeit, die die Wirtschaftlichkeit und das Verschuldungspotential eines Projekts bestimmen.

Aus Sicht der Fremdkapitalgeber könnte man meinen, dass eine Projektfinanzierung primär aus folgendem Blickwinkel beurteilt wird:

> Ist das Projekt in der Lage, auch bei einem Worst-Case-Szenario zumindest den Kapitaldienst zu bedienen?

Allerdings: Auch wenn diese Frage bejaht wird, wäre es aus Sicht der Fremdkapitalgeber zu kurz gegriffen, eine Projektfinanzierung als machbar und empfehlenswert zu halten. Die Erfahrung in verschiedenen Projekten zeigt folgendes: Angenommen, der Cashflow kann im Projektverlauf gerade noch den Kapitaldienst erwirtschaften, dann erhalten die Eigenkapitalgeber noch nicht einmal eine buchhalterische Verzinsung ihres Kapitals. Ihr Interesse an dem Fortbe-

---

157 Der strukturelle Nachrang äußert sich darin, dass die Ansprüche der Fremdkapitalgeber auf Bedienung des Kapitaldienstes vor den Ansprüchen der Eigenkapitalgeber auf Ausschüttungen zu erfüllen sind. Siehe hierzu J. Böttcher; P. Blattner 2006, S. 16.

stand des Projekts wird - sofern keine Verbesserung abzusehen ist - dramatisch sinken und sie werden vorhandene Ausstiegsmöglichkeiten nutzen oder aber versuchen, diese zu schaffen. Dieses Verhalten setzt wiederum die Fremdkapitalgeber in eine problematische Situation, da sie dann wahrscheinlich die einzige Gruppe sind, die ein langfristiges Interesse am Fortbestand des Projekts haben. In einem nicht allzu unwahrscheinlichen Szenario können sich die Kreditgeber funktionell in einer Situation der Eigenkapitalgeber wieder finden. Da die Kreditgeber typischerweise gerade keine Unternehmer sind, werden sie schnellstmöglich das Projekt restrukturieren müssen. Dabei muss man berücksichtigen, dass die Restrukturierung eines Projekts durchaus mehrere Jahre dauern und entsprechend Ressourcen binden kann. Allein aus diesem Grund sind die Kreditgeber gut beraten, auch die Sichtweise der Eigenkapitalgeber einzunehmen.

Man kann an dieser Stelle einwenden, dass die Eigenkapitalgeber ein Projekt nicht nach dem Worst-Case-Szenario beurteilen werden, das die risikoaverse Sicht der Kreditgeber abbildet, sondern stattdessen versuchen werden, die verschiedenen möglichen Ausprägungen in ihrer Gesamtheit zu bewerten. Wenn man unterstellt, dass sich die Sponsoren am Erwartungswert orientieren, werden sie den Base Case zugrunde liegen, der den wahrscheinlichsten aller Fälle abbilden soll[158]. Damit sollte - aus Eigen- und Fremdkapitalgebersicht - die folgende Frage ebenfalls bejaht werden[159]:

> Ist das Projekt in der Lage, bei einem Base-Case-Szenario eine angemessene Eigenkapitalrendite zu erwirtschaften?

Die unterschiedliche Fragestellung ergibt sich aufgrund der bereits oben angesprochenen asymmetrischen Verteilung von Risiken und Chancen: Die Chance der Fremdkapitalgeber besteht darin, die Zinsen und die Tilgung der Projektkredite zu den im Vorhinein festgelegten Zahlungsterminen zu erhalten, die Chance der Eigenkapitalgeber besteht darin, bei einem erwarteten oder besseren Projektverlauf die Mehrerlöse einzustreichen. Das Risiko beider Gruppen besteht darin, dass das Projekt nicht plangemäß funktioniert und beide Verluste erleiden. Nun mag man wiederum einwenden, dass die Ansprüche der Fremdkapitalgeber vorrangig gegenüber den Ansprüchen der Eigenkapitalgebern sind, doch kann man hier erwidern, dass die Sicherheiten des Projekts im Wesentlichen auf den Cashflow beschränkt sind, der schnell nicht mehr ausreichen kann, auch nur eine Gruppe der Anspruchsberechtigten zu befriedigen.

---

158 Der Erwartungswert kann nur dann mit dem wahrscheinlichsten Fall gleichgesetzt werden, wenn außerdem - wie hier unterstellt - eine Normalverteilung angenommen wird.

159 J. Böttcher 2009, S. 46 f..

An dieser Stelle ergeben sich folgende Fragen, die wir im folgenden Verlauf beantworten werden:

- Kennen wir die Einflussgrößen für die Parameter, die den Cashflow beeinflussen und können wir diese hinreichend zuverlässig abschätzen? Welche Verfahren stehen uns hier zur Verfügung? Was bedeutet es, wenn wir die Einflussgrößen entweder nicht kennen oder nicht zuverlässig abschätzen können?
- Welche Möglichkeiten bestehen, auf Störungen des Cashflows zu reagieren?

Diese aus der Frage der Prognostizierbarkeit des Cashflows abgeleiteten und zusammenhängenden Fragen sind zentral für jede Projektfinanzierung.

Es ist zunächst die Frage nach der Risikoallokation, also die Frage nach der Verteilung von Chancen und Risiken bei den verschiedenen Projektbeteiligten im Zeitablauf. Durch die Zukunftsorientierung der Projektfinanzierung verschärft sich das Problem der Informationsasymmetrie zwischen den verschiedenen Projektbeteiligten. Um die damit verbundenen Probleme weitgehend zu vermeiden, werden die besser informierten Projektbeteiligten bzw. die Projektbeteiligten, die als Beauftragte selber für das Entstehen der Risiken mit verantwortlich sind, in das Risiko eingebunden. Diese Fragestellung behandeln wir in seiner theoretischen Fundierung in diesem Kapitel und stellen die praktischen Implikationen in den sich anschließenden Kapiteln dar. Das Management von Einzelrisiken ist ein Verfahren, um Probleme aufgrund von Informationsasymmetrien möglichst gar nicht erst entstehen zu lassen.

Der Katalog der möglichen Maßnahmen des Risikomanagements ist umfangreich und vielschichtig, wodurch sich für den Kreditgeber eine Vielzahl von Handlungsoptionen ergeben. Die Auswahl der möglichen Maßnahmen wird als Risikopolitik bezeichnet, deren Ziel es ist, die Kombinationen von Sicherungsinstrumenten zu finden, welche eine auf das Projekt abgestimmte und von allen gemeinsam akzeptierte Risikoverteilung ermöglicht[160].

Die Risikoanalyse ist Ausgangspunkt des Risikomanagementprozesses, da sie maßgeblich die Struktur des Vertragsgeflechtes sowie die materiellen Regelungen jedes einzelnen Vertrages bestimmt. Daher wird man sich mit den Zielsetzungen der Projektbeteiligten und den technischen, rechtlichen und wirtschaftlichen Aspekten des Vorhabens vertraut machen müssen. In den folgenden Abschnitten werden wir uns vertieft mit den verschiedenen Risiken, Risikoinstrumenten und Risikoträgern beschäftigen; insofern dient die folgende Tabelle 14 zunächst nur der Einstimmung:

---

160 M. Schulte-Althoff 1992, S. 112 f..

Tabelle 14: Risikoart, Risiko-Instrument und Risikoträger[161]

Risikoart	Risiko-Instrument	Risikoträger
Verfügbarkeit Rohstoffe oder Energie	Vertrag: Angebot oder Zahlung, Machbarkeitsstudie	Zulieferer, evtl. Sponsoren
Vertragserfüllung Vertragspartner	Machbarkeitsstudie	Sponsoren
Kostenüberschreitung	Fertigstellungsgarantie, Kreditlinie	Sponsoren, Generalunternehmer, Kreditgeber
Abnahmerisiko	Take-or-Pay-Verträge	Nachfrager des Outputs
Performancerisiko	Machbarkeitsstudie, Vertragskonditionen (Anreize)	Anlagenlieferant
Rechts- und Regulierungsrisiko	Reputation des Landes, gute Zusammenarbeit mit Regierungen	Sponsoren
Länderrisiko	Machbarkeitsstudie, Versicherung	Versicherungsagenturen, Exportkreditversicherungen
Technologisches Risiko	möglicherweise K-O-Kriterium, ansonsten: Lizenzvereinbarung	Lizenzgeber
Devisenkurs	Optionen, Futures, Swaps usw.	Finanzinstitute
Inflationsrate	Langfristige Verträge (Kauf und Verkauf)	Anbieter und Nachfrager
Zinssätze	Feste Zinskonditionen, Zinsderivate usw.	Finanzinstitute, Gläubiger, Kapitalmärkte
Force Majeure	Eindeutige Abgrenzung, Versicherung	Versicherung

Im nächsten Schritt werden wir die wesentlichen Risiken von CSP-Vorhaben betrachten[162].

Die Risiken bei Projektfinanzierungen können von Projekt zu Projekt hinsichtlich ihres Inhalts, ihrer Ursache, ihres Ausmaßes und ihrer Eintrittswahrscheinlichkeit stark voneinander abweichen. Gleichwohl gibt es Gruppen von Risiken, die in gleicher oder ähnlicher Weise bei den meisten Projektfinanzierungen zu einer Gefährdung des Cashflows führen können und insofern Gegenstand des Risikomanagements sein müssen[163]. Zur Visualisierung ist es häufig hilfreich, die Einflussgrößen der Wirtschaftlichkeit eines Vorhabens darzustellen.

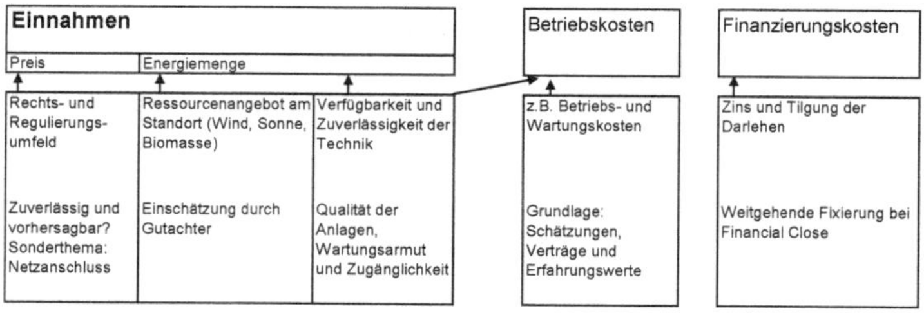

Abbildung 25: Einflussfaktoren für die Wirtschaftlichkeit[164]

Die Gruppierung der Risiken kann nach unterschiedlichen Gesichtspunkten erfolgen, beispielsweise nach den Projektphasen oder nach der Zuordnung zu den

161 J. Böttcher 2004, S. 152.

162 Die hier aufgeführten Risiken entsprechen im Wesentlichen den üblichen Risiken, die bei Projektfinanzierungen auftreten.

163 H. Uekermann 1993, S. 28.

164 Darstellung nach J. Böttcher; P. Blattner 2006, S. 44.

Sphären der Projektbeteiligten (*bankable risks, insurable risks, equity risks*)[165]. Diese Kategorisierungen scheinen jedoch für unsere Zwecke wenig geeignet. Problematisch bei einer phasenbezogenen Einteilung ist, dass die Zuordnung der Risiken nicht eindeutig vorgenommen werden kann, da viele Risiken phasenübergreifend wirksam sind. Dies gilt beispielsweise für Länderrisiken, die ihr Gefährdungspotential durch den Abschluss einer Phase weder gewinnen noch verlieren[166]. Die Kategorisierung nach Risikoträgern ist ebenfalls unscharf, da etwa Banken im Rahmen der Projektfinanzierung auch bankenuntypische Risiken übernehmen. Zudem stellt diese Aufteilung bereits einen Vorgriff auf den Prozess der Risikobewertung und Risikoallokation dar[167].

Zweckmäßiger für die folgende Untersuchung dürfte es hingegen sein, die Risiken so einzuteilen, dass sie in Bezug auf ihre Inhalte und ihre Ursachen weitgehend überschneidungsfrei sind und auf die Möglichkeiten ihrer Beeinflussbarkeit durch die verschiedenen Projektbeteiligten abgestellt wird. Eine solche Gliederung ist sinnvoll, da sich in der Praxis unterschiedliche Maßnahmen herausgebildet haben, die die Risiken meist mit einem möglichst engen Bezug zu ihren Ursachen handhaben[168].

Daher wird im Folgenden unterschieden zwischen Risiken, die von der Projektgesellschaft oder anderen Projektbeteiligten kontrolliert werden können (projektendogene Risiken) und solchen Risiken, die außerhalb der Projektbeteiligten auf das Projekt einwirken (projektexogene Risiken). Eine Besonderheit von projektexogenen Risiken stellen Risiken dar, die von keiner der am Projekt beteiligten Parteien kontrolliert werden können, so genannte Force Majeure Risiken[169]. Eine Übersicht über die verschiedenen Risiken liefert Tabelle 15.

Diese Unterteilung erscheint auch wirtschaftlich zweckmäßig, da die Methodik der Projektfinanzierung wesentlich darin besteht, belastbare Verträge zwischen der Projektgesellschaft und zentralen Projektbeteiligten so zu strukturieren, dass die Projektbeteiligten einen Anreiz haben, den Projekterfolg zu fördern. Dies erfordert die vertragliche Einbindung von Projektbeteiligten mit dem Projekt, oder anders formuliert: Endogene Risiken sind aus Sicht der Projektgesellschaft besser beherrschbar als exogene Risiken.

165 M. Hupe 1995, S. 49; W. Schmitt 1989, S. 186.
166 H. Uekermann 1995, S. 29.
167 M. Hupe 1995, S. 49.
168 H. Uekermann 1993, S. 29 f..
169 P. Benoit 1996, S. 11.

Tabelle 15: Übersicht über endogene und exogene Risiken[170]

Endogene Risiken	Exogene Risiken
Fertigstellungsrisiko	Technisches Risiko im weiteren Sinne
Technisches Risiko im engeren Sinne Managementrisiko Absatzrisiko Betriebsrisiko Abandonrisiko	Ressourcenrisiko Zulieferrisiko Marktrisiko Vertragsrisiko Wechselkursrisiko Inflationsrisiko Zinsänderungsrisiko
Force Majeure	

Dabei entscheidet die Vertragsstruktur darüber, ob es sich um endogene oder exogene Risiken handelt: So überführt erst die vertragliche Verpflichtung des Abnehmers, Produkte der Projektgesellschaft zu einem bestimmten Preis, einer bestimmten Menge und Qualität abzunehmen, ein exogenes Marktrisiko in ein endogenes Absatzrisiko. In vielen Bereichen haben sich im Laufe der Zeit bestimmte Grundverteilungsregeln von Risiken etabliert. Da die Technik der Projektfinanzierung für bestimmte Bereiche der Erneuerbaren Energien - z.B. CSP-Kraftwerke - aber verhältnismäßig neu ist, haben sich bestimmte Grundregeln noch nicht trennscharf herausgebildet und zwingen zu neuen Diskussionen über eine angemessene Zuordnung von Chancen und Risiken.

Wir haben nunmehr die Basis gelegt, um den Risikomanagementprozess einer Projektfinanzierung in der Praxis darzustellen, kritisch zu würdigen und anhand eines Fallbeispiels auch Handlungsempfehlungen zu entwickeln. Im nächsten Schritt stellen wir ein Fallbeispiel vor, das im Anschluss hinsichtlich seiner Risikoaspekte und der Risikoquantifizierung untersucht wird und auch der Anknüpfungspunkt für Vorschläge zu einer Optimierung der Finanzierungsstruktur ist.

5.2. Vorstellung des zu untersuchenden Fallbeispiels

Wie bereits in der Einleitung und Zielsetzung zu dieser Arbeit formuliert, soll untersucht werden, ob und unter welchen Rahmenbedingungen CSP-Vorhaben als Projektfinanzierungen realisiert werden können.

Da die Ausprägung der Projektrisiken in großem Maße von dem jeweiligen Finanzierungsobjekt abhängt, soll ein Fallbeispiel aus der Praxis betrachtet und bewertet werden. Dabei wurde auf die öffentlich zugänglichen Daten des ANDA-

---

170 In Anlehnung an M. Gröhl 1990, S. 81.

SOL 3-Projekts zurückgegriffen, die allerdings hinsichtlich der Finanzierungsstruktur und bestimmter Projektannahmen wesentlich verändert wurde. Hintergrund ist, dass die Sponsoren das Vorhaben zunächst vollständig aus Eigenmitteln darstellen und erst nach einer gewissen Zeit eine Bankfinanzierung aufnehmen wollen. Weiter wollen wir darstellen, wie eine Bank das Vorhaben bewerten würde, wenn bereits vor Fertigstellung - und das ist der Regelfall - eine Projektfinanzierung angefragt worden wäre. Die wesentlichen Parameter des Projektes sind in der folgenden Tabelle 16 dargestellt:

Tabelle 16: Rahmendaten eines Solarthermie-Projekts in Spanien

Projektname:	Solar BERENGAR [171]
Projektstandort:	Südliches Spanien
Technologie:	Parabolrinne mit Thermoöl-Verfahren
Gesamtinvestitionsvolumen:	EUR 368.300.000,--
Fremdkapitalvolumen:	EUR 276.000.000,--
Eigenkapitalvolumen:	EUR 92.300.000,--
Finanzierungsstruktur:	Rückzahlung der Projektfinanzierungsdarlehen über 20 Jahre mit linearem Tilgungsverlauf (Ratendarlehen) bei drei tilgungsfreien Jahren.
Summe der Betriebskosten p.a.:	EUR 9.810.000,--
Inbetriebnahmezeitpunkt:	01.07.2011
Nennleistung:	49,9 MW
Jahresenergieproduktion:	165,4 GWh
Einspeisetarif:	Anfänglich 27,12 € Cent/kWh für die ersten 25 Jahre Projektbetrieb; der Tarif wird jährlich in Abhängigkeit zur Inflation in Spanien angepasst, in den Cashflow-Berechnungen wird eine prognostizierte Inflationierung des Tarifs von 2 % jährlich berücksichtigt. Die variable Strompreiskomponente ist dabei noch nicht berücksichtigt[172].
Projektbeteiligte:	Zwei Sponsoren als Projektentwickler und Eigenkapitalgeber (DINGUS und MALLARD); Spanische Projektgesellschaft als Eigentümer der Projektanlage, Auftraggeber für die Projektverträge und Darlehensnehmerin der Projektfinanzierungskredite; Finanzierendes Bankenkonsortium; Generalunternehmer als Lieferant einer schlüsselfertigen Projektanlage; Betreibergesellschaft für den technischen und kaufmännischen Betrieb der Projektanlage; Energieversorgungsunternehmer als gesetzlich verpflichteter Abnehmer des erzeugten Stroms; Weitere Beteiligte wie Versicherungen, Gutachter usw.

171 Das Beispiel bildet - bis auf eine Ausnahme - das Andasol 3-Projekt ab (siehe hierzu den Fondsprospekt, der unter folgender Adresse abgerufen werden kann: www.solar millenium.de/upload/Fonds_2009/Emissions-prospekt_Fonds_AS3.pdf). Die Ausnahme bezieht sich auf die Finanzierungsstruktur, die zwar hypothetisch ist, aber eine realistische Bankenlösung für eine Projektfinanzierung darstellen könnte. Dieses Vorgehen wurde gewählt, da die bei dem realen Vorhaben Andasol 3 gewählte Vorgehensweise einer Umfinanzierung der Finanzierung nach Inbetriebnahme für eine Projektfinanzierung eher die Ausnahme ist, da regelmäßig Fertigstellungs- und Betriebsphase aus einer Hand finanziert werden. Entsprechend wurde der Namen des Vorhabens abgeändert, der ebenso fiktiv ist wie die Namen der Projektbeteiligten.

172 Die Regelungen des spanischen Systems für Solarthermie-Vorhaben haben wir in Kapitel 5.3.5 dargestellt. Das hier verwandte Modell bildet die Wahlmöglichkeit für den niedrigeren Festpreistarif ab, allerdings ohne die zusätzliche Strompreiskomponente. Dieses Vorgehen ist allerdings nur leicht vorsichtiger als die Wahl eines alleinigen Festpreissystems ohne variable Strompreiskomponente. Da es bei der Diskussion des Beispielsfalls um eine eher grundsätzliche Darstellung der verschiedenen Einflussgrößen auf das Projektergebnis geht, halten wir dieses Vorgehen für sachgerecht.

Auf Basis dieser Daten wurde ein erstes Cashflow-Modell erstellt. Dieses Modell mit der Bezeichnung „Sponsors-Case“ stellt zunächst die Ausgangsbasis für die Analyse einzelner Projektrisiken dar, bevor es später im Rahmen der Risikoquantifizierung unter Berücksichtigung sämtlicher zu bewertenden Risiken zur Entwicklung einer geeigneten und tragfähigen Projektfinanzierungsstruktur dient.

Bei den im Folgenden dargestellten Risiken und dem zugehörigen Risikomanagement handelt es sich um Aspekte, die bei anderen Projekten auffällig geworden sind. Es mag durchaus ökonomisch sein, weniger auffällige Risiken auch mit weniger Aufmerksamkeit zu bedenken, gleichwohl zeigt die Erfahrung, dass häufig nicht die offensichtlichen Risikoaspekte zu Problemen führen. In jedem Fall ist es sinnvoll, sich die ökonomischen Beweggründe der Projektbeteiligten, die wir eingangs behandelt haben, sehr genau vor Augen zu führen. Bei der Betrachtung der Einzelrisiken wollen wir mit einem zentralen Risiko jeder Projektfinanzierung beginnen, dem Fertigstellungsrisiko.

5.3. Analyse und Bewertung der Einzelrisiken bei einem Solarthermie-Projekt

5.3.1. Fertigstellungsrisiko: Die Bedeutung des Generalunternehmers

Der folgende Abschnitt 5.3.1 ist aus meiner Publikation „Projektfinanzierung“ (dort das Kapitel 3.3.1) entnommen, wobei die Aspekte, die Bezug auf CSP-Vorhaben nehmen, neu hinzu gekommen sind[173].

Das Fertigstellungsrisiko beinhaltet alle Risiken und die daraus folgenden Verluste, die realisiert werden, wenn die Projektanlage nicht mit vertragsgerechter Leistung, verzögert, zu höheren Kosten oder gar nicht fertig gestellt wird. Damit umfasst dieser Begriff die gesamte Komplexität der Erstellung einer Projektanlage, wie die Bodenbeschaffung, Emissionswerte, politische Unruhen oder eine Bauzeitüberschreitung. Alle genannten Risiken können für die Werthaltigkeit des Projekts gravierend sein. Zur Betrachtung der Ursachen und Folgen können vier Fälle unterschieden werden[174]:

- Fertigstellung mit nicht vertragsgerechter Leistung: Die geplante Kapazität der Anlage wird nur zum Teil erreicht, so dass sich der Produktoutput und damit die geplanten Einzahlungen und der Cashflow verringern.
- Verspätete Fertigstellung: Das geplante Leistungsniveau der Anlage wird erst zu einem späteren Termin erbracht. Ursachen können Fehlplanungen, man-

173 J. Böttcher; P. Blattner 2006, S. 47-54.
174 J. Böttcher 2009, S. 73 ff..

gelnde Ausführungen, fehlende Expertise oder Erfahrungen des Generalunternehmers sein. Konsequenz ist, dass die Einzahlungen in der Betriebsphase erst später generiert werden und möglicherweise der Zins- und Tilgungsplan nicht eingehalten werden kann. Es entstehen Kosten während der Fertigstellungsphase (z.B. Lohn- und Gehaltskosten), die zusätzlich finanziert werden müssen.

- Fertigstellung zu höheren Kosten: Das geplante Leistungsniveau des Projekts wird zwar erreicht, aber nur unter Inkaufnahme höherer Kosten. Ursachen hierfür können eine verzögerte Fertigstellung, Änderungen in der Technik oder Veränderungen bei den gesetzlichen Rahmenbedingungen sein. Es ergibt sich ein erhöhter Finanzierungsbedarf, der wiederum erhöhte Projektauszahlungen entweder für die Rückzahlung zusätzlich bereitgestellten Fremdkapitals oder für die spätere Rückführung des eingesetzten Eigenkapitals bewirkt.
- Nicht-Fertigstellung: Bei der Nicht-Fertigstellung der Anlage erbringt das Projekt gar keine Leistung: Entweder rechtfertigen die zu erwartenden Erlöse nicht die Kosten der Fertigstellung oder die Fertigstellung ist technisch nicht möglich. Folge ist, dass die Grundlage des Projekts wegfällt, kein Cashflow generiert wird und der Projektkredit nicht aus dem Projekt zurückgeführt werden kann. Infolge einer Nichtfertigstellung müssten die in der Projektgesellschaft vorhandenen Aktiva verwertet werden, wobei sich dies bei den meisten Projekten als problematisch erweisen könnte, da diese aufgrund ihrer Größe und Spezifität praktisch eine irreversible Investition darstellen. Darüber hinaus wird ein unfertiges Projekt kaum einen angemessenen Verkaufserlös erzielen, da potentielle Käufer z.B. bei technischen Unzulänglichkeiten von einem Kauf absehen würden. Ein neuer Investor würde sein Kaufangebot danach orientieren, welche zukünftigen Cashflows von dem Projekt erwirtschaftet werden können. An dieser Stelle wird nochmals deutlich, dass die eigentliche Sicherheit eines Projekts seine künftigen Cashflows sind. Bei Abbruch des Projekts läuft die fremd finanzierende Bank Gefahr, ihre bereits valutierten Darlehen nicht mehr getilgt zu bekommen.

Mit Ausnahme der Nichtfertigstellung sind die Folgen der verschiedenen Formen des Fertigstellungsrisikos ähnlich: Es entstehen entweder höhere Kosten oder auf der Einnahmenseite geringere oder verspätete Stromerlöse. Daraus resultiert ein verspäteter oder ein geringer als prognostizierter Cashflow, was sich in einem verschlechterten DSCR in der betroffenen Projektperiode äußert. Fällt der DSCR unter den Wert von 1,0, werden Restrukturierungsmaßnahmen zum Erhalt der geplanten Schuldendienstfähigkeit des Projekts erforderlich. Zuerst sind die Sponsoren gefordert, einen Beitrag zur Gesundung des Projekts zu leisten, wozu sie häufig - je nach Ausgestaltung der Verträge - entweder nicht mehr verpflichtet sind oder dies finanziell nicht mehr leisten können. Von Seiten der

Fremdkapitalgeber kommen eine Stundung oder Streckung der Zins- und Tilgungsleistungen in Frage, als ultima ratio auch eine Erhöhung des Fremdkapitalvolumens[175]. Dabei zeigt die Erfahrung, dass Restrukturierungsverhandlungen sehr zeitintensiv sind und auch ein zufrieden stellendes Ergebnis für alle Beteiligten nicht garantiert ist.

Üblicherweise sollte das Fertigstellungsrisiko bei Solarvorhaben regelmäßig gut zu handhaben sein. Allerdings sind die Besonderheiten Gelände, Errichtungsdauer und Regulierungssystem zu beachten:

- Komplexes Gelände: Zum einen ist die Installation der Anlagen deutlich schwieriger und langwieriger als in einfachem Gelände und wird damit tendenziell zu höheren Kosten bei der Bodenvorbereitung und Durchführung der Baumaßnahmen führen. Zum anderen ist an derartigen Standorten durch die Gutachter sehr genau zu prüfen, ob und inwieweit es zu einer Verschattung der Anlagen kommt. CSP-Vorhaben sind hinsichtlich der Bodenbeschaffenheiten anspruchsvoller als PV-Vorhaben und verlangen eine mehr oder weniger plane Fläche[176].
- Errichtungsdauer: Die Errichtungsdauer von Solarkraftwerken kann je nach Gelände und verwandter Technologie sehr unterschiedlich lang sein. Insbesondere solarthermische Kraftwerke weisen regelmäßig eine mehrjährige Bauzeit auf, was wesentlich auf das Teilgewerk des Kraftwerksblocks zurückzuführen ist.
- Geringere Einspeisevergütung: In einzelnen Regulierungssystemen wird ein Fördertarif nur für ein bestimmtes Kontingent von installierten Projekten gewährt, so dass sich auch hier ein Preisrisiko ergeben kann. Eine derartige Regelung besteht in Spanien für PV- und Solarthermievorhaben. Wie bereits dargestellt, haben Solarthermie-Kraftwerke eine häufig mehrjährige Bauzeit bis zu deren Fertigstellung und Inbetriebnahme. Da der Fördertarif von einem Projekt erst mit dessen Inbetriebnahme gesichert werden kann, besteht folg-

175 Wesentlich wird es auf den Einsatz der Sponsoren ankommen, der wiederum davon abhängt, ob und inwieweit diese ein Interesse an der Gesundung des Projektes haben. Eine Ausweitung von Fremdfinanzierungsmitteln inmitten der Schieflage ist eine wirkliche Ausnahme, da das Gefährdungspotential für den Zusatzkredit deutlich höher ist als bei der ursprünglichen Projekt-Bewertung. Bekannt geworden ist eine Reihe von Kraftwerksfinanzierungen im US-Markt, bei denen ENRON als Sponsor aufgetreten war und ein anteiliger Eigenmitteleinschuss zusammen mit Fremdmitteln vereinbart war. Als ENRON Konkurs anmelden musste, konnten bei den vor der Fertigstellung befindlichen Kraftwerken die restlich erforderlichen Eigenmittel nicht mehr dargestellt werden, so dass die Banken praktisch gezwungen waren, diese entstandene Finanzierungslücke aufzufangen, um die jeweiligen Kraftwerke fertig zu stellen, damit diese auch Cashflow generieren konnten.

176 Mündliche Auskunft von Tobias Grimm, Munich Re vom 09.11.2010.

lich bis zu diesem Zeitpunkt das Risiko, dass in der Zwischenzeit andere Projekte installiert werden, die das Kontingent ausschöpfen. Insbesondere für Solarthermie-Vorhaben, die eine meist mehrjährige Fertigstellungsphase haben, bedeutet dies ein erhebliches Investitionshindernis, da die für die Wirtschaftlichkeit des Vorhabens notwendige Tarifsicherheit nicht gegeben ist.

Die genannten Risiken können erhebliche Auswirkungen auf ein Projekt haben und im schlimmsten Fall den wirtschaftlichen Betrieb unmöglich machen und somit zum Abbruch des Projekts führen. Da die Banken eine Projektfinanzierung nur bei ausreichend hohem und stabilem Projekt-Cashflow gewähren werden, verlangen sie bei Identifizierung eines solchen Preisrisikos in der Regel eine umfangreiche Haftung eines der Projektbeteiligten, der für den ggf. entstehenden Schaden aufkommen muss. Im spanischen System sind im Jahr 2008 Vorhaben realisiert worden, bei denen im Generalunternehmervertrag verabredet wurde, welches Entgelt der Generalunternehmer in einer Spanne zwischen 31 € Cent/kWh und 45 € Cent/kWh erhält, je nachdem, ob er es schafft, die Vorhaben noch unter dem alten Regime oder dem neuen Regime mit einem zu dem damaligem Zeitpunkt noch nicht bekannten Tarif zu realisieren. Dabei wurde das Entgelt so gewählt, dass die Belastbarkeit des Vorhabens aus Banksicht konstant war[177].

Die Folgen aus dem Eintritt von Fertigstellungsrisiken und die sich hierdurch ergebenden Auswirkungen auf ein konkretes Projekt werden nachfolgend exemplarisch anhand des Fallbeispiels Solar BERENGAR untersucht. Da die ökonomischen Auswirkungen der unterschiedlichen Fertigstellungsrisiken ähnlich sind, soll dabei exemplarisch der Fall einer Fertigstellung mit unterstellten erhöhten

177 Aus diesem Beispiel lassen sich eine Reihe von interessanten Fragen ableiten, die aber an dieser Stelle nicht weiter vertieft werden sollen: 1. Offensichtlich scheint es für einen Anlagenlieferanten, der in diesen Fällen ebenfalls als Generalunternehmer auftritt, immer noch attraktiv zu sein, einen wesentlich reduzierten Generalunternehmerpreis zu realisieren, was wiederum Rückschlüsse auf die Gewinnmargen im spanischen Markt zumindest bis zum Herbst 2008 zulässt. 2. Was passiert, wenn das Kontingent in einem Jahr ausgeschöpft ist? Werden diese Vorhaben dann auf das nächste Jahr vorgetragen, so dass dann das Kontingent des Folgejahres ebenfalls keine klar greifbare Größe mehr ist? 3. Und schließlich: Wie ist eine Garantie zu bewerten, in der der Generalunternehmer (gleichzeitig Anlagenlieferant) im Jahr 2009 einen bestimmten Tarif des Jahres 2010 garantiert? Hier ist zu berücksichtigen, dass es zum Zeitpunkt seiner vertraglichen Verpflichtung noch unklar ist, ob und inwieweit das Projekt dann für einen bestimmten Tarif berechtigt ist oder nicht. Sollte es gar nicht berechtigt sein, müsste der Garant mindestens für die Darlehenslaufzeit für die entgangene Einspeisevergütung gut sein. Dies stellt das Konzept einer Projektfinanzierung praktisch auf den Kopf, da der Garant nicht eigene Risiken minimiert, sondern fast unkalkulierbare Risiken akzeptiert.

Investitionskosten analysiert und dargestellt werden. Dabei werden ausgehend von der Finanzierungsstruktur im Cashflow-Modell des Sponsors-Case (siehe Abbildung 26) lediglich die Investitionskosten der Projektanlage in diesem Modell verändert und die hieraus resultierenden Ergebnisse im Folgenden beschrieben.

Vorgenommene Änderung: Die Investitionskosten werden um 10 % von ursprünglich 368,3 M€ auf 405,13 M€ erhöht. Der zusätzliche Kapitalbedarf von 36,83 M€ zur Finanzierung dieses Kostenanstiegs wird vollständig durch die Banken in Form von Fremdkapital dargestellt.

Aus Bankensicht muss die Finanzierungsstruktur bei einer Projektfinanzierung unter Berücksichtigung sämtlicher Projektrisiken so ausgestaltet werden, dass über die gesamte Finanzierungslaufzeit stets die Fähigkeit des Projekts zur Leistung des Kapitaldienstes sichergestellt werden kann. Bevor die Auswirkungen der oben genannten Veränderungen am Cashflow-Modell dargestellt werden, soll hierfür eine der wichtigsten Kennzahlen bei Projektfinanzierungen vorgestellt werden, die die vorgenannte Kapitaldienst- oder Schuldendienstdeckungsfähigkeit zahlenmäßig messbar macht. Die so genannte „Debt-Service-Cover-Ratio“ (DSCR) beschreibt, wie oft der notwendige Kapitaldienst mit dem vorhandenen Cashflow vor Kapitaldienst „bezahlt“ werden kann[178].

Bei einem DSCR von 1,0 kann der Kapitaldienst gerade in voller Höhe geleistet werden; bei einem DSCR unter 1,0 kann der Kapitaldienst nicht vollständig erbracht werden. Bei DSCRs von über 1,0 wird der Kapitaldienst vollständig erbracht und es steht der verbleibende Cashflow für den Aufbau von Liquiditätsreserven (als Puffer für negative Planabweichungen) und Ausschüttungen an die Sponsoren zur Verfügung.

Der durch den Anstieg der Investitionskosten bedingte zusätzliche Fremdfinanzierungsbedarf erhöht den jährlich anfallenden Kapitaldienst, der von dem Projekt über den zu generierenden Cashflow zu bedienen ist. Da alle anderen Einflussfaktoren des Projekts unangetastet bleiben und somit insbesondere diesem erhöhten Kapitaldienst kein ebenfalls erhöhter Projekt-Cashflow gegenübersteht, sinkt die Kapitaldienstfähigkeit in Form des DSCR über die gesamte Finanzierungslaufzeit, wie es die nachfolgende Abbildung 26 veranschaulicht.

178 Aufgrund der herausragenden Bedeutung dieser Kennzahl gehen wir weiter unten (Kapitel 6.1) auf die verschiedenen Ausprägungen, den Aussagehalt und die Grenzen dieser Kennzahl ein.

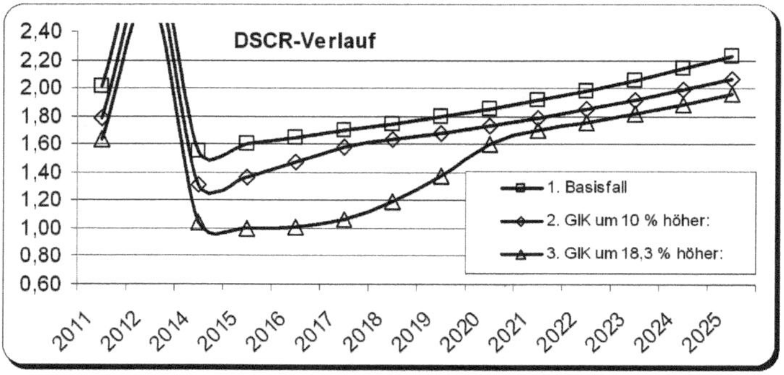

Abbildung 26: DSCR-Verlauf unter erhöhten Investitionskosten (e.D.)

	Min. DSCR	Ø DSCR	IRR
1. Basisfall	1,50	1,94	12,35%
2. GIK um 10 % höher:	1,30	1,77	10,10%
3. GIK um 18,3 % höher:	1,00	1,55	8,60%

Es zeigt sich, dass der DSCR durch die vorgenommenen Veränderungen durchgängig unterhalb der Ausgangslage im Sponsors-Case liegt. Bei dem betrachteten Fall eines Anstiegs der Investitionskosten um 10 % beträgt der DSCR im ersten Betriebsjahr nach der tilgungsfreien Zeit gerade 1,31 und steigt dann dauerhaft leicht an. Würden die Investitionskosten um mehr als 18,3 % steigen, könnte der Kapitaldienst unter der beschriebenen Finanzierungsstruktur nicht mehr vollständig bedient werden.

Die Differenz von 18,3 % bis zur Erreichung der Projektbelastbarkeitsgrenze aus Sicht des Sponsors-Case kann somit auch als dessen Sicherheitspuffer verstanden werden. Die Höhe dieses Puffers ist dabei schon als relativ hoch anzusehen. Im Falle der Finanzierung von CSP-Kraftwerken als einer noch relativ neuen Technologie sowie den langen Errichtungsphasen bis zu ihrer Fertigstellung, kann dieser Wert als durchaus nachvollziehbar bewertet werden, da hier eine Vielzahl von nicht kalkulier- und planbaren Problemen eintreten können.

Erkennbar ist, dass Fertigstellungsrisiken quantitativ eine erhebliche Bedeutung für die Wirtschaftlichkeit und Belastbarkeit eines Vorhabens haben können. Hinzu kommt der qualitative Sachverhalt des Risikoübergangs, der sich zum Fertigstellungszeitpunkt manifestiert. Insoweit ist es nicht verwunderlich, dass dem Umgang mit dem Fertigstellungsrisiko eine erhebliche Bedeutung zukommt und die Praxis verschiedene Wege gefunden hat, mit derartigen Risiken umzugehen, die dieses Risiko - in unterschiedlichem Umfang - Sponsoren, Kreditnehmer und Anlagenlieferanten zuweisen (Tabelle 17).

Tabelle 17: Verteilung von Fertigstellungsrisiken auf Sponsoren und Fremdkapitalgeber[179]

	Fertigstellungsgarantien	Nachschussverpflichtung
Gegenstand:	Die Sponsoren stehen solange für die Rückführung der Kredite ein, bis das Projekt fertiggestellt ist.	Werden die gepanten Kosten überschritten, verpflichten sich Sponsoren oder Kreditgeber, dem Projekt zusätzliches Eigenkapital oder Fremdkapital zur Verfügung zu stellen.
Umfang:	Der Umfang der Fertigstellungs-garantie kann sich auf den Gesamtbetrag der Projektkredite oder auch nur auf einen bestimmten Prozentsatz beziehen	1. **Completion Undertaking:** Die Sponsoren müssen so lange weiteres Kapital zuführen, bis die Fertigstellung erreicht ist. Ist diese Verpflichtung unbegrenzt, entspricht dies wirtschaftlich einer Fertigstellungsgarantie.
		2. **Pool-of-Funds-Vereinbarung**: Ökonomisch handelt es sich um eine betragsmäßig begrenzte Nachfinanzierungsverpflichtung der Sponsoren.

Eine erste Möglichkeit der Risikoallokation bei Kostenüberschreitungen ist die Vereinbarung von betragsmäßig begrenzten Nachfinanzierungspflichten mit den Sponsoren. Wird diese Nachfinanzierungspflicht durch eine Kreditlinie der Bank mit Rückgriffsrechten auf den Sponsor kombiniert, spricht man von dem Konzept des „*Pool-of-Funds*“. Durch einen solchen gemeinschaftlichen Reservefonds kann bereits im Vorfeld Vorsorge für einen zusätzlich auftretenden Finanzierungsbedarf getroffen werden[180].

Eine weitere Möglichkeit der Absicherung ist eine Fertigstellungsgarantie. Eine Fertigstellungsgarantie ist eine Verpflichtung, die in der Regel die Sponsoren zugunsten der Kreditgeber zur Sicherung deren Ansprüche abgeben. Abweichend vom Wortsinn sind die Sponsoren allerdings nicht zur tatsächlichen Durchführung des Projekts verpflichtet. Vielmehr verpflichten sich die Sponsoren, so lange für die Rückführung bzw. den Kapitaldienst der Projektkredite einzustehen, bis das Projekt fertig gestellt ist. Im Regelfall sind die Haftung für die Fertigstellung und die Entschädigungen bei Bauzeitenüberschreitungen auf einen Teil der gesamten Vertragssumme beschränkt[181].

Regelmäßig wird es im Interesse des Sponsors sein, einen Contractor als Generalunternehmer einzusetzen, der durch entsprechende Garantievereinbarungen das Fertigstellungsrisiko weitestgehend übernimmt[182]. Der Generalunternehmer verpflichtet sich, eine betriebsbereite Anlage zu einem Festpreis und einem festen Termin zu errichten, die eine bestimmte Produktionsleistung zu vorher festgelegten Kosten erbringen kann („turn-key-Vereinbarung“)[183]. Sollte sich die Fertigstellung verzögern, muss der Generalunternehmer im Rahmen dieser Garantievereinbarung Schadenersatz an den Sponsor leisten[184]. Des Weiteren wer-

179 J. Böttcher; P. Blattner 2006, S. 51.
180 A. Reuter; C. Wecker 1999, S. 63.
181 J. Böttcher; P. Blattner 2006, S. 51.
182 M. Schulte-Althoff 1992, S. 123.
183 E.C. Buljevich; Y.S. Park 1999, S. 101 f..
184 D. Tytko 1993, S. 56 ff..

den durch einen Generalunternehmer Schnittstellen- und Koordinationsprobleme praktisch vollständig auf ihn verlagert und die Wahrscheinlichkeit einer planmäßigen Fertigstellung steigt[185].

Eine Garantievereinbarung zwischen Sponsor und Contractor (Abbildung 27) ist sinnvoll, da der Sponsor ansonsten ein Risiko übernimmt, das er nur bedingt beeinflussen kann[186].

Abbildung 27: Garantievereinbarung[187]

Zwar übernimmt der Sponsor gegenüber den Fremdkapitalgebern regelmäßig eine Fertigstellungsgarantie, wird aber selbst durch eine Leistungsgarantie des Generalunternehmers abgesichert. Durch diese Risikoverteilung ergeben sich mehrere Vorteile. Zum einen wird der Generalunternehmer motiviert, den Zeit- und Kostenplan einzuhalten, um entsprechende Haftungsübernahmen zu verhindern, zum anderen ist das Projekt vor Schäden in der risikoreichen Fertigstellungsphase geschützt. Indirekt sichert sich somit auch die Bank dagegen ab, dass der Anlagenvertrag vom Contractor nicht vertragsgemäß erfüllt wird[188]. Fertigstellungsrisiken suchen Sponsoren und Fremdkapitalgeber vor allem durch die Auswahl kompetenter Anlagenlieferanten zu begegnen, mit denen Festpreise für die schlüsselfertige Übergabe zu einem bestimmten Datum vereinbart werden. Er muss in der Lage sein, aufgrund seiner technischen Kompetenz, organisatorischen Erfahrung und seines finanziellen Leistungsvermögens alle auftretenden Probleme durchzustehen[189].

185 J. Böttcher; P. Blattner 2006, S. 53.

186 H. Strunz; M. Dorsch 2009, S. 313.

187 J. Böttcher 2009, S. 76.

188 H. Werthschulte 2005, S. 85 f..

189 Handelt es sich um ein internationales Projekt, kommt es auch auf die Erfahrungen in dem betreffenden Land an. Auch kompetente Anlagenlieferanten können auf unvertrautem Terrain wegen unerwarteter kultureller, politischer, verwaltungsmäßiger, geologischer oder kultureller Bedingungen in Schwierigkeiten geraten. Gerade bei diesen Projekten müssen neben dem Preis die Leistungskraft, der Erfahrungsschatz und das finanzielle Stehvermögen eines Anlagenlieferanten den Ausschlag geben.

Wird ein Generalunternehmer eingesetzt und mit Lieferung einer schlüsselfertigen Anlage beauftragt, liegt das Fertigstellungsrisiko weitgehend bei ihm. Setzt die Projektgesellschaft jedoch mehrere Lieferanten ein und kombiniert deren Leistungen selbst, so bleiben die Aufgaben der Koordination und der Bewältigung der Schnittstellen in der Verantwortung der Projektgesellschaft als Auftraggeber. In diesem Fall werden die Fremdkapitalgeber Fertigstellungszusagen der Projekterrichter verlangen, die die in diesen Aufgaben liegenden Risiken abdecken. Wegen des sehr weit reichenden Umfangs einer Fertigstellungsgarantie einerseits und den bei der Projekterstellung häufig kaum zu überschaubaren Risiken andererseits werden häufig Regeln vereinbart, die die Verpflichtungen des Garanten beschränken. Im Regelfall der Limited-Recourse-Finanzierung wechselt die Risikoverteilung mit der Fertigstellung der Anlage: Waren bis dahin die Sponsoren oder der Anlagenbauer für die Fertigstellung verantwortlich, ist es im Anschluss nur noch das Projekt, das sich damit zu einer Non-Recourse-Projektfinanzierung wandelt[190]. Diese zeitliche Haftungsbeschränkung der Sponsoren ist der wesentliche ökonomische Grund für diese, eine Projektfinanzierung statt einer Unternehmensfinanzierung zu wählen. Da dieser Haftungswechsel für die Risikoallokation entscheidend ist, sollte große Sorgfalt darauf verwandt werden zu definieren, wann „Fertigstellung" erreicht ist[191]. Im Regelfall wird die Fertigstellung durch einen unabhängigen Gutachter festgestellt, der neben der Feststellung der physischen Errichtung auch bestimmte Leistungstests vornimmt.

Darüber hinaus können die Sponsoren und die Fremdkapitalgeber bereits im Vorfeld Vorsorge für einen etwaigen zusätzlichen Finanzierungsbedarf wegen

190 Für die Projektprüfung bedeutet dies: Die Fremdkapitalgeber müssen sich nicht nur über die Tragfähigkeit des Projektes aufgrund seines erwarteten Cashflow-Stroms in der Betriebsphase Gedanken machen, sondern sich mindestens bis zum Abschluss der Fertigstellungsphase in ihren Analysen auf die Bonität der Sponsoren konzentrieren. Die Bonität der anderen vertraglich verpflichteten Projektbeteiligten muss allerdings auch mit ihrer Bedeutung für das Projekt korrespondieren.

191 Der frühest mögliche Zeitpunkt ist die Errichtung der Anlage, also das Ende der Bau- und Montagearbeiten (physische Fertigstellung). Allerdings kommt es für den Wert einer Anlage auf deren Funktionstüchtigkeit an - Fertigstellung meint in diesem Zusammenhang den erfolgreichen Probelauf, bei dem bestimmte Leistungsparameter nachgewiesen werden müssen. Darüber hinaus kann eine gewisse Betriebszeit gefordert sein, in der stufenweise bestimmte Leistungsparameter nachgewiesen werden müssen. Am weitesten geht die Forderung, dass auch bestimmte Wirtschaftlichkeitskriterien des Anlagenbetriebs nachgewiesen werden (*Economic Test*). Sofern Parameter herangezogen werden, die nicht mit der Anlage selbst zusammenhängen (z.B. realisierte Nachfrage), verschiebt sich der Charakter einer Non-Recourse-Projektfinanzierung wieder in Richtung einer Unternehmensfinanzierung. J. Böttcher; P. Blattner 2006, S. 52.

Verzug oder Kostenüberschreitungen treffen, indem die Beteiligten Eigenmittel oder Kreditlinien bereitstellen, die bei Bedarf in Anspruch genommen werden können (Nachschuss- oder Nachfinanzierungsverpflichtung).

Als Zwischenergebnis sei angemerkt, dass die Sicherungswirkung von Fertigstellungsgarantien und Nachfinanzierungsverpflichtungen auch davon abhängt, ob die Sponsoren teilschuldnerisch oder gesamtschuldnerisch mit dem Generalunternehmer verpflichtet sind. Sind sie gesamtschuldnerisch verpflichtet, wird das Risiko geringer, dass eine vollständige Rückzahlung der Projektkredite nicht möglich ist, da die finanzierende Bank zwei Garanten zur Wahl hat, die sich ihr gegenüber verpflichtet haben. Soweit die Sponsoren Fertigstellungsrisiken übernehmen, setzen sie sich Risiken aus, die sie zumindest nicht wesentlich beeinflussen können. Aus Anreizsicht ist es da wesentlich konsequenter, wenn der Anlagenbauer das Fertigstellungsrisiko im Rahmen des Anlagenvertrages übernimmt, wobei es hierbei naturgemäß auf den Umfang seiner vertraglichen Verpflichtungen ankommt (siehe hierzu Kapitel 4.2 und die folgenden Kapitel).

Im Zusammenhang mit Projektfinanzierungen werden häufig Verträge abgeschlossen, die die schlüsselfertige Erstellung des Projekts zu einem Festpreis und einem bestimmten Termin vorsehen (*Turnkey lumpsum date certain*-Verträge)[192]. Die Aufgabe des Generalunternehmers besteht darin, das Vorhaben so zu gestalten, dass die geforderten technischen Spezifikationen des Vorhabens erfüllt werden, das Gesamtprojekt zu einem möglichst geringen Preis anzubieten und die technischen Voraussetzungen für einen wirtschaftlichen Betrieb nach den Planvorstellungen zu schaffen. Seine vertraglichen Pflichten gelten als erfüllt, wenn er bei der Errichtung bestimmte Termine einhält und die Anlage nach der Erstellung vertraglich fixierte Leistungsmerkmale aufweist. Mit Annahme des Anlagenliefervertrages (EPC-Vertrag; *Engineering* [Planung], *Procurement* [Lieferung], *Construction* [Errichtung]) übernimmt der Contractor im Rahmen verschiedener Verpflichtungen, z.B. Zeit- oder Festpreisgarantien, die Haftung für die verschiedenen Ausprägungen des Fertigstellungsrisikos. Vorteil eines derartigen EPC-Vertrages ist, dass Koordinations- oder Schnittstellenprobleme, die bei der Vielzahl von an der Anlagenerstellung beteiligten Parteien auftreten können, praktisch vollständig verlagert werden und eine planmäßige Fertigstellung mit höherer Wahrscheinlichkeit erreicht werden kann. Als Nachteil des Einsatzes eines Generalunternehmers wird häufig genannt, dass die Generalunternehmermarge, die auch ein Entgelt für die obige Risikoübernahme ist, als zu hoch angesehen wird[193].

---

192 C. Decker 2007, S. 41 f..

193 Allerdings sollte diese Generalunternehmermarge nicht zu hoch ausfallen, da der Generalunternehmer im Innenverhältnis mit seinen Sub-Unternehmern ebenfalls versuchen

Insgesamt wird man sehen müssen, dass direkte Haftungsübernahmen bei den Risikoträgern eine motivierende Wirkung auslösen, die darauf hinwirkt, Schaden vom Projekt fernzuhalten, um nicht aus der Haftungsübernahme in Anspruch genommen zu werden. Verstärkt werden kann dieser Anreiz durch Bonuszahlungen im Falle vorzeitiger Fertigstellung. Wie weiter oben (siehe Kapitel 4.3) dargestellt, ist es allerdings auch nicht sinnvoll, das gesamte Fertigstellungsrisiko auf eine Partei zu überwälzen. In der Tat findet sich eine vollumfängliche Haftung eines Generalunternehmers in der Praxis auch nur sehr selten.

Neben dem Konzept, einen Generalunternehmer mit der Realisierung eines Vorhabens zu betreuen, findet man in der Praxis häufig das Konzept eines *Multi-Contracting*, bei dem mehrere Unternehmen als Hersteller und Lieferanten von größeren Teilpaketen tätig sind. Regelmäßig wird hier eine Teilhaftung von jedem Unternehmen für seinen Vertragsteil gefordert. Im Rahmen eines Multi-Contracting hat die Projektgesellschaft als Auftraggeber im Regelfall eine größere Gruppe von Lieferanten zur Auswahl, so dass sich neben Preis- und Qualitätsvorteilen auch eine Streuung des Insolvenzrisikos ergibt. Andererseits ergeben sich Risiken an den Schnittstellen zwischen den Leistungen der verschiedenen Lieferanten. Dabei ist zu unterscheiden, dass nicht nur die Lieferung der unterschiedlichen Teile des Projekts ins Gewicht fällt, sondern dass sich im Prozess der Lieferung der einzelnen Teilkomponenten unterschiedliche Schnittstellenrisiken hinsichtlich der Herstellung, des Transports und der Montage ergeben. Ein Schnittstellenrisiko kann zwar theoretisch ausgeschlossen werden, allerdings muss im Einzelfall nachgewiesen werden, durch wessen Schlechtleistung das Problem verursacht wurde. Gerade in diesen Fällen muss in der Projektstruktur auf einfache und klare Schnittstellen Wert gelegt werden[194]. Aus den Schnittstellenrisiken ergeben sich besondere Anforderungen an das diesbezügliche Versicherungskonzept (siehe hierzu Kapitel 6.4).

Da eine Haftung der Sponsoren während der Fertigstellung regelmäßig nicht vollständig im Sinne einer kompletten Abdeckung der Darlehen ausfällt und - wie oben beschrieben - auch nicht ausfallen sollte, muss auch die in der Literatur beschriebene Beschreibung einer typischen Projektfinanzierung präzisiert werden: Eine Limited-Recourse-Finanzierung verbindet damit eine Phase eines beschränkten Rückgriffs auf die Sponsoren mit einer Phase ohne Rückgriff auf die Sponsoren (siehe Kapitel 6.4).

---

wird, für deren Leistungsanteile entsprechende Garantien zu erhalten, die sein Risiko entsprechend minimieren sollten. Verschiedene Überlegungen zu einer ökonomisch angemessenen Dimensionierung der GU-Marge haben wir in Kapitel 4.3 vorgenommen.

194 C. Pauli 2008, S. 129.

Mit Blick auf ausbleibende Erlöse aus dem Stromabsatz infolge einer verspäteten Fertigstellung ist der Abschluss einer so genannten *Delay-in-start-up-* und *Advance-Loss-of-Profit*-Versicherung von Bedeutung. Bis zum erfolgreichen Abschluss des Probebetriebes trägt diese Versicherung Schäden, die aus einer verspäteten Inbetriebnahme resultieren. Der Deckungsumfang dieser Versicherung beinhaltet die jährlichen Fixkosten und damit auch den Schuldendienst. Für die Zeit des Selbstbehalts müssen dann die vom Generalunternehmer zu leistenden Pönalen die entstehenden Kostenmehrbelastungen kompensieren.

Für eine vollständige Sicherung des Cashflows gegen die verschiedenen Ausprägungsformen des Fertigstellungsrisikos müssten die Schadenersatzansprüche im Anlagenvertrag dergestalt sein, dass auch entsprechende Mindererlöse abgedeckt werden können. Die Gesamthaftung der an der Anlagenerrichtung beteiligten Parteien ist jedoch im Regelfall auf einen bestimmten Prozentsatz des Vertragspreises begrenzt. Eine Haftungsbegrenzung liegt insbesondere vor, wenn der Contractor nicht an der Projektgesellschaft beteiligt ist und lediglich ein Lieferinteresse besitzt.

In Abhängigkeit von der konkreten Vertragsausgestaltung wird das Fertigstellungsrisiko damit zu großen Teilen aus dem Projekt genommen und wandelt sich aus Kreditgebersicht in die Beurteilung des Bonitätsrisikos des Contractors, zum Teil auch in die der Versicherung[195]. Voraussetzung für diese Sichtweise ist, dass ein nicht vertragskonformes Verhalten durch eine Pönale sanktioniert wird. Der Sicherungswert abgegebener Garantien und gleichsam der von abgeschlossenen Versicherungen hängt zum einen von der Höhe vorgesehener Schadenersatzzahlungen bzw. Deckungsumfängen, zum anderen von der Bonität des Garanten oder auch der Versicherung ab.

Mit dem Fertigstellungsrisiko haben wir eines der wichtigsten Risiken innerhalb einer Projektfinanzierung behandelt: Materiell, da die Folgen eines schlagend gewordenen Fertigstellungsrisikos regelmäßig die Wirtschaftlichkeit des Projekts während der gesamten Projektlaufzeit eintrüben und juristisch, da mit erfolgreicher Fertigstellung die Enthaftung der Sponsoren erfolgt und damit für sie ganz wesentlich die ökonomische Basis einer Projektfinanzierung begründet. Materialisiert sich das Fertigstellungsrisiko in Form einer geringeren Projekt-Performance, gibt es eine Schnittmenge zum technologischen Risiko, das wir im folgenden Abschnitt betrachten werden.

195 H. Uekermann 1993, S. 54-63.

5.3.2. Technologisches Risiko - Bewährte Technik bei allen CSP-Technologien?

Der folgende Abschnitt 5.3.2 ist im allgemeinen Teil aus meiner Publikation „Projektfinanzierung“ (dort das Kapitel 3.3.1 Projektendogene Risiken - Funktionsrisiko) entnommen, wobei die Aspekte, die Bezug auf CSP-Vorhaben nehmen, neu hinzu gekommen sind[196].

Das technische Risiko tritt in zwei Ausprägungen auf: Das Funktionsrisiko (auch: technisches Risiko im engeren Sinne) umfasst das Risiko, dass die geplanten Produktquantitäten oder -qualitäten nicht erreicht werden[197]. Das technische Risiko im weiteren Sinne beinhaltet die Gefahr, dass sich infolge des technologischen Wandels die errichtete Projektanlage als unwirtschaftlich erweist, da im Zuge neuer Technologien ihre Produkte nicht mehr wettbewerbsfähig sind[198].

Die Bedeutung beider Teilaspekte ist unterschiedlich zu werten, je nachdem, ob und inwieweit ein Projekt sich in einem wettbewerblichen oder regulierten Umfeld befindet. In einem wettbewerblichen Umfeld führt eine relative Veralterung der Technologie zu einer Verschlechterung der relativen Kostenposition gegenüber anderen, konkurrierenden Projekten oder Unternehmen. Einbußen hinsichtlich der Wettbewerbsfähigkeit sind bei solchen Projekten bedeutsam, die sich im Markt langfristig bei freien Preisen behaupten müssen. Weniger wichtig erscheint dieses Risiko hingegen bei Projekten, deren Absatzpreise in langfristigen Abnahmeverträgen so festgelegt wurden, dass damit die gesamten Kosten gedeckt werden können oder die, wie es häufig bei EE-Projekten der Fall ist, innerhalb eines staatlichen regulierten Festpreissystems von Wettbewerbseinflüssen abgeschirmt sind. Diese Frage ist aber jeweils auch davon abhängig, wie sich die Substitutionskonkurrenz zu anderen Energieträgern darstellt. Damit ergibt sich eine Unterscheidung in Märkte mit eher niedrigen Energiekosten, bei denen die Erneuerbaren Energien ein reguliertes Umfeld benötigen und Märkte mit ausgeprägter Energieknappheit und relativ hohen Kosten, bei denen eine weitgehende Branchenregulierung für Erneuerbare Energien nur mit einer geringeren Eingriffsintensität notwendig ist[199].

Wenn die Projektprodukte auf dem Markt infolge des Einsatzes neuer Technologien durch andere Anbieter nicht bestehen können, wird sich dies in einem

196 J. Böttcher; P. Blattner 2006, S. 57-66.

197 A. Przybilla 2008, S. 93.

198 M. Hupe 1995, S. 51; K.-U. Höpfner 1995, S. 193.

199 Die mit dem Rechts- und Regulierungsumfeld verknüpften Aspekte betrachten wir in Kapitel 5.3.5.

Absatz- und/ oder Preisrückgang bemerkbar machen und in niedrigeren Erlösen münden, so dass auch die Rückführung der Fremdmittel gefährdet sein kann[200]. Insofern ergibt sich hier ein Spannungsfeld, da der Einsatz älterer erprobter Technik, der zur Reduktion des technischen Risikos im engeren Sinne beiträgt, unter Umständen die Gefahr des Auftretens des technischen Risikos i.w.S. mit sich bringt[201], weswegen möglichst neue, aber dennoch bereits bewährte Anlagen bei einer Projektfinanzierung eingesetzt werden sollten.

Wie bereits in Kapitel 2.1 dargelegt, werden CSP-Kraftwerke derzeit regelmäßig in Märkten mit verhältnismäßig niedrigen Energiekosten realisiert, so dass sie eines regulierten und staatlich geschützten Fördersystems bedürfen, um wirtschaftlich erfolgreich betrieben werden zu können. Bei diesen Fördersystemen ist es regelmäßig so, dass einmal unter ihnen errichtete Kraftwerksprojekte dauerhaft für die Laufzeit der Förderung von ihr profitieren. Somit ergeben sich in diesen Fördersystemen, wie es auch bei dem Fallbeispiel Solar BERENGAR in Spanien existiert, grundsätzlich keine Konkurrenz zwischen vergleichbaren Projekten und somit auch kein technisches Risiko im weiteren Sinne.

Da kommerzielle CSP-Kraftwerke bislang nur in regulierten und staatlich geschützten Fördersystemen für Erneuerbare Energien realisiert worden sind, ergibt sich hier allgemein wie auch in Bezug zum Fallbeispiel lediglich ein theoretisches Risiko, dass der Projektstaat gewährte Förderzusagen nachträglich ganz oder teilweise während der Projektlaufzeit einschränkt. Somit ist in diesem Zusammenhang die Verlässlichkeit des Projektstaates zu beurteilen. Entsprechende Überlegungen und Risikoinstrumente werden im Rahmen des noch darzustellenden Länderrisikos in Kapitel 5.3.8 behandelt, auf das an dieser Stelle verwiesen wird.

Das Funktionsrisiko umfasst das Risiko, dass die geplanten Produktquantitäten oder -qualitäten nicht erreicht werden, wofür vor allem der Einsatz nicht hinreichend erprobter Technologien und unausgereifter Produktionsverfahren ursächlich ist[202]. Das Risiko ist gravierend, hat es doch geringere Erlöse und somit einen geringeren Cashflow zur Folge, so dass die planmäßige Rückführung der Fremdmittel gefährdet ist[203]. Es gibt auch Gründe dafür, dass es selbst bei Einsatz von bewährter Technik zu einer eingeschränkten Durchführung des Projekts kommen kann:

200 A. Reuter; C. Wecker 1999, S. 62.
201 W. Schmitt 1989, S. 144.
202 W. Schmitt 1989, S. 143; M. Schulte-Althoff 1992, S. 117.
203 H. Uekermann 1993, S. 36 f..

- Regelmäßig werden Projektfinanzierungen im Zusammenhang mit Großanlagen durchgeführt. Hier besteht auch bei Verwendung erprobter Technik eine Vielzahl von Schnittstellen zwischen den verschiedenen Komponenten, die zu Problemen führen können.
- Auch bei bewährter Technik findet ein fortwährender Anpassungs- und Optimierungsprozess auf Seiten der Hersteller statt. Dies kann dazu führen, dass sich Schnittstellenanforderungen geringfügig ändern, ohne dass dies erkennbar sein muss. Bewährte Zusammenstellungen funktionieren dann plötzlich nicht mehr. Auch können sich vermeintlich verbesserte Komponenten als nicht konstant vorteilhaft oder verschleißanfällig erweisen.
- Selbst wenn die Produktionsanlagen zur Erstellung der jeweiligen Anlagentechnologie weltweit sehr ähnlichen Standards genügen, kann es aber schon einen Unterschied in der Anlagenqualität ausmachen, welche Qualität die Eingangsmaterialien haben und welche Erfahrungen die Anwender mit der Produktionstechnologie haben[204].

Das weitaus größere Funktionsrisiko ergibt sich aber bei der Verwendung neuer Technologien oder eines neuen Set-Ups bewährter Technologien. Da es sich dann bei dem Projekt um ein Pilotprojekt für die jeweilige Technologie handelt, liegen keine konkreten Erfahrungen und Referenzwerte vor. Das Risiko lässt sich also nur sehr schwer beurteilen. Der Projekterfolg ist aber von der Funktionsfähigkeit der Technologie abhängig. Damit kann für die meisten Projektpartner das Projektrisiko kaum mehr abgeschätzt werden.

In dieser Situation gilt der allgemeine Grundsatz: Projektfinanzierung ist nur für bewährte Technologien zulässig. Würde eine neue Technologie finanziert werden, würden sich die Kapitalgeber auf einen instabilen Cashflow einlassen, da die technische Performance letztlich nicht kalkulierbar ist[205]. Fremdkapitalgeber legen aber Wert auf vergleichbare und belastbare Referenzprojekte. Belastbar sind Referenzprojekte auch dann nur bedingt, wenn eine bewährte Technik in eine neue Anwendung gebracht wird. Bei nicht ausreichend erprobter Technik wird sich in der Regel auch weder der Anlagenlieferant noch ein Sponsor zur Übernahme des Funktionsrisikos bereitfinden. Anders liegen die Dinge, wenn eine Pilotanlage finanziert wird und Anlagenlieferant und Sponsor als diejenigen, die ein strategisches Interesse an der Entwicklung haben, das Risiko unter

---

204 P.K. Nevitt; F.J. Fabozzi 2000, S. 18.

205 Wenn bei einer Projektfinanzierung dennoch eine neue Technologie verwendet werden soll, so kann dies aus Bankensicht allenfalls im Rahmen einer konventionellen Unternehmensfinanzierung oder einer Full-Recourse-Projektfinanzierung erfolgen. S.M. Levy 1996, S. 23.

sich teilen und den finanzierenden Banken, im Rahmen einer Full-Recourse-Finanzierung, hinreichende Planungssicherheit vermitteln.

Andererseits soll auch keine veraltete Technologie verwandt werden, da ansonsten das Projekt Gefahr läuft, nicht mehr wettbewerbsfähig zu sein. Dies ist bei Projekten, die sich auf Märkten mit Marktpreisen behaupten müssen, von großer Bedeutung. Bei Projekten im Bereich Erneuerbare Energien, die - u.a. in Deutschland, Spanien und Frankreich - von festen Abnahmepreisen über einen verhältnismäßig langen Zeitraum profitieren, sollte dieser Aspekt zunächst nur eine untergeordnete Bedeutung haben. Allerdings kann das Projektumfeld, insbesondere das Regulierungssystem, auch den Einsatz neuer Technologien fördern und - zumindest aus Investorensicht - auch erfordern. Ein Beispiel ist das Erneuerbare-Energien-Gesetz (EEG), das es u.a. ermöglichen sollte, einerseits den Einsatz von Photovoltaik-Vorhaben kommerziell zu ermöglichen und andererseits einen hinreichenden Anreiz für die technologische Weiterentwicklung zu geben. Erreicht wird dies dadurch, dass zum einen der Vergütungssatz so gewählt wird, dass ein wirtschaftliches Arbeiten möglich ist, und zum anderen der Vergütungssatz für neu installierte Vorhaben jährlich abgesenkt wird.

Sollen im Rahmen einer Projektfinanzierung auch neue Technologien zum Einsatz kommen, sind die sich daraus ergebenden Risiken von anderen Projektpartnern gegenüber den Fremdkapitalgebern abzudecken. Je komplexer und je weniger erprobt die Technik ist, die in einem Projekt zur Anwendung kommt, desto umfangreicher muss die Absicherung der Fremdkapitalgeber gegen die sich daraus ergebenden Risiken ausfallen[206].

Die Diskussion zwischen dem Verbot, nicht bewährte Technik einzusetzen und dem Gebot, keine veraltete Technik zu verwenden, zeigt ein Spannungsfeld auf, das die Projektbeteiligten von Projekt zu Projekt neu diskutieren müssen, insbesondere in den Bereichen, die sich durch einen erheblichen technischen Fortschritt auszeichnen oder die die Methode der Projektfinanzierung neu für sich entdecken. In der Praxis erweist es sich häufig als schwer, diesen Spagat zu leisten.

Die intensive Betrachtung des technischen Risikos bei Erneuerbare-Energien-Vorhaben hängt insbesondere damit zusammen, dass der technische Fortschritt gerade in diesen Branchen erheblich ist, was zwar volkswirtschaftlich wünschenswert und politisch gewollt ist, andererseits aber die Anwendbarkeit einer Projektfinanzierung regelmäßig auf eine Probe stellt.

---

206 J. Delmon 2009, S. 144.

Die Frage, ob es sich um eine bewährte Technik handelt, lässt sich nicht immer trennscharf beantworten. Häufig handelt es sich um ein Kontinuum zwischen tatsächlich neuer Technik und langjähriger, bewährter Technik. Mangelnde Erfahrungen sind konträr zu der Anforderung eines stabilen Cashflows und engen die Anwendung von Projektfinanzierungen deutlich ein, erfordern sie doch eine weitgehende Einbindung der zentralen Projektbeteiligten. Oftmals gibt es folgende Argumentationshilfen: Der Einsatz „relativ neuer Technik" wird insoweit möglich, als zum einen Null-Serien durch den Hersteller getestet werden, um Verbesserungen zu ermöglichen und einen gewissen Track Record vorzuweisen. Andererseits handelt es sich um graduelle Weiterentwicklungen bewährter Technologie und zumeist nicht um ein vollständig neues Technik-Konzept[207].

Eine weitere Möglichkeit besteht darin, einen langfristigen Wartungsvertrag, etwa mit dem Hersteller der Anlagen, abzuschließen. In diesem Vertrag wird nicht nur die Wartung zu einem planbaren Betrag über die Dauer des Wartungsvertrags vereinbart, sondern es werden auch Mindestverfügbarkeiten der Anlage festgeschrieben. Dadurch wird das Risiko des vorzeitigen Verschleißes auf den Anlagenbetreiber übertragen. Allerdings kann eine vollständige Absicherung hier meistens nicht erreicht werden und wäre auch gar nicht sinnvoll[208]. Einerseits sind die Hersteller nicht immer bereit, Wartungsverträge über die gesamte Laufzeit abzuschließen. Andererseits werden Hersteller auch in diesen Verträgen ihre Haftung auf einen geringeren Betrag als das Projektvolumen begrenzen. Weiterhin werden die Hersteller regelmäßig einen ordnungsgemäßen Betrieb und die turnusmäßige Wartung gemäß einem Wartungspflichtenheft vorgeben. Bei Schäden kann das Projekt dann mit der Einrede des Herstellers konfrontiert werden, dass der Schaden nicht auf die Technik, sondern auf den unsachgemäßen Gebrauch der Technik zurückzuführen ist. Der Schaden wäre demnach gar nicht der Risikosphäre der Technik, sondern der Risikozone Betreiberrisiko zuzuordnen. Die Abgrenzung ist hier offensichtlich schwierig und ähnlich wie die Abgrenzung zwischen Funktions- und Fertigstellungsrisiko nicht immer gerichtsfest zu leisten.

207 Allerdings müssen die Kreditgeber gegenüber der Argumentation, es handele sich um eine Modifikation bewährter Technologie, vorsichtig sein. Gerade bei Projektfinanzierungen, die hierauf vertraut haben, haben sich teils erhebliche Probleme ergeben, sei es, weil das Zusammenwirken unterschiedlicher Anlagenkomponenten nicht funktioniert hat oder weil bestimmte Einsatzstoffe zum ersten Mal großindustriell bei einem Projekt eingesetzt worden sind.

208 Siehe hierzu unsere Ausführungen ab Kapitel 4.

Nach diesen allgemeinen Überlegungen zur Ausprägung des technischen Risikos wollen wir im Folgenden darstellen, wie sich das technische Risiko bei Solarthermie-Vorhaben äußert.

Das Funktionsrisiko bei Solarvorhaben muss das Gesamtprojekt in seinem langfristigen Zusammenspiel betrachten. Die Hauptkomponenten sind im Bereich der Solarthermie die Spiegelsysteme, die Nachführtechnik, die Turbinen- bzw. Kraftwerkstechnik, die Übertragungstechnik (Hochspannungsnetz) und ggf. noch das Speichermedium. Die Teilaspekte Betriebsanforderungen und Verfügbarkeit qualifizierter Mitarbeiter werden in Kapitel 5.3.3 betrachtet. Da sich bei den verschiedenen CSP-Technologien lediglich die Erzeugungseinheiten unterscheiden, während die Übertragungs- und Speichermedien identisch sind, stellen wir im Folgenden zunächst die verschiedenen Erzeugungstechnologien vor, bevor wir uns den weiteren Technikfragen zuwenden.

Konzentrierende solare Kraftwerkstechnologien: Im Unterschied zu Photovoltaikanlagen, die aus der Solarstrahlung unmittelbar elektrische Energie gewinnen, wird in konzentrierenden solarthermischen Kraftwerken die Strahlung zunächst konzentriert und in Wärme umgewandelt, bevor mittels Dampf- oder Heißgasprozessen Strom erzeugt werden kann. Konzentrierende solarthermische Anlagen nutzen das direkte Licht der Sonne, die dazu nicht verdeckt sein darf. Die Konzentration der Strahlungsenergie ist notwendig, weil die Leistungsdichte der Solarstrahlung von etwa 1.000 W/m^2 nicht ausreicht, um hohe Temperaturen auf einem Empfänger (*Receiver*) zu erzeugen. Konzentrationen finden in einer oder zwei Dimensionen statt. Eindimensionale Konzentrationen resultieren in einer Brennlinie (*Focus Line*), die bei optimalen Bedingungen einen Flächenkonzentrationsfaktor C von 212 aufweist. Zweidimensionale Konzentrationen führen zu Brennpunkten (*Focus Point*), die einen Faktor C von bis zu 45.000 erreichen können. In der Praxis sind die Werte geringer, da die reflektierenden Oberflächen nicht ideal eben sind und auch die einfallende Strahlung nicht ideal parallel ist[209].

Hier nicht betrachtet werden Aufwindkraftwerke, die zwar auch zu den solarthermischen Kraftwerken zählen, aber die Sonneneinstrahlung nicht konzentrieren. Sie nutzen den Kamineffekt warmer Luft und erzeugen Strom mittels Windkraftanlagen, die in dem Turm installiert sind[210].

Außer zur Stromerzeugung kann die mit konzentrierenden Anlagen erzeugte Wärme auch als industrielle Prozesswärme über eine Meerwasserentsalzungsanlage zur Trinkwassergewinnung oder über eine Absorptionskälteanlage zur sola-

209 K. Schallenberg 2009, S. 34 und I. Masakazu 2009, S. 16.
210 M. Kaltschmitt; W. Streicher; A. Wiese 2009, S. 635-640.

ren Kühlung genutzt werden. In Verbindung mit thermischen Speichern oder mit fossiler Zusatzfeuerung (z.B. als GuD-Hybrid-Kraftwerk) können solarthermische Kraftwerke auch mittel- und grundlastfähig im Tag- und Nachtbetrieb gefahren werden. Durch die Vielzahl solarer Kraftwerks-Technologien (Parabolrinnen, Turm, Dish-Stirling) erschließen sich verschiedenste Größenklassen von 10 kW bis 200 MW und breite Anwendungsbereiche (u.a. Inselsysteme und Kraft-Wärme-Kopplung)[211].

Nachfolgend sollen die heute bekannten und entwickelten CSP-Kraftwerkstechnologien in ihrer grundsätzlichen Funktionsweise dargestellt werden. Dabei wird die Untersuchung auf die Technologien beschränkt, die bereits ein fortgeschrittenes Entwicklungsstadium (d.h. Existenz von zumindest Prototypenanlagen) aufweisen und bei denen die Forschung davon ausgeht, dass diese Anlagentechnologien in Kraftwerksgröße realisiert und dauerhaft wirtschaftlich betrieben werden können. Zudem soll auch auf ihren jeweiligen Entwicklungsstand eingegangen werden, um die zuvor abgeleitete Fragestellung beantworten zu können, ob es sich bei der jeweils betrachteten und ggf. von einer Bank zu finanzierenden Technologie um eine bewährte Technik handelt oder ob die entwickelten theoretischen Annahmen erst noch in der Realität zu validieren sind, sich die betrachtete Technologie also erst im langjährigen Praxiseinsatz zu bewähren hat. Die Parabolrinnentechnologie wird etwas ausführlicher dargestellt, da diese die am weitesten entwickelte und - bei Anwendung des Thermoölverfahrens - am längsten erfolgreich erprobte aller CSP-Technologien darstellt.

Parabolrinnenkraftwerke

Die Entwicklungsgeschichte der Parabolrinnentechnologie begann bereits im 19. Jahrhundert. Um 1880 trieb der Amerikaner John Ericsson mit einer Parabolrinne eine Heißluftmaschine an. 1907 wurde in Deutschland von Wilhelm Meier und Adolf Remshardt ein Patent über eine Vorrichtung zur unmittelbaren Verwendung der Sonnenwärme zur Dampferzeugung in Parabolrinnenkollektoren angemeldet. Wie bei sämtlichen der hier vorzustellenden CSP-Technologien wurden die Forschungen auch bei der Parabolrinnentechnologie, ausgelöst durch die massiven Ölpreisanstiege während der Ölkrise Ende der 1970er bis Mitte der 1980er Jahre, derart intensiviert, dass es im Folgenden zur Realisierung von großen, auch dauerhaft und zum Teil bis zum heutigen Tage kommerziell genutzten Parabolrinnenkraftwerken in den USA kam. Damit nimmt die Parabolrinnentechnologie eine Sonderrolle unter den CSP-Technologien ein, da sie mit

211 G. Erdmann 2010, S. 18 ff..

Abstand über die umfangreichsten Erfahrungswerte aus einer Praxisanwendung verfügt[212].

Mit dem Absinken der Ölpreise Ende der 1980er Jahre verringerten sich auch wieder der Druck zur Weiterentwicklung der Parabolrinnentechnologie sowie die Notwendigkeit zur Errichtung weiterer Kraftwerkskapazitäten. Erst in den vergangenen Jahren hat das Interesse an dieser Technik aufgrund steigender Energiekosten wieder so stark zugenommen, dass neue und umfangreiche Kraftwerkskapazitäten geplant und aktuell auch gebaut werden. Hierauf wird noch an späterer Stelle näher eingegangen.

Die Abbildung 28 zeigt den schematischen Aufbau eines heutigen Parabolrinnenkraftwerks, wie es auch im Fallbeispiel errichtet wird.

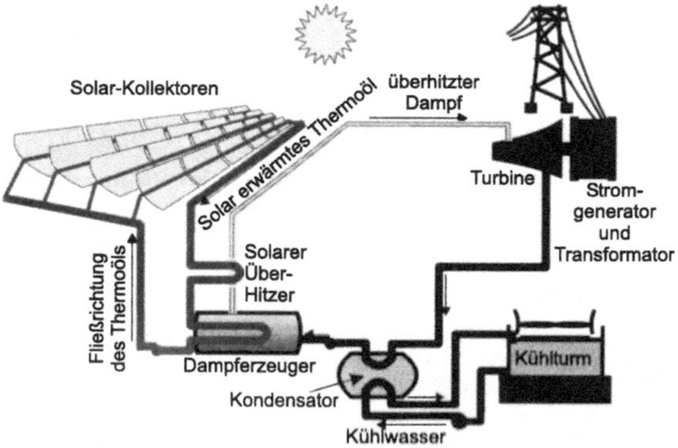

Abbildung 28: Schema eines Parabolrinnenkraftwerks[213]

Die Kollektoren bestehen aus langen parabolförmigen Spiegeln, die aufgrund ihrer Form die so genannten Solarrinnen bilden. In ihrer Brennlinie wird ein Rohr von einem Wärmeträgermedium (Wasser/Dampf oder synthetisches Öl) durchströmt. Die reflektierenden Kollektoren folgen mit Hilfe eines hydraulischen Systems dem Sonnenverlauf von Ost nach West, indem sie sich um eine horizontale Nord-Süd-Achse drehen und hierdurch immer einen 90°-Winkel zum Sonnenstand einnehmen. Das gesamte Solarkollektorensystem eines Parabolrinnenkraftwerks wird auch als „Solarfeld" bezeichnet. Es umfasst sämtliche installierte und miteinander verbundene Kollektoreinheiten, welche wiederum aus den Reflektoren (Spiegeln), den Absorberrohren, dem Trägergestell mit Antriebssystem und dem Nachführungs- und Steuerungssystem bestehen sowie

212 D.A. Beattie 1997, S. 225.

213 M. Mohr; P. Svoboda; H. Unger 1999, S. 4.

dem primären Kreislauf des Wärmeträgermediums (Thermoöl) in der Solarfeldverrohrung. Sämtliche weiteren Kraftwerkskomponenten werden zumeist zentral in der Mitte des sie umgebenden Solarfeldes angeordnet, um die notwendigen Vernetzungswege zu minimieren (siehe Abbildung 29), wodurch die Kosten gesenkt und die Effizienz des Kraftwerks erhöht werden kann.

Abbildung 29: Solarfeld mit zentraler Kraftwerkseinheit (Andasol I, Guadix)

Die Parabolrinnenkollektoreinheiten werden im Solarfeld so positioniert, dass die Kosten für die Verrohrung zur Durchleitung des Wärmeträgermediums (Thermoöl) zwischen den Einheiten an sich sowie zwischen Solarfeld und zentralem Kraftwerksbereich minimiert werden. Sämtliche Rohre sind mit einer effizienten Isolierung versehen, um Wärmeverluste zu minimieren. Zudem ist bei der Positionierung der Kollektoreinheiten darauf zu achten, die gegenseitige Abschattung möglichst gering zu halten[214].

Die mittels eines Steuersystems und der daran angeschlossenen Sonnensensoren nachgeführten Trägersysteme mit ihren nach der Sonne ausgerichteten Reflektoren nehmen die direkte Sonneneinstrahlung auf und reflektieren diese bedingt durch ihre Formgebung in ihrem Brennpunkt, wo das Absorberrohr angeordnet ist. Dieses besteht aus einem beschichteten Edelstahlrohr, das von einer Glashülle umgeben ist. Im dadurch entstehenden Raum befindet sich ein Vakuum. Die durch die konzentrierte Strahlung entstehende Wärme wird auf das durch das Absorberrohr geleitete Wärmeträgermedium übertragen und mittels Umwälzpumpen einem Dampferzeuger im Kraftwerksbereich zugeleitet. Das Wärmeträgermedium erreicht dabei Temperaturen von bis zu 390°Celsius[215]. Im Dampf-

214 M. Kaltschmitt; W. Streicher; A. Wiese 2009, S. 631-635.

215 Höhere Temperaturen sind mit den derzeitigen Thermoölen nicht erreichbar, weil ansonsten das Öl zersetzt wird und anschließend ausgetauscht werden muss. Dieses Cracken der Öle setzt bei etwa 420 Grad Celsius ein. K. Schallenberg 2009, S. 38.

erzeuger wird die Wärme mittels eines Wärmetauschers auf einen sekundären Kreislauf (Wasser bzw. Wasserdampf) übertragen. Das nach der Wärmeübertragung erkaltete Wärmeträgermedium wird sodann im primären Kreislauf erneut den Kollektoreinheiten zur Erhitzung zugeführt.

Als Wärmeträgermedium kommen insbesondere so genannte Thermoöle zum Einsatz, die aufgrund ihrer chemischen Verbindungen gute Wärmeaufnahme- und Wärmespeichereigenschaften besitzen. Die Verwendung von Thermoöl als Wärmeträgermedium bei CSP-Kraftwerken wird im Folgenden als Thermoölverfahren bezeichnet. Ein anderes Verfahren stellt die Direktverdampfung dar. Hier besitzt das Kraftwerk lediglich einen Kreislauf. Wasser wird direkt den Parabolkollektoren zugeführt und dort zu Wasserdampf erhitzt, welches direkt dem Antrieb der Turbine dient. Ein Wärmetauschprozess entfällt bei diesem Verfahren. Dieses Verfahren erfordert einige weitere Aufwendungen[216]:

- Die Rohrsysteme müssen für höhere Drücke beständig sein und sind damit schwerer.
- Da ein partieller Phasenwechsel von flüssig nach dampfförmig bei Durchlaufen des HCE (*Heat Converter Element*) eintreten wird, muss mit Zweiphasenströmungen und plötzlichem Phasenübergang gerechnet werden. Dabei ergeben sich ruckartige Lastwechsel, die auf die Verbindungselemente an den Enden der Rinne wirken und zum Abreißen der Rohre führen können[217].

Der Kraftwerksbereich an sich entspricht weitestgehend dem eines konventionellen Dampf-Kraftwerks, so dass die Komponenten nahezu identisch sind. Aufgrund der bei einem solarthermischen Kraftwerk auftretenden Wechselbelastungen (z.B. Leistungsabfall bei Wolkendurchzug) können jedoch zum Teil andere Anforderungen an die Qualität dieser Bauteile zu stellen sein. Im Dampferzeuger wird die mittels Wärmetauschern auf den sekundären Wasserkreislauf übertragene Wärme dazu genutzt, das Wasser zu verdampfen bzw. zu überhitzen. Mit diesem Dampf wird eine konventionelle Dampfturbine angetrieben, wobei die Dampfeintrittstemperatur an der Turbine bei bis zu 400° Celsius liegt. Bei der Turbine handelt es sich um eine so genannte Kondensationsturbine mit einem Hochdruck-Hochgeschwindigkeitsteil sowie einem durch ein Reduktionsgetriebe angeschlossenes Niederdruckteil. Der erzeugte Wasserdampf treibt dabei zunächst den Hochgeschwindigkeitsteil an, wird nach Austritt zwischenerhitzt und dann dem Niederdruckteil zugeführt. Es erfolgt somit eine Umwandlung der thermischen Energie in mechanische Energie. Dieser Turbinentyp gilt als hocheffizient und ist für einen zuverlässigen Betrieb von 30 Jahren mit tägli-

216 W. Vogel; H. Kalb 2010, S. 61.
217 K. Schallenberg 2009, S. 38.

chem An- und Abfahren ausgelegt. Der an die Turbine angeschlossene Stromgenerator wandelt in einem nächsten Schritt die mechanische Energie mit Hilfe elektromagnetischer Induktion in elektrische Energie um. Vereinfacht dargestellt handelt es sich hierbei um einen Elektromotor mit umgekehrter Wirkungsweise. Der Transformator wandelt die elektrische Energie so um, dass sie netzkonform in das Stromnetz des abnehmenden Energieversorgers eingespeist werden kann. Der Abdampf der Turbine wird über ein Kühlsystem (Nass- oder Trockenkühlung) wieder zu Wasser verflüssigt, das zurück zu den Wärmetauschern im Dampferzeuger gepumpt und dort erneut dem Erhitzungs- bzw. Verdampfungsprozess zugeführt wird. Der Kraftwerksbereich an sich entspricht weitestgehend dem eines konventionellen Dampfkraftwerks, so dass die Komponenten nahezu identisch sind. Technisch anspruchsvoll ist das Wärmeträgermedium, bei dem entweder das bewährte Thermoölverfahren oder das neue Verfahren der Direktverdampfung zum Einsatz kommt[218].

Aufgrund seiner Abhängigkeit von der Primärenergiequelle Sonne produziert ein solarthermisches Kraftwerk nur dann Strom, wenn gerade genügend direkte Sonneneinstrahlung zum Betrieb des Kraftwerks vorhanden ist. So kann grundsätzlich nur tagsüber und bei akzeptablen Wetterbedingungen (Sonnenschein mit möglichst geringem Wolkendurchzug) produziert werden. Um solarthermische Kraftwerke von diesen Einflussfaktoren unabhängiger zu machen, können thermische Speicher und/oder eine fossile Zusatzbefeuerung in den Kraftwerkskomplex integriert werden. Bei unsteten Wetterbedingungen (z.B. Wolkendurchzug) verhindert ein thermischer Speicher den direkten Temperaturabfall im Dampfkreislauf, der ohne einen Wärmepuffer zu einer kurzfristigen Abschaltung der Kraftwerksturbine führen würde, bis wieder genügend Temperatur im System aufgebaut ist. Der Speicher verstetigt somit den Kraftwerksbetrieb und schont dabei die Turbine, die bei jedem Anfahrvorgang am stärksten belastet wird[219]. Ein größer dimensionierter Speicher kann dazu genutzt werden, das Kraftwerk auch nach Sonnenunter- bzw. vor Sonnenaufgang weiter zu betreiben. Dies ist insbesondere dann interessant, wenn die Spitzennetzauslastung am Abend liegt und hier die Netzeinspeisung höher vergütet wird. Der Speicher erhöht somit die Auslastung des Kraftwerks und kann damit auch die Wirtschaftlichkeit des Projekts positiv beeinflussen. Zu berücksichtigen sind jedoch auch thermische Verluste bei der Speicherung, die abhängig von der Wahl des Speichermediums, der Speichergröße und den anlagenspezifischen Gegebenheiten variieren können und von technischen Gutachtern zu bewerten sind. Hinsichtlich der Wahl des geeigneten Speichermediums gibt es bei den bislang realisierten Parabolrin-

218 S.A. Kalogirou 2009, S. 138 f..
219 W. Vogel; H. Kalb 2010, S. 508.

nenkraftwerken mehrere unterschiedliche Ansätze. Im Allgemeinen ist es so, dass hier neben dem reinen Materialpreis auch eine Abwägung zwischen den Materialeigenschaften Wärmekapazität (nutzbarer Wert einer gespeicherten Kilowattstunde), Dichte (also Größe des benötigten Speicherbehälters) und Wärmeleitfähigkeit (Wärmeaustausch zwischen Arbeitsmedium und Speichermedium) getroffen werden muss. Bei den derzeit im spanischen Guadix im Bau befindlichen Projekten „Andasol 1" bis „Andasol 3" (jeweils 50 MW Leistung) kommen als thermische Wärmespeicher Flüssigsalztanks zum Einsatz. Für jeweils eines dieser Projekte umfasst ein solcher thermischer Speicher jeweils zwei Tanks mit zusammen 28.500 Tonnen Salz, die das Kraftwerk etwa 7,5 Stunden unter Volllast weiterbetreiben können. Eine Zusatzbefeuerung des Kraftwerks mit fossilen Brennstoffen kann sinnvoll sein, sofern diese im Rahmen umweltpolitischer oder anderer Regulierungsbedingungen ermöglicht wird. Hierdurch kann ein Kraftwerk praktisch 24 Stunden am Tag betrieben und somit die Deckung des Strombedarfs im Netz zu jeder Zeit gesichert werden. Je nach standortbedingten Umweltauflagen und Kosten für die benötigten Brennstoffe kann die Entscheidung jedoch auch zugunsten zusätzlicher thermischer Wärmespeicher ausfallen[220].

Wie eingangs in diesem Kapitel bereits angemerkt, nimmt die Parabolrinnentechnologie auf Basis des Thermoölverfahrens eine Sonderrolle unter den heute entwickelten CSP-Technologien ein, da sie die einzige Technologie darstellt, die bereits langfristige kommerzielle Referenzen aus ihrer Anwendung seit 1984 in den USA aufweisen kann. So wurden von 1984 bis 1991 insgesamt neun kommerzielle Solarkraftwerke (so genannte „SEGS" - *Solar Energy Generating Systems*) basierend auf dieser Parabolrinnentechnologie mit einer Gesamtleistung von 354 MW (jeweils zwischen 14 bis 80 MW Leistung groß) von dem US-amerikanischen Unternehmen LUZ INTERNATIONAL LIMITED in der Mojave-Wüste in Kalifornien errichtet und ins dortige Versorgungsnetz der SOUTHERN CALIFORNIA EDISON („SCE") integriert[221]. Die Stromerzeugungskosten liegen unter 15 USD Cent/kWh. Im Kraftwerksbetrieb werden elektrische Netto-Anlagenwirkungsgrade von 21 - 24 % erreicht. Diese Anlagen werden noch heute technisch erfolgreich betrieben.

Aufgrund steigender Energiekosten und attraktiver Förderbedingungen sind die solarthermischen Kraftwerkstechnologien in den letzten Jahren wieder verstärkt in den allgemeinen Fokus gerückt. Seit 2006 wurde an dem ersten kommerziellen Parabolrinnenkraftwerk Spaniens im andalusischen Guadix mit einer Leistung von 50 MW gebaut. Das Projekt mit der Bezeichnung „Andasol 1" wurde

---

220 M. Nicholson 2009, S. 104.

221 Standard & Poors 2009, S. 4.

von der deutschen Firma SOLAR MILLENNIUM geplant und entwickelt. Seit Oktober 2008 befindet sich das Projekt im Probebetrieb. Nach Abschluss dieser Testphase soll mit der Netzeinspeisung des erzeugten Stroms begonnen werden. Das Kraftwerk wird plangemäß etwa 180 GWh jährlich an Strom erzeugen, was dem jährlichen Energieverbrauch von etwa 200.000 Personen entspricht. Das Kraftwerk ist mit einem thermischen Salzspeicher ausgestattet. Die Investitionskosten belaufen sich auf etwa 300 M€. Es sind zwei Projekterweiterungen für diesen Standort mit jeweils 50 MW Leistung geplant. Seit Februar 2007 wird an der ersten Erweiterung „Andasol 2“ gebaut. Das Projekt weist die gleichen Spezifikationen wie „Andasol 1“ auf und hat Mitte 2009 den Testbetrieb aufgenommen. Am 27. Juni 2007 wurde in Nevada (USA) das Parabolrinnenkraftwerk „Nevada Solar One“ mit einer Leistung von 64 MW fertig gestellt und an das dortige Versorgungsnetz angeschlossen. Das Kraftwerk wird plangemäß etwa 134 GWh jährlich an Strom erzeugen. Die Investitionskosten beliefen sich auf ca. 266 MUSD. Seit August 2008 wird an der zweiten Andasol-Erweiterung „Andasol 3“ gebaut. Das Projekt weist die gleichen Spezifikationen wie die anderen beiden Bauabschnitte „Andasol 1“ und „Andasol 2“ auf und soll etwa Mitte 2011 fertig gestellt sein. Neben den hier dargestellten Projekten befinden sich derzeit weltweit sieben weitere auf Parabolrinnentechnologie basierende Projekte mit einer Gesamtleistung von 271 MW im Bau. Weitere ca. 35 Parabolrinnenkraftwerke mit einer Gesamtkapazität von etwa 2.800 MW werden derzeit weltweit geplant (hiervon allein 26 Projekte mit einer Leistung von etwa 1.300 MW in Spanien).

Die Performance und Zuverlässigkeit der sich bisher am längsten in Betrieb befindlichen SEGS-Anlagen war dabei bereits von Anfang an positiv und konnte über die Jahre durch Optimierungen weiter auf ein sehr hohes Niveau gesteigert werden[222]. Die Optimierungen betrafen insbesondere die Bauteile Receiver und Reflektorspiegel. Insbesondere der Austausch der Absorber gegen ein Modell mit einem höheren Wirkungsgrad sowie verringerten Ausfallzeiten führte zu einer höheren Gesamtperformance der Anlage. So hat die technische Verfügbarkeit der Kraftwerke SEGS III-VII (dies betrifft das Gesamtsystem vom Nachführungssystem über die Kollektorspiegel bis zum Receiversystem) seit 1997 stets bei über 98 % gelegen. Der Bruch der Reflektoren, die auch Wüstenstürmen standhalten müssen, hat dabei weniger als 1 % jährlich betragen. Sie sind, wie auch andere Kraftwerkskomponenten, im Rahmen der routinemäßigen Wartungsarbeiten laufend ersetzt worden. Die laufenden Wartungs- und Instandhaltungskosten konnten ebenfalls durch Optimierungen signifikant über die Betriebszeit gesenkt werden. In den frühen 1990er Jahren gab es aufgrund des Aus-

222 D.A. Beattie 1997, S. 222.

falls eines Lieferanten Probleme bei der Versorgung mit benötigten Ersatzteilen, was später durch neue Lieferanten aufgefangen werden konnte. Aufgrund der guten Anlagenverfügbarkeiten weisen beispielsweise die Kraftwerke SEGS III-VII in einer Betrachtung ab 1991 (nach Errichtung und Abschluss des Probebetriebs dieser Kraftwerke) eine sehr konstante jährliche Energieproduktion auf[223]. Aufgrund der positiven Langfristerfahrungen stellt die Parabolrinnentechnologie mit Thermoölverfahren somit für Investoren, wie auch für finanzierende Banken, die CSP-Technologie mit dem geringsten technischen Risiko dar und kann als technisch bewährt bezeichnet werden. Es ist davon auszugehen, dass diese Technologie auch über den Zeitraum einer Projektfinanzierung reibungslos funktionieren kann.

Die gegenüber den anderen CSP-Technologien höhere Technologiereife wirkt sich zudem positiv auf die Stromgestehungskosten aus, die durch hohe Anlagenverfügbarkeiten und Optimierung der Arbeitsprozesse sukzessive gesenkt werden konnten. Die Stromgestehungskosten geben an, welche Input-Kosten z.B. in Euro aufgebracht werden müssen, um eine Einheit Output (hier die erzeugte Elektrizität in kWh) zu erhalten. Gegenüber den später noch darzustellenden Solarturmkraftwerken und Paraboloidkraftwerken weist die Parabolrinne bereits heute geringere Stromgestehungskosten auf. Ein Vergleich der aktuellen sowie erwarteten Stromgestehungskosten von CSP-Technologien (mit Ausnahme der Fresnel-Kraftwerke) kann Abbildung 30 entnommen werden:

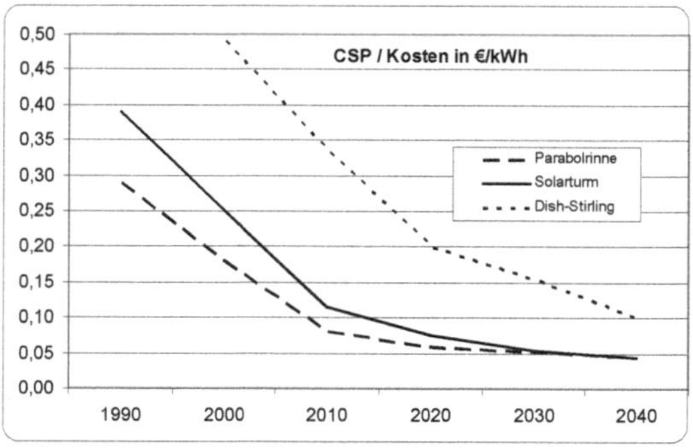

Abbildung 30: Erwartete Stromgestehungskosten von CSP-Kraftwerken in €/kWh[224]

Die aktuellen Stromgestehungskosten bei Parabolrinnenkraftwerken liegen zwischen 10 und 16 Cent je erzeugter kWh und somit immer noch deutlich über de-

223 S.A. Kalogirou 2009, S. 644.
224 BMU 2009, S. 81.

nen konventioneller Kraftwerke. Dies zeigt, dass auch hier weiterhin Forschung benötigt wird, um die Technologie wettbewerbsfähiger gegenüber konventionellen Kraftwerken zu machen. Generell gibt es hierfür drei Ansätze:

1. Senken der Investitionskosten,
2. Senken der Betriebskosten und
3. Erhöhung des Anlagenwirkungsgrades.

Zu 1. Senken der Investitionskosten:

Die Investitionskosten eines Parabolrinnenkraftwerks setzen sich wie folgt zusammen: ca. 30 % Kraftwerkseinheit, ca. 50 % Solarfeld und ca. 20 % für sonstige Aufwendungen (z.B. Land, Speicher, usw.). Das höchste Einsparungspotential liegt damit im Bereich des Solarfeldes und hier insbesondere in der Kollektorkonstruktion sowie der Spiegel- und Absorbertechnik, wobei eine Erhöhung der Anlagenwirkungsgrade durch Optimierung der Spiegel- und Absorbertechnik weitere Einsparpotentiale ermöglicht.

Durch eine Änderung des Anlagenaufbaus und dem Einführen des Direktverdampfungsverfahrens (die absorbierte Sonneneinstrahlung wird zur Aufheizung von Wasser und schließlich Erzeugung von Wasserdampf genutzt, welcher direkt die Turbine antreibt) können weitere Einsparungspotentiale gehoben werden, indem der gesamte Thermoölkreislauf mit seinen Wärmetauschern, Reservetanks, Pumpen usw. eingespart werden kann.

Nicht zuletzt und unabhängig von einer stetigen Weiterentwicklung der Technologie an sich, ist eine Kostenreduzierung auch durch ein höheres Auftragsvolumen für den Bau solcher Kraftwerke, sprich Massenfertigung, zu erwarten. Dies hatte sich auch schon bei den neun in den USA errichteten Kraftwerken gezeigt. Hier konnten die Investitionskosten durch größere Einheiten sowie einem effizienteren Einkauf der Komponenten beträchtlich gesenkt werden.

Zu 2. Senken der Betriebskosten:

Die Betriebskosten haben bei den Anlagen in den USA ca. 25 % der Stromgestehungskosten ausgemacht. Zur Senkung der Betriebskosten muss der laufende Betrieb einer Parabolrinnenkraftwerksanlage weiter automatisiert werden. Insbesondere die Personalkosten als ein großer Bestandteil der Betriebskosten können durch eine computergestützte Betriebssteuerung der Anlage gesenkt werden.

Zu 3. Erhöhung des Anlagenwirkungsgrades:

Der Gesamtwirkungsgrad eines Parabolrinnenkraftwerks ist abhängig von den optischen und thermischen Wirkungsgraden des Kollektors, dem thermischen

Wirkungsgrad der eingesetzten Wärmetauscher sowie dem thermischen Wirkungsgrad des Wasser-Dampf-Kreislaufs. Letzterer hat das größte Potential, um den Gesamtwirkungsgrad positiv zu beeinflussen. Um ihn zu erhöhen, muss die maximale Prozesstemperatur des Wasser-Dampf-Kreislaufs erhöht werden, wobei das Thermoöl hierbei chemisch an seine Grenzen stößt. Auch hier ist in dem Verfahren der Direktverdampfung eine lohnende Alternative zu sehen, da wesentlich höhere Solarfeld-Austrittstemperaturen möglich sind. Zudem werden mit der Reduzierung auf einen einzigen Wärmeträgerkreislauf bislang auftretende Wärmetauschverluste eliminiert sowie Kosten eines zusätzlichen Kreislaufs eingespart. Das Hauptproblem beim Einsatz der Direktverdampfung war in der Vergangenheit in der Festigkeit der Absorberrohre zu sehen, die bei diesem Verfahren Temperaturen von über 400° Celsius, Drücken von über 100 bar sowie aufgrund der unterschiedlichen Temperaturen von Wasser und Wasserdampf ggf. auftretende Materialspannungen standzuhalten haben. Neue Erkenntnisse konnten auf Grundlage von Tests auf einer Versuchsanlage im spanischen Almeria gewonnen werden, wonach auch unter diesen Bedingungen keine wesentlichen Beschädigungen an der Anlage festgestellt wurden. Da sich das Direktverdampfungsverfahren als Weiterentwicklung der Parabolrinnentechnologie noch in langfristigen Dauertests sowie ersten kommerziellen Anwendungen als technisch und wirtschaftlich erfolgreich er- und beweisen muss, basieren die derzeit im Bau befindlichen Kraftwerke alle noch auf dem Verfahren der ersten SEGS-Anlagen, bei denen die solare Einstrahlung ein Wärmeträgermedium (Thermoöl) erwärmt, welches über Wärmetauscher in einem weiteren Prozess Dampf zum Antrieb der Kraftwerksturbine erzeugt[225].

Zur Erhöhung der optischen und thermischen Wirkungsgrade bei den Kollektoren wird weiterhin intensiv an der Verbesserung der Absorbertechnologie (Optimierung der Beschichtung, Einführung eines Sekundär-Konzentrators, Optimierung der Antireflektionsschicht der Glashülle usw.) und den Reflektoren (Umstieg auf kostengünstigere und stärker reflektierende Materialien auf Kunststoffbasis) geforscht.

Fresnel-Kraftwerke

Bei Fresnelkraftwerken handelt es sich um die jüngste Entwicklung innerhalb der CSP-Technologien. Sie wurde in den frühen 1990er Jahren maßgeblich von David Mills an der Universität von Sydney entwickelt. Die Funktionsweise ähnelt dabei sehr stark der von Parabolrinnenkraftwerken. Maßgeblicher Unterschied ist jedoch, dass der Reflektor keine parabolische Form aufweist, sondern

225 M. Kaltschmitt; W. Streicher; A. Wiese 2007, S. 195-198.

aus einer Vielzahl einzelner gerader Spiegel besteht[226]. Zur Veranschaulichung hier das Bild einer auf dieser Technologie basierenden Versuchsanlage:

Abbildung 31: Fresnelkraftwerk[227]

Die in der Rahmenkonstruktion horizontal in Bodennähe aufgehängten einzelnen Spiegellamellen werden mittels eines Elektromotors einachsig dem Sonnenverlauf so nachgeführt, dass sie das von ihnen reflektierte Licht stets auf das im Brennpunkt sämtlicher Spiegel und somit in der Mitte der Anlage über ihnen befindliche Absorberrohr konzentrieren. Insgesamt kann das hier verwendete Nachführungssystem als wesentlich einfacher als das von Parabolrinnenkollektoren bezeichnet werden. Die Spiegel müssen aufgrund ihrer Abmessung und Anordnung zudem nur geringen Windbelastungen standhalten können. Die geschlossene Anordnung der Spiegel kommt mit einem Drittel der Fläche von Parabolrinnenkraftwerken aus. Zwar ist die Effizienz etwa ein Drittel geringer als bei der Parabolrinnentechnologie, gleichwohl verbleibt ein Netto-Vorteil beim Flächenverbrauch von 50 %[228].

Da die Lichtbündelung bei Fresnelkollektoren aufgrund der geraden Spiegel schwächer ist als bei Parabolrinnenkollektoren, kann über dem Absorberrohr zusätzlich ein Sekundärkonzentrator angebracht werden, der das Licht ein zweites Mal konzentriert. Der weitere Kraftwerksaufbau entspricht weitestgehend dem eines Parabolrinnenkraftwerks, so dass dieser hier nur verkürzt dargestellt werden soll. Grundsätzlich kommt bei Fresnelkraftwerken das Direktverdampfungsverfahren zur Anwendung. Alternativ kann auch hier ein anderer Stoff als Wärmeträgermedium (z.B. Thermoöl) verwendet werden, wobei dann auch ein entsprechend zusätzlicher Flüssigkeitskreislauf nebst Wärmetauschern zu integ-

226 Wuppertal Institut 2009, S. 13.

227 Deutsches Zentrum für Luft- und Raumfahrt (http://www.dlr.de/tt/Portaldata/41/resources). Fresnelkollektoranlage auf dem Versuchsgelände der PLATAFORMA SOLAR DE ALMERIA (PSA) in Almeria, Spanien.

228 Wuppertal Institut 2009, S. 13.

rieren ist. Fresnelkraftwerke können mit thermischen Speichern (jedoch nur im Falle von Verwendung eines Thermoöls als Wärmeträgermedium, da für das Direktverdampfungsverfahren derzeit kein adäquates Speichersystem bekannt ist) und/oder einer Zusatzbefeuerung ausgestattet werden, so dass Einstrahlungsabfälle überbrückt werden können und das Kraftwerk auch nach Sonnenunter- bzw. vor Sonnenaufgang betrieben werden kann. Der Wirkungsgrad von Fresnelkraftwerken liegt bei etwa 9 bis 13,5 %. Wesentlicher Vorteil der Fresnelkollektoren sind die zu erwartenden geringeren Investitionskosten gegenüber Parabolrinnen, da die geraden Spiegel wesentlich einfacher und somit kostengünstiger produziert werden können und auch die Kollektorstruktur wesentlich einfacher aufgebaut ist. Zudem wird erwartet, dass sich die Wartungs- und Instandhaltungsprozeduren einfacher und kostengünstiger gestalten lassen, da die Anlage in Bodennähe montiert und somit leicht zugänglich ist. Aus den vorgenannten Gründen heraus wird erwartet, dass die Fresneltechnologie sich als die derzeit nach Stromgestehungsgesichtspunkten kostengünstigste der CSP-Technologien erweist[229].

Die oben genannten Argumente für den Einsatz dieser Technologie müssen sich jedoch erst noch in der Realität als langfristig umsetzbar beweisen. Neben einem Fresnelprototypen mit einer Nennleistung von 0,36 MW zur Erzeugung von Wasserdampf in einem Kohlekraftwerk in Liddell, Australien, gibt es weltweit derzeit lediglich eine weitere Versuchs- sowie eine Pilotanlage dieser CSP-Technologie. Im Juli 2007 wurde auf dem Versuchsgelände der Plataforma Solar de Almeria (PSA) in Almeria, Spanien, eine Versuchsanlage mit einer Leistung von 1 MW errichtet. Der Fresnelkollektor dieser Anlage weist eine Länge von 100 Meter sowie eine Breite von 20 Meter auf. Ziel des Testbetriebs ist, Erkenntnisse darüber zu erlangen, ob die Fresneltechnologie eine wirtschaftliche Alternative zur Parabolrinnentechnologie darstellt. Im Oktober 2008 wurde vom US-amerikanischen Unternehmen AUSRA eine Pilotanlage des von ihr entwickelten Fresnelkraftwerksystems in Bakersfield, Kalifornien, errichtet. Die Anlage besitzt eine Leistung von etwa 5 MW. Gemeinsam mit dem kalifornischen Energieversorger PACIFIC GAS AND ELECTRIC COMPANY („PG&E“) plant AUSRA nach erfolgreichem Betrieb der Pilotanlage in Bakersfield die Errichtung eines 177 MW-Kraftwerks auf Basis dieser Technologie in Zentralkalifornien (Projekt „Carrizo Solar Farm“ in der Nähe von San Luis Obispo). Neben dieser Anlage befinden sich derzeit zwei weitere Fresnelkraftwerksprojekte in Planung: Ein Kraftwerk mit einer Leistung von 300 MW in Florida, welches vom dort ansässigen Energieversorger FLORIDA POWER & LIGHT initiiert wurde (ebenfalls beginnend mit einer Testanlage von 10 MW Leistung und späterem Ausbau auf

229 B. Moselle; J. Padilla; R. Schmalensee 2010, S.10 f..

300 MW, sofern die Tests erfolgreich verlaufen) und ein weiteres Projekt mit einer Leistung von 10 MW in Gotarrendura, Spanien (Projekt „GOTASOL"), welches gemeinsam von der deutschen SOLAR POWER GROUP GMBH und der spanischen LAER S.L. entwickelt wird.

Solarturmkraftwerke

Die Entwicklung von Solarturmkraftwerken (CRS - *Central Receiver System*) begann in den frühen sechziger Jahren des vergangenen Jahrhunderts. Einer der Pioniere auf diesem Gebiet war der Italiener GIOVANNI FRANCIAS, der in der Nähe von Genua eine erste Testanlage entwickeln und errichten konnte. Auch bei dieser CSP-Technologie kam durch den starken Ölpreisanstieg Ende der 1970er bis Mitte der 1980er Jahre eine erhebliche Dynamik, nach alternativen und erneuerbaren Energiequellen zu suchen. So wurden in dieser Zeit sieben Solarturmkraftwerke mit einer Leistung zwischen 500 kW und 10 MW in den USA, Spanien, Italien, Frankreich, Japan und Russland errichtet, getestet und in geringem Umfang auch kommerziell betrieben. Im März 2007 wurde im spanischen San Lucar la Mayor westlich von Sevilla mit dem Projekt PS10 („Planta Solar 10") das erste kommerziell betriebene Solarturmkraftwerk Europas mit einer elektrischen Kapazität von 10 MW_{el} eingeweiht. Abbildung 32 zeigt ein Bild der PS10-Anlage:

Abbildung 32: Solarturmkraftwerk bei Sevilla[230]

230 A. Wiese, K. Schallenberg 2011, S. 135.

Anhand der nachfolgenden schematischen Darstellung eines Solarturmkraftwerkaufbaus soll im Anschluss dessen grundsätzliche Funktionsweise beschrieben werden[231]:

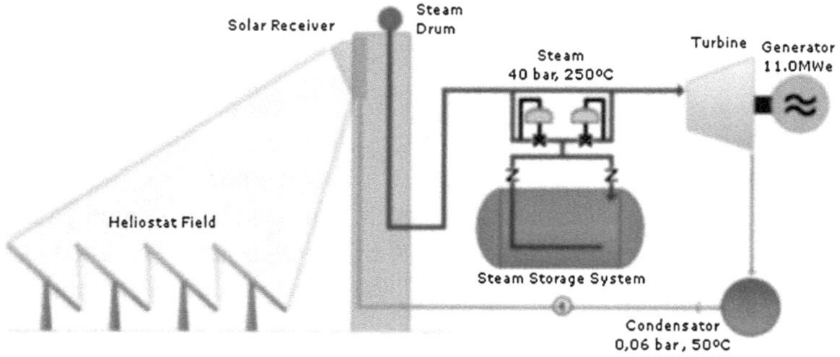

Abbildung 33: Schematischer Aufbau eines Solarturmkraftwerks

Quelle: Abengoa Solar (http://www.abengoasolar.com). Schema PS10-Anlage.

Die solare Einstrahlung wird über eine Vielzahl von so genannten Heliostaten (Spiegeln) reflektiert und auf einen Receiver an der Spitze des Turms konzentriert. Die einzelnen Heliostaten werden dabei mit Hilfe von Motoren zweiachsig dem Sonnenverlauf nachgeführt. Sämtliche Heliostaten bilden gemeinsam das so genannte Heliostatenfeld. Man unterscheidet Solarturmkraftwerke mit dem Konzept eines einseitigen Heliostatenfeldes und Solarturmkraftwerke, bei denen das Heliostatenfeld den Turm vollständig um 360° umläuft, sich der Turm also in der Mitte des Heliostatenfeldes befindet. Letzteres bedarf naturgemäß eines ebenfalls den Turm umlaufenden Receivers, damit aus jeder Himmelsrichtung die Einstrahlung auf den Receiver konzentriert werden kann. Der Receiver absorbiert die auf ihn konzentrierte Strahlung (es werden Temperaturen von bis zu 1.000°Celsius erreicht) und überträgt die entstehende Wärme auf ein Wärmeträgermedium (z.B. Natrium, Salzschmelzen, Luft oder wie im Falle bei PS10 Wasser bzw. Wasserdampf)[232]. Der weitere Kraftwerksaufbau entspricht weitestgehend dem eines Parabolrinnenkraftwerks, wie er bereits oben dargestellt wurde. Der erzeugte Wasserdampf der PS10-Anlage hat dabei eine Temperatur

231 Wuppertal Institut 2009, S. 14.

232 Der relativ große Temperaturabfall erklärt sich durch das Umwandlungsverfahren: Dabei wird Salz aus einem „kalten“ Salzspeicher (290°C) in die Turmspitze und von dort durch den Receiver gepumpt, wo es sich auf bis zu 570 C erwärmt. Das erwärmte Salz wird in den „heißen“ Tank überführt, bei Bedarf entnommen und durch einen Dampferzeuger geleitet, der dann eine Temperatur von etwa 250°C aufweist. Das abgekühlte Salz gelangt dann wieder in den „kalten“ Speicher. M. Kaltschmitt; W. Streicher; A. Wiese 2009, S. 618.

von etwa 260° Celsius und einen Druck von etwa 40 bar. In den Kraftwerksaufbau von Solarturmprojekten können thermische Speicher sowie auch eine fossile Zusatzbefeuerung integriert werden[233].

Wie zu Beginn dieses Kapitels bereits dargestellt, wurden Anfang bis Mitte der 1980er Jahre sieben Solarturmkraftwerke weltweit gebaut. Keine dieser Anlagen befindet sich jedoch heute mehr in dauerhaftem Betrieb. Einige von Ihnen wurden im Rahmen neuer Forschungsprojekte umgebaut. Hauptgrund für die Außerdienststellung war zumeist das Fehlen von Finanzmitteln, nachdem die Ölpreise ab Mitte der 80er Jahre wieder sanken. Einige der Anlagen sind heute Forschungszentren, an denen Neuentwicklungen wie z.B. neue Receivertypen getestet werden. Bei den vorgenannten Kraftwerken kann lediglich die „Solar One"-Anlage, mit einer Leistung von 10 MW die größte dieser sieben Anlagen, eine zumindest mittelfristige kommerzielle Nutzung aufweisen. Sie wurde 1982 in einer Kooperation aus amerikanischer Regierung, privaten Versorgungsunternehmen und der privaten Industrie in der kalifornischen Mojave-Wüste errichtet. Bis 1988 verkaufte das auf Direktverdampfung basierende Kraftwerk seinen produzierten Strom an den Versorger SOUTHERN CALIFORNIA EDISON. Der Wirkungsgrad der Anlage lag bei ca. 15 %. 1995 wurde die Anlage zur Demonstrationsanlage „Solar Two" dahingehend umgebaut, dass mit einer Salzschmelze ein anderer Wärmeträgerstoff in die Anlage integriert wurde. Die bis 1999 andauernden Tests verliefen erfolgreich. 2007 wurde, wie bereits erwähnt, die Anlage PS10 des spanischen Unternehmens ABENGOA SOLAR in Betrieb genommen. Hierbei handelt es sich um das erste kommerziell genutzte Solarturmkraftwerk Europas und anhand seiner Leistung gemessen das größte bisher errichtete Solarturmkraftwerk weltweit. Es weist eine Leistung von 10 MW auf, die es aus 624 Heliostaten mit einer Gesamtfläche von 75.000 Quadratmetern und einem in 115 Metern Höhe angebrachten Receiver im Wege des Direktverdampfungsverfahrens erzeugt. Das Kraftwerk ist mit einem thermischen Speicher für den Weiterbetrieb bei Einstrahlungsabfällen für 30 Minuten sowie einer Zusatzbefeuerung durch Biogas ausgestattet. Es erzeugt jährlich eine Strommenge von ca. 24 GWh. ABENGOA SOLAR plant auf dem ihr zur Verfügung stehenden Gelände (der so genannte „Solucar Solar Park") nahe Sevilla derartige Kraftwerke mit einer Gesamtleistung von ca. 300 MW bis zum Jahr 2013 zu errichten. Das Folgeprojekt PS20, welches mit 1.255 Heliostaten und einem 160 Meter hohen Turm die doppelte Leistung von PS10 aufweist, ist seit April 2009 in Betrieb[234]. Derzeit im Bau befindet sich das Kraftwerksprojekt „Solar Tres" mit einer geplanten Leistung von 15 MW, welches westlich von Ecija,

233 M. Kaltschmitt; W. Streicher; A. Wiese 2009, S. 610-612.
234 Wuppertal Institut 2009, S. 14.

Spanien, von dem Unternehmen SENER INGENIERA errichtet wird. Dieses Projekt basiert auf der Technologie, wie sie bei der Solar-Two-Anlage in den USA zum Einsatz kam (Salzschmelze als Wärmeträger- und Speichermedium). Neben diesen sich im Bau befindlichen Kraftwerksprojekten werden weltweit derzeit sechs weitere Solarturmkraftwerke mit einer Leistung von insgesamt ca. 1.300 MW geplant.

Aus der bisherigen Anwendung dieser Technologie bestehen trotz erfolgreich verlaufender mittelfristiger Testphasen derzeit kaum bis keine Erfahrungswerte aus einem langjährigen kommerziellen Dauerbetrieb der Anlagen. Insbesondere dann nicht, wenn die Hersteller eine Lebensdauer dieser Kraftwerke von mindestens 20 Jahren erwarten. Auch die Projektfinanzierungskredite weisen in der Regel eine lange Laufzeit auf, so dass zur Bedienung des Kapitaldienstes auch langfristig ein sicherer und auskömmlicher Projekt-Cashflow benötigt wird. Zudem müssen anhand der derzeit in der Umsetzung befindlichen Projekte die betrieblichen Abläufe (z.B. Wartungs- und Instandhaltungsprozesse, Reinigung der Heliostaten usw.) für einen kommerziellen Betrieb wirtschaftlich sinnvoll optimiert werden. Die Stromgestehungskosten dieser Technologie liegen derzeit noch oberhalb der von Parabolrinnen- und Fresnelkraftwerken, jedoch bereits deutlich unterhalb der von Paraboloidkraftwerken (siehe Abbildung 28).

Paraboloid-Kraftwerke

Die Paraboloidtechnologie kann als die älteste Form der konzentrierenden solarthermischen Energienutzung bezeichnet werden. Bereits im 19. Jahrhundert wurden in den USA erste Kollektoren auf dieser Basis zum Schmelzen von Metallen verwendet. In Europa erhielt der Franzose AUGUSTE MOUCHAUT 1862 ein Patent für einen parabolischen Konzentrator mit Dampfmotor. Eine grundlegende Weiterentwicklung dieser Technologie fand, wie auch bei den anderen vorgestellten Technologien, erst Anfang der 80er Jahre des vergangenen Jahrhunderts aufgrund massiver Ölpreisanstiege statt. Die Abbildung 34 zeigt den Aufbau heutiger Paraboloid-Kraftwerke.

Abbildung 34: Paraboloidkraftwerk [235]

Bei den bis heute entwickelten Paraboloidkraftwerkstypen unterscheidet man grundsätzlich zwei Ansätze[236]:

Im ersten Fall handelt es sich um ein weitestgehend in sich geschlossenes System. Dabei wird die von einem zweiachsig der Sonne nachgeführten Kollektor (hier auch Paraboloid genannt) reflektierte Sonneneinstrahlung durch einen Receiver im Brennpunkt des Kollektors absorbiert und die entstehende Wärme über ein Arbeitsgas (Helium oder Luft) einem an ihn direkt angeschlossenen Motor zugeführt. Bei diesem Motor handelt es sich in der Regel um einen so genannten Stirling-Motor, einer nach ihrem Erfinder ROBERT STIRLING benannten Maschine zur Umwandlung von thermischer Energie in mechanische Energie. Aus diesem Grunde werden diese Anlagentypen auch als „Dish-/Stirling-Anlagen" bezeichnet. Der Motor wandelt die ihm zugeführte Wärme in mechanische Leistung um, die ein direkt an die Kurbelwelle des Motors angebrachter Generator daraufhin in elektrische Energie umwandelt. Die typische Leistung solcher Anlagen liegt zwischen 5 bis 50 kW, wobei die Kollektoren einen Durchmesser von 7 bis 17 Metern aufweisen. Die Arbeitstemperatur des entstehenden Gases beträgt bis zu 750°Celsius. Eine fossile Zusatzbefeuerung zur Überbrückung von Einstrahlungsschwankungen oder einem Betrieb in der Nacht ist grundsätzlich möglich. Der besondere Vorteil dieses in sich geschlossenen (Klein-)Kraftwerksansatzes ist, dass lange Wärmetransportwege zu einer zentralen Umwandlungs- oder Kraftwerkseinheit (z.B. Parabolrinnentechnologie) mit den sich zwangsläufig ergebenden Wärmeverlusten entfallen. Zudem können mit den parabolisch geformten Kollektoren deutlich bessere Konzentrationsergebnisse im Vergleich zu den anderen CSP-Technologien (z.B. Parabolrinne

235 Paraboloid-Anlage des Instituts für Technische Thermodynamik in Lampoldshausen, Quelle: www.dlr/Portaldata/1/resources/standorte/stuttgart.

236 M. Kaltschmitt; W. Streicher; A. Wiese 2009, S. 621-624.

oder Fresnel) erzielt werden. Beide Vorteile führen dazu, dass Dish-/Stirling-Anlagen die höchsten Spitzenwirkungsgrade sämtlicher CSP-Technologien erreichen können (ca. 20 bis 30 %). Aufgrund ihrer Kompaktheit wird den Dish-/Stirling-Anlagen eine gute Anwendungsmöglichkeit zur dezentralen Energieerzeugung in abgelegenen Regionen eingeräumt.

Bei dem zweiten Ansatz von Kraftwerkstypen der Paraboloidtechnologie wird die absorbierte Wärme von einer großen Anzahl miteinander verbundener Paraboloiden/Kollektoren auf ein Wärmeträgermedium (Thermoöl oder Wasser bzw. Wasserdampf) übertragen, welches über Transportrohre einem zentral angeordneten Kraftwerksabschnitt zugeleitet wird. Der Aufbau eines solchen Kraftwerks entspricht weitestgehend dem eines Parabolrinnenkraftwerks, so dass insoweit auf die obigen Ausführungen verwiesen wird. Einstrahlungsschwankungen dieser Kraftwerke können mittels Wärmespeicher und/oder fossiler Zusatzbefeuerung ausgeglichen werden. Die Anlagenleistung hängt von der Größe bzw. Anzahl der eingesetzten Paraboloide ab und reicht in den Multimegawattbereich. Die durch die stärkere Konzentration der Einstrahlung erzielbaren höheren Temperaturen im Vergleich mit anderen CSP-Technologien können bei Verwendung eines Thermoöls als Wärmeträgermedium jedoch nicht vollständig genutzt werden, da dieses Medium bei solch hohen Temperaturen instabil wird. Erst die direkte Wasserdampferzeugung führt dazu, dass dieser Vorteil der Paraboloidtechnologie auch genutzt werden kann.

Sämtlichen bisher realisierten Paraboloidkraftwerken ist gemein, dass es sich fast ausschließlich um Prototypen- bzw. Testanlagen handelt, die zur Erforschung und Weiterentwicklung dieser Technologie errichtet und betrieben wurden bzw. werden. Lediglich die 1984 in Warner Springs von der Firma LaJet errichtete Anlage „Solarplant 1" mit einer Leistung von ca. 4,88 MW wurde kommerziell genutzt. Es gibt folglich kaum Erfahrungen aus einem langjährigen Dauerbetrieb der Anlagen. Aufgrund der bislang kostenintensiven Spezialanfertigung der eingesetzten Systemkomponenten insgesamt und der generell teuren Fertigung der benötigten Parabolkollektoren liegen die Stromgestehungskosten derzeit noch deutlich oberhalb der anderen bereits vorgestellten CSP-Technologien, so dass die Marktnachfrage nach dieser Technologie derzeit noch sehr begrenzt ist. Die aktuelle Forschung zielt dementsprechend direkt auf eine Reduzierung der Kosten sowie eine weitere Erhöhung der Leistungsfähigkeit von Paraboloidkraftwerken. Hierzu werden weitere Prototypenanlagen, oftmals im Rahmen staatlich geförderter Forschungsprogramme, errichtet (z.B. das von der EU geförderte EURODish-Programm, an dem deutsche und spanische Unternehmen beteiligt sind). So betreibt beispielsweise auch die US-amerikanische Firma Stirling Energy Systems („SES") eine Anlage mit sechs Paraboloiden auf dem Testgelände der SANDIA NATIONAL LABORATORIES in New Mexico. Allgemein kann davon ausgegangen werden, dass insbesondere durch eine zukünftige Massenproduktion dieser Anlagen die größten Kostensenkungen erzielt werden können. Im August 2005 verkündete SES gemeinsam mit seinem Vertragspartner, dem Versorger SCE, dass sie gemeinsam in den nächsten Jahren ein Paraboloidkraftwerk mit Dish-/Stirling-Anlagen und einer Gesamtleistung von 500 MW errichten wollen (es besteht zudem die Option auf eine Erweiterung auf 850 MW Leistung). Nach erfolgreichem Abschluss der intensiven Testphasen wird sodann das Kraftwerksprojekt mit 500 MW Leistung ca. 100 Kilometer nordöstlich von Los Angeles errichtet. Der von den etwa 20.000 zu errichtenden Dish-/Stirling-Anlagen erzeugte Strom soll an die SCE im Rahmen eines 20 Jahre laufenden Abnahmevertrages verkauft werden. Dies wäre dann das erste kommerziell genutzte Paraboloidkraftwerk dieser Art. Neben diesem ersten Projekt hat die SES ein weiteres Paraboloidkraftwerksprojekt gemeinsam mit dem Versorger SAN DIEGO GAS & ELECTRIC vertraglich vereinbart. Hiernach sollen 12.000 der SES Dish-/Stirling-Anlagen mit einer Gesamtleistung von 300 MW in der Nähe des Saltonsees in Kalifornien errichtet werden. Auch hier gibt es eine Option für eine Erweiterung auf eine Leistung von insgesamt 900 MW. Anfang 2008 konnte die SES bei ihren Dish-/Sterling-Testanlagen in dem Areal der Sandia National Laboratories mit 31,25 % einen neuen Wirkungsgradrekord für diesen Anlagentyp erzielen. Diese Entwicklungen und konkreten Projektvorhaben zeigen, dass trotz der derzeit noch vorhandenen Nachteile gegenüber anderen CSP-Technologien (insbesondere keine kommerziellen Langzeiterfahrungen, hohe Stromgestehungskosten) intensiv an der Verbesserung dieser Technologie geforscht wird, ein wirtschaftlicher Betrieb erreicht werden kann und dass die Markteinführung dieser Technologie in der kommerziellen Anwendung mittelfristig zu erwarten ist.

Die CSP-Technologiesysteme sind hinsichtlich ihrer jeweiligen Energieerzeugung recht verschieden, was auch zu einer differenzierten Einschätzung ihrer Eignung für Projektfinanzierungen führt. Im Folgenden betrachten wir, wie eingangs angekündigt, die bei CSP-Systemen notwendigen zusätzlichen Techniksysteme. Wir beginnen mit der Darstellung der thermischen Speichersysteme.

Thermische Speichersysteme

Neben der kombinierten Verfeuerung von fossilen Brennstoffen kann die Verfügbarkeit von solarthermischen Kraftwerken auch durch eine Nutzung thermischer Energiespeicher erheblich erhöht werden. Auf diese Weise kann auch nach Sonnenuntergang weiter Strom produziert werden[237]. Damit ergibt sich eine

237 M. Kaltschmitt; W. Streicher; A. Wiese 2009, S. 153 f..

grundlastfähige regenerative Alternative zu konventionellen Stromerzeugungstechnologien.

Große CSP-Systeme, wie Parabolrinnenkraftwerke, sind recht träge in ihrer Reaktion auf durchziehende Wolken. Dies liegt darin begründet, dass eine Menge aufgeheizter Masse in den Systemen dafür sorgen, dass die Abkühlung langsam erfolgt. Insbesondere die großen Mengen des Wärmeträgermediums spielen hier eine wesentliche Rolle. Natürlich empfangen die Solaranlagen in der Zeit von Sonnenuntergang bis Sonnenaufgang keine Antriebsenergie. In vielen Ländern ist die Tagesspitze des Elektroenergiebedarfs zwar durch aktive Kühlungssysteme verursacht und damit weitgehend parallel zum Sonnenangebot. Dennoch sind die Bedarfswerte auch unmittelbar nach Sonnenuntergang erhöht, da viele Klimageräte nach wie vor in Betrieb sind. Für die Energieversorgung ist es daher wünschenswert, wenn das Energieangebot steuerbar ist. CSP-Techniken wandeln Sonnenlicht über die Umwandlung in thermische Energie in elektrische Energie um und bieten daher die Chance, thermische Energie zu speichern, um sie in sonnenarmen Zeiten in elektrische Energie zu wandeln. Auf diese Weise wird die Betriebszeit des Dampfkreises erheblich erhöht.

Die Speicherung wird heute in Öltanks, Salzschmelzen und Betonspeichern vorgenommen.

Eine erste Variante sieht vor, dass ein Speicherbereich mit thermischer Energie beladen wird, indem ein Kollektorfeld verwandt wird, das mehr Strahlung in Wärme umwandelt als die Turbine benötigt. So kann eine erheblich größere Menge Thermoöl aufgeheizt werden und bei 400 Grad Celsius in einem Tank gelagert werden. Bei zusätzlichem Bedarf an der Turbine wird dieses Öl dann zum Wärmetauscher gepumpt und gibt die am Tage gesammelte Wärme zur Umwandlung in elektrische Energie ab. Nachteil dieses Ansatzes ist, dass das Thermoöl sehr teuer ist und die Schutzmaßnahmen vor Leckagen erhebliche Investitionen erfordern.

Ein zweites Konzept sieht vor, dass ein großer Betonspeicher mit heißem Fluid durchströmt und aufgeheizt wird. Zur Entladung des Speichers strömt das kalte Thermoöl durch den Betonspeicher und heizt sich auf. Es gibt dann die Wärme an den Dampfkreis ab und treibt die Turbine an. Die Bauvolumen für Betonspeicher sind erheblich. Die Aufwendungen, mit kurzen Wegen der Wärmeleitung den gesamten Block zu beheizen, führen zu vielen Rohrbündeln. Dennoch sind die Be- und Entladevorgänge recht langsam. Betonspeicher befinden sich in der Entwicklungs- und Erprobungsphase und sind gerade in Bezug auf die durch Temperaturänderung verursachten Dehnungen noch nicht bis ins letzte Detail einsatzfähig.

Eine weitere Möglichkeit der thermischen Energiespeicherung eröffnen Tanksysteme mit Flüssigsalz (*Molten Salt*). Diese Anordnung wird meist mit zwei Tanks realisiert, einem „kalten" und einem „warmen" Tank. Der kalte Tank darf mit seiner Temperatur nicht unter 250 Grad Celsius fallen, da ansonsten die Gefahr besteht, dass das Salz in die feste Phase übergeht und dann ein erneutes „Auftauen" praktisch unmöglich wird. Der warme Tank erreicht nahezu 400 Grad Celsius und ist hier limitiert, da das Thermoöl nicht höher temperiert werden kann. Im Falle eines erhöhten Wärmeangebots wird neben dem Antrieb der Turbine der warme Tank beladen. Dazu wird kaltes, flüssiges Salz aus dem kalten Tank in einem Wärmetauscher mit der Wärme aus dem Solarfeld beladen und im warmen Tank gespeichert. In der Nacht wird warmes Salz aus dem warmen Tank entnommen und die Wärme im Wärmetauscher auf das Thermoöl übergeben. Von diesem wird die Wärme in einem weiteren Wärmetauscher an den Dampfkreis übertragen, um dann die Turbine anzufeuern.

Die Speicherdauer und damit die Speicherkapazität hängen von den Kosten der Speicher im Vergleich zur zusätzlichen Erlössituation ab: Derzeit, bei noch hohen Speicherkosten von 10-20 €/kWh, sind maximal acht Stunden Speicher optimal[238]. Damit kann dann praktisch ein 24-Stunden Betrieb garantiert werden, so dass CSP eine regenerative Alternative zu konventionellen Stromerzeugungstechnologien sowohl für Grund- und Spitzenlast als auch zum Ausgleich eines schwankenden Angebots aus Wind und Photovoltaik darstellt[239].

Das größte Risiko, das bei der Verwendung von Salzspeichersystemen besteht, ist das Einfrieren. Bereits bei verhältnismäßig hohen Temperaturen (ca. 220 Grad Celsius) frieren Salzspeicher ein, was entsprechend sorgfältige Schutzmaßnahmen verlangt[240]. Damit erfordert der Einsatz von Salzspeichern ein ausreichend dimensioniertes Heizungssystem, das vom CSP-Feld unabhängig ist. Diese Anforderung wird in Ländern mit schwacher Infrastruktur nicht selbstverständlich erfüllt sein. Hinzu kommt, dass bei Parabolrinnenkraftwerken mit Thermoöl ebenfalls ein Absenken der Temperatur des Thermoöls unter 12 Grad Celsius vermieden werden muss, um ein Einfrieren des Thermoöls zu vermeiden[241]. Alternative Wärmespeichersysteme sind - wie Bleiakkumulatoren - entweder zu teuer[242] oder aber - wie Betonspeicher - noch nicht technisch ausgereift.

238 K. Schallenberg 2009, S. 50 und D. Schäfer 2008, S. 14.
239 Wuppertal Institut 2009, S. 16 f..
240 Standard & Poors 2009, S. 7.
241 Standard & Poors 2009, S. 6.
242 D. Schäfer 2008, S. 14.

Kühlungssysteme

Der Kraftwerksprozess erfordert neben der Wärmezufuhr, die sich aus den Solarkollektorfeldern ergibt, auch eine Wärmeabfuhr, die für den Wirkungsgrad des Vorhabens ebenfalls von großer Bedeutung ist. Eine Kühlung auf einem höheren Temperaturniveau hat eine höhere Kondensationstemperatur und damit einen höheren Kondensationsdruck hinter der Turbine zur Folge. Ein höherer Druck hinter der Turbine bedeutet bei konstantem Zutrittsdruck in die Turbine eine geringere Druckdifferenz und damit auch einen geringeren Wirkungsgrad des Turbinenprozesses. Ziel ist, die Wärmeabfuhr bei möglichst niedriger Temperatur zu erreichen. Regionen mit einem hohen Anteil an Direktstrahlung sind auch Regionen mit hohen Jahresdurchschnittstemperaturen und diese können im ersten Ansatz als Größenordnung für die lokalen Wassertemperaturen dienen. Oft sind die Regionen auch sehr trocken, so dass keine ausreichenden Mengen an Kühlwasser vorhanden sind.

Aus technischer Sicht gibt es drei Arten der Kühlung: die Nasskühlung, die Trockenkühlung und die Hybridkühlung.

Die Nasskühlung ist die effektivste Form der Kühlung, erfordert jedoch erhebliche Mengen an Wasser. Bilanzen für Vorhaben in Spanien weisen Verbrauchswerte von etwa 8.000 m^3 pro MW und Jahr aus. Dieses Wasser muss vor dem Einsatz im Kühlprozess aufbereitet werden. Je nach anzulegenden Kosten je Kubikmeter Wasser kann hieraus ein erheblicher Einfluss auf die Wirtschaftlichkeit der CSP-Anlage entstehen. Eine Trockenkühlung funktioniert praktisch ohne Einsatz von Wasser. Lediglich das Wasser, das durch Leckagen verloren geht, muss ersetzt werden. Große Rohrbündel werden durch Umgebungsluft umspült und ermöglichen die Kühlung und Kondensation des Dampfes. Die Luft wird zwangsweise, also mit großen Ventilatoren, gekühlt und an den Rohrbündeln vorbeigeführt. Zum Antrieb der Ventilatoren besteht damit ein erheblicher Strombedarf, und mit steigender Kondensationstemperatur sinkt der Wirkungsgrad des Prozesses. Zwei Faktoren wirken demnach in die gleiche Richtung: sinkender Wirkungsgrad und erhöhter Eigenbedarf an Elektroenergie. Dennoch ist diese Technik an einigen Standorten - insbesondere in der Sahara - die einzige Möglichkeit, da Wasser zu knapp ist[243].

Die Hybridkühlung verbindet die beiden vorgenannten Kühltechniken. Zwar befindet sich der Prozessdampf zur Kondensation in geschlossenen Rohrbündeln und wird grundsätzlich durch Ventilatoren gekühlt. Dennoch kann zusätzlich die Rohrbündeloberfläche mit Wasser benetzt und die Verdunstungskühlung ausge-

243 K. Schallenberg 2009, S. 52.

nutzt werden. Im Einzelfall kann diese Technik vorteilhaft sein, da niedrigere Kondensationstemperaturen als bei der Trockenkühlung erreicht werden.

Eine wesentliche technische Herausforderung ist die für jede Wärmekraftmaschine notwendige Kühlung, die bei klassischen Stromerzeugern meist mit wasserbasierten Kühltürmen durchgeführt wird. Insbesondere CSP-Kraftwerke in der MENA-Region sind damit auf verbesserte Trockenkühltechnik, ausreichende Wasserzuführung oder Standorte in Küstennähe angewiesen[244]. Die Entsalzung von Meerwasser und die Nutzung der Kraft-Wärme-Kopplung im Rahmen eines Systemverbunds mit nahe gelegenen Siedlungen und Industrien werden als eine mögliche Lösung angesehen.

Stromübertragung

HGÜ-Leitungen mit Kapazitäten bis 3 GW werden von ABB und Siemens seit vielen Jahren über weite Strecken eingesetzt. Die Übertragungsverluste liegen bei etwa 3 % je 1.000 km[245], die sich je nach Abnahmeregion in Europa auf maximal 15 % addieren können. Da in der MENA-Region etwa doppelt so viel CSP-Solarenergie gewonnen werden kann wie mit den gleichen Anlagen im nördlicher liegenden Südeuropa, ist CSP-Solarstrom aus den Wüstenregionen dank der relativ geringen Übertragungsverluste zwischen 10 bis 15 % wirtschaftlich im Vorteil. Die Hochspannungs-Gleichstromübertragung ist insgesamt wesentlich effizienter als Produktion, Transport und erneute Verstromung von Wasserstoff, wie es in früheren Konzepten angedacht war. Bei der Trassenplanung muss allerdings berücksichtigt werden, dass HGÜ-Kabel nicht in einer Meerestiefe von mehr als 1.000 m verlegt werden können[246].

Auch die nahe liegende Option, den in der MENA-Region erzeugten Solarstrom im Erzeugungsland zu verwenden, erscheint oftmals nicht unmittelbar umsetzbar. Ein flächendeckendes Stromnetz, das insbesondere auch die ländlichen Regionen umfasst, ist in vielen Staaten Nordafrikas nicht vorhanden[247]. Die Versorgung ist traditionell auf die Versorgung der Städte oder Industriezentren fokussiert gewesen[248]. Dies bedeutet, dass bei der Projektplanung die Netzanbindung und Stromabnahme zu berücksichtigen ist.

---

244 M. Mohr; P. Svoboda; H. Unger 1999, S. 40.

245 D. Schäfer 2008, S. 15.

246 Mündliche Auskunft von Tobias Grimm, MUNICH RE, vom 09.11.2010.

247 Die Elektrifizierungsrate liegt in den Staaten Nordafrikas in einer Spanne von 85 % (Marokko) bis zu 99 % (Tunesien), im subsaharischen Afrika sogar nur bei 26 %. F. Schüssler 2008, S. 30.

248 W. Speitkamp; D. Stange 2008, S. 45.

Insgesamt stellt sich das Thema der Netzeinbindung von Solarkraftwerken der MENA-Region an die europäischen Verbrauchszentren als ein technisch, rechtlich, wirtschaftlich und sozial vielschichtiges Thema dar, das im Rahmen dieser Arbeit nicht vertieft werden soll.

Zusammenfassende Würdigung des technischen Risikos

Wie bereits aus der allgemeinen Beschreibung des Funktionsrisikos hervorgegangen, besteht die konkrete Anforderung einer Projektfinanzierung an ein zu betrachtendes Projektvorhaben in einer Anlagentechnologie, die mindestens während der Laufzeit der Projektfinanzierungskredite eine technische Performance bietet wie sie geplant war. Wie ebenfalls in der allgemeinen Beschreibung des Funktionsrisikos dargestellt, stellt sich damit die Frage, welche der CSP-Technologien als bewährt einzustufen ist und somit Gegenstand einer Projektfinanzierung werden kann. Regelmäßig werden nicht die neuesten Techniksysteme eingesetzt, sondern vielmehr Anlagentypen, die sich in der Praxis seit Jahren bewährt haben. Entscheidendes Kriterium für ihre Auswahl ist eher die gewünschte Wartungsarmut als ein möglichst großer Energieertrag.

Im Rahmen der einzelnen Technologiebeschreibungen wurden bereits der jeweils aktuelle Entwicklungsstand sowie die bisherige Anwendung in Form von errichteten Anlagenkapazitäten dargestellt. Hieraus ergibt sich, dass die Parabolrinnentechnologie mit Thermoölverfahren diejenige CSP-Technologie ist, die über die mit Abstand meisten realisierten Anlagen und die größten Erfahrungswerte aus einer erfolgreichen kommerziellen Anwendung über einen Zeitraum von bis zu 25 Jahren verfügt. Solarturmkraftwerke weisen etwas geringere kommerzielle Betriebserfahrungen auf, haben aber mittlerweile wohl den Status erreicht, grundsätzlich als bewährte Technik angesehen zu werden. Die weiteren CSP-Technologien befinden sich zumeist noch in einem Prototypenstatus oder aber kommerziell genutzte Anlagen wurden erst vor kurzem errichtet, so dass noch keine Langzeiterfahrungen vorliegen. Unsere weitere Darstellung konzentriert sich daher auf die beiden erst genannten Technologien, was sich ebenso in dem Fallbeispiel widerspiegelt. Einschränkend ist darauf hinzuweisen, dass bei allen genannten Technologien ein Skalierungsrisiko besteht. Das größte in Betrieb befindliche CSP-Projekt hat eine Kapazität von 80 MW, während eine Reihe von neuen Vorhaben eine Kapazität von 200 MW aufweist[249].

In Bezug zu den anderen CSP-Technologien werden sich diese Aussagen naturgemäß dann ändern, wenn diese längere Jahre im Betrieb gewesen sind und ihr erfolgreiches Funktionieren über einen ausreichend bemessenen Zeitraum nachgewiesen haben.

249 Standard & Poors 2009, S. 6.

Nach der Darstellung der Technologiesysteme im CSP-Bereich behandeln wir im folgenden Kapitel den Betrieb und die damit zusammenhängenden Fragen eines Risikomanagements.

5.3.3. Betriebs- und Managementrisiko

Der folgende Abschnitt 5.3.3 ist im allgemeinen Teil wesentlich aus meiner Publikation „Projektfinanzierung" (dort das Kapitel 3.3.1. Projektendogene Risiken – Betriebs- und Managementrisiko) entnommen, wobei die Aspekte, die Bezug auf CSP-Vorhaben nehmen, neu hinzu gekommen sind[250].

Unter dem Betriebs- und Managementrisiko werden alle Gefahren des Produktionsprozesses verstanden, die zu Unterbrechungen oder sogar zum Stillstand der Anlage führen können. Die Ursachen für ein Betriebs- und Managementrisiko liegen in der Regel in Fehlern bei der Planung, Organisation, Durchführung und Kontrolle von Betriebsabläufen (z.B. logistische Schwachstellen, Fehlkalkulationen, unwirtschaftliche Lagerhaltung) oder in einer fehlerhaften Bedienung sowie mangelhafter Wartung und Instandhaltung durch das Anlagenpersonal (Tabelle 18). Das Betriebsrisiko ist eng mit dem technischen Risiko verbunden. Letztlich ist von dem Betrieb der Anlage abhängig, wie die Komponenten belastet werden, wie Frühwarnsysteme erkannt und damit weitergehende Schäden vermieden werden[251].

Tabelle 18: Ursachen und Folgen des Betriebs- und Managementrisikos (e.D.)

Risiko	Mögliche Ursachen für den Risikoeintritt	Folgen des Risikoeintritts
Sämtliche Gefahren des betrieblichen Produktionsprozesses	Planungsfehler der Sponsoren oder der Betreibergesellschaft Fehlendes Knowhow der Betreibergesellschaft sowie des eingesetzten Betriebspersonals Einsatz von zu wenig Betriebspersonal, das somit überfordert ist Mangelnde Organisation der Arbeitsabläufe Mangelhafte Durchführung und Kontrolle der Arbeitsabläufe Unerfahrenheit des Projektmanagements	Geringere Produktionsmenge Höhere Betriebskosten als Aufwand zur Beseitigung der prozessualen Probleme Geringerer Projekt-Cashflow

Häufig lässt sich das Betriebs- und Managementrisiko auch auf die Unerfahrenheit des Managements selbst zurückführen[252]. Selbst die Einstellung erfahrenen Personals garantiert noch keine gute Betriebsführung. Bei komplexen Projekten ist neben der reinen Qualifikation wichtig, dass das Team gut zusammenarbeitet und richtig in das Projekt eingewiesen ist.

250 J. Böttcher; P. Blattner 2006, S. 54-57.
251 J. Böttcher 2009, S. 79-81.
252 M. Schulte-Althoff 1992, S. 118.

Die möglichen Einschränkungen des Produktionsbetriebs wirken sich in Abhängigkeit ihres Ausmaßes auf die Produktionsmenge und somit auf den Absatz sowie die Erlössituation negativ aus. Des Weiteren kann sich das Betriebsrisiko in erhöhten Produktionskosten äußern, beispielsweise durch technische Probleme der Projektanlage während des Produktionsprozesses. Diese erhöhten Kosten mindern bei konstanter Ertragslage wiederum den Cashflow[253]. Da dieser nach Projektfertigstellung durch den üblichen Wegfall der Fertigstellungsgarantie die wichtigste Sicherheit darstellt und die primäre Tilgungsquelle ist, reagieren Kreditgeber sensibel auf Betriebsstörungen, so dass Banken ein Management erwarten, das hinlängliche technische und wirtschaftliche Erfahrung bei der Betriebsführung einer ähnlichen Anlage aufweisen kann.

Bei der Auswahl des Betreibers und des Betriebsführungsvertrages sollten die in Kapitel 4 erarbeiteten Grundsätze gelten. Allerdings begrüßen es Fremdkapitalgeber häufig, wenn entweder die Sponsoren oder der Anlagenlieferant zusätzlich als Betreiber auftreten. Die Übernahme des Betriebs und des Managements durch die Sponsoren reduziere - so die Überlegung der Banken - die Eintrittswahrscheinlichkeit des Betriebs- und Managementrisikos schon allein durch die Verfolgung von unternehmenspolitischen Zielen und durch das Interesse der Sponsoren an der Erzielung einer angemessenen Eigenkapitalrendite. Die Überlegungen insbesondere aus Kapitel 4.6 haben aber deutlich gemacht, dass es starke Gründe dafür gibt, dritte Gesellschaften mit der Betriebsführung zu betreuen.

Die Auswahl des Betreibers sollte sich anhand folgender Kriterien orientieren und erfolgt häufig über entsprechende Referenzprojekte der Gesellschaft:
- Reputation der Gesellschaft,
- Fähigkeit zur Betriebsführung (Werkführung, Kontrolle der Stoffströme, Beschaffung der Rohstoffe usw.),
- Erfahrung im Betrieb vergleichbarer Anlagen,
- Fähigkeit, geeignetes Personal zur Verfügung zu stellen.

Die rechtliche Strukturierung erfolgt über den Betriebsführungsvertrag, der die Rechte und Pflichten des Betreibers genau festlegt. Um einen angemessenen Anreiz für den Betreiber zu setzen, sollte seine Vergütung zumindest zum Teil variabel gestaltet werden: Gewinnbeteiligungen und Pönalen wirken als Anreiz zum besseren Wirtschaften und effizienten Betrieb der Projektanlage und bilden das Gegenstück zur Eigenkapitalrendite der Sponsoren[254].

---

253 W. Schmitt 1989, S. 146; H. Uekermann 1993, S. 75.

254 Mit näheren Erläuterungen zur Ausgestaltung von Betriebsführungsverträgen siehe H. Uekermann 1993, S. 76 ff. und D. Tytko 1999, S. 84 f..

Mit der Wahl eines Betreibers sollte mithin eine dem Projekt und den Projektkrediten entsprechende Laufzeit vereinbart werden. Für den Fall, dass man sich in der Eignung des Betreibers getäuscht hat oder mangelhafte Leistungen einen Wechsel verlangen, sollte der Betriebs- und Managementvertrag in jedem Fall ein Recht zur Kündigung zulassen. Auf das Kapitel 4.6 sei verwiesen.

Bei Projekten im Bereich Erneuerbare Energien ist das Betriebsrisiko in einer groben Unterscheidung durchaus unterschiedlich einzuschätzen (siehe Tabelle 19):

Tabelle 19: Betriebsrisiken bei ausgewählten EE-Projekten[255]

	Windenergie	Solarenergie	Biomasse
Betrieb und Wartung	bei Onshore-Vorhaben recht gut kalkulierbar, bei Offshore-Vorhaben aufgrund des Zugangs schwieriger	Wartung und Instandhaltung erforderlich, allerdings im deutlich geringeren Umfang als bei Windenergie-Projekten	recht umfangreiche Wartung und Instandhaltung notwendig, zusätzlich "echte" Betriebsführung aufgrund der Logistik der Biomasse-Ströme
Betriebsrisiko	gering - erhöht	sehr gering (PV), mittel (Solarthermie)	mittel bis hoch

Um Probleme aus der Schnittstelle zwischen Betreiber und Hersteller möglichst zu vermeiden, wird in vielen Projekten ein langfristiger Wartungsvertrag mit dem Hersteller abgeschlossen. Wichtige Wartungen werden damit außerhalb der Verantwortung des Betreibers durchgeführt und Anzeichen für fehlerhaften Betrieb können frühzeitig erkannt werden.

Versucht man, sich ein Bild über die Betriebserfahrungen bestehender CSP-Vorhaben zu machen, stellt man fest, dass die Erfahrungen derzeit noch sehr begrenzt sind. Für ein Parabolrinnenkraftwerk wird berichtet, dass während der Projektlaufzeit 2,4 % der Wärmetauscher (*heat transfer elements*) und etwa 0,5 % der Spiegel ausgetauscht werden mussten[256].

Die möglichen Folgen aus dem Eintritt des Betriebs- und Managementrisikos sollen exemplarisch anhand des Fallbeispiels Solar BERENGAR untersucht werden. Dabei werden ausgehend von der Finanzierungsstruktur im Cashflow-Modell des Sponsors-Case (siehe Abbildung 52) lediglich die Betriebskosten verändert und die hieraus resultierenden Ergebnisse im Folgenden beschrieben.

Die jährlichen Betriebskosten wurden um 50 % von ursprünglich 9,81 M€ jährlich auf 14,72 M€ jährlich erhöht. Die genannten Beträge beziehen sich auf den Ausgangswert der Betriebskosten im ersten Betriebsjahr ohne Berücksichtigung des im Modell generell kalkulierten Betriebskostenanstiegs von pauschal 3 % jährlich. Die entgegen der Ausgangslage im Sponsors-Case zusätzlich anfallenden Betriebskosten müssen durch den unveränderten Projekt-Cashflow gedeckt

255 J. Böttcher; P. Blattner 2006, S. 56.
256 Standard & Poors 2009, S. 9.

werden. Dadurch sinkt der Teil des Projekt-Cashflows, der für die Bedienung des Kapitaldienstes zur Verfügung stehen kann. Die Kapitaldienstfähigkeit in Form des DSCR sinkt folglich über die gesamte Finanzierungslaufzeit, wie es die nachfolgende Abbildung 35 veranschaulicht.

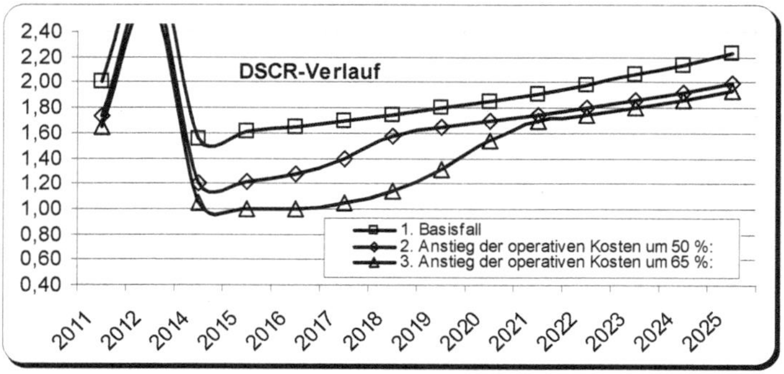

Abbildung 35: DSCR-Verlauf unter erhöhten Betriebskosten (e.D.)

	Min. DSCR	Ø DSCR	IRR
1. Basisfall	1,50	1,94	12,35%
2. Anstieg der operativen Kosten um 50 %:	1,21	1,69	8,26%
3. Anstieg der operativen Kosten um 65 %:	1,00	1,53	7,10%

Es zeigt sich, dass auch hier der DSCR durch die vorgenommene Veränderung durchgängig unterhalb der Ausgangslage im Sponsors-Case liegt. Bei dem betrachteten Fall eines Anstiegs der jährlichen Betriebskosten auf 150 % beträgt der DSCR im ersten Betriebsjahr noch 1,21; bei einem Anstieg um 65 % gerade noch 1,0. Bei noch höheren Betriebskosten wäre die Kapitaldienstfähigkeit nicht mehr sichergestellt und die bankseitigen Anforderungen der jederzeitigen und vollständigen Leistung des Kapitaldienstes würden verfehlt. Die in diesem betrachteten Szenario gewählte Höhe des Betriebskostenanstiegs stellt also die Grenze der Projektbelastbarkeit dar.

Die Differenz von 65 % bis zur Erreichung der Projektbelastbarkeitsgrenze aus Sicht des Sponsors-Case kann somit auch als dessen Sicherheitspuffer verstanden werden. Die Höhe des Puffers zeigt, dass das Projekt Solar BERENGAR relativ unempfindlich auf Betriebskostenanstiege reagiert, weil die Betriebskosten im Verhältnis zu Investitionsvolumen, Projekt-Cashflow und Kapitaldienst nur einen geringen Anteil einnehmen. Diese Unempfindlichkeit ist nicht nur in diesem speziellen Fall zu beobachten, sondern ist eine generelle Eigenschaft von CSP-Kraftwerksprojekten und anderen Vorhaben, die verhältnismäßig kapitalintensiv sind.

Auch wenn CSP-Projekte hohe Betriebskostenanstiege verkraften können, so sollte dieses Risiko dennoch nicht ignoriert werden. Der kommerzielle Betrieb von Parabolrinnenkraftwerken stellt aufgrund des notwendigen Zusammenspiels eines optimalen Solarfeld-, Wärmespeicher- und Kraftwerksbetriebs sowie deren laufender Wartung eine sehr komplexe Aufgabe dar, die erst bei wenigen Projekten zur Anwendung kam und auf die die konkrete Projektanlage hin entwickelt und umgesetzt werden muss. Somit können sich hier aufgrund mangelnder Erfahrung und fehlerhafter Planung schnell Fehler bei der Prognose und Kalkulation von Betriebskosten einstellen.

Nachfolgend werden die typischen Maßnahmen zur Bewältigung des Betriebs- und Managementrisikos beim Projekt Solar BERENGAR dargestellt. Zunächst wird eine Betreibergesellschaft beauftragt, den technischen und kaufmännischen Betrieb der Projektanlage sicherzustellen. Diese Betreibergesellschaft wurde von den Sponsoren des Projekts gegründet, da sich aufgrund der überschaubaren Anzahl realisierter CSP-Kraftwerke derzeit noch kein freier Markt für diese Dienstleistung entwickeln konnte. Zudem wird das Ziel verfolgt, diese Betreibergesellschaft durch Folgeprojekte, bei denen sie ebenfalls den Betrieb sicherstellen soll, weiterzuentwickeln, um diese Dienstleistung später ggf. am Markt anbieten zu können. Das zum Betrieb von Solar BERENGAR notwendige Personal wird aus der Projektregion angeworben und um externe Experten (z.B. Kraftwerksingenieure) ergänzt und durch intensive Schulungen des Kraftwerksaufbaus und der Betriebsprozesse vorbereitet. Die Beauftragung der Betreibergesellschaft erfolgt im Rahmen eines Betriebsführungsvertrags mit zunächst fünfjähriger Laufzeit. Ein Teil der darin geregelten Vergütung ist zur Erhöhung der Motivation variabel in Abhängigkeit von der Jahresenergieproduktion der Projektanlage ausgestaltet.

Mit dem Anlagenlieferanten wird ein Wartungsvertrag mit ebenfalls fünfjähriger Laufzeit abgeschlossen, der die regelmäßige Prüfung (zum Teil per Fernüberwachung), Durchführung vorbeugender Wartungsmaßnahmen sowie die Instandhaltung der Projektanlage bei Schäden regelt. Ergänzt werden diese beiden Verträge durch die im Versicherungspaket des Projekts enthaltene Betriebsunterbrechungsversicherung. Durch die Anwendung dieser Risikoinstrumente erscheint das Betriebs- und Managementrisiko aus Bankensicht ausreichend mitigiert.

Wesentlich ist beim Betriebsrisiko, dass neben der Qualifikation des Betreibers (siehe Kapitel 4.6) der Betriebsführungsvertrag so gestaltet wird, dass ein hinreichender Anreiz für die Verfolgung der Projektziele gesetzt wird (siehe Kapitel 4) und der Vertrag weiter vorsieht, dass ungeeignete Betreiber schnell ausgetauscht werden können (siehe Kapitel 4.7). Diese ganz grundsätzlichen Erkenntnisse gelten auch für das nächste Teilrisiko, das Zulieferrisiko, das wir uns im Folgenden ansehen.

5.3.4. Zulieferrisiko

Der folgende Abschnitt 5.3.4 ist im allgemeinen Teil wesentlich aus meiner Publikation „Projektfinanzierung“ (dort das Kapitel 3.3.1 Projektendogene Risiken - Zulieferrisiko) entnommen, wobei die Aspekte, die Bezug auf CSP-Vorhaben nehmen, neu hinzu gekommen sind[257].

Die Belieferung eines Projekts mit den benötigten Rohstoffen ist eine wesentliche Voraussetzung für einen reibungslosen Produktionsbetrieb. Das Zulieferrisiko besteht in erster Linie in der termingerechten Belieferung des Projekts mit der ausreichenden Menge und Qualität an Roh-, Hilfs- und Betriebsstoffen zu den prognostizierten Preisen[258]. Insbesondere für Prozessanlagen, deren Zweck die Veredelung oder Transformation von Rohprodukten oder anderen Einsatzstoffen ist, hat die bedarfsgerechte Lieferung mit den entsprechenden Vormaterialien eine entscheidende Bedeutung[259]. Aber auch für CSP-Vorhaben besteht - je nach technischer Ausgestaltung - der Bedarf an bestimmten Ressourcen, wie Wasser, Strom und Thermoöl.

Die mangelnde Verfügbarkeit von Vormaterialien führt zu Kapazitätsbeeinträchtigungen oder sogar zu Produktionsunterbrechungen. Qualitätsmängel ziehen dagegen u.U. ebensolche Mängel bei den Projektprodukten nach sich. Sowohl infolge mangelnder Verfügbarkeit als auch durch Qualitätsmängel bei den Vormaterialien besteht die Gefahr, dass aus dem Verkauf der Projektleistungen keine hinreichenden Erlöse für die Bedienung des Fremdkapitals erwirtschaftet werden können. Einen direkten Einfluss auf die Betriebskosten hat hingegen eine Änderung der Preise für die Vormaterialien, was sich ebenfalls in einem geringeren Cashflow niederschlägt[260].

Die Liste der relevanten Inputfaktoren ist jeweils projektspezifisch. Wichtig ist zu erkennen, dass ein Projekt, sofern es nicht über langfristige Liefer- und Abnahmeverträge verfügt, einem Marktrisiko ausgesetzt ist. Aufgrund der Langfristigkeit von Projektfinanzierungen sind Aussagen über die Entwicklung der Preise einzelner Komponenten sehr schwierig, wie etwa die Entwicklung des Ölpreises während der letzten Jahre gezeigt hat.

---

257 J. Böttcher; P. Blattner 2006, S. 66-69.

258 M. Schulte-Althoff 1992, S. 119.

259 H. Uekermann 1993, S. 64.

260 H. Uekermann 1993, S. 64 f.; M. Schulte-Althoff 1992, S. 119.

Das Zulieferrisiko wirkt sich nicht nur in der dargestellten Form auf die Absatzseite aus, sondern kann im Fall von nicht kongruent gestalteten Zuliefer- und Abnahmeverträgen zusätzliche Kostenbelastungen (z.B. Konventionalstrafen oder Kosten für Zukäufe) nach sich ziehen, da durch die nicht termingerechte Belieferung der Projektanlage wiederum die Leistungserbringung für die Kunden nicht vereinbarungsgemäß möglich ist.

Für CSP-Projekte stellt sich insoweit eine besondere Herausforderung, als etwa Wasser sowohl für die Kühlung als auch für die Reinigung benötigt wird. Während die Kühlung auch über alternative Systeme erfolgen kann, besteht bei der Reinigung ein gewisser, unverzichtbarer Wasserbedarf. Dies erfordert in ariden Gegenden auch eine projektbezogene Transportlogistik. Zudem muss berücksichtigt werden, dass die Verwendung von Wasser für die Reinigung von Reflektorflächen in unmittelbarer Konkurrenz zu alternativen Verwendungen steht und damit potentiell auch soziale und politische Widerstände auslösen kann. Erfahrungen mit dieser konkreten Problematik liegen für CSP-Vorhaben derzeit noch nicht vor, aber ein Blick auf die Diskussion um die Verwendung von Biomasse für die Biogasproduktion zeigt das Gefährdungspotential für CSP-Projektfinanzierungen[261].

Sowohl die Abweichung von den geplanten Mengen, der geplanten Qualität als auch den geplanten Preisen wirken sich unmittelbar in einer Verringerung des Cashflows aus. Banken verlangen daher eine gewisse Sicherheit in Form langfristiger Zulieferverträge, die die zentralen Parameter Menge, Qualität und Preis fixieren, um die Zuliefersituation bei den Cashflow-Betrachtungen realitätsnah einschätzen zu können. Allerdings gibt es auch Märkte - zu denen etwa der Biomasse-Markt zählt - bei denen langfristige Festpreisverträge ungewöhnlich sind und - wenn sie angeboten werden - erheblich über dem aktuellen Marktpreisniveau liegen.

Um Zulieferrisiken einschätzen und absichern zu können, ist es sinnvoll, die Zuliefersituation durch verschiedene Gutachten analysieren zu lassen. Dabei sollten sich die Untersuchungen auf die Menge, die Qualität, den Preis und potentielle Wettbewerber konzentrieren, da dies die zentralen Determinanten des Zulieferrisikos sind.

Zulieferrisiken werden i.a. durch Zulieferverträge strukturiert. Diese werden mit den wichtigsten Projektlieferanten abgeschlossen, wobei diese verpflichtet werden, das Projekt mit den entsprechenden Mengen Rohstoffen einer bestimmten Qualität zu beliefern. Diese Verträge können so gestaltet sein, dass die Lieferan-

---

261 Siehe hierzu beispielsweise J. Böttcher (Hrsg.): Biogas, Heidelberg 2012 (im Erscheinen).

ten Zahlungen an das Projekt leisten müssen, wenn sie nicht vereinbarungsgemäß liefern können (*Supply-or-Pay*-Verträge)[262]. Durch eine langfristige Festlegung der Preise können sogar sämtliche Preisrisiken auf den Lieferanten übertragen werden, so dass der Cashflow - über das Zulieferrisiko - nur durch die Durchsetzbarkeit der Verträge bedroht ist. Eine derartige Festpreisvereinbarung ist allerdings als kritisch anzusehen, da sich bei negativen Entwicklungen die Anreiz-Beitragssituation des Zulieferers so verschlechtert, dass er seinen Vertrag nicht oder nur schlecht erfüllt. Oftmals - so die Erfahrung - ist es besser, gewisse Preisschwankungen auf der Zulieferseite zuzulassen als einen Vertragsbruch zu riskieren. Lösungen bieten hier die Preisanpassung in Intervallen oder die Vereinbarung einer Preisspanne.

Zulieferrisiken spielen bei Solarprojekten eine eher geringe Bedeutung, wobei CSP-Vorhaben allerdings insbesondere die Versorgung mit Wasser und Strom sicherstellen müssen. Der primäre „Rohstoff" steht kostenlos zur Verfügung. Das im folgenden Kapitel dargestellte Absatzrisiko, das mit dem Regulierungsumfeld korrespondiert, spielt dem gegenüber eine wesentlich größere Bedeutung.

Fair is foul, and foul is fair.
SHAKESPEARE, MACBETH, ZIFFER 11.

5.3.5. Das Absatzrisiko und die Bedeutung des Rechts- und Regulierungsumfeldes

Der folgende Abschnitt 5.3.5 ist im allgemeinen Teil wesentlich aus meiner Publikation „Projektfinanzierung" (dort die Kapitel 3.3.1 Projektendogene Risiken – Markt- und Absatzrisiko sowie 3.3.2 Projektendogene Risiken – Stabilität und Anreizwirkungen des Rechts- und Regulierungsumfeldes) entnommen, wobei die Aspekte, die Bezug auf CSP-Vorhaben nehmen, neu hinzu gekommen sind[263].

Die Frage nach der Marktfähigkeit des von der Projektanlage erstellten Produkts nimmt eine zentrale Stellung bei jeder Projektbeurteilung ein. Wegen der zugrunde gelegten Annahmen besteht ein Marktrisiko, das die Gefahr von geringeren Erlösen als den zunächst veranschlagten beschreibt, die aus einem

---

262 Dies ist das Korrelat zu den Take-or-Pay-Verträgen auf der Abnehmerseite, auf die verwiesen werden kann. Damit wird auch deutlich, dass das Prinzip des Risk-Sharings verlangt, die Bonität der Projektbeteiligten umso genauer zu überprüfen, je weitgehender sie sich gegenüber dem Projekt verpflichtet haben. Neben dem „Wollen" - der vertraglichen Verpflichtung gegenüber dem Projekt - steht genau so das „Können" - die finanzielle Belastbarkeit des Verpflichteten - im Mittelpunkt der Betrachtung.

263 J. Böttcher; P. Blattner 2006, S. 69-74 sowie S. 78-89.

Preis- bzw. Absatzrückgang resultieren[264]. Das Preisrisiko stellt die Gefahr dar, dass prognostizierte Preise am Markt nicht erzielt werden können. Die Unsicherheit hinsichtlich absetzbarer Mengen stellt das Mengenrisiko dar[265].

Mindererlöse aufgrund zu optimistisch kalkulierter Absatzmengen bzw. einer falschen Einschätzung der Marktpreise gefährden die Einnahmeseite des Cashflows. Dies verschlechtert nicht nur die Tilgungsfähigkeit des Projekts, sondern gefährdet darüber hinaus die Deckung der laufenden Betriebs- und Wartungskosten[266]. Anzumerken ist noch, dass eine Veränderung der preiswirksamen Bestimmungsgründe naturgemäß auch Einfluss auf das Absatzrisiko hat, ebenso wie eine Veränderung mengenwirksamer Bestimmungsgründe sich auf den Preis auswirkt[267].

Entscheidend für die Frage, ob und inwieweit Projektfinanzierungen in Energiemärkten zum Einsatz kommen können, ist die jeweilige Ausgestaltung des Regulierungssystems und die Durchsetzbarkeit von Verträgen[268]. Ganz grundsätzlich muss aus Sicht der jeweiligen Projektbeteiligten eine Investition in ein Projekt lohnend sein, was neben einer positiven wirtschaftlichen Beurteilung verlangt, dass sich die wirtschaftliche Basis auch rechtlich durchsetzen lässt. Dabei geht es um Fragen, die die Attraktivität eines Auslandsmarktes ausmachen, soweit sie die Ebenen betreffen, die durch das jeweilige Land beeinflusst werden können. Hierzu zählen die rechtlichen Rahmenbedingungen, die Größe des Marktes und die Netzinfrastruktur.

- Bürokratische Hürden sind zentrale Hindernisse beim Einstieg in einen Auslandsmarkt. Transparente und reibungslose Genehmigungsverfahren sind für einen schnellen Einstieg ohne risikoreiche Lerneffekte unabdingbar. Attraktive Länder zeichnen sich deshalb durch eine klare Gesetzgebung bei den Anforderungen und Genehmigungen sowie durch eine schnelle Bearbeitung der Behörden aus.
- Netzinfrastruktur und -anschluss: Technologieabhängig spielt auch die Infrastruktur der Energieversorgungsnetze eine wichtige Rolle. Wo nicht extra Netze aufgebaut oder ausgebaut werden müssen, gestaltet sich der Einstieg leichter.
- Größe des Marktes: Trotz anderweitig guter Voraussetzungen bieten sich einige Länder nur als Nischenmärkte an. Die Ausbaukapazitäten und Ertrags-

264 W. Schmitt 1989, S. 147.
265 J. Böttcher 2009, S. 88-92.
266 W. Schmitt 1989, S. 148.
267 H. Uekermann 1993, S. 83.
268 K. Neumann 2008, S. 30.

chancen sind zu gering, als dass sich der Einstieg in den Auslandsmarkt lohnen würde.

Bei der Ausgestaltung der Regulierungssysteme kann grundsätzlich unterschieden werden in Märkte, bei denen die Preisfindung im Wettbewerbsprozess erfolgt und solchen, in denen sie staatlich vorgegeben ist. Für CSP-Projekte kommt nun ein Aspekt hinzu, der für Vorhaben im Bereich Erneuerbare Energien neu ist: Während bei praktisch allen bisher bestehenden Vorhaben im Bereich Erneuerbare Energien die Verwendung des „grünen Stroms" im Erzeugungsland erfolgt, wird nunmehr auch erstmalig der Export von der MENA-Region nach Europa diskutiert. Damit erweitert sich die Komplexität der Ausgestaltung des Regulierungssystems auf mindestens zwei Länder und die Fragestellungen, die mit dem Transport zusammen hängen. Die Fragen, wohin der Absatz geht und welche Regeln hierfür gelten, werden damit durch CSP-Projekte erstmalig aufgeworfen. Im Zusammenhang mit der Realisierung von CSP-Vorhaben in der MENA-Region spielen diese Fragestellungen auf mindestens drei Ebenen eine Rolle, nämlich der europäischen Ebene, der jeweiligen nationalen Ebene sowohl in Europa als auch in der MENA-Region und dem Verhältnis zwischen den europäischen Staaten und der MENA-Region.

Damit ist der weitere Aufbau dieses Kapitels wie folgt aufgebaut: Zunächst skizzieren wir die typischen energiepolitischen Zielsetzungen und die Fähigkeit von CSP-Vorhaben, diese auch zu erfüllen. Im Anschluss betrachten wir - ausgehend von den energiepolitischen Zielvorstellungen - die beiden grundsätzlichen Ausprägungen eines wettbewerblich und eines regulierten Energiemarktes, die wiederum erhebliche Auswirkungen auf das Risikoprofil eines Projekts haben. Im nächsten Schritt diskutieren wir die daraus resultierenden Konsequenzen für die Ausgestaltung der Vergütungssätze und der Laufzeit. Dies werden wir anhand von einzelnen Beispielen vertiefen.

Starten wollen wir mit einer Gegenüberstellung der unterschiedlichen Ausgestaltungen von Regulierungssystemen für Energiemärkte. Für Windenergie- und Solarprojekte wird von staatlicher Seite häufig eine Branchenregulierung etabliert, wobei die Unterscheidung in Festpreis- und Mengenregulierungssysteme zentral ist[269]. Die Begründungen für eine staatliche Einflussnahme können im Grundsatz aus ökonomischen Überlegungen abgeleitet werden (siehe hierzu die Diskussion der verschiedenen Marktversagenstatbestände unter Kapitel 3.2), die sich in politische Zielsetzungen überführen (siehe hierzu Abbildung 6). Die politischen Zielsetzungen konkretisieren sich in den energiepolitischen Zielen; die

269 J. Böttcher; P. Blattner 2006, S. 78 ff..

ökonomischen Gründe liegen in den oben beschriebenen Marktversagenstatbeständen begründet. Zunächst betrachten wir die energiepolitischen Zielsetzungen.

Wie bereits weiter oben beschrieben, basiert jede staatliche Energiepolitik auf den drei Säulen Preiswürdigkeit, ökologische Verträglichkeit und Versorgungssicherheit[270]. Welche Rolle können CSP-Kraftwerke in diesem Zusammenhang übernehmen?

Eine übermäßige Abhängigkeit von einer Region oder wenigen Kraftwerken kann durch die Vernetzung einer Vielzahl von solarthermischen Kraftwerken und Windenergieanlagen sowie die Nutzung mehrerer HGÜ-Leitungstrassen nach Europa vermieden werden. Eine Diversifizierung der Techniken, Standorte und der Eigentümer erhöht die Versorgungssicherheit. Der Import von fossilen Energieträgern wie Öl, Erdgas und Uran wird als politisch riskant bewertet, da deren globale Reserven endlich sind und die Lagerstätten auf wenige Länder konzentriert sind. Solarenergie ist hingegen ein freies Gut, und die Kosten für ihre Erschließung sinken mit steigender Nutzung. Umgekehrt korrespondiert die Idee der Versorgungssicherheit mit der Vorstellung einer zunehmenden Abhängigkeit, aber auch einer möglichen Ausbeutung des Lieferlandes. Ob der Schwerpunkt des Ausbaus von erneuerbaren Energien in MENA eher auf dem Eigenbedarf oder vorrangig auf dem Export liegt, hängt vom jeweiligen Land ab: Marokkos eigener Strombedarf ist etwa so groß, dass sich hier zunächst ein Kreditsystem für Wind- und Solarenergie anbieten würde. Tunesien und vor allem Algerien zeigen hingegen großes Interesse an einem Export[271].

Auch bei der Anforderung an eine preisgünstige Energieversorgung ist wiederum eine zweigeteilte Sicht angemessen, je nachdem, wer der Empfänger des Stroms sein soll. Soll der Strom ausschließlich im Erzeugungsland genutzt werden, müssen die bestehenden Stromkosten mit den Kosten eines CSP-Kraftwerks verglichen werden. Angesichts oftmals kleinerer, älterer und ineffizienter Anlagen sind die derzeitigen Stromkosten in der MENA-Region - mit nationalen Unterschieden - verhältnismäßig hoch, so dass relativ schnell *Grid Parity* zu CSP-Strom hergestellt werden kann[272]. Soll ein Teil des Stroms nach Europa transportiert werden, muss auch hier Planungssicherheit hergestellt werden, wieviel der Strom kosten wird.

270 Wir werden in Kapitel 5.3.5 darstellen, inwieweit CSP-Vorhaben einen Beitrag zur Erfüllung dieser Ziele leisten können.

271 Desertec Foundation 2009, S. 5.

272 *Grid Parity* (Netzparität) ist dann erreicht, wenn die elektrische Energie aus einer Erzeugungseinheit zum gleichen Preis wie der Endverbraucherstrompreis angeboten wird.

Solarthermische Kraftwerke sind damit - aus einer politischen Perspektive - grundsätzlich geeignet, die energiepolitischen Zielsetzungen zu fördern, wobei selbstverständlich eine länderspezifische Würdigung stattfinden muss.

Es schließt sich die Frage an, wie die Absicherung des Markt- und Absatzrisikos erfolgen kann. Bevor wir die staatlichen Maßnahmen darstellen, skizzieren wir zunächst die Maßnahmen, die über bilaterale Verträge möglich sind. Die Einschätzung zukünftiger Angebots- und Nachfrageentwicklungen in wettbewerblich organisierten Märkten gleicht dem Blick in eine Kristallkugel, schließlich gilt es, Prognosen über die gesamte Finanzierungsdauer abzugeben. Die Nachfrage nach dem Produkt könnte sich negativ entwickeln. Sollte z.B. ein ähnliches Produkt von einem Wettbewerber günstiger oder besser hergestellt werden, wird die Nachfrage nach der eigenen Projektleistung sinken. In diesem Fall ist es unwahrscheinlich, das angestrebte Preisniveau beibehalten zu können.

Zur Absicherung des Marktrisikos werden häufig Abnahmeverträge abgeschlossen, die den Abnehmer langfristig und unwiderruflich zum Kauf der Projektprodukte verpflichten. Je nach Ausgestaltung dieses Abnahmevertrages kann damit auf den Abnehmer ein ganzes Bündel von Risiken übertragen werden, wobei die Komponenten Preisgestaltung, Mengendefinition, Vertragslaufzeit und Produktqualität die zentralen Aspekte darstellen (siehe Tabelle 20).

Tabelle 20: Formen von Abnahmeverpflichtungen bei Projektfinanzierungen[273]

	Take-or-Pay-Verträge	**Tolling Agrement**	**Take-and Pay-Vertrag**
Gegenstand:	Der Käufer verpflichtet sich, bestimmte Produktmengen zu bestimmten Preisen abzunehmen. Er muss bestimmte Beträge zahlen, auch wenn er die Produkte nicht abnimmt oder der Lieferant nicht liefert (unbedingte Verpflichtung).	Im Prinzip wie Take-or-Pay-Vertrag, bezieht sich allerdings auf andere Leistungsarten (insbesondere Transportleistung bei Pipelines). Das Projekt ist Dienstleister und wird für seine Betriebsbereitschaft bezahlt.	Der Käufer verpflichtet sich, die Projektleistung in einem bestimmten Umfang zu einem vereinbarten Preis abzunehmen. Eine Zahlungspflicht besteht nur dann, wenn er die kontrahierten Leistungen auch tatsächlich erhält (bedingte Verpflichtung).
Zahlungshöhe:	Die Mindestzahlungen entsprechen i.a. den fixen und variablen Betriebskosten sowie dem Kapitaldienst und sind unabhängig von der tatsächlichen Abnahme.	Die Mindestzahlungen entsprechen i.a. den fixen und variablen Betriebskosten sowie dem Kapitaldienst und sind unabhängig von der tatsächlichen Abnahme.	keine Mindestzahlungen

Die weitestgehende Abnahmeverpflichtung ist ein *Take-or-Pay*-Vertrag, der in seiner Wirkung einer unbedingten Zahlungsgarantie gleichkommt. Der Abnehmer verpflichtet sich zur Zahlung des Gegenwertes bestimmter Produktmengen zu einem bestimmten Preis unabhängig davon, ob die Projektgesellschaft ihm diese Produkte auch liefern kann. Eine solche Regelung führt zu einer Übernahme nicht nur des Marktrisikos, sondern auch des Force Majeure-Risikos und des Betriebsrisikos. Der Abnehmer zahlt also nicht nur bei Abnahmeunwillig-

273 Darstellung nach J. Böttcher; P. Blattner 2006, S. 71.

keit, sondern auch im Fall von Lieferstörungen durch Verschulden der Projektgesellschaft oder durch Höhere Gewalt.

Denkbar wäre für CSP-Vorhaben ein Vorgehen, wie es auch bei größeren konventionellen Kraftwerksprojekten üblich ist, bei denen die Vergütung der Stromlieferungen aus zwei Komponenten, der so genannten *Capacity Charge* und der *Energy Charge*[274], besteht:

- Die *Capacity Charge* wird über die Zahlung eines Leistungspreises abgegolten. Diese Strompreiskomponente dient zur Deckung der betriebsunabhängigen Kosten und ist an die jährlichen kalkulatorischen Fixkosten der Projektgesellschaft gekoppelt. In den Fixkosten ist kalkulatorisch der Schuldendienst enthalten, so dass bereits durch die Entrichtung des Leistungspreises ein Cashflow erzielt wird, der wesentliche Preisrisiken ausschließt. Sofern die Abnehmer den Leistungspreis zahlen, ist die Bedienung des Kapitaldienstes sichergestellt. Die Verpflichtung zur Zahlung des Leistungspreises besteht unabhängig von der Verfügbarkeit des Kraftwerks. Damit übernimmt der Abnehmer für seinen Kapazitätsanteil das Risiko unverschuldeter Betriebsunterbrechung.
- Der Stromabnehmer hat zusätzlich eine *Energy Charge* für bezogenen Strom zu leisten, die in Form eines monatlichen Arbeitspreises geleistet wird. Der Arbeitspreis deckt die variablen Stromerzeugungskosten des Projekts; Höhe und Veränderungen des Arbeitspreises werden an die Abnehmer weitergeleitet.

Der Stromabnahmevertrag hat häufig eine Laufzeit von bis zu 18 Jahren, wobei die vereinbarten Konditionen für diesen Zeitraum auch dann gültig bleiben, wenn sich die dem Vertrag zugrunde liegenden wirtschaftlichen Annahmen ändern. Zusammenfassend ermöglicht der Stromliefervertrag eine Kompensation des Mengen- und Preisrisikos und damit eine stabile und kalkulierbare Cashflow-Generierung. Abgesehen von der Kopplung an die Kraftwerkskapazität oder die Verfügbarkeit der Anlage, liegt der Sicherungswert eines Stromabnahmevertrages als Kreditsicherheit auch darin, bestimmte Mindesterlöse, die den Schuldendienst decken, unabhängig von der Verfügbarkeit zu sichern. Stromlieferverträge in Form eines Take-or-Pay-Vertrages sind typisch für eine Projektfinanzierung und mit Blick auf die Reagibilität des Vorhabens auf ansonsten stehende Einnahmeschwankungen einerseits und der Realität des Handelns in liberalisierten Energiemärkten andererseits auch erforderlich.

Das Interesse des Abnehmers zum Eingehen in langfristige Abnahmeverträge liegt in der Sicherstellung der Versorgung mit dem betreffenden Produkt, insbe-

274 J. Böttcher; P. Blattner 2006, S. 71-74.

sondere wenn sie seine Rohstoff- oder Energiebasis sichern. Regelmäßig wird es zum Abschluss von *Take-or-Pay*-Verträgen nur dann kommen, wenn der Abnehmer - z.B. über eine von ihm kontrollierte Gesellschaft - das Projekt nahezu lückenlos beherrschen kann[275].

Die Absicherungswirkung von Abnahmeverträgen muss wirtschaftliche, rechtliche und politische Rahmenbedingungen beachten. Sind etwa die in einem Abnahmevertrag vereinbarten Preise höher als entsprechende Marktpreise für die Projektleistungen, so droht die Gefahr eines Vertragsbruchs. Dieser kann damit begründet werden, dass der Abnehmer seine Wettbewerbsfähigkeit bei Belieferung zu überhöhten Preisen als gefährdet ansieht. In liberalisierten Märkten, wie es im Energiesektor häufig der Fall sein kann, ist daher auch immer die Frage zu untersuchen, wie teuer eine alternative Energieerzeugung durch Grenzanbieter aussieht und sich mutmaßlich in der Zukunft entwickeln kann. Ein *Take-or-Pay*-Vertrag kann zudem dazu führen, dass der Abnehmer aufgrund seiner Abnahmepflicht in seinem Bestand gefährdet ist, so dass dieser Abnahmevertrag damit auch kaum noch Sicherungswirkung für das Projekt entfaltet, das damit ursprünglich abgesichert werden sollte.

Nachdem wir nunmehr die vertraglichen Möglichkeiten der Strukturierung des Absatzrisikos betrachtet haben, stellen wir im Folgenden den Regelfall einer staatlichen Energiepolitik im Bereich Erneuerbare Energien vor, nämlich die Ausgestaltung eines branchenspezifischen Regulierungssystems, wobei die Unterscheidung in Preis- und Mengenregulierungssysteme entscheidend ist[276]. Da diese Förderinstrumente für CSP-Vorhaben in den meisten Fällen noch gar nicht etabliert sind, soll an dieser Stelle auf Erfahrungen aus vergleichbaren Bereichen eingegangen werden, bevor im Anschluss Anforderungen an die Ausgestaltung des Regulierungssystems formuliert werden.

Im Rahmen eines Mengenregulierungssystems gibt der Staat vor, wie hoch der Anteil „grünen Stroms" an der gesamten Strommenge sein soll; der Preis für den grünen Strom soll sich am Markt finden. Bei einem Preisregulierungssystem garantiert der Staat hingegen einen festen Abnahmepreis, und die Menge an „grünem Strom" ist umgekehrt den Marktkräften überlassen. Zentrale Bedeutung haben in diesem Zusammenhang die nationalen Branchenregulierungen, die regelmäßig in Form von Mindestpreissystemen ausgestaltet sind. Während im Windenergie-Bereich in einzelnen Ländern auch Vorhaben realisiert werden können, die auf einem Mengenregulierungssystem basieren, funktioniert dies bei

275 W.H. Jürgens 1994, S. 17.

276 Eine umfängliche Darstellung der verschiedenen Förderinstrumente findet sich im jährlich erscheinenden RENEWABLES GLOBAL STATUS REPORT (www.ren21.org).

Solarvorhaben nicht, da die spezifischen Stromgestehungskosten derzeit noch wesentlich - etwa um einen Faktor 4 bei Photovoltaikvorhaben und Faktor 3 bei CSP-Vorhaben - höher sind[277]. Die Branchenregulierung beinhaltet zumeist einen Kontrahierungszwang des Stromabnehmers, kombiniert mit einer Preis- oder Mengenregulierung.

Die Fähigkeit der beiden Vergütungsphilosophien, eine nachhaltige EE-Branche zu etablieren, sei am Beispiel der Verteilung der Windenergie in verschiedenen Ländern illustriert (Tabelle 21):

Tabelle 21: Festpreis- versus Mengenregulierungssysteme[278]

Festpreissystem	2006	2007	2008	2010
Deutschland	20.662	22.247	23.912	25.624
Spanien	11.623	15.145	16.754	20.000
Frankreich	1.567	2.454	3.456	5.300
Portugal	1.716	2.150	2.833	3.500
Griechenland	746	871	985	1.500
Mengenregulierungssystem				
Dänemark	3.136	3.125	3.180	4.150
Italien	2.123	2.726	3.736	4.500
Großbritannien	1.962	2.389	3.317	5.115
Niederlande	1.558	1.746	2.216	3.000
Österreich	965	982	995	1.200
Irland	746	805	1.047	1.326
Schweden	571	788	1.021	1.665
Norwegen	325	323	353	n.v.
Belgien	194	287	384	800
Polen	153	276	405	1.000

Wesentlicher Grund für den Erfolg der Windenergie in Ländern mit einer Festpreisregulierung ist die langfristige Planbarkeit der Vergütungssätze[279]. Da die Fremdkapitalgeber stets eine Worst-Case-Betrachtung vornehmen müssen, wie es sich aus ihrem Chance-Risiko-Muster ableiten lässt[280], werden sie bei einem Mengenregulierungssystem mit entsprechenden Sicherheitsabschlägen kalkulie-

277 Dies ist lediglich eine Tendenzaussage, die sehr stark von Land zu Land in wesentlicher Abhängigkeit vom jeweiligen Einspeiseregime und vom Stand der Technik abhängt.

278 Darstellung nach J. Böttcher 2009, S. 236 auf Basis von Angaben der EWEA (http.//www.ewea.org/fileadmin/ewea_documents/documents/statistics/gwec/GWEC_-_Table_and_Statistics_2009.pdf). Die Daten für 2010 sind Schätzgrößen.

279 Bereits eine Diskussion um die Modifikation eines bestehenden Vergütungssystems wird einen negativen Einfluss auf die Branche haben, wenn die Fremdkapitalgeber befürchten müssen, dass Regelungen auch Rückwirkungs-Charakter für frühere Projekte haben können und zumindest zu Verzögerungen bei der Fremdfinanzierung führen.

280 J. Böttcher; P. Blattner 2006, S. 16.

ren müssen. Auch wenn Festpreissysteme aus Gründen der Planbarkeit Vorteile aufweisen, ist immer zu beachten, dass langfristige Lieferverträge aller Regel nach brüchig werden, wenn sich die langfristigen Preisformeln zu sehr vom Marktpreis entfernen[281]. Dies gilt auch für Preissysteme, in denen der Staat regulierend eingreift: Verschiebt sich seine Gewichtung der energiepolitischen Ziele oder kommen andere - z.B. verteilungspolitische Ziele - ins Spiel, kann sich die anfängliche Sicherheit von Festpreisen im Nachhinein als trügerisch erweisen.

Die maßgeblichen Systeme für Photovoltaik-Vorhaben stellen sich wie folgt dar (Tabelle 22)[282]:

Tabelle 22: Vergleich verschiedener PV-Fördersysteme innerhalb der EU

		Solarstrahlung (in kWh/qm)	Höhe in € Cent/kWh	Laufzeit	Sonstiges:
Grüne Zertifikate	Belgien (hier: Flandern)	1.040	33	20 Jahre	
Festpreissysteme	Deutschland	Berlin: 1.019	21,83 - 22,31	20 Jahre	ab 01.01.2011
	Frankreich	Paris: 1.150	27,6 - 35,2	20 Jahre	a) Werte hier nur für Freiflächenanlagen, b) Differenzierung der Vergütung nach Regionen
	Griechenland	Athen: 1.630	37,28	20 Jahre	a) hier nur Freiflächenanlagen auf dem Festland dargestellt (ab 01.02.2011); b) Zuschüsse zwischen 40 - 50 % der Gesamtinvestitionskosten [sofern Haushaltsmitel verfügbar sind], c) Jährliche Anpassung an die Inflation in Höhe von 25%
	Spanien		27,32 - 33,47	25 Jahre	Festlegung von jährlichen Obergrenzen, in 2011: max. 488 MW
	Italien	Mailand: 1.377	31,4 - 44 zuzüglich Strompreis	20 Jahre	a) Jährliche Degression von 6%, b) zusätzliche unbefristete Vergütung der Stromproduktion

Regelmäßig werden die Vergütungssätze bei Aufdach-Anlagen durch den maximalen Betrag abgebildet, während Freilandanlagen durch den minimalen Betrag beschrieben werden.

Die mit Abstand wichtigsten Länder für den Bereich Photovoltaik waren bis 2008 Deutschland und Spanien mit einem Weltmarktanteil von 75 %. Mit Änderung des Regulierungssystems in Spanien ist dieser Markt derzeit nur noch von eingeschränkter Bedeutung, so dass die gesamte Branche derzeit versucht, den Entfall des spanischen Markts durch das Erschließen neuer Märkte - insbesondere in Italien, Frankreich und Tschechien - zu kompensieren[283].

Das einzige Land, in dem es zum jetzigen Zeitpunkt ein erprobtes Fördersystem für CSP-Vorhaben gibt, ist Spanien. Die Vergütungsregelungen basieren auf

281 Hinzu kommt folgendes Problem: Eine langfristige Preisfixierung nimmt der Projektgesellschaft auch Chancen auf Erlössteigerungen. Dies ist zwischen Sponsoren und Fremdkapitalgebern auszuhandeln, wobei letztere an einer Erlöserhöhung regelmäßig nicht beteiligt sind und deshalb eine auf möglichst sicheren Absatz bedachte Verkaufspolitik präferieren werden.

282 J. Böttcher 2009, S. 172 und auf den Stand September 2011 angepasst.

283 J.P. Gillmann 2010, S. 7 (Euroforum-Konferenz vom 09.11.2010).

dem Gesetz 54/1997 über die Elektrizitätsbranche. Dieses Gesetz wird über Verordnungen in Form von Königlichen Dekreten präzisiert, zuletzt mit den Dekreten 661/2007 und 6/2009. Die staatliche Förderung ist pro Projekt begrenzt auf eine installierte Kapazität von 50 MW. Besonderheit des spanischen Markts ist ein Wahlrecht des Betreibers zwischen einem Festpreistarif von 28,76 Cent/kWh und einem zum Teil marktbasierten System. Wählt der Betreiber die zweite Variante, erhält er neben dem marktlich ausgehandelten Preis auch eine zusätzliche, staatlich garantierte staatliche Prämie. In den Jahren 2001 bis 2009 betrug der stundenmaximale Preis 15 Cent/kWh, der durchschnittliche Preis im selben Zeitraum etwa 7 Cent/kWh. Gleichzeitig wird eine Gesamtvergütung von 27,12 Cent/kWh staatlich garantiert. Damit liegt der minimale Preis bei der Marktpreisoption nur unwesentlich unter dem Preis innerhalb des Festpreissystems. Da CSP-Vorhaben über Speichersysteme zudem regelmäßig eine Steuerung des Angebots zulassen, wird im spanischen Markt zumeist das marktbasierte System gewählt.

Die Festpreisvergütung bzw. die Prämie beim Marktoptionsverfahren sind gesetzlich für 25 Jahre garantiert. Die gesetzlich garantierte Einspeisevergütung wird in Spanien der jährlichen Inflationsrate auf Basis des spanischen Verbraucherpreisindex angepasst, allerdings nicht in voller Höhe. Vom jeweiligen Verbraucherpreisindex werden bei der jährlichen Anpassung bis zum 31.12.2012 0,25 Prozentpunkte abgezogen, anschließend jeweils 0,50 Prozentpunkte.

Im Dekret 6/2009 wird zusätzlich ein System der Vorregistrierung für die Vergütung gefordert. Alle Vorhaben, die in die Liste aufgenommen wurden, erhalten die festgelegte Einspeisevergütung, wenn sie innerhalb von 36 Monaten nach Vorregistrierung fertig gestellt und anschließend endgültig in das Register eingetragen werden. Die spanischen Energieversorger werden zur Abnahme des erzeugten Stroms verpflichtet. Der im Real Decreto festgelegte Tarif wird Solarthermie-Projekten bis zu einer installierten Gesamtleistung von 500 MW zugesichert. Aufgrund der Größe der solarthermischen Vorhaben (durchschnittlich ca. 50 MW) ist damit zu rechnen, dass dieses Volumen sehr schnell ausgeschöpft sein wird.

Das spanische Förder- oder Regulierungssystem erfüllt die Anforderungen hinsichtlich ausreichender Tarifhöhe und Stabilität während der Projektfinanzierungslaufzeit. Aufgrund der staatlichen Garantie zur Abnahme des erzeugten Stroms zu festen Tarifen existiert in Spanien, wie auch in anderen Ländern mit derartigen Fördersystemen, grundsätzlich kein Markt- bzw. Absatzrisiko in dem Sinne, wie es zuvor beschrieben wurde. Sofern ein Projekt die definierten Voraussetzungen erfüllt und einen derartigen Tarif zugesichert bekommt, besteht letztlich die Frage, ob die Projektbeteiligten darauf vertrauen können, dass die einmal gesetzlich festgelegten und akzeptierten Rahmenbedingungen des Fördersystems auch über die Projektlaufzeit Bestand haben werden und nicht vom Projektstaat nachträglich negativ verändert oder aufgekündigt werden. Betrachtet werden muss hier folglich das Länderrisiko, welches noch Gegenstand der Risikoanalyse in Kapitel 5.3.8 sein wird, auf das an dieser Stelle verwiesen werden soll.

Allerdings kann sich in Fördersystemen, bei denen ein erhöhter Fördertarif nur einer gewissen Anzahl von Projekten gewährt wird (meist wird eine maximale Gesamtleistung in MW vorgegeben), dennoch ein Markt- und Absatzrisiko in der Ausprägung eines Preisrisikos ergeben. Eine derartige Regelung besteht auch im spanischen Förder- bzw. Regulierungssystem und betrifft folglich auch das betrachtete Fallbeispiel Solar BERENGAR. Wie bereits dargestellt, haben CSP-Kraftwerke eine verhältnismäßig lange Bauzeit bis zu deren Fertigstellung und Inbetriebnahme. Da der Fördertarif eines Projekts erst mit dessen Inbetriebnahme gesichert werden kann, besteht folglich bis zu diesem Zeitpunkt das Risiko, dass in der Zwischenzeit ausreichend andere Projekte installiert werden, so dass die gesetzlich festgelegte Maximalleistung erreicht wird und somit das betrachtete Projekt nicht mehr vom Fördertarif profitieren kann. Dieses Risiko kann erhebliche Auswirkungen auf das Projekt haben und im schlimmsten Fall den wirtschaftlichen Betrieb unmöglich machen und somit zum Abbruch des Projekts führen. Da die Banken eine Projektfinanzierung nur bei ausreichend hohem und stabilem Projekt-Cashflow gewähren werden, verlangen sie bei Identifizierung eines solchen Preisrisikos in der Regel eine umfangreiche Haftung eines der Projektbeteiligten, der für den ggf. entstehenden Schaden aufkommen muss.

Hinsichtlich der Höhe des Vergütungssatzes für CSP-Strom müssen mehrere Aspekte bedacht werden:

In einer frühen Marktphase werden die Produzenten erwarten, dass ihr Pionierrisiko durch einen möglichst hohen Vergütungssatz kompensiert wird und gegenüber der Regulierungsbehörde oder der Vertragspartei auch entsprechend argumentieren. Die Regulierungsbehörde wird als schlechter informierte Partei tendenziell dem Ansinnen der Anbieter entgegenkommen. Dies ändert sich typischerweise dann, wenn hinreichend Erfahrungen gemacht werden, insbesondere über die Ansiedlung von weiteren Anbietern. Insofern sind die Hinweise auf die möglichen Preise schwer zu prognostizieren und spiegeln nicht einen perfekten Marktprozess, sondern auch Marktunvollkommenheiten.

Man kann selbstverständlich eine Belastbarkeitsrechnung über ein Cashflow-Modell vornehmen, wie wir es in Kapitel 6.2 vornehmen. Damit lässt sich ein maximaler Finanzierungsbetrag ermitteln. Eine „faire" Bepreisung ließe sich nur dann ermitteln, wenn praktisch keine übermäßigen Gewinnanteile in den Investitionskosten enthalten wären. Dies wird aufgrund der Informationsasymmetrie gerade in der Startphase einer Branche selten der Fall sein.

Hinzu kommt eine nationale Komponente. Je nach Energiemix ergeben sich in verschiedenen Ländern unterschiedlich hohe Strompreise. Während die Kosten in den europäischen Ländern durch verhältnismäßig moderne Kraftwerke relativ gering sind, ist der Kraftwerksmix in den meisten afrikanischen Ländern veraltet. Damit sind zwar die Kosten marginaler Anbieter relativ hoch, so dass CSP-Strom möglicherweise dort schon wettbewerbsfähig ist. Die Frage ist allerdings, ob eine Projektfinanzierung in diesem Fall anwendbar ist. Eine Projektfinanzierung erfordert stabile Cashflows, mindestens für die Laufzeit der Projektfinanzierungsdarlehen. Dies lässt sich vertraglich zwar grundsätzlich konstruieren, wie wir weiter oben gezeigt haben. Allerdings muss man auch sehen, dass im Rahmen einer Projektfinanzierung versucht wird, die Risikofaktoren auszuschließen, die die Cashflows gefährden können. Ein Vorhaben, das eine Reihe von Risikoaspekten aufweist, wie eine verhältnismäßig neue Technik, Realisierung in Schwellenländern und Kontrahentenrisiko auf der Abnahmeseite wird es deutlich schwerer haben als eine Projektfinanzierung, bei der dies nicht der Fall ist.

Um es deutlich zu sagen: Die Wahl des Regulierungssystems entscheidet darüber, ob eine Projektfinanzierung im Bereich Erneuerbare Energien möglich ist oder nicht. Zum einen: Ein Festpreissystem sorgt zunächst dafür, dass die Preiskomponente eindeutig planbar ist. Ist sie es nicht, wird zunächst nach einer privatrechtlichen Regelung gesucht, die eine vergleichbare Stabilität ermöglicht, gelingt dies nicht, werden regelmäßig die Eigenkapitalanforderungen an die Sponsoren so groß, dass sich ein derartiges Vorhaben zumeist nicht für die Sponsoren rechnet. Zum anderen: Für den Fall, dass Vorhaben in einen freien Markt verkaufen, ist in jedem Fall zu prüfen, ob sie auch unter veränderten Rahmendaten tragfähig sind. Insbesondere ist zu prüfen, ob sie im Vergleich zu konkurrierenden Vorhaben einen Wettbewerbsvorteil haben und diesen auch langfristig - d.h. während der Projektlaufzeit - halten können. Dieser Nachweis wird umso schwieriger zu führen sein, je größer der technische Fortschritt erwartet werden kann.

Für eine Realisierung von CSP-Vorhaben sind stabile und verlässliche Preissysteme unabdingbar. So können europäische Staaten Einspeiseregelungen für Strom aus der MENA-Region anbieten. Es wäre ebenfalls denkbar, dass Einspeisegesetze in der MENA-Region selbst durch Erneuerbare-Energien-Credits mitfinanziert werden, die von europäischen Staaten gekauft werden können, um einen Teil ihrer Klimaschutzziele zu erreichen[284].

Den Zweck, prognostizierbare Rahmendaten auf der Abnahmeseite zu schaffen, dient auch die GLOBAL MARKET INITIATIVE (GMI), die von Ministern, Staatssekretären und Gouverneuren aus elf Ländern unterschrieben worden ist (Algerien, Ägypten, Deutschland, Jordanien, Marokko, Israel, Jemen, Spanien, Italien, Neu-Mexiko und Arizona). Die GMI will, basierend auf den ersten erfolgreichen Projekten, gemeinsam die Randbedingungen für eine erfolgreiche Markteinführung gestalten. Ein globaler Markt, so die Erwartungshaltung, wird das Interesse bei global agierenden Unternehmen erhöhen, den Wettbewerb intensivieren und damit Kostensenkungen vorantreiben[285].

Eingeschränkt wird die Prognosesicherheit bei Festpreissystemen durch eine mögliche Änderung des Regulierungsumfeldes. Die Folge des Wegfalls des Regulierungsumfelds und somit der Vergütungsgrundlage wäre - jedenfalls bei der heute verwandten Technik - ein wirtschaftliches Scheitern der bestehenden Projekte, da Strom aus Erneuerbaren Energien aufgrund der Erzeugungskosten noch nicht wettbewerbsfähig gegenüber konventionell erzeugter Energie ist und ein weiterer Absatz nicht möglich wäre. Dies gilt in den europäischen Ländern und bei Vernachlässigung der externen Effekte auch alternativer Energieträger. Ein Ausfall der Kredite wäre die Folge. Für die Bewertung dieses Szenarios muss zwischen einer echten und einer unechten Rückwirkung unterschieden werden.

Die echte Rückwirkung, bei der nachträglich ändernd in Tatbestände eingegriffen wird, die in der Vergangenheit bereits abgewickelt wurden, wird dabei von der ganz überwiegenden Mehrheit als sehr unwahrscheinlich angesehen, da sie gegen die Prinzipien der Rechtssicherheit und des Vertrauensschutzes verstößt.

Nicht so eindeutig ist die Sachlage bei einer unechten Rückwirkung. Diese liegt vor, wenn eine Norm auf gegenwärtig noch nicht abgeschlossene Sachverhalte in der Zukunft einwirkt. Jene kann sich beispielsweise in der Änderung der zukünftigen Vergütungssätze oder in einer gänzlichen Abschaffung des derzeitigen Fördersystems auswirken. Je nach Abwägung der Interessen des Allgemeinwohls mit denen der Betroffenen, in diesem Fall den Betreibern von Projekten bzw. den Anlagenlieferanten, kann eine unechte Rückwirkung gesetzeskonform sein. Die rückwirkende Änderung der PV-Tarife in Spanien in 2010 hat sehr deutlich gemacht, welche erheblichen negativen Konsequenzen von den Kapitalmärkten auf ein Land zukommen, das eine derartige Änderung in Erwägung zieht oder sogar umsetzt.

---

284 Desertec Foundation 2009, S. 5.

285 Solarpaces 2010.

Ein weiterer Aspekt, die Frage nach den Anreizwirkungen eines Regulierungssystems, wird häufig etwas stiefmütterlich behandelt, was seiner Bedeutung aber nicht gerecht wird. Abstrakt gesprochen geht es um die Frage, ob das staatliche Regulierungssystem, unter dem das Projekt tätig ist, durch die von ihm ausgehenden Anreizwirkungen unerwünschte Marktergebnisse hervorruft, die im Widerspruch zu übergeordneten staatlichen Zielsetzungen stehen und aus diesem Grund eine Überarbeitung erfordern. Die zwei folgenden Beispiele sollen zeigen, dass es sich dabei um zwei ernst zu nehmende Problemfelder handelt[286].

Als erstes Beispiel sei die Krise des kalifornischen Energiemarkts des Jahres 2000 dargestellt, die seine Ursache in früheren, gut gemeinten Zielen der kalifornischen Regierung hatten. Überzeugt von der Überlegenheit des marktlichen Koordinationsmechanismus wurde eine Liberalisierung des leitungsgebundenen Energiemarktes in der Mitte der 90er Jahre initiiert, um den Verbrauchern eine preisgünstige Energieerzeugung bieten zu können. Zu diesem Zwecke wurde, wie auch in anderen Ländern, u.a. eine Trennung der Energieunternehmen in Erzeugung und Verteilung vorgenommen und Wettbewerb insbesondere im Bereich Erzeugung eingeführt. Zusätzlich wurde staatlich vorgegeben, dass den Endkunden nur bestimmte, maximale Strompreise abverlangt werden konnten, gleichwohl die Energieunternehmen ihnen gegenüber nach wie vor zur Lieferung von Strom verpflichtet waren (Kontrahierungszwang). An der Funktionsfähigkeit des Systems gab es keinen Zweifel; die Wirtschaft in Kalifornien boomte seit Jahren, die Stromunternehmen funktionierten nach wie vor, so dass etwaige Probleme überhaupt nicht absehbar erschienen. Gerade die boomende Wirtschaft führte - zum einen über das Bevölkerungswachstum, zum anderen über die Nachfrage nach energieintensiven Geräten und Dienstleistungen - zu einer steigenden Nachfrage auch nach Strom. Parallel hatten die Stromversorger - angesichts des von ihnen befürchteten Preisdrucks und des härter werdenden Wettbewerbs - mehrheitlich beschlossen, sich aus der zu erwartenden unattraktiven Stromerzeugung herauszuziehen und sich auf den attraktiver erscheinenden Stromhandel zu konzentrieren. Damit öffnete sich eine Schere zwischen Angebot und Nachfrage, die sich bei freien Märkten relativ schnell wieder geschlossen hätte, da steigende Strompreise einerseits Knappheit, andererseits aber auch Gewinnchancen signalisiert hätten, so dass neue Erzeugungs-Kapazitäten aufgebaut worden wären. Das Preissignal konnte aber nicht wirksam werden, da ja nun gerade der Staat die Endverbraucherpreise festgeschrieben hatte. Faktisch bestand aber ein zu knappes Stromangebot, so dass auf Großhandelsebene zu Zeiten der Spitzennachfrage die Strompreise auf ein Vielfaches dessen stiegen, was die Endkunden zu zahlen hatten. Die Stromversorger, die die Endabnehmer

286 J. Böttcher 2009, S. 102 f..

zu beliefern hatten, mussten den Stromerzeugern ein Vielfaches dessen zahlen, was sie bei ihren Kunden erlösen konnten. Dieses deutliche Marktungleichgewicht konnte - trotz der staatlichen Vorgaben - nicht lange Bestand haben: Zu Zeiten der Spitzennachfrage kam es zu Stromausfällen, bei denen versucht wurden, diese über vorgegebene, geplante Stromabschaltungen einigermaßen planbar zu halten (*rolling black-outs*). Die Stromunternehmer, die auf Großhandelsebene tätig waren, konnten langfristig nicht die Verluste tragen, und das zweitgrößte kalifornische Stromunternehmen, die PG & E, musste Gläubigerschutz beantragen. Zahlungen an die Stromerzeuger waren damit auch nicht mehr möglich, und die zwischenzeitlichen Gewinner der Krise kamen zum Teil ebenfalls in ernste Schwierigkeiten[287].

Im kalifornischen Energiemarkt waren zu jener Zeit eine Reihe von unabhängigen Stromerzeugern (IPPs) finanziert worden. Bei der Analyse der Chancen und Risiken aus den jeweiligen Projekten wurden gemeinhin auch die Risiken aus der Deregulierung, nämlich sinkende Strompreise, dargestellt. Entsprechend wiesen die Projektfinanzierungen von IPP-Stromerzeugern auch hinreichend robuste Deckungsrelationen auf, die - unter normalen Marktbedingungen - ein komfortables Wirtschaften ermöglichen sollten. Dass die Marktmechanismen aber deutlich komplexer sind und Anreizwirkungen entfalten, die bei der Planung unberücksichtigt blieben, war nicht berücksichtigt worden. Zunächst konnten die Projekte von der Krise über deutlich gestiegene Strompreise profitieren, die sie den Unternehmen auf Großhandelsebene in Rechnung stellen konnten. Als diese nicht mehr zahlen konnten (PG & E) oder nicht mehr zahlen wollten (SOUTHERN CALIFORNIA EDISON), versiegte aber mit einem Schlag ihre einzige Einnahmequelle. Da ihre Stromabnahmeverträge so gestrickt waren, dass sie nur an einen der beiden Stromkonzerne liefern konnten, war ihnen die Möglichkeit verwehrt, den erzeugten Strom auf dem freien Markt zu verkaufen.

Da diese Situation drohte, in einem Zusammenbruch der gesamten Energiewirtschaft zu münden und damit unabsehbare volkswirtschaftliche Folgen nach sich gezogen hätte, musste der Staat intervenieren. Drei zentrale Maßnahmen sind in diesem Zusammenhang zu nennen: 1. Die Preise auf Endverbraucherebene wurden partiell freigegeben, wobei sie freilich auch bestimmte Maximalpreise nicht überschreiten durften. 2. Die Preise auf Erzeugerebene wurden ebenfalls gedeckelt, um mögliche Übergewinne auf Kosten der Unternehmen auf Großhandelsebene möglichst weitgehend zu vermeiden. 3. Der Staat Kalifornien kaufte von den Stromhandelsunternehmen deren Leitungsnetze auf, so dass diese die

287 J. Böttcher, P. Blattner 2006, S. 81-83.

Gelegenheit hatten, sich weitgehend zu entschulden und wiederum ihre finanzielle Handlungsfreiheit zurück gewinnen konnten.

Für die IPP bedeutete dies zum einen, dass sie wiederum Zahlungen für die von ihnen erzeugte Energie erhielten, sie im Gegenzug aber auch akzeptieren mussten, dass ihre Preise für eine Dauer von zunächst fünf Jahren eingefroren wurden und mögliche Chancen auf Übergewinne entfielen. Durch diese Maßnahmen wurde es möglich, dass auch die IPP wiederum eine langfristige Perspektive hatten, wobei der tatsächliche Cashflow-Verlauf ein gänzlich anderer war als er in der ursprünglichen Projektion dargestellt worden war.

Dass die Krise des kalifornischen Strommarktes kein Einzelfall ist, mag ein Blick auf den britischen Strommarkt des Jahres 2000 zeigen: Der britische Gesetzgeber sah Mitte der 90er Jahre einen Bedarf an neuen Stromerzeugungskapazitäten, die - insoweit eine Parallele zum kalifornischen Strommarkt - über private Stromerzeuger möglichst kostengünstig erzeugt werden sollten. Zu diesem Zweck wurde ein so genannter *Electricity Pool* gegründet, in den hinein der Stromverkauf der Stromerzeuger erfolgte. Die Abrechnung aller Stromerzeuger erfolgte einheitlich über einen Poolpreis, der damit für die Wirtschaftlichkeit der Projekte von zentraler Bedeutung war. Ein die Projekte, die in diesem Pool lieferten, beeinträchtigendes Marktrisiko wurde weder von den Marktgutachtern, noch von den Sponsoren, die durchaus erhebliche Eigenmittel zur Verfügung stellten, für möglich gehalten. Historische Poolpreise ließen einen wirtschaftlichen Kraftwerksbetrieb vermuten und die Bedienung des Kapitaldienstes schien - jedenfalls, was diesen Risikokomplex anbelangte - nicht gefährdet zu sein. Allerdings hatte der Poolpreis den Anreiz, dass eine Reihe von Stromerzeugern - mehr oder weniger zeitgleich - auf den Markt kamen, um an den erwarteten auskömmlichen Gewinnchancen zu partizipieren. Relativ schnell wurde aber auch deutlich, dass in rascher Folge so viele Kapazitäten aufgebaut worden waren, dass es aus volkswirtschaftlicher Sicht einen Angebotsüberhang gab. Um dieser Entwicklung entgegenzuwirken und auch für Neu-Investitionen nicht das falsche Preis-Signal zu geben, wurde das Preisbildungssystem im englischen Strommarkt geändert, so dass die Strompreise um 40 % einbrachen. Merchant-Projekte waren gegenüber diesem Preiseinbruch - trotz einer üblicherweise hohen Eigenmittelausstattung und damit resultierend einem relativ geringen Kapitaldienst - nicht hinreichend robust und gerieten in eine Schieflage, die eine Reihe von langdauernden Restrukturierungen auslösten.

Selbst geringe Änderungen an dem Vergütungssystem können erhebliche Auswirkungen auf die Investitionsentscheidung haben. Betrachten wir zu diesem Zweck das Beispiel eines spanischen Solarthermie-Projekts, so ergibt sich folgende, beispielhafte Prognoserechnung (Tabelle 23):

Tabelle 23: Base Case-Rechnung eines solarthermisches Kraftwerks in Spanien (e.D.)

	2011	2015	2019	2023	2027	2031
Preis in Cent / kWh:	27,12	29,36	31,78	34,40	37,23	40,30
Energiemenge in MWh p.a.:	82.700	165.400	165.400	165.400	165.400	165.400
Einnahmen:	22.431	48.559	52.562	56.895	61.585	66.661
Betriebskosten inkl. Steuern:	4.947	11.125	12.510	13.987	15.742	17.718
CF vor Schuldendienst:	17.484	37.435	40.052	42.908	45.843	48.943
Schuldendienst:	8.280	32.338	27.922	23.506	19.090	0
DSCR	2,11	1,16	1,43	1,83	2,40	0,00
IRR	11,69%					

Erkennbar ist, dass der Sponsor bei diesem Projekt einen internen Zinssatz von 11,69 % erwarten kann, während der Fremdkapitalgeber Deckungsrelationen von mindestens 1,16 realisiert. Aus Sponsorensicht sei die Verzinsung des eingesetzten Kapitals damit für eine Investition ausreichend, und aus Fremdkapitalgebersicht sei unterstellt, dass die erreichten Deckungsrelationen als hinreichender Sicherheitspuffer gegenüber Planabweichungen akzeptiert werden[288]. Beide Kapitalgeber sind sich damit einig, dass die Realisierung des Projekts aus ihrem jeweiligen Chance-Risiko-Blickwinkel lohnend ist und werden investieren.

Wie ändert sich das Bild, wenn wir unterstellen, dass nunmehr der Einspeisetarif nicht indexiert ist, wie es im obigen Beispiel unterstellt war und den aktuellen Gegebenheiten des spanischen Regulierungsumfeldes entspricht? Danach gestaltet sich die Planungsrechnung wie folgt (Tabelle 24):

Tabelle 24: Downside-Szenario eines solarthermischen Kraftwerks in Spanien (e.D.)

	2011	2015	2019	2023	2027	2031
Preis in Cent / kWh:	27,12	27,12	27,12	27,12	27,12	27,12
Energiemenge in MWh p.a.:	82.700	165.400	165.400	165.400	165.400	165.400
Einnahmen:	22.431	44.861	44.861	44.861	44.861	44.861
Betriebskosten inkl. Steuern:	4.947	11.125	12.510	13.987	15.742	17.718
CF vor Schuldendienst:	17.484	33.737	32.351	30.874	29.119	27.143
Schuldendienst:	8.280	32.338	27.922	23.506	19.090	0
DSCR	2,11	1,04	1,16	1,31	1,53	0,00
IRR	6,63%					

Nunmehr erscheint das Vorhaben weder aus Sicht der Investoren noch aus Sicht der Fremdkapitalgeber akzeptabel: Die gleich bleibende Vergütung führt zum einen dazu, dass das Investment nicht mehr die notwendige Minimal-Verzinsung des Sponsors erreicht[289]. Zum anderen stellt auch der Fremdkapitalgeber fest, dass der Kapitaldienst bereits im Basisfall in einzelnen Jahren kaum gedeckt ist, was noch nicht die banküblichen Sicherheitsabschläge bei der Bewertung berücksichtigt, die nach derzeitiger Banken-Usance mindestens bei 12 % bezogen auf den Jahresenergieertrag liegen. Um eine akzeptable Belastbarkeit des Vor-

288 Für Einzelheiten zum Verfahren der Prognoserechnung sei auf das Kapitel 6 verwiesen.

289 Regelmäßig werden von Investoren interne Renditen bei Solarprojekten gefordert, die bei deutschen Projekten oberhalb von 7 % nach Steuern liegen und außerhalb von Deutschland bei mindestens 9 %.

habens zu erreichen, würde die Bank wahrscheinlich eine höhere Eigenmitteleinbringung fordern, was allerdings wiederum die interne Rendite weiter verringern würde[290].

Als Zwischenergebnis wird bereits an dieser Stelle deutlich:

- Der Stabilität des Cashflows kommt aus Sicht sowohl der Sponsoren als auch der Fremdkapitalgeber herausragende Bedeutung zu, wobei beide - aufgrund der asymmetrisch verteilten Chancen und Risiken - allerdings einen unterschiedlichen Maßstab anlegen.
- Offensichtlich scheinen Änderungen im Preissystem besonders große Auswirkung auf die Realisierungschancen von Projekten zu haben. Dies liegt zum einen darin begründet, dass Projektfinanzierungen typischerweise sehr langfristige Finanzierungen sind, bei denen die Rückzahlungszeiten von Darlehen durchaus 15 Jahre und mehr erreichen können. Zum anderen handelt es sich meist um kapitalintensive Investitionen, deren Risikostruktur im besonderen Maße von der Preiskomponente beeinflusst wird. Dies gilt auch und gerade für EE-Projekte, die sich durch hohe spezifische Anschaffungskosten auszeichnen, während die Betriebskosten von eher untergeordneter Bedeutung sind.
- Die Änderungen an dem Annahmenset waren mit dem Entfall einer Indexierung noch verhältnismäßig moderat. Bei einem Vergleich mit einem mengenbasierten Regulierungssystem können die Folgen noch deutlich stärker ausfallen, was auch der Grund dafür ist, dass es eher selten Projektfinanzierungen gibt, die in vollständig marktlich organisierten Märkten tätig sind.
- Auch avisierte Änderungen des Preissystems haben erhebliche Wirkungen auf die jeweilige Branche: Müssen die Kapitalgeber damit rechnen, dass in Kürze das Regulierungssystem in eine nicht absehbare Richtung geändert wird, werden sie sich mit Investitionen eher zurückhalten. Dies gilt insbesondere dann, wenn nicht klar ist, ob und inwieweit es einen Bestandsschutz für bestehende Anlagen gibt und wie ggf. Übergangsfristen auf das neue Entgelt-System aussehen werden (siehe hierzu Kapitel 4.7)[291].

---

290 Alternative Möglichkeiten, die Finanzierungsstruktur für beide Parteien akzeptabel zu gestalten, werden in Kapitel 6.5 dargestellt.

291 In aller Regel gibt es einen Bestandsschutz für bestehende Projekte, die eine echte Rückwirkung einer Regulierungsänderung ausschließt. Angeführte Gründe sind hierbei meist das Prinzip der Rechtssicherheit und der Eigentumsschutz. Besteht hierbei allerdings Unklarheit, ist insbesondere bei den Fremdkapitalgebern die Zurückhaltung gegenüber einem Engagement groß, da sie die Unsicherheit - aufgrund ihrer Chance-Risiko-Position - in einem Worst-Case-Szenario berücksichtigen müssen. Um die möglichen rationalen Verhaltensweisen der Projektbeteiligten abzuschätzen, empfiehlt es sich, über das klassische Instrumentarium hinaus Warteoptionen (siehe Kapitel 3.2) zu berechnen.

Die beiden Beispiele belegen zum einen, welche Auswirkungen es haben kann, in einem teils regulierten, teils nicht regulierten Markt tätig zu sein, sie belegen aber auch, welche Anreizwirkungen ein Regulierungssystem entfalten kann, das den übergeordneten politischen Zielen widerspricht und damit Gegenmaßnahmen erfordern kann.

Insgesamt zeigen die Beispiele, dass jedes Regulierungssystem bestimmte Anreize entfaltet, die auch zu Fehlallokationen führen können, die wiederum in einer dynamischen Betrachtung einen Prozess zwischen Aktion und Reaktion auslösen können, dessen Prozesshistorie im vorhinein kaum abzuschätzen ist und damit allein neue Investitionen behindern oder bereits getätigte Investitionen gefährden kann. Weiter sollte deutlich geworden sein, dass Erneuerbare Energien einer Branchenregulierung benötigen, die eine langfristige Planbarkeit der Preise ermöglichen.

Wesentlich komplexer werden die jeweiligen Überlegungen noch, wenn die weiter oben angesprochene Verzahnung zwischen der Ebene EU und den Staaten in der MENA-Region erfolgt. Hier wollen wir im Folgenden die europäische Ebene skizzieren, aber die Verzahnung mit der MENA-Region nicht vertieft im Rahmen dieser Darstellung behandeln.

Die Erneuerbare-Energien-Richtlinie der EU (2009/28/EG) verpflichtet die Mitgliedsstaaten auf verbindliche Ziele für 2020. Gesamtziel ist, dass im Jahr 2020 20 % am Bruttoenergieverbrauch durch erneuerbare Energien und 10 % des Endenergieverbrauchs im Verkehr aus erneuerbaren Energien gedeckt werden. Die europäischen Ziele werden durch verbindliche Ziele auf nationaler Ebene konkretisiert. Neben Anforderungen hinsichtlich Berichtspflichten der Mitgliedsstaaten und der Vorlage von nationalen Aktionsplänen behalten die Mitgliedsstaaten die Hoheit über die Wahl und Ausgestaltung ihrer nationalen Fördersysteme. Die Abbildung 36 zeigt den Anteil der regenerativen Energieträger an der Deckung des Strombedarfs der Mitgliedsstaaten der Europäischen Union im Jahr 2005 und die Zielvorgabe für 2020.

Solange die externen Effekte nicht internalisiert worden sind (siehe Kapitel 3.5), benötigen die Erneuerbaren Energien Fördersysteme, die es ihnen erlauben, sich sukzessive weiterzuentwickeln. Entsprechend stellen sich die aktuellen Zielvorgaben in den EU-Ländern dar:

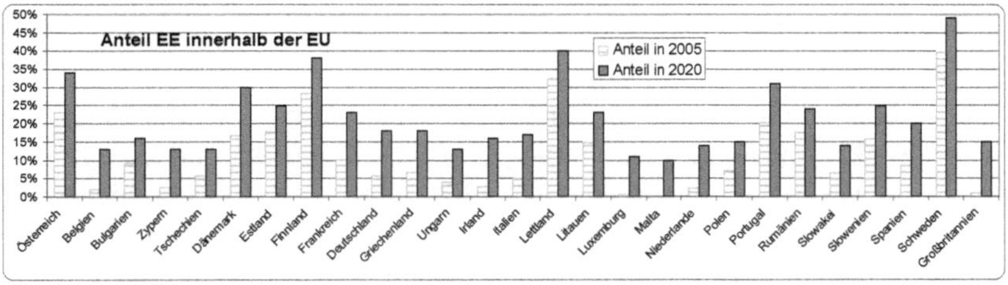

Abbildung 36: Ziele für die EU-27 hinsichtlich des Anteils Erneuerbarer Energien[292]

Die Darstellung zeigt, dass sich die Vorgaben hinsichtlich der Anteile der erneuerbaren Energien am Strombedarf innerhalb der EU-Staaten deutlich unterscheiden. Dies ist darauf zurückzuführen, dass Länder wie Schweden und Österreich durch die verfügbaren Wasserkraftkapazitäten bereits 2001 wesentliche Anteile der Stromversorgung aus regenerativen Energien bezogen. Insgesamt zeigt sich, dass die Länder sehr unterschiedliche Ergebnisse hinsichtlich der Erreichung nationaler Ziele aufweisen. Im Januar 2007 hat die Europäische Kommission den weitergehenden „Fahrplan für erneuerbare Energien" vorgestellt. Dieser Fahrplan stellt die Langzeitstrategie der Kommission bezüglich der Entwicklung der erneuerbaren Energien in der Europäischen Union dar. Danach soll der Anteil der erneuerbaren Energien am Gesamtenergieverbrauch bis 2020 auf 20 Prozent erhöht werden. Für die nationalen Quoten wird jeweils der bisherige Anstieg zwischen 2001 und 2005 berücksichtigt. Nach den aktuellen Zielen soll jeder Mitgliedsstaat den Anteil an Erneuerbarer Energie erhöhen, um dazu beizutragen, diesen Anteil von 8,5 % heute bis 2020 auf 20 % zu erhöhen. Der Einsatz von Biokraftstoffen zu 10 % des Gesamtstoffverbrauchs im Verkehrswesen ist im Gesamtziel der EU ebenfalls mit eingeschlossen. Damit diese Zielvorgaben erreicht werden können, wird jeder der EU-Mitgliedsstaaten dazu aufgefordert, seinen Anteil an Erneuerbarer Energie im Vergleich zum Stand von 2005 um 5,5 % zu erhöhen. Dazu addiert sich eine Steigerung, die auf Grundlage des Bruttoinlandsprodukts pro Kopf errechnet wird.

Die in 2007 festgelegten EU-Klimaziele sind ambitioniert und nur mit erheblichen, kontinuierlichen und unverzüglich einsetzenden Anstrengungen zu erreichen. Ausgangspunkt für die Formulierung der einzelnen Klimaschutzziele ist die zuletzt auf der Tagung des Rates „Umwelt" am 05.11.2008 betonte Auffassung, dass die globale Oberflächentemperatur um nicht mehr als 2 Grad Celsius gegenüber dem vorindustriellen Niveau steigen darf. Wird dieses Immissionsziel auf die Emissionsebene heruntergebrochen, so heißt dass, dass bis 2050 die

292 Europäische Union 2009, S. 31.

Treibhausgasemissionen weltweit zwischen 50 % und 80 % gegenüber dem Stand von 1990 vermindert werden müssen[293].

Am 23.01.2008 hat die Kommission ihren Vorschlag für ein integriertes Klima- und Energiepaket (im Folgenden: GREEN PACKAGE) vorgelegt, den die europäischen Staats- und Regierungschefs am 12.12.2008 in Brüssel verabschiedet haben. Nach Einigung zwischen dem Europäischem Parlament, dem Europäischen Rat und der Europäischen Kommission trat dann das Green Package mit seiner Veröffentlichung im Europäischen Amtsblatt am 05.06.2009 in Kraft.

Für die Jahre 2014, 2016 und 2018 müssen die Mitgliedsstaaten Zwischenziele formulieren, die allerdings nicht verbindlich sind. Zwischen 2013 und 2020 soll ein linearer Emissionstrend umgesetzt werden. Dabei kann jeder Mitgliedsstaat zwischen 2013 und 2019 vom jeweils nachfolgenden Jahr eine Menge vorweg in Anspruch nehmen (periodeninternes Borrowing), was 2 % seiner Obergrenze für Treibhausgasemissionen entspricht. Weitere Ventilfunktion verspricht sich die Kommission von der Regel, nach der jeder Mitgliedsstaat pro Jahr 3 % seiner nicht unter den Emissionshandel fallenden Treibhausgasemissionen im Jahr 2005 aus Joint Implementation- und CDM-Projekten importieren darf, um seinen Verpflichtungen nachzukommen. Falls ein Staat seine JI/CDM-Menge nicht ausschöpft, kann er seinen Überschuss auf einen anderen Mitgliedsstaat übertragen. Für den Fall, dass die EU ihr Klimaschutzziel von 20 % (2020/1990) auf 30 % (2020/1990) verschärfen sollte, wird das JI-/CDM-Kontingent um fünf Prozentpunkte angehoben.

Diese ambitionierte Zielsetzung hatte nach der Klimakonferenz in Kopenhagen einen deutlichen Dämpfer erlitten. Als Ergebnis blieb eine Kopenhagen-Erklärung, die von der Versammlung lediglich zur Kenntnis genommen wurde. Einziges greifbares Ergebnis des „*Copenhagen Concord*“ war die Zusage der Industriestaaten von 30 Mrd. Dollar in den kommenden drei Jahren, damit sich Entwicklungsländer gegen die Folgen des Klimawandels schützen können. Die von den Europäern selbst gesteckten Ziele - Senkung des Kohlendioxidausstoßes und verbindliche Abbauvorgaben für die Staaten, die sich nicht dem Kyoto-Protokoll unterworfen hatten - konnten nicht erreicht werden. Im Rahmen des Abkommens von Cancún wurde Ende 2010 einerseits der Grundstein gelegt für eine Nachfolgeregelung des Kyoto-Protokolls und andererseits eine Neuordnung der Beziehungen zwischen Industrie- und Schwellenländern angesprochen. Zentral ist sicherlich die Orientierung der unterzeichnenden Länder an dem Ziel, die Erderwärmung auf zwei Grad gegenüber dem vorindustriellen Niveau zu begrenzen.

---

293 Wuppertal Institut 2009, S. 10.

Das Dilemma der internationalen Klimapolitik bleibt gleichwohl unverändert: Der Interessenausgleich zwischen denen, die ihren Lebensstandard bewahren wollen, und denen, die dieses Wohlstandsniveau bald erreichen wollen, scheint unmöglich. Angesichts des Scheiterns der Kopenhagen-Konferenz hat die EU ihre Ankündigung fallengelassen, den CO_2-Ausstoß bis 2020 nicht um 20 %, sondern um 30 % zu reduzieren.

Während es auf EU-Ebene einen erprobten Prozess für die Weiterentwicklung umweltpolitischer Ziele gibt, besteht derzeit noch kein Klimaschutzprogramm für die Länder der MENA-Region, die eine Grundvoraussetzung für die Ausgestaltung von geeigneten Regulierungssystemen wäre. Ein Ansatz, um auf diesem Wege voranzuschreiten, wäre zum Beispiel eine Orientierung an den Arbeiten am deutschen Klimaschutzprogramm, der folgende Prozessfolge vorsieht:

- Bestandsaufnahme (Ermittlung der bestehenden Strukturen und Rahmenbedingungen),
- Identifizierung der physikalischen, technischen und wirtschaftlichen Potentiale und Optionen,
- Identifizierung von Hemmnissen (administrative, informatorische, organisatorische, institutionelle, rechtliche und wirtschaftliche Barrieren),
- Analyse der verfügbaren Maßnahmen zur Beseitigung bzw. Reduzierung der identifizierten Hemmnisse,
- Gestaltung eines Programms und Beschreibung der einzusetzenden Maßnahmen,
- Politische Umsetzung des definierten Maßnahmenbündels,
- Überprüfung und ggf. Modifizierung des eingesetzten Maßnahmenbündels[294].

Wesentlich ist, dass die energiepolitischen Ziele der Länder der EU mit denen der MENA-Region verzahnt werden müssen.

Wir haben in diesem Kapitel untersucht, welche Möglichkeiten bestehen, das Markt- und Absatzrisiko zu strukturieren. Dabei kommt der Einbindung des Sitzlandes eine herausragende Bedeutung zu, gut kalkulierbare und verlässliche Rahmenbedingungen zu schaffen, damit eine Projektfinanzierung eine tragfähige Grundlage erhält.

Im nächsten Kapitel betrachten wir das Ressourcenangebot, das gemeinsam mit der Technik einen wirtschaftlichen Betrieb überhaupt erst ermöglicht.

---

294 F. Schafhausen 2009, S. 23.

5.3.6. Ressourcenrisiko - Abschätzbarkeit des Energieertrages

Der folgende Abschnitt 5.3.6 ist im allgemeinen Teil wesentlich aus meiner Publikation „Projektfinanzierung“ (dort das Kapitel 3.3.2 Projektexogene Risiken – Reserve- und Ressourcenrisiko) entnommen, wobei die Aspekte, die Bezug auf CSP-Vorhaben nehmen, neu hinzu gekommen sind[295].

Das Ressourcenrisiko beschreibt die Gefahr, dass Ressourcen in Umfang oder Qualität hinter den Planwerten zurückbleiben[296]. Bei einer zu geringen Ressourcenmenge fallen die Projekt-Erlöse - möglicherweise während der gesamten Projektlaufzeit - geringer aus als erwartet, so dass die Bedienung des Kapitaldienstes ebenso gefährdet sein kann wie die angemessene Wirtschaftlichkeit des Projekts. Dieses Risiko wirkt auf alle Projekte im Bereich der Erneuerbaren Energien ein: Es geht darum, die Standortqualität bei einer bestimmten Technikkonstellation einzuschätzen[297].

Um dieses Risiko möglichst klein zu halten, muss die Standortqualität angemessen durch unabhängige und erfahrene Sachverständige begutachtet werden. Die Qualität von Ertragsgutachten hängt auch von der Erfahrung und dem Wissen der Gutachter ab[298]. Regelmäßig werden mindestens zwei Gutachten herangezogen. Übersteigen die Abweichungen der Gutachten einen bestimmten Wert, mag es sinnvoll sein, ein weiteres Gutachten erstellen zu lassen.

---

295 J. Böttcher; P. Blattner 2006, S. 74-77.

296 Typischerweise wird dieses Risiko bei Rohstoffvorkommen wie z.B. Ölvorkommen oder Minenprojekten diskutiert, allerdings gelten die Überlegungen in analoger Anwendung auch für EE-Projekte. J. Böttcher; P. Blattner 2006, S. 74 ff..

297 J. Böttcher 2009, S. 94 f..

298 Auch hier ergeben sich Fragen der Informationsasymmetrie, auf die wir in Kapitel 3.3 eingegangen sind. Eine ex-post Validierung der Gutachter wäre wünschenswert, auch da ein etwaiger Schadenersatz der Gutachter regelmäßig auf ein Vielfaches der Kosten des Gutachtens beschränkt ist, andererseits die Folgen eines fehlerhaften Gutachtens u.U. einen vollständigen Abschreibungsbedarf der Darlehensmittel verursachen können. Die Maßnahmen zur Vermeidung der Informationsasymmetrie gehen zumeist von der Seite der Agents aus (also den Gutachtern), die sich beispielsweise auf bestimmte Prüfstandards verpflichten und regelmäßig extern kontrollieren lassen. Eine Erklärung, warum die Banken eher zögerlich bei der Validierung der Gutachter sind, liegt auch darin begründet, dass sie bei Abweichungen zumeist eine Beobachtungsgröße, z.B. einen niedrigeren Energieertrag, vorfinden, aber dafür verschiedene Ursachen denkbar sind: 1. Das Elementarangebot war niedriger als erwartet. 2. Das Gutachten war überoptimistisch. 3. Die Technik hat nicht so performt, wie es erwartet worden war. Zudem kann eine derartige Ursachenanalyse auch wiederum nur durch einen technischen Gutachter vorgenommen werden.

Insgesamt gehört das Ressourcenrisiko zu dem von den Banken am häufigsten übernommenen Risiko im Rahmen von EE-Projekten. Soweit Kreditgeber Ressourcenrisiken übernehmen, bedeutet dass, dass sie z.B. im Fall ungenügender Ressourcen zumindest einer Streckung der Tilgungszahlungen zustimmen müssen.

Das Strahlungsangebot der Sonne teilt sich auf in die so genannte diffuse und direkte Strahlung, die gemeinsam die Globalstrahlung ergeben. Die diffuse Strahlung ist ungerichtet und ergibt sich an bewölkten Tagen, an denen die Sonne nicht zu sehen ist. An klaren Tagen ist die Sonne gut zu sehen und das Sonnenlicht hat eine Richtung. Diese Strahlungsenergie wird als direkte Strahlung bezeichnet. Die Unterscheidung ist wichtig, weil unterschiedliche Technologien der Umwandlung von Sonnenlicht in elektrische Energie unterschiedliche Anforderungen an die Strahlung stellen. Während Photovoltaik-Anlagen die diffuse und direkte Sonnenstrahlung nutzen können, können CSP-Anlagen lediglich die direkte Strahlung nutzen.

Zu beachten ist, dass es bei kristalliner Modultechnik langjährige Erfahrungen gibt, die hinreichend genaue Ertragsprognosen ermöglichen. Bei solarthermischen Kraftwerken muss der Gutachter hingegen in der Lage sein, die Direkteinstrahlung sehr genau zu erfassen.

Das Ertragsgutachten ist nach der sorgfältigen Projektplanung der erste Schritt bei der Qualitätssicherung. Das Gutachten sollte sich nicht nur auf die Umrechnung von Strahlungsdaten mit einem theoretischen Anlagenwirkungsgrad beschränken. Wesentlich ist, dass der Standort des Projekts auf mögliche Verschattungssituationen und Wolkenbildung geprüft wird. Bei professionellen Planungsunterlagen kann dies auf der Basis der Lagepläne, Fotos vom Umgebungsprofil und der Detailplanung zur Aufstellung der Solaranlagen erfolgen. Bei kritischen Standorten bzw. unzureichenden Planungsunterlagen ist unbedingt eine Ortsbesichtigung vorzunehmen. Eine Abschätzung der möglichen Folgen des Klimawandels erfolgt im Regelfall nicht[299].

---

299 Die typischen Prognoseverfahren beruhen auf dem MCP-Verfahren (*measure, correlate and predict*). Danach werden am Projektstandort Messdaten aufgenommen, mit langfristig verfügbaren Referenzdaten verglichen und auf Grundlage der Korrelation der Daten eine Prognose für den Standort vorgenommen. Siehe J. Böttcher 2009, S. 250. Damit ist der Vergleichsmaßstab typischerweise vergangenheitsorientiert. Bei einer Finanzierungslaufzeit von bis zu 20 Jahren ergibt sich hier eine zusätzliche Prognoseunsicherheit.

Zur Messung der direkten Solarstrahlung werden zwei Verfahren verwandt:

- In einem Fall wird die Strahlung von einer Referenzzelle innerhalb eines so genannten Pyranometers erfasst, die durch einen zylindrischen Körper aus einer Richtung von der Strahlung erreicht werden kann. Dieser Körper hat eine innere Oberfläche, die kein Licht reflektiert. Somit wird Licht, das nicht exakt in Richtung der Körperachse einfällt, nicht zur Referenzzelle geleitet. Die Anordnung von Zelle und Rohr wird exakt dem Sonnenlauf, sowohl über den Tag als auch über das Jahr, nachgeführt. Dadurch wird erreicht, dass das gesamte direkte Licht auf die Referenzzelle geleitet wird.
- Im zweiten Fall kann die direkte Strahlung auch bestimmt werden, indem die globale und die diffuse Strahlung gemessen werden. Ein Schattenring sorgt dafür, dass die Referenzzelle immer im Schatten liegt und somit nur die diffuse Strahlung erfasst. Der Schattenring muss hierfür exakt ausgerichtet sein und alle ein bis zwei Wochen in seiner Höhe verändert werden. Zusätzlich muss die Globalstrahlung erfasst werden, indem ein zweites Pyranometer die Globalstrahlung am gleichen Standort erfasst.

Die Werte für die direkte Strahlung sind als Bodenmesswert seltener erfasst als die Globalstrahlung. Dies liegt auch daran begründet, dass die Nachfrage nach diesen Werten noch nicht so hoch ist, da die bisherige Marktentwicklung primär im Bereich der Photovoltaik stattgefunden hat.

Da die Strahlung außerhalb der Erdatmosphäre bekannt ist (1.367 W/m^2), kann über die Erfassung der Bewölkung auf die Strahlung an der Erdoberfläche zurückgerechnet werden. Diese Methode führt nicht zu exakten Ergebnissen, wenn beispielsweise der Einfluss von Aerosolen vom Satelliten aus nicht ausreichend erfasst werden kann. Satellitendaten für die direkte Strahlung sind daher nur für eine erste Abschätzung geeignet. In jedem Fall müssen für die Zwecke einer Projektfinanzierung die Werte mit Bodenmesswerten abgeglichen und ggf. korrigiert werden.

Bei CSP-Vorhaben ergibt sich im Vergleich zu PV-Systemen ein zusätzlicher Prognosebedarf: Die Simulation des Solarteils muss von der des Dampfteils getrennt werden, wobei beide Simulationen unterschiedliche Zielvorstellungen haben. Da die Prognosen für den Dampfbereich gewöhnlich aus dem konventionellen Kraftwerksbereich stammen, ist es das Ziel, den so genannten Designfall zu simulieren. Das bedeutet, dass die Berechnung für einen bestimmten Zeitpunkt erfolgt, an dem sich bestimmte Bedingungen einstellen und bestimmte Ergebnisse erzielt werden. Simulationen aus dem Bereich der Solarenergie zielen jedoch eher auf das Jahresergebnis ab. Ursache hierfür ist, dass keine konstanten Bedingungen über einen Tageslauf vorliegen und ungewöhnlich viele

An- und Abfahrvorgänge notwendig sind[300]. Die Prognose der Energieproduktion muss dabei durch einen Gutachter vorgenommen werden, der gleichermaßen die Simulation des Solarteils und des Dampfteils vornehmen kann und in der Lage ist, diese miteinander zu verknüpfen.

Da der Energieertrag zentral für den Projekterfolg ist, werden vor der Realisierung eines Vorhabens üblicherweise mehrere Ertragsgutachten in Auftrag gegeben. Bei diesen Gutachten sind die Sonneneinstrahlung am jeweiligen Standort, die Modultypen und die technische Verfügbarkeit die entscheidenden Einflussgrößen. Die verschiedenen Einflussgrößen sollen im Folgenden näher betrachtet werden.

Wie im Windbereich, steht die für die Energieproduktion maßgebliche Ressource kostenlos zur Verfügung. Damit reduziert sich das Elementarrisiko wesentlich auf die Prognostizierbarkeit der zukünftigen Einstrahlung[301]. Die damit verbundenen Unsicherheiten lassen sich zwei Teilbereichen zuweisen, einerseits der Prognoseunsicherheit der Gutachten selber und andererseits der Unsicherheit in dem Strahlungsangebot andererseits.

Zur Gewinnung einer soliden Datenbasis der meteorologischen Bedingungen am Standort sind Messwerte eines Zeitraums von mindestens zehn bis 15 Jahren zugrunde zu legen, die ggf. mit Erfahrungswerten von benachbarten Parks gestützt werden können. Selbst bei einer Messperiode von fünfzehn und mehr Jahren verbleibt eine Prognoseunsicherheit von etwa 4 %. Diese Abweichung ergibt sich aus der großen Zahl von Einflussfaktoren, die bei der Prognose zu berücksichtigen sind. Zu einer Unsicherheit tragen insbesondere die folgenden Faktoren bei:

- Qualität der Basis-Meteorologie-Daten: Die regional sehr unterschiedliche Ausstattung mit Strahlungs-Messstationen kann dazu führen, dass die vorhandenen Daten interpoliert werden müssen, was die Datenqualität mindert.
- Regionale Gegebenheiten: Starker Dunst, wie er etwa durch die Nähe zu einem Gewässer oder durch ein benachbartes Biomasse-Kraftwerk entstehen kann, kann zu einer Reduzierung der Strahlungsintensität führen. Ebenso kann die Verschattung durch umgebende Gebäude, Vegetation oder benachbarte Hügel zu deutlich reduzierten Energieerträgen führen. Dieser Effekt ist bei CSP-Vorhaben, die lediglich die direkte Strahlung nutzen, von besonderer Bedeutung.
- Umrechnung der Strahlung von der horizontalen zur geneigten Fläche: Hierbei kann die Berechnung der indirekten, diffusen Strahlung unter Umständen fehlerbehaftet sein.

---

300 K. Schallenberg 2009, S. 60.

301 Siehe hierzu auch die Ausführungen in Kapitel 5.3.4.

Neben der Unsicherheit im Gutachten, die aus einer nicht perfekten Datenbasis resultiert, treten auch solche Unsicherheiten auf, die mit den natürlichen Schwankungen im Strahlungsangebot zusammenhängen und damit nicht eliminierbar sind. Mittlerweile sind die Gutachter in der Lage, im Regelfall standortbezogene Einspeisedaten vorzulegen[302].

Wir haben in Abbildung 37 und Tabelle 25 die normierten Strahlungsdaten an drei Standorten in Spanien abgebildet:

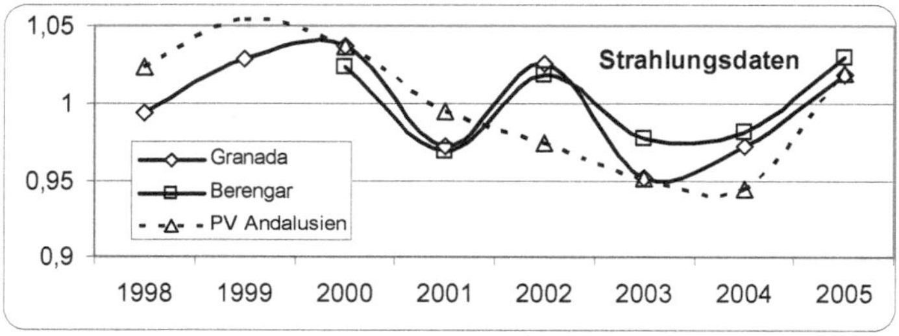

Abbildung 37: Strahlungsdaten an drei Standorten in Spanien

Tabelle 25: Direktstrahlung in kWh je m^2; Globalstrahlung

	1998	1999	2000	2001	2002	2003	2004	2005
Granada	2120	2196	2213	2075	2189	2031	2075	2174
Berengar			2183	2067	2172	2085	2093	2196
PV Andalusien	1918	1976	1943	1865	1827	1785	1772	1912

Dabei werden Schwankungen der Direktstrahlungen an zwei Standorten (Granada und BERENGAR) sowie der Globalstrahlung an einem Standort in Andalusien ausgewiesen. Die Standardabweichung bei den CSP-Standorten ist mit 3,2 % (Granada) und 2,7 % (BERENGAR) noch etwas geringer als bei dem PV-Projekt mit 4,0 %. Leider liegen noch verhältnismäßig wenige Direktstrahlungsdaten über einen längeren Zeitraum vor, so dass eine Verallgemeinerung schwierig erscheint. Allerdings deuten die Daten darauf hin, dass das Elementarrisiko bei CSP-Vorhaben zumindest nicht größer ist als bei PV-Projekten.

Diese verhältnismäßig geringe Schwankungsbreite gilt auch in anderen Ländern, wobei die Schwankungen etwas größer werden, je weiter das Vorhaben vom Äquator entfernt ist. Erwartet werden Standardabweichungen von etwa 4 % für Spanien und etwas über 5 % für Deutschland. Erkennbar ist bei den oben dargestellten spanischen Standorten, dass selbst in denselben Jahren unterschiedliche Einstrahlungswerte zu beobachten waren, und eine Übertragung von einem auf einen anderen Standort nicht sachgerecht ist. In jedem Fall sollten daher stand-

302 J. Böttcher 2009, S. 161.

ortspezifische Zeitreihen der Projektbewertung zugrunde gelegt werden, anstatt auf eher allgemeine Standardabweichungen für einzelne Länder zuzugreifen.

Eine vollständige Prognosesicherheit lässt sich aufgrund der meteorologischen Datenlage und den nicht zu beeinflussenden Schwankungen im Strahlungsangebot der natürlichen Ressource Sonneneinstrahlung nicht realisieren. Durch die Einhaltung der im allgemeinen Teil genannten Anforderungen kann allerdings eine Optimierung der Ertragsgutachten erfolgen.

Auch wenn man intuitiv vermuten könnte, dass die Charakteristika von PV-Projekten denen von Solarthermieprojekten entsprechen, ist dies nur in Teilbereichen richtig. Zentral ist zunächst die Erkenntnis, dass solarthermische Kraftwerke nur die Direktstrahlung nutzen können. Ein längerer Wolkendurchzug führt bei CSP-Vorhaben - im Unterschied zu PV-Projekten - zu einer Produktionsunterbrechung. Damit ist der Einsatz von solarthermischen Kraftwerken in wolkenreichen Gebieten, z.B. unmittelbar an Gewässern oder im Gebirge, ausgeschlossen. Hinzu ist aus einer dynamischen Sicht zu berücksichtigen, dass es durch den Klimawandel zu einer vermehrten Wolkenbildung kommen kann, die in einzelnen Regionen den Einsatz von CSP-Vorhaben unmöglich machen könnte.

Die dargestellten Folgen aus dem Eintritt des Ressourcenrisikos und die sich hierdurch ergebenden Auswirkungen auf ein konkretes Projekt werden nachfolgend exemplarisch anhand des Fallbeispiels Solar Berengar untersucht. Dabei wird ausgehend von der finalen Finanzierungsstruktur (siehe Kapitel 6.3) jeweils ein Parameter verändert und die hieraus resultierenden Ergebnisse werden im Folgenden beschrieben.

Der Jahresenergieertrag des Projekts wird um 10 % von ursprünglich 165,4 GWh auf 148,9 GWh gesenkt. Dies hat folgende Auswirkungen: Den unveränderten Projektkosten in Form der laufenden Betriebskosten sowie insbesondere dem anfallenden Kapitaldienst für den Projektfinanzierungskredit steht entgegen der Ausgangslage im Sponsors-Case durch Absenken des Jahresenergieertrags ein geringerer Projekt-Cashflow aufgrund verminderter Sonneneinstrahlung gegenüber. Dadurch sinkt der Anteil des Projekt-Cashflows, der für die Bedienung des Kapitaldienstes zur Verfügung stehen kann. Die Kapitaldienstfähigkeit in Form des DSCR sinkt folglich über die gesamte Finanzierungslaufzeit, wie es die nachfolgende Abbildung 38 veranschaulicht.

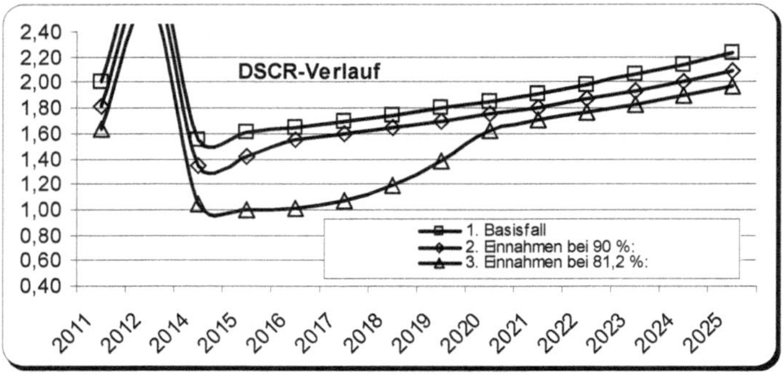

Abbildung 38: DSCR-Verlauf bei geringerem Jahresenergieertrag (e.D.)

	Min. DSCR	Ø DSCR	IRR
1. Basisfall	1,50	1,94	12,35%
2. Einnahmen bei 90 %:	1,33	1,80	9,67%
3. Einnahmen bei 81,2 %:	1,00	1,56	7,47%

Durch die vorgenommene Veränderung liegt der DSCR durchgängig unterhalb der Ausgangslage im Sponsors-Case. Bei einer Senkung des Jahresenergieertrags um 18,8 % beträgt der DSCR im ersten Jahr nach Ende der tilgungsfreien Zeit des Projekts gerade 1,0. Der Kapitaldienst kann also gerade noch in voller Höhe geleistet werden. Läge der Jahresenergieertrag noch unterhalb der Annahme von 134,4 GWh, so wäre die Bedienung des Kapitaldienstes nicht mehr sichergestellt. Das hier betrachtete Ausmaß des Absinkens des Jahresenergieertrags stellt folglich die Grenze der Projektbelastbarkeit dar.

Die Differenz von 18,8 % bis zum Erreichen der Projektbelastbarkeitsgrenze aus Sicht des Sponsors-Case kann somit auch als dessen Sicherheitspuffer im Hinblick auf das Ressourcenrisiko verstanden werden. Die Höhe des Sicherheitspuffers bei Solar BERENGAR ist dabei als sehr komfortabel zu bewerten, wenn man sich die geringe Standardabweichung der jährlichen Direkteinstrahlung in Spanien vor Augen hält (Tabelle 25).

Die Tabelle 25 zeigt, dass die jährliche Direkteinstrahlung in Spanien sehr hoch und zudem auch sehr stabil ist. Dem theoretischen Sicherheitspuffer von 18,8 % im Cashflow-Modell steht eine Standardabweichung der Direktstrahlung von 2,7 % am Projektstandort gegenüber, was die oben genannte These eines komfortabel bemessenen Sicherheitspuffers unterstützt. Dennoch soll das Ressourcenrisiko hierdurch nicht in seiner Bedeutung abgewertet werden, da es den Projekt-Cashflow direkt negativ beeinflusst.

Die Analyse und Bewertung der Wirtschaftlichkeit eines Projektes erfolgt in einem ersten Schritt über ein Cashflow-Modell. In der Finanzierungspraxis der Banken schließt sich dann über eine Simulationsrechnung eine Risikobewertung des Projektes an. Auch wenn wir die Grundsätze des Rating-Tools in einem späteren Kapitel (Kapitel 5.3.10) darstellen, ist eine kurze Skizzierung bereits an dieser Stelle notwendig, da das Elementarrisiko und seine Volatilitäten die Einflussgrößen sind, die den größten Einfluss auf das Rating haben.

In diesem Zusammenhang müssen aus Rating-Sicht zwei Volatilitäten unterschieden werden: Dies ist zum einen die Volatilität der Elementarstrahlung, zum anderen die im Strahlungsgutachten angegebene Prognoseunsicherheit der Gutachter. Da wir die Volatilität der Elementarstrahlung bereits oben betrachtet haben, wollen wir hier auf den zweiten Aspekt, die Prognoseunsicherheit der Gutachter, eingehen. Diese zweite Volatilität, die so genannte *Banking Case Uncertainty* (BCU), beschreibt den Umstand, dass nicht nur die Einstrahlung als solche unsicher ist, sondern auch das korrekte Startniveau der Einstrahlung. Das im Rating-Sinn korrekte Start-Niveau ist das Annahmen-Set, das mit derselben Wahrscheinlichkeit $p = 0{,}5$ überschritten und unterschritten wird (so genannter (p(50)-Fall). Die BCU ist daher ein Maß für die Verlässlichkeit der Prognose eines Ertragswertgutachtens.

- Die Berücksichtigung der BCU führt zu einer Parallelverschiebung der DSCR-Reihe und damit zu einer Erhöhung der Ausfallwahrscheinlichkeit („*probability of default*“, PD).
- Wird die BCU nicht explizit vom Gutachter angegeben, wird systemseitig eine Volatilität von 10 % unterstellt (üblich sind vielleicht 5 %).

Damit ergeben sich folgende Empfehlungen für die Beauftragung von Strahlungsgutachten:

- Es sollten standortspezifische Gutachten erstellt werden. Regelmäßig sind die dabei ermittelten Standardabweichungen deutlich geringer als die länderbezogenen Werte.
- Des Weiteren sollte der Gutachter explizit angeben, mit welcher Unsicherheit er bei seinem Gutachten rechnet, ansonsten erfolgt auch hier eine „Bestrafung“ des Projekts mit verhältnismäßig hohen Werten. Ggf. lässt sich auch über relativ kostengünstige Maßnahmen eine Verbesserung der Prognosequalität erreichen, etwa dem Einbezug von Daten benachbarter Solarparks. Ein Standortbesuch sollte ohnehin Standard sein, um die lokalen Verhältnisse wie die Verschattung abschätzen zu können.

Beide Maßnahmen führen dazu, dass die Volatilitäten bezogen auf das Elementarangebot geringer ausfallen, was sich günstig auf das Rating-Ergebnis und damit auf die Fremdkapitalausstattung auswirkt.

5.3.7. Wechselkursrisiko, Zinsänderungsrisiko und Inflationsrisiko

Der folgende Abschnitt 5.3.7 ist im allgemeinen Teil wesentlich aus meiner Publikation „Projektfinanzierung“ (dort das Kapitel 3.3.2 Projektexogene Risiken – Wechselkursrisiko, Zinsänderungsrisiko und Inflationsrisiko) entnommen, wobei die Aspekte, die Bezug auf CSP-Vorhaben nehmen, neu hinzu gekommen sind[303].

Die im Folgenden zu erläuternden drei Risiken: Wechselkursrisiko, Zinsänderungsrisiko und Inflationsrisiko sind der Finanzseite des Vorhabens zuzuordnen und werden daher von vielen Autoren auch als Finanzierungsrisiken zusammengefasst. Auf eine derartige Zusammenfassung soll im Rahmen dieses Beitrags verzichtet werden, da die Ursachen dieser Risiken sehr verschieden sind[304].

Das Wechselkursrisiko beschreibt die Gefahr von Wechselkursverlusten, welche dann gegeben ist, wenn die Währung der Projekterlöse mit der Währung der Projektausgaben nicht übereinstimmt[305]. Dies wäre etwa dann der Fall, wenn ein Projekt international finanziert wird und die lokale Einnahmenwährung davon abweicht. Dies ist bei Projekten häufig der Fall, soweit die Projektproduktion nicht auf den internationalen Märkten, sondern ganz oder zum Teil durch staatliche Veranlassung im Projektland abgesetzt werden muss, dessen Währung „weich“ ist und daher nicht als Finanzierungswährung dienen kann[306]. Aber auch bei Projekten im Bereich Erneuerbare Energien gibt es häufig keine Devisenwirksamkeit, sondern die Möglichkeit, dass die Inlandseinnahmen in Landeswährung nicht mit der Darlehenswährung korrespondieren. Angesichts der Volatilität vieler Währungen kann sich dieses Risiko erheblich auswirken[307]. Hinzu kommt, dass sich das Wechselkursrisiko über die gesamte Projektdauer

---

303 J. Böttcher; P. Blattner 2006, S. 89-93.

304 J. Böttcher 2009, S. 104-108.

305 M. Hupe 1995, S. 56.

306 W. Schmitt 1989, S. 153.

307 Prominente Beispiele der jüngeren Vergangenheit waren der Währungseinbruch etwa der Indonesischen Rupie oder des Thailändischen Baht, die während der Asienkrise 1997 gegenüber dem US-Dollar bis zu 80 % ihres Wertes verloren. Auch die Kursentwicklung zwischen US-Dollar und dem Euro verläuft mit deutlichen Schwankungen, allerdings wird hier ein Währungs-Mismatch regelmäßig nicht schlagend, da die Banken in der Lage sind, die Finanzierung in der jeweiligen Landeswährung zu stellen.

erstreckt und sich die Vorhaben durch längere Laufzeiten auszeichnen. Daher ist vor einem Projektstart sorgfältig zu prüfen, ob und inwieweit ein Mismatch vermieden werden kann.

Während der Fertigstellungsphase werden i.a. die Sponsoren verpflichtet, bei Währungskursverlusten Liquiditätslücken durch Zusatzlinien aufzufangen. Termin-, Options-, Swap- und vergleichbare Geschäfte mögen eine Lösung für das Wechselkursproblem bieten, sofern sie zu ökonomisch vertretbaren Kosten zu erlangen sind[308]. Angesichts des Umfangs des Währungsrisikos wird bei langfristigen Projekten, die nicht devisenwirksam sind und für die sich keine ausreichenden Sicherungsgeschäfte abschließen lassen, am Ende der Projektstaat oder Exportkreditversicherer gefordert sein. Ziel all dieser Maßnahmen ist, mindestens einige Unwägbarkeiten künftiger Cashflow-Entwicklungen zu vermeiden und in planbare Zahlungsströme umzuwandeln.

Zinsänderungsrisiken bestehen in Gestalt höherer Kapitalkosten infolge einer Steigerung des Zinsniveaus. Grundsätzlich ist dies bei variabel verzinslichem Fremdkapital sowie bei Festzinskrediten hinsichtlich des Zeitraumes nach der Zinsbindung der Fall, wodurch zukünftige Zinsbelastungen nicht genau kalkulierbar sind[309]. Ein Zinsanstieg erhöht die Projektausgaben und beeinträchtigt die Cashflow- und Tilgungsplanung. Allerdings ist auch Fremdkapital mit festen Zinsen nicht risikofrei: Je nach Entwicklung der Inflationsrate verändert sich für das Projekt der Realzinssatz und damit die relative Lage gegenüber variabel finanzierten Konkurrenzunternehmen. Feste Zinsen finden sich daher auch vor allem im Bereich staatlich subventionierter Förderkredite.

Im Extremfall übersteigt der Schuldendienst infolge der Zinssteigerung den geplanten und realisierten Cashflow einer Periode. Die Kreditgeber müssten die Laufzeiten strecken, die Tilgung aussetzen oder zusätzliches Kapital zur Verfügung stellen[310]. Je kapitalintensiver ein Vorhaben ist, umso stärker macht sich das Zinsänderungsrisiko bemerkbar. Besonders deutlich wird das Zinsänderungsrisiko bei Vorhaben im Bereich Solarenergie, die derzeit nur deshalb darstellbar sind, weil der Staat bestimmte Erzeugerpreise garantiert, die in Westeuropa deutlich über den Strom-Erzeugungskosten liegen. Dennoch sind die Solar-

308 Dies mag in der Realität aber schwer zu erreichen sein, da die Hedging-Kosten c.p. mit der abzusichernden Laufzeit steigen werden und damit die Wirtschaftlichkeit des Projektes beeinträchtigen. Gerade Investitionen in Erneuerbare Energien-Projekte zeichnen sich durch zumeist lange Darlehensphasen aus, die erfahrungsgemäß mindestens sieben Jahre, aber auch bis zu 20 Jahre dauern können. In jedem Fall ist an dieser Stelle professioneller Rat erforderlich.

309 M. Schulte-Althoff 1992, S. 119.

310 A. Reuter; C. Wecker 1999, S. 74.

energie-Vorhaben nur in einem Maße wie etwa konventionelle Kraftwerke belastbar, was wiederum umgekehrt bedeutet, dass die spezifischen Anlagenkosten deutlich höher sind als bei konventionellen Kraftwerken. Entsprechend stark ist die Reaktion auf Änderungen des Zinsniveaus.

Zur Vermeidung von Zinsänderungsrisiken schließt die Projektgesellschaft häufig Hedging-Verträge ab. Hedging ist der Oberbegriff für eine Reihe unterschiedlicher Gegengeschäfte, mit denen versucht wird, die Risiken eines bestimmten Grundgeschäfts zu senken. Der entscheidende Vorteil eines Hedgings besteht darin, gezielt Risiken abzusichern, ohne das eigentliche Grundgeschäft zu beeinträchtigen. Die Hedging-Instrumente, die am häufigsten bei einer Projektfinanzierung eingesetzt werden, sind Forwards, Caps, Floors, Collars und der Zinsswap. Es ist jeweils im Einzelfall zu entscheiden, welches Finanzinstrument für das jeweilige Projekt geeignet ist. Daher sind in einem ersten Schritt die Finanzierungsrisiken des Projekts sorgfältig zu analysieren und anschließend die zweckmäßigen Finanzinstrumente auszuwählen, wobei die Art der Risiken und die Situation der Projektgesellschaft in die Prüfung einzubeziehen sind. Die genannten Hedging-Instrumente sollen im Folgenden skizziert werden[311].

Mit Abschluss eines börsengehandelten Futures oder eines bilateral vereinbarten Forwards verpflichtet sich eine Partei, zu einem bestimmten Zeitpunkt in der Zukunft z.B. einen festgelegten Betrag einer Währung mit einer anderen Währung zu kaufen. Bei Vertragsabschluss vereinbaren die Parteien bereits den Kurs, zu dem die Währung gekauft werden soll. Eine solche Absicherung gegen Wechselkursschwankungen (*Currency Hedging*) spielt insbesondere dann eine besondere Bedeutung, wenn Cashflow in lokaler Währung erwirtschaftet wird, andererseits aber der Kredit in Euro zurückgeführt werden muss. Das gleiche Prinzip kommt auch bei der Lieferung von Rohstoffen oder Energie zur Anwendung, die dann zu einem festen Kurs gekauft werden. Liegt der tatsächliche Kurs der gekauften Währung unter dem vereinbarten Kurs, dann erhält der Käufer trotzdem nur den vereinbarten Kurs, und die Gegenpartei erhält die Differenz. Liegt der Kurs aber höher, so trägt die Gegenpartei diesen Verlust. Analog verhält es sich bei der Vereinbarung von Zinssätzen: Die Parteien vereinbaren vorab, einen definierten Zinssatz zu zahlen oder zu erhalten, ohne aber dabei das zugrunde liegende Kapital auszutauschen.

Kauft eine Projektgesellschaft einen *Cap*, handelt es sich um einen Vertrag, bei dem die andere Partei gegen Zahlung eines Entgelts verpflichtet ist, einen bestimmten Zinssatz für einen festgelegten Kapitalbetrag zu garantieren, d.h. alle

311 G.D. Vinter 2006, S. 210 ff..

Beträge ausgleicht, die einen bestimmten Zinssatz übersteigen. Verkauft die Projektgesellschaft einen *Floor*, dann verpflichtet sie sich, der Bank auch dann den vereinbarten Zinssatz zu zahlen, wenn der Marktzinssatz unter den Wert des Floors sinkt.

Bei einem Zinsswap vereinbart die Projektgesellschaft mit einem Transaktionspartner, Zinszahlungen unterschiedlicher Zinsfixierung, die sich auf einen bestimmten Nominalwert beziehen, untereinander auszutauschen. Dabei werden die Zinssätze in der Regel so festgelegt, dass die eine Partei einen variablen Zins und die andere einen festen Zinssatz erhält. Hat die Projektgesellschaft also beispielsweise ein Darlehen zu einem variablen Zinssatz aufgenommen, kann sie durch Abschluss eines Zinsswaps den variablen Zins mit einem festen Zinssatz tauschen, indem sie von der Gegenpartei den variablen Zinssatz gegen Zahlung des vereinbarten Festzinses erhält. Auf diese Weise kann die Projektgesellschaft mit feststehenden Auszahlungen kalkulieren und gegen einen möglichen Zinsanstieg schützen. Umgekehrt kann es in bestimmten Situationen für einen Kreditnehmer auch sinnvoll sein, einen festen Zinssatz gegen einen variablen einzutauschen, um so eventuell von einem sinkenden Referenzzinssatz zu profitieren.

Die Projektgesellschaft kann zwischen einem Hedging durch börsengehandelte Standard-Derivate (z.B. Futures) oder über außerbörslich gehandelte, so genannte OTC (Over-the-Counter)-Derivate wählen. Während bei börsengehandelten Derivaten die jeweils einschlägigen Börsenregelungen Anwendung finden, werden außerbörslich gehandelte Derivate durch den Abschluss mehrerer Vertragsdokumente geregelt. In der Praxis werden dazu meist die Musterverträge der ISDA (International Swap and Derivatives Association) herangezogen. Solange nur deutsche Parteien an einem Hedging beteiligt sind, wird teilweise auch der Rahmenvertrag für Finanztermingeschäfte des Bundesverbandes deutscher Banken verwendet.

Vor dem Hintergrund der Finanzkrise sei auf eines hingewiesen: Hedging-Instrumente dürfen nicht missverstanden werden als Instrumente, die kostenlos eine Risikovernichtung erreichen. Sie haben einen Preis, den es gilt, in der Projektkalkulation mit zu berücksichtigen. Gefährlich wird es, wenn dieser Preis nicht kalkulierbar ist und möglicherweise sogar eine potentielle Risikoquelle darstellt. Sinnvoll ist der Einsatz von Hedging-Instrumenten dann, wenn Risiken außerhalb des Projekts platziert werden. Gefährlich wird ihr Einsatz dann, wenn die Risikomenge im System Projektfinanzierung erhöht wird und diese Instrumente zu Spekulationsinstrumenten werden, mit erhofften Erträgen und Begleitrisiken, die kein risikoneutraler Investor jemals bereit wäre einzugehen.

Dies kann bei komplexeren Hedging-Produkte durchaus der Fall sein, wenn - etwa zur Verbilligung des Produkts - eine Verknüpfung an Zinsen, Währungen oder andere Commodity-Preise vorgenommen wird, die möglicherweise in der Vergangenheit zwar eine große Konstanz gezeigt haben, aber für deren Entwicklung es keine Prognosesicherheit gibt und deren Veränderung erhebliche Kostenbelastungen des Projekts nach sich ziehen könnten.

Das Zinsänderungsrisiko wirkt auf ein Vorhaben typischerweise in zwei unterschiedlichen Phasen ein: Zum einen während der Betriebsphase zum Zeitpunkt der Anpassung der Zinskonditionen nach Auslaufen der Zinsbindungsfrist, zum anderen während der Planungsphase, innerhalb der die Projektgesellschaft die Entscheidung zur Zinssicherung treffen muss.

Das allgemeine Zinsniveau zum Zeitpunkt des *Financial Close* ist eine erste Größe, die bei der Projektprüfung zu betrachten ist. Üblicherweise werden die Zinssätze zum Zeitpunkt des Financial Close zu einem wesentlichen Teil und für einen bestimmten Zeitraum gesichert, so dass eine feste Kalkulationsbasis besteht. Die Projektgesellschaft muss sich bei Abschluss eines Zinssicherungsgeschäftes darüber im Klaren sein, wann das Vorhaben fertig gestellt ist und einen eigenen Cashflow generiert. In Abhängigkeit von dieser Planung wird mit der finanzierenden Bank ein Tilgungsplan vereinbart werden, der wiederum mit den Ausgestaltungen des Zinssicherungsgeschäftes korrespondiert. Wenn es hier zeitliche Abweichungen geben sollte, entstehen typischerweise Aufwendungen, die den Projekt-Cashflow belasten. Wir werden die Auswirkung einer allgemeinen Veränderung des Zinsniveaus im Rahmen des Kapitels 6.2 darstellen.

Die dargestellten Folgen aus dem Eintritt von Zinsänderungsrisiken und die sich hierdurch ergebenden Auswirkungen auf ein konkretes Projekt werden nachfolgend anhand unseres Fallbeispiels Solar BERENGAR untersucht. Dabei wird ausgehend von der Finanzierungsstruktur im Cashflow-Modell des Sponsors-Case (siehe Tabelle 30) lediglich der Zinssatz des Projektfinanzierungskredites in diesem Modell verändert und die hieraus resultierenden Ergebnisse im Folgenden beschrieben. Der Zinssatz des im Modell kalkulierten Projektfinanzierungskredites wird von ursprünglich 6 % jährlich um 1,50 Prozentpunkte auf 7,50 % jährlich erhöht.

Der entgegen der Ausgangslage im Sponsors-Case zusätzlich anfallende Kapitaldienst in Form erhöhter Zinsbelastungen muss durch den unveränderten Projekt-Cashflow gedeckt werden. Die Kapitaldienstfähigkeit in Form des DSCR sinkt folglich über die gesamte Finanzierungslaufzeit, wie es die nachfolgende Abbildung 39 veranschaulicht.

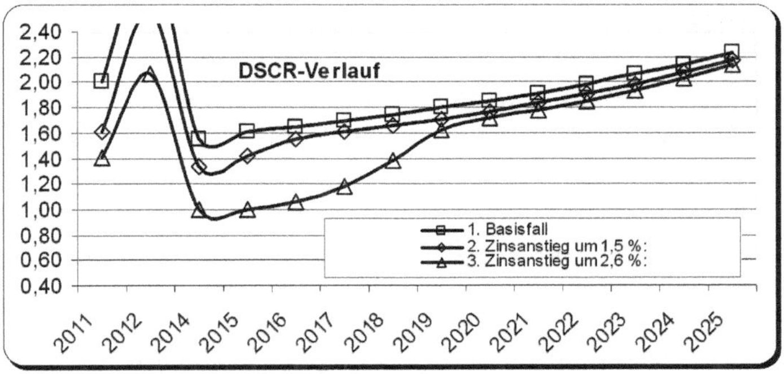

Abbildung 39: DSCR-Verlauf bei Zinsanstieg (e.D.)

	Min. DSCR	Ø DSCR	IRR
1. Basisfall	1,50	1,94	12,35%
2. Zinsanstieg um 1,5 %:	1,32	1,80	10,36%
3. Zinsanstieg um 2,6 %:	1,00	1,61	9,31%

Erkennbar ist, dass die Abhängigkeit der Wirtschaftlichkeit vom Zinsniveau zum Zeitpunkt des Financial Close signifikant ist und gleichermaßen Investoren wie Sponsoren betrifft. Für die Investoren bedeutet eine selbst geringfügige Erhöhung des Zinssatzes eine deutliche Verschlechterung der internen Rendite des Investors. Die Veränderung führt dazu, dass der DSCR durchgängig über die gesamte Finanzierungslaufzeit unterhalb der Ausgangslage im Sponsors-Case liegt. Bei einem Anstieg des Zinssatzes des Projektfinanzierungskredites um 2,6 Prozentpunkte auf einen Satz von 8,6 % jährlich beträgt der minimale DSCR gerade noch 1,0, was bedeutet, dass der Kapitaldienst gerade noch geleistet werden kann. Bei einem noch höheren Zinsanstieg wäre dies nicht mehr sichergestellt und die bankseitigen Anforderungen der jederzeitigen und vollständigen Leistung des Kapitaldienstes würden verfehlt. Die betrachtete Höhe des Zinsanstiegs stellt somit die Grenze der Projektbelastbarkeit dar.

Die Erhöhungsdifferenz von 2,6 Prozentpunkten bis zur Erreichung der Projektbelastbarkeitsgrenze kann als Sicherheitspuffer des Projekts für das Zinsänderungsrisiko verstanden werden[312]. Die Höhe dieses Sicherheitspuffers zeigt dabei, dass das Projekt empfindlich auf einen Zinsanstieg reagiert. Diese Beobachtung kann generell bei Projektfinanzierungen von EE-Vorhaben gemacht werden, so dass bei jedem Projekt das Zinsänderungsrisiko genau zu prüfen ist. Solarthermische Vorhaben sind dabei aufgrund ihrer relativ hohen Kapitalintensität

312 Die Belastbarkeitsgrenze einer Projektfinanzierung ist definiert als die Veränderung eines Parameters, bei dem der Kapitaldienst gerade noch aus dem Cashflow des Vorhabens gedeckt werden kann. J. Böttcher; P. Blattner 2006, S. 117.

allerdings von einem Zinsänderungsrisiko wesentlich stärker betroffen als dies etwa bei Vorhaben in den Bereichen Windenergie oder Biomasse der Fall ist.

Zusätzlich müssen aber noch bestimmte Belastungsanforderungen der Fremdkapitalgeber eingehalten werden. Sehen diese beispielsweise vor, dass auch bei einem unterstellten Einnahmenniveau von 83 % noch die Kapitaldienstfähigkeit gegeben ist[313], müsste eine Anpassung der Finanzierungsstruktur angestrebt werden, die genau dies sicherstellt. Dies kann auch über eine Eigenmittelerhöhung erfolgen, was wiederum zu einer Absenkung der internen Rendite führen würde. Die hier diskutierte Darstellung spielt insbesondere dann eine Rolle, wenn die Projektgesellschaft aus bestimmten Gründen mit dem Abschluss eines Zinssicherungsgeschäftes wartet[314].

Das **Inflationsrisiko** kann ein Vorhaben bis zur Fertigstellung und auch über den Projektverlauf hinaus betreffen. Bis zur Fertigstellung ist das Inflationsrisiko eines von mehreren, die zu einer Kostensteigerung führen können. Die Möglichkeiten, die Kosten der Erstellung abzusichern, haben wir im Rahmen der Diskussion des Fertigstellungsrisikos diskutiert, so dass wir das Inflationsrisiko lediglich in Bezug auf seine Auswirkungen auf das Projekt während der Betriebsphase betrachten.

Kostensteigerungen infolge einer Preisniveauerhöhung führen zum Inflationsrisiko. Somit werden die Komponenten des Cashflows durch Differenzen in dem Zahlungszeitpunkt, der Zahlungshöhe und der Art der Zahlung unterschiedlich beeinflusst. Im Folgenden betrachten wir ein Szenario, in dem die wirkliche Inflation von der in der Planung angenommenen abweicht. Damit ergeben sich die beiden Ausprägungen, dass die Inflation einmal geringer ausfällt als erwartet, einmal höher.

Unterstellt sei wiederum das bereits vorgestellte Solarvorhaben BERENGAR, das unter dem Regulierungsregime des Jahres 2008 realisiert werden konnte. Hier erfolgt - ausgehend von einem Minimumpreis von 45,5 € Cent/kWh - eine jährliche Anpassung an die Entwicklung der Inflationsrate. Steigt nun die Inflation, steigt im selben Maße auch der Cashflow nach Betriebskosten und damit auch der Freie Cashflow. Dies führt dazu, dass aus Sicht der Finanziers der Puffer im Projekt und aus Sponsorensicht der Ertrag größer ausfallen. In diesem Beispiel

313 Der genannte Wert von 83 % bildet eine von vielen deutschen Banken unterstellte Management-Regel zur Belastbarkeit ab.

314 Die Projektgesellschaft wird häufig dann mit dem Abschluss eines Zinssicherungsgeschäfts warten, wenn etwa der Prüfungsprozess bei der finanzierenden Bank inkl. des Due Diligence-Prozesses noch nicht abgeschlossen ist.

würde eine geringere als die geplante Inflation zu einem geringeren Puffer führen.

Umgekehrt liegen die Verhältnisse bei folgendem Beispiel: Bei einem deutschen Windenergieprojekt sind die Vergütungssätze gemäß EEG über 20 Jahre klar planbar, aber nicht indexiert. Hingegen ist die Mehrzahl der operativen Kosten zwar in seiner Basiskomponente fixiert, allerdings häufig auch an die Entwicklung der Inflationsrate gekoppelt. Damit reduziert sich über geringere Netto-Cashflows die Profitabilität des Projekts, je höher die Inflation ausfällt.

5.3.8. Länderrisiken

Der folgende Abschnitt 5.3.8 ist im allgemeinen Teil wesentlich aus meiner Publikation „Projektfinanzierung“ (dort das Kapitel 3.3.2 Projektexogene Risiken- Länderrisiken) entnommen, wobei die Aspekte, die Bezug auf CSP-Vorhaben nehmen, neu hinzu gekommen sind[315].

Der Standort eines Projekts spielt bei der Risikobetrachtung einer Projektfinanzierung stets eine bedeutende Rolle, denn das Verhalten des Projektlandes bzw. seiner Organe hat einen erheblichen Einfluss auf den Projekterfolg[316]. Unter Länderrisiken werden regelmäßig die Risiken gefasst, die sich aus den Veränderungen der Bonität und den Regularien des betreffenden Landes ergeben. Hierzu zählen insbesondere hoheitliche Eingriffe in bestehende Eigentumsverhältnisse und wirtschaftliche Abläufe.

Die Länderrisiken werden häufig aus Rating-Ergebnissen von spezialisierten Rating-Agenturen übernommen. Ob diese ein vollständig adäquates Abbild des für ein Projekt relevanten Länderrisikos darstellen, muss offen bleiben, wenn etwa auch die Zahlungsmoral dieses Landes in das Länderrating einfließt, die Einnahmen aber faktisch aus dem Cashflow des Projekts herrühren. Es macht sicherlich einen Unterschied, ob über ein Länder-Rating die Fähigkeit beurteilt wird, dass der Staat seinen Verpflichtungen wie etwa der Bedienung von Staatsanleihen nachkommt, oder ob er den ursprünglich gesetzten Rechts- und Regulierungsrahmen belässt, in dem ein Projekt agiert. Letztlich sollte es für die Ausgestaltung einer Projektfinanzierung aus Bankensicht darum gehen, genau diesen letztgenannten Aspekt zu beurteilen und in der Projektstruktur zu berücksichtigen. Auch die etwaigen Widerstände der Bevölkerung und der von einem Projekt betroffenen Menschen müssen in diesem Zusammenhang berücksichtigt werden.

---

315 J. Böttcher; P. Blattner 2006, S. 91-93.

316 W. Schmitt 1989, S. 154.

Grundsätzlich bezieht sich die Angabe eines Länderratings lediglich auf die Fähigkeit und Bereitschaft eines Landes, seinen finanziellen Verpflichtungen nachzukommen. Gleichwohl hat die Kreditwürdigkeit eines Landes Einfluss auf das Projektrating in dem jeweiligen Land. Mögliche Risiken beziehen sich auf folgende Teilaspekte[317]:

- Begrenzung der Fähigkeit des Projekts, auf einheimische Währungen zuzugreifen und zu transferieren,
- Für Transaktionen in unterschiedlichen Währungen besteht das Risiko von inkongruenten Währungsentwicklungen. Das Sitzland kann den Zugang eines Projekts zu Devisen beschränken oder ganz untersagen.
- Die Vorstellungen, die in einem Land hinsichtlich des Schutzes von Eigentumsrechten bestehen, können fundamental von einem westeuropäisch geprägten Verständnis abweichen. Beispielsweise kann die sicherungshalbe Abtretung von Projektrechten oder Projektaktiva, die für Projektfinanzierungen Standard ist, in bestimmten Jurisdiktionen völlig unbekannt sein.

Dem Länderrisiko des Anlagenstandortes kommt für jede Projektfinanzierung eine besondere Bedeutung zu, da im Rahmen der üblichen Rating-Verfahren das Länderrating das Projektrating nach oben begrenzt - oder anders formuliert: ein Projektrating kann im Rahmen der Ratingverfahren nicht besser sein als das Rating des Sitzlandes. Aus ökonomischer Sicht besteht damit eine Risikoverzerrung, die zwar aus Sicht der Fremdkapitalgeber noch als akzeptabel angesehen werden kann, die aber in einer dynamischen Betrachtung auch den Anreiz zur Ausgestaltung von robusteren Projektstrukturen nimmt. In diesem Zusammenhang müssten folgende Aspekte berücksichtigt werden:

- Betrachtet man zwei identische Projekte, die sich lediglich durch das Projektland unterscheiden, ergibt sich zunächst ein Anreiz, das Vorhaben in dem Land mit dem besseren Länderrating zu realisieren.
- Weiter kann bei Ratings auch die Situation eintreten, dass die gesamte Projektstruktur so gewählt wird, dass das eigentliche Projektrating sich dem Länderrating annähert.
- Warum systematisch das Länderrating das Projektfinanzierungsrating limitiert, lässt sich nicht zwingend ökonomisch begründen. Das Fertigstellungsrisiko etwa könnte mit demselben Grund als limitierend für ein Projektfinanzierungs-Rating verwandt werden.

Insofern kann ein Länderrating nur ein Proxy für das Länderrisiko sein, das auf ein Projekt einwirkt. Schlussendlich wird man bei einer Projektfinanzierung nicht umhin kommen, sich ergänzende Gedanken zum Länderrisiko zu machen.

317 T. D'Olier-Lees; S. B. Samson 2009, S. 3.

Das Länderrisiko lässt sich untergliedern in politische und wirtschaftliche Risiken.

Politische Risiken

Als politisches Länderrisiko werden staatliche Handlungen verstanden, die negative Auswirkungen auf das Projekt haben können. Hierzu zählen politische und wirtschaftliche Instabilitäten oder ein Regierungswechsel, die zu einer Verschlechterung der allgemeinen Lage im Land führen und somit indirekt den Fortgang des Projekts behindern. Aber auch direkt wirkende Maßnahmen sind denkbar, zu denen Verzögerungen bei Genehmigungsverfahren, Widerruf von Konzessionen, Gesetzesänderungen, Beschränkung des Kapitaltransfers, Streiks, Unruhen, Bürgerkrieg, Enteignung oder Verstaatlichung zählen[318]. Die Höhe des Risikos ist unter anderem abhängig vom Projektland, dem Investorland, der verwendeten Technologie und dem Investitionsvolumen[319]. Es sind keineswegs nur Fälle, die in politisch instabilen Staaten vorkommen. Auch schleppende oder problematische Genehmigungsprozesse sind in allen Ländern vorstellbar und können über erhöhte Finanzierungskosten und sonstige Kosten ein Projekt unwirtschaftlich machen.

Für internationale Projekte können Absicherungsmöglichkeiten bei den staatlichen Ausfuhrkreditversicherern beantragt werden. Hilfreich ist bei solchen Projekten auch die Einbindung des Projektstaates sowie ggf. den Institutionen der Weltbankgruppe oder anderen supra-nationalen Institutionen wie der EUROPEAN BANK OF RECONSTRUCTION AND DEVELOPMENT (EBRD). Gegen Enteignung und Verstaatlichung können zwischenstaatliche Investitionsschutzabkommen in Betracht kommen[320].

---

318 Ein prominentes Beispiel des Jahres 2001 war eine neue Gesetzgebung für die Mineralölindustrie in Venezuela, die vorschrieb, dass der staatliche Anteil an Joint Ventures oberhalb von 50 % liegen müsse. Zeitgleich wurden die Steuern auf Mineralölprodukte von 16,6 auf 30 % erhöht.

319 M. Hupe 1995, S. 57 f..

320 J. Böttcher 2009, S. 109. Die Grenzen derartiger Abkommen unterliegen einer vergleichbaren Logik, wie wir sie in Kapitel 4 dargestellt haben, auf das insoweit verwiesen wird. Allerdings mag es einen zentralen Unterschied geben: Bei den oben angesprochenen Transaktionen handelt es sich um Austauschprozesse, die sowohl für die Projektgesellschaft als auch den Contractor eine erhebliche Bedeutung haben. Geht es um die Verlässlichkeit eines Projektstaates, dann sollte er die Folgewirkungen für seine Reputation an den Finanzmärkten vor Augen haben. Auf Verletzungen von Investitionsschutzabkommen reagieren die Kapitalmärkte höchst sensibel und mit einer langen Erinnerung.

Letztlich wird man Risiken, die gleichermaßen für eine Branche gelten, nicht über eine reine Länderrisikoversicherung absichern können. Gesetze werden ständig geändert und wirken mehr oder weniger auf alle Wirtschaftseinheiten eines Landes. Soweit diese Änderungen aber das Projekt nicht diskriminieren, sondern sowohl für das Projekt als auch alle anderen Marktteilnehmer gelten, stellt dies kein versicherbares politisches Risiko dar. Eine CO_2-Abgabe etwa wirkt sich auf alle Betriebe aus, die unter diese Regelung fallen. Eine Diskriminierung ist nicht gegeben und damit greift auch keine Länderrisikoversicherung. Die Auswirkungen, die sich aus geänderten Verordnungen und Gesetzen ergeben, zählen in diesem Fall vielmehr zu dem wirtschaftlichen Umfeld des Projekts und sind damit, obwohl politisch verursacht, dem Projekt selbst als wirtschaftliches Projektrisiko zuzurechnen.

Für CSP-Vorhaben insbesondere in der MENA-Region stellt sich eine besondere Herausforderung, die energiepolitischen Ziele der verschiedenen Länder zu harmonisieren und die etwaigen Widerstände und Befürchtungen der jeweiligen Sitzländer und ihrer Bevölkerung aufzunehmen und in ihren Planungen zu berücksichtigen (siehe hierzu Kapitel 5.3.5).

Eine Befürchtung besteht darin, dass die reichen europäischen Staaten die Staaten Afrikas wiederum ausbeuten. Hierzu lässt sich erwidern:

- Solarenergie ist im Prinzip unbegrenzt vorhanden und kann nicht „ausgebeutet“ werden.
- Angesichts des Bevölkerungswachstums besteht ein drängender Bedarf an der Erzeugung von Strom und Trinkwasser in der MENA-Region.
- Über den Stromexport können die Erzeugerstaaten Einnahmen generieren, die für ihre volkswirtschaftliche Entwicklung zentral sind.
- Der von den westlichen Industriestaaten wesentlich mit verursachte Klimawandel trifft die MENA-Region zuerst, so dass es auch ein Aspekt der Fairness ist, die Folgen des Klimawandels zu mildern.

Man darf bei diesen Überlegungen nicht übersehen, dass diese auch die Historie und die Folgen des Kolonialismus berücksichtigen müssen, die das Denken und Handeln der Akteure zum Teil bis heute mitprägen[321]. Um diesen Befürchtungen angemessen Rechnung zu tragen, müssen die lokalen Akteure, Anwohner, Netz- und Kraftwerksbetreiber, Stromabnehmer und Investoren, von Anfang an in die Planung und ggf. auch in den Betrieb eingebunden werden[322].

---

321 W. Speitkamp; D. Stange 2008, S. 41.

322 D. van Laak 2008, S. 55.

Eine weitere Befürchtung besteht darin, dass die Industriestaaten eine neue Energie-Abhängigkeit eingehen. Hierzu lässt sich Folgendes erwidern:

- Zunächst stellt die Hinzufügung von weiteren Energie-Optionen im Gegenteil eine Diversifizierung der Energiequellen dar, die das Versorgungsrisiko verringert. Nur unter der - unrealistischen - Annahme, dass diese neue Energieversorgung perfekt positiv mit einer anderen Energieversorgungsquelle korreliert wäre, würde sich keine Risikoverringerung ergeben.
- Die Energieerzeugung von Solarstrom in der Wüste ist nicht als ein einheitliches Projekt zu verstehen, sondern vielmehr als eine dezentrale Energieversorgung.

Die Befürchtungen lassen sich damit adressieren, sie beinhalten aber auch eine psychologische und kulturelle Komponente, die ernst genommen werden muss.

Wirtschaftliches Länderrisiko

Unter wirtschaftlichem Länderrisiko wird die Unfähigkeit oder Unwilligkeit eines Staates verstanden, seinen eigenen Kreditverpflichtungen nachzukommen oder Unternehmen seines Landes die Begleichung deren Verbindlichkeiten gegenüber Gläubigern aus anderen Staaten zu erlauben[323].

Mögliche Ursachen liegen in fehlenden Konvertierungsmöglichkeiten und zeitlich begrenzten oder dauerhaften Zahlungsverboten. Die Konvertierung der Währung des Projektlandes in eine andere Währung kann von staatlicher Seite teilweise oder vollständig trotz der Zahlungswilligkeit der Projektgesellschaft untersagt werden. Hierbei stellt ein Moratorium einen befristeten Aufschub aller Zahlungen dar. Bei Transferrisiken bleibt die Konvertierung prinzipiell möglich, aber das Projekt ist nicht mehr in der Lage, erwirtschaftete Cashflows an die nicht im Projektland befindlichen Financiers weiterzuleiten. Das Transferrisiko ist damit im Wesentlichen von der Bonität des Projektlandes und deren Entwicklung abhängig und kann damit - wie andere Bonitätsrisiken auch - relativ objektiv eingeschätzt werden.

Dieses Risiko wird - in bestimmten Grenzen - als beherrschbar eingestuft: Zunächst kann darauf verwiesen werden, dass das Projekt die Mittel für seinen Kapitaldienst selbst erwirtschaftet und der Projektstaat in der Regel Interesse am Projekt und seiner Durchführung hat. Naturgemäß muss diese Überlegung nicht greifen: Ist das Projekt in Betrieb, wächst die wirtschaftliche Versuchung, Zugriff auf die Projekterlöse zu nehmen. Es hat sich deshalb bei internationalen Projekten fest eingebürgert, die Zahlungen der Abnehmer gar nicht erst in die Sphäre des Projektlandes gelangen zu lassen, sondern die Zahlungen in einem

323 M. Hupe 1995, S. 58.

als sicher geltenden Land außerhalb des Projektlandes, also offshore, abzuwickeln. Man spricht in diesem Zusammenhang von *Offshore Accounts*, auf denen die Zahlungen für das Projekt abgewickelt werden. Das Konzept der Offshore Accounts kann das Transferrisiko weitgehend reduzieren, allerdings keine Absicherung gegen weiter gehende politische Risiken bieten. Selbstverständlich entfaltet es auch nur insoweit eine gewisse Sicherungswirkung, als überhaupt Devisen generiert werden: Werden lediglich Inlandseinnahmen generiert, nützt es nichts, Offshore-Konten einzurichten.

Eine weitere Absicherung des Transferrisikos ist bei Projekten möglich, bei denen im erheblichen Umfang Anlagen für das Projekt in das Projektland exportiert werden. Für diese Projekte ist eine zumindest teilweise Absicherung durch Exportkreditversicherungen (EULER-HERMES, COFACE, EKF, US-EXIM usw.) möglich. Diese Versicherungen sollen die heimische Wirtschaft stützen und den Export der Produkte fördern, indem sie einen wesentlichen Teil der Risiken, die sich im Importland ergeben, absichern. Abgedeckt wird hier in der Regel nicht nur das Transferrisiko, sondern auch sehr umfassend das politische Risiko und zum Teil sogar große Teile der wirtschaftlichen Risiken wie z.B. Fertigstellung, Funktion und Bau (siehe hierzu Kapitel 6.4).

Vertragsrisiko

Dieses Risiko entsteht durch national unterschiedliche oder fehlende Rechtsnormen. Da Vereinheitlichungen bisher lediglich in wenigen Bereichen verwirklicht wurden, müssen sich die Vertragsparteien neben der Wahl eines Rechtssystems ebenfalls auf einen Gerichtsstand sowie auf die Möglichkeit der Durchsetzung von Rechtsfolgen einigen[324]. Insbesondere die Frage, ob sich die Zusagen der jeweiligen Projektbeteiligten im Ernstfall durchsetzen lassen, nimmt hierbei eine wichtige Position ein[325].

Meist werden Schiedsverfahren vereinbart, da diese bei kleineren Streitigkeiten ein aufwändiges Gerichtsverfahren ersparen. In diesem Zusammenhang ist man auf den Goodwill aller Parteien zur Akzeptanz eines Schiedsspruchs angewiesen. Allerdings gibt es inzwischen internationale Vereinbarungen, in denen sich die unterzeichnenden Länder verpflichten, die Schiedssprüche anzuerkennen[326].

Zur Absicherung von Länderrisiken können die nachfolgenden Instrumente angewendet werden:

324 M. Hupe 1995, S. 56.

325 A. Reuter; C. Wecker 1999, S. 81.

326 M. Hupe 1995, S. 57.

Werden lokale Unternehmen in das Projekt einbezogen, so würden Beeinträchtigungen durch den Projektstaat auch der eigenen Wirtschaft Schaden zufügen. Zudem wird hierdurch die Identifikation der Anteilseigner der Projektgesellschaft mit dem Projektland demonstriert, was dem Eindruck entgegenwirken könnte, dass bedeutsame Bereiche der Wirtschaft vorwiegend ausländischem Einfluss unterliegen. Insofern kann die Einbeziehung lokaler Unternehmen dazu beitragen, dass aus Sicht des Projektstaates eine geringere Notwendigkeit dafür besteht, Einfluss auf das Projekt auszuüben.

Die Einbindung des Projektstaates oder seiner Institutionen in das Projekt kann unter Umständen ebenfalls Länderrisiken eingrenzen, da er hierdurch bereits direkt am Projekt beteiligt ist und so ggf. die Notwendigkeit weitergehenden Einfluss auf das Projekt zu nehmen sinkt. Die Wirkung dieses Instrumentes wird in der Literatur jedoch unterschiedlich bewertet[327].

Ein weiteres Instrument zur Reduzierung von Länderrisiken kann die Einbindung internationaler Geschäftsbanken und supranationaler Institutionen (wie z.B. der Weltbank) bei der Projektfinanzierung sein. Sollte der Projektstaat Maßnahmen ergreifen, die den Kapitaldienst der Projektfinanzierung gefährden, so muss dieser in Kauf nehmen, dass dieses Vorgehen sein internationales Ansehen bei Banken wie anderen Institutionen und somit seine eigene Kreditwürdigkeit beeinträchtigen könnte. Aus diesem Grunde wird der Projektstaat sämtliche direkten oder indirekten Eingriffe und Maßnahmen vermeiden, die die Ansprüche ausländischer Gläubiger des Projekts beeinträchtigen würden.

Zur Absicherung des Länderrisikos können auch Zusicherungen des Projektstaates dienen, die beispielsweise darin bestehen, dass sich der Projektstaat dazu verpflichtet, die ursprüngliche rechtliche Position des Projekts auch bei Vornahme rechtlicher oder anderer Änderungen nicht zu beeinträchtigen. Ein anderes Beispiel ist die Zusicherung, den Kapitaldienst für die Projektfinanzierungskredite für den Fall zu übernehmen, dass dem Projekt Genehmigungen entzogen werden oder eine Enteignung des Projekts vorgenommen wird.

Stabilisierungsklauseln sind optionale Bestandteile von Verträgen zwischen dem Projektstaat und den Sponsoren, die dazu dienen, die ausländischen Sponsoren vor Änderungen an der Gesetzgebung oder verwaltungsrechtlichen Bedingungen des Projektlandes zu schützen.

Zur Verringerung der Wahrscheinlichkeit eines Eingriffes des Staates in das Projekt können ferner Investitionsförderabkommen geeignet sein. Zentraler Be-

327 Als geeignetes Instrument sehen es u.a. L.C. Hinsch; N. Horn 1985, S. 216 f. und E.C. Buljevich; Y.S. Park 1999, S. 99 an; eher kritisch hingegen äußert sich J.D. Finnerty 2007, S. 283.

standteil solcher Abkommen zwischen Projektstaat und Herkunftsland der Sponsoren ist der Schutz der Kapitalanlagen im Projektland vor Enteignung und anderen Eingriffen sowie Kapitaltransferbeschränkungen durch den Projektstaat. Aus einer dynamischen Sicht wird man einräumen müssen, dass sich die Anreizsituation des Projektlandes verändern wird, wenn im erheblichen Umfang CSP-Projekte errichtet werden. Über die energiepolitischen Ziele des Landes hinaus ergeben sich durch die Ansiedlung von CSP-Vorhaben vielfältige Effekte auf die Wirtschaft und die sozialen Strukturen.

Eine Vermeidung von Konvertierungs- und Transferrisiken kann ferner auch durch eine Garantie des Projektstaates erzielt werden, wenn dieser die Konvertierbarkeit der Inlandswährung und den Transfer von Devisen in das Ausland garantiert. Der Wert dieser Garantien ist aber letztlich wieder vor dem Hintergrund des wirtschaftlichen Risikos des Landes zu beurteilen.

5.3.9. Force Majeure-Risiko

Der folgende Abschnitt 5.3.9 ist im allgemeinen Teil wesentlich aus meiner Publikation „Projektfinanzierung" (dort das Kapitel 3.3.3) entnommen, wobei die Aspekte, die Bezug auf CSP-Vorhaben nehmen, neu hinzu gekommen sind[328].

Unter dem Force Majeure-Risiko (Höhere Gewalt) sind Risiken zu verstehen, deren Eintritt außerhalb des Einflusses der Projektbeteiligten liegt. Für Force Majeure gibt es keine abschließende Definition, sondern es sind die Projektparteien, die vertraglich festlegen, welche Vorkommnisse unter Force Majeure gefasst werden und wie mit diesen Risiken umgegangen werden sollen. Dabei ist der Begriffsinhalt eines Force Majeure-Risikos auch davon abhängig, ob das Sitzland des Projekts einer der vertraglich eingebundenen Projektbeteiligten ist: Sind lediglich private Projektbeteiligte eingebunden, werden politische Risiken und das Risiko der Enteignung häufig als Force Majeure-Risiken angesehen. Im umgekehrten Fall würden diese Risiken nicht als Force Majeure-Risiken angesehen[329].

Generell ließen sich alle Force Majeure-Risiken direkt oder indirekt anderen Projektrisiken zuordnen, so insbesondere dem Länderrisiko, dem Fertigstellungsrisiko und dem Betriebsrisiko. Die Bildung einer gesonderten Risikogruppe ist jedoch aufgrund der Tatsache gerechtfertigt, dass der Eintritt dieser Ereig-

328 J. Böttcher; P. Blattner 2006, S. 93-96.
329 J. Böttcher 2009, S. 111-113.

nisse im Gegensatz zu den anderen Projektrisiken außerhalb der Verfügungsgewalt der Projektbeteiligten liegt[330].

Bei Force Majeure-Risiken handelt es sich regelmäßig einerseits um Zufallsereignisse (z.B. Erdbeben, Sturm, Feuer und Überschwemmung) und andererseits um nicht zufallsbedingte Geschehnisse (z.B. Krieg, Generalstreik, Sabotage und Blockade, Enteignung)[331].

Die Folge des Eintritts eines Force Majeure-Risikos ist, dass der zur Leistung Verpflichtete für die Dauer der Force Majeure von seiner Verpflichtung befreit wird, es sei denn, seine Verpflichtung erstreckt sich gerade auch auf diesen Fall[332]. Die ansonsten bestehenden Sanktionsrechte sind ausgesetzt und nach einem gewissen Zeitablauf wird der Schuldner ohne Wegfall der Force Majeure von der entsprechenden Leistungspflicht ganz frei. Umgekehrt versuchen Kreditgeber die Rückzahlung ihrer Kredite auch im Falle eines Force Majeure-Risikos sicherzustellen und beanspruchen entsprechende Garantien. Als Konsequenz aus dieser Interessenlage müssen die Projektbeteiligten sehr genau aushandeln, welche Risiken als Force Majeure-Risiken gelten und welche Konsequenzen sich aus ihrem Eintritt ergeben[333].

Der Eintritt dieser Ereignisse kann eine Verzögerung der Fertigstellung, eine Betriebsunterbrechung oder sogar den Abbruch des Baus oder der Produktion bedeuten. Infolgedessen ist mit einer Kostenerhöhung und/ oder mit einer Einnahmenreduktion bzw. mit dem vollständigen Wegfall der Erlöse zu rechnen. Dies bewirkt Zahlungsverzögerungen oder im Fall des Abbruchs sogar eine Zahlungseinstellung auf die Projektverbindlichkeiten[334].

---

330 W. Schmitt 1989, S. 160.

331 P.K. Nevitt; F.J. Fabozzi 2000, S. 24.

332 Force Majeure-Risiken sollten jeweils spezifisch betrachtet werden: Ein Projektstaat, der z.B. für ein Kraftwerk Investitionsschutz zugesagt hat, kann sich sicherlich nicht auf Force Majeure wegen einer Änderung seiner nationalen Gesetze berufen. Ein Contractor, der explizit die fristgerechte Einholung der für ihn notwendigen Ausfuhrgenehmigungen zugesagt hat, kann sich nicht auf Exportkontrollen berufen. Vielmehr ist die Übernahme dieser Risiken jeweils vertraglich zu regeln. A. Reuter; C. Wecker 1999, S. 80.

333 P. Benoit 1996, S. 13 f. So mag es alles andere als klar sein, ob ein Kriegsbeginn als Entlastung für eine Non-Performance herangezogen werden kann: Handelt es sich beispielsweise um einzelne Übergriffe, ohne dass Krieg besteht? Ist der Beginn des Krieges in einem Landesteil bereits ein Force Majeure-Ereignis oder muss auch die Region des Projektes hierin verwickelt sein? Weitere Hinweise finden sich in P. K. Nevitt; F.J. Fabozzi 2000, S. 24.

334 M. Schulte-Althoff 1992, S. 121.

Die folgende Tabelle 26 bietet eine Übersicht über die gängigsten Force Majeure-Ereignisse, zeigt Möglichkeiten der Bewertung, die Bedeutung einzelner Risiken für ein Solarenergieprojekt und Maßnahmen zur Minimierung auf. Hier wird deutlich, dass bei einigen Risiken Höherer Gewalt durchaus ein Einfluss durch die Projektbeteiligten möglich ist. Dieser Erkenntnis wird mit dem neueren Verständnis von Force Majeure-Risiken Rechnung getragen, welches bei einzelnen vorherseh- und kontrollierbaren Gefahren den Einfluss der Projektbeteiligten deutlich unterstreicht[335].

335 E.C. Buljevich, Y.S. Park 1999, S. 163.

Tabelle 26: Umgang mit Force Majeure-Risiken (e.D.)

Risiko	Beschreibung	Möglichkeiten der Bewertung	Bedeutung/Ausprägung	Vermeidungsmöglichkeiten
Arbeitskampf (Streik)	Verzögerung in der Projekterrichtung bzw. Unterbrechung des Projektbetriebes aufgrund eines (zeitlich) befristeten Mangels an Arbeitskräften	Länderanalyse hinsichtlich der politischen Stabilität	Gering	Nicht möglich
Diebstahl, Sabotage	Diebstahl oder Manipulation von Bestandteilen der Projekt-anlage oder benötigter Betriebs- und Hilfsstoffe mit der Folge der Verzögerung von Projekterrichtung oder Unterbrechung des laufenden Betriebs	Länderanalyse hinsichtlich Kriminalität, Erfahrungswerte, Informationen von Versicherungsunternehmen	Eher gering (hier fehlen derzeit noch Erfahrungswerte)	Einzäunung des Projektstandortes, Einsatz von Wachdiensten und Alarmanlagen
Feuer	Brandschäden an der Projektanlage hervorgerufen durch Selbstentzündung von Vegetation am Projektstandort oder durch einen fehlerhaften Betrieb der Anlage führen zu einer Betriebsunterbrechung oder im schlimmsten Falle der Vernichtung der gesamten Anlage	Standortgutachten und technische Anlagengutachten sowie Informationen von Versicherungsunternehmen	Gering	Bodenbewuchs regelmäßig entfernen, ausreichende Feuerschutzmaßnahmen in der Projektanlage selbst (z.B. auch Selbstabschaltung bei zu hohen Temperaturen)
Krieg	Kriegsbedingte Unterbrechung des Projektbetriebs bzw. der Projekterrichtung oder sogar kriegsbedingte Beschädigung der Anlage	Länderanalyse bzw. Analyse der gesamten Region hinsichtlich der politischen Stabilität	Extrem gering	Nicht möglich
Sturm	Schäden an der Projektanlage hervorgerufen durch zu starke Windgeschwindigkeiten führen zu einer Betriebsunterbrechung; die Projekterrichtung verzögert sich aufgrund anhaltender zu hoher Windgeschwindigkeiten	Standortgutachtenu und technische Anlagengutachten sowie Informationen von Versicherungsunternehmen	Abhängig von regionalen Gegebenheiten	Grundsätzlich nicht möglich, aber erhöhter Schutz der Anlage durch Abschaltung bei zu hoher Belastung und Einnehmen einer Schutzposition

Neben der Variante, beeinflussbare Force Majeure-Risiken einzelnen Projektbeteiligten im Sinne des Risk Sharings zuzuweisen, liegt die gängigste Möglichkeit, die Auswirkungen solcher Force Majeure-Ereignisse zu minimieren, in dem Abschluss von Versicherungen. Die Bewertung der Notwendigkeit einzelner Versicherungen unter ökonomischen Gesichtspunkten muss im Einzelfall geklärt werden[336]. So ist beispielsweise eine Absicherung eines Solarprojekts in Deutschland gegen Terrorismus aufgrund der sehr geringen Eintrittswahrscheinlichkeit in der Regel nicht notwendig, wohingegen eine Absicherung eines PV-Projektes gegen Moduldiebstahl unbedingt erforderlich ist. Als wohl wichtigste Versicherungen können die folgenden identifiziert werden:

336 W. Schmitt 1989, S. 160.

- Die Betriebsunterbrechungsversicherung leistet für den Fall, dass die Solaranlage vorübergehend nicht betrieben werden kann.
- Die Sachversicherung deckt Schäden durch Diebstahl, Feuer, Wasser, etc. ab.
- Der Montage-Versicherung kommt eine entscheidende Bedeutung zu, da das Auftreten von Force Majeure-Ereignissen insbesondere in der Fertigstellungsphase eine große Gefahr darstellt, weil das Projekt in diesem Fall eventuell gar keinen Cashflow mehr generieren kann. Während der Bauphase ist eine Bauherren-Haftpflichtversicherung, welche für Schäden an Mensch und Sachen während der Bauphase aufkommt, verpflichtend.

Weitere Force Majeure-Risiken können sich aufgrund von politischen und gesellschaftlichen Gegebenheiten und Entwicklungen in der Region der Projektansiedlung ergeben. Beispiele hierfür sind Proteste von Seiten der Politik gegen eine Zerstörung des Landschaftsbildes oder eine mangelnde Akzeptanz der Anlieger. Die Prävention solcher Entwicklungen, die sich gegebenenfalls auch erst nach Fertigstellung ergeben können, ist damit zu beachten. HÖPFNER empfiehlt in diesem Zusammenhang eine frühzeitige Abstimmung der Projektbetreiber mit den betroffenen Gruppen und die schriftliche Fixierung der getroffenen Vereinbarungen[337]. Betroffene Gruppen können bei Solarprojekten insbesondere lokale Interessenvereinigungen, Anwohner, politische Organisationen und Umweltschutzverbände sein.

5.3.10. Zwischenergebnis: Beispielhafte Zusammenfassung der Einzelrisiken

Die bisherige Darstellung hat deutlich gemacht, dass die Wirtschaftlichkeit eines Projekts zentral von der Cashflow-Stabilität bei Planabweichungen sowie der glaubwürdigen Einbindung der Projektbeteiligten abhängt. Diese Einflussgrößen müssen - soweit dies möglich ist - quantifiziert werden, um in einem nächsten Schritt das Risikoprofil des Projekts zu ermitteln, das wiederum Voraussetzung für die Ermittlung der Finanzierungsstruktur ist (siehe hierzu das Kapitel 6.2)[338].

Die zusammenfassende Bewertung der verschiedenen Risiken soll im Folgenden anhand der folgenden Abfolge verdeutlicht werden, wobei wir zur Konkretisierung ein idealtypisches CSP-Vorhaben gewählt haben.

- Im ersten Schritt wird unterstellt, dass alle identifizierten Risiken eintreten.
- Die identifizierten, bei den einzelnen Risiken einzusetzenden Maßnahmen zur Minimierung und Abwälzung finden Anwendung.

---

337 K.-U. Höpfner 1995, S. 207.

338 J. Böttcher 2009, S. 113 f..

- Die quantifizierten Auswirkungen der nicht Dritten zuzuweisenden Risiken werden aggregiert.

Das Ergebnis dieses Worst-Case-Szenarios ist ein bestimmtes Annahmen-Set, unter dem das zu finanzierende Projekt noch tragfähig sein muss, d.h. jeweils einen Schuldendienstdeckungsgrad aufweisen muss, der höher ist als 1,0. Sofern diese Konstellation gegeben ist, kann das Vorhaben als Projektfinanzierung realisiert werden, da der gleichzeitige Eintritt aller Risiken die Bedienung des Kapitaldienstes nicht gefährden würde.

In der nachfolgenden Tabelle 27 wird das Ergebnis der zuvor hinsichtlich ihrer Relevanz und Ausprägung bei dem CSP-Fallbeispiel Solar BERENGAR analysierten Einzelrisiken noch einmal zusammenfassend dargestellt. Die Tabelle 27 wird dabei um die Spalte „Machbarkeit" ergänzt, in der eine Bewertung dahingehend vorgenommen wird, ob die jeweils betrachtete Einzelrisikoposition nach Anwendung der Risikoinstrumente aus Bankensicht als für grundsätzlich projektfinanzierungsfähig anzusehen ist.

Tabelle 27: Gesamtdarstellung der Risikoinstrumente und Umsetzungsmöglichkeiten (e.D.)

Einzelrisiko	Risikoinstrumente	Machbarkeit
Funktionsrisiko	1. Einsatz einer als bewährt geltenden Technologie 2. Leistungsgarantie des Generalunternehmers 3. Verfügbarkeitsgarantie des Generalunternehmers 4. Erfüllungsgarantie der bonitätsmäßig einwandfreien Hausbank des Generalunternehmers 5. Paket von projekttypischen Versicherungen: Montage-, Maschinen- und Betriebsunterbrechungsversicherung	Bei Einsatz einer als bewährt geltenden Technologie grundsätzlich machbar (bei CSP-Kraftwerken ist dies zur Zeit lediglich bei Parabolrinnenkraftwerken mit Thermoölverfahren und Solarturmkraftwerken der Fall).
Fertigstellungsrisiko	1. Beauftragung eines erfahrenen Generalunternehmers, die Projektanlage zu einem Festpreis schlüsselfertig fertigzustellen. 2. Zeitgarantie des Generalunternehmers 3. Leistungsgarantie des Generalunternehmers 4. Erfüllungsgarantie der bonitätsmäßig einwandfreien Hausbank des Generalunternehmers 5. Unbegrenzte Nachschussverpflichtung der Sponsoren	Grundsätzlich machbar
Betriebs- und Managementrisiko	1. Gründung einer Betriebsgesellschaft durch die Sponsoren 2. Abschluss von langfristigen Betriebsführungs- und Wartungsverträgen mit Leistungszusicherungen 3. Betriebsunterbrechungsversicherung	unproblematisch
Markt- und Absatzrisiko	1. Projektrealisierung unter einem staatlich garantierten Förder- bzw. Regulierungssystem 2. Preisgarantie der Sponsoren	Bei guter Bonität der Contractors für die übernommene Preisgarantie grundsätzlich machbar
Ressourcenrisiko	Expertengutachten hinsichtlich der Standortqualität	unproblematisch
Länderrisiko	1. Auswahl von Ländern mit geringem Länderrisiko 2. Einbindung von Exportkreditversicherungen 3. Explizite Einbindung des Projektstaates	Exportkreditversicherungen können regelmäßig eingebunden werden.

Als Ergebnis ist folglich festzuhalten, dass auf Ebene der Einzelrisikobetrachtung die Projektfinanzierung von CSP-Kraftwerken aus Bankensicht, sofern sie auf der Parabolrinnentechnologie mit Thermoölverfahren basiert, grundsätzlich möglich ist. Da viele der untersuchten Einzelrisiken hinsichtlich ihrer Ausprägung von Projekt zu Projekt variieren, ist die detaillierte Analyse und Bewertung von Risikosituation und angewendeten bzw. zusätzlich notwendigen Risikoinstrumenten stets neu durchzuführen. Die vorgenannte Aussage hinsichtlich der Projektfinanzierungsfähigkeit von CSP-Kraftwerken besitzt somit keine Allgemeingültigkeit. Im Fallbeispiel Solar BERENGAR wurden die gestellten Anforderungen jedoch erfüllt.

Bei der obigen Darstellung sind folgende Aspekte wichtig:

- Zum Teil handelt es sich bei den möglichen Risikoinstrumenten um solche, die in jedem Fall und vollständig erfüllt werden müssen, ansonsten käme keine Projektfinanzierung zustande. Bestünde etwa Unsicherheit hinsichtlich der Eigenmitteleinbringung, so wäre die Gesamtfinanzierung unsicher und die Fremdkapitalgeber hätten das potentielle Risiko, sämtliche Fremdmittel eingebracht zu haben, ohne dass das Projekt fertig gestellt wird.
- Des Weiteren bestehen Risiken, die sich praktisch nicht quantifizieren lassen, die aber gleichwohl ein reales Risiko für das Projekt darstellen können: Erweist sich der Betreiber als ungeeignet für den Betrieb eines Projektes, können die Auswirkungen auf den Cashflow erheblich sein, ohne dass sie im Vorfeld quantifiziert werden können[339]. Bei quantifizierbaren Risiken ist eine Gesamtbetrachtung zulässig und auch notwendig. Die Einflussgrößen münden in Cashflow-Größen, die Aussagen über die Wirtschaftlichkeit und die Belastbarkeit des Vorhabens zulassen. Das bedeutet aber auch, dass quantifizierbare Größen wie ein Mobile interagieren: Ein größeres Risiko - z.B. höhere Pachtzahlungen - kann durch einen anderen Effekt - z.B. ein besseres Energieangebot am Standort - mehr als kompensiert werden. Das Mobile-Konzept trägt aber nicht bei rein qualitativen Faktoren - ein ungeeigneter Betriebsführer kann etwa nicht durch eine gut bewährte Technik kompensiert werden.
- Ebenfalls gibt es Risiken, bei denen eine dritte Partei zwar Garantien übernimmt, diese aber so ausgestaltet sind, dass gleichwohl größere Restrisiken bei den Kapitalgebern verbleiben. Als typisches Beispiel ist das Fertigstellungsrisiko anzuführen. Zumeist ist die maximale Höhe der Fertigstellungsgarantie begrenzt, z.B. auf 20 % des Gesamtwertes des Anlagenpreises. Diese Haftungsbegrenzung ist aber durchaus ökonomisch sinnvoll: Die wesentliche

339 Hier kann zum Beispiel zählen, dass es der Betreiber versäumt hat, sämtliche notwendigen Genehmigungen einzuholen und das Vorhaben nunmehr ohne rechtliche Basis operiert, so dass potentiell ein Totalschaden droht. Wahrscheinlicher sind aber Schlechtleistungen aufgrund mangelnder Qualifikation, die zu Einbußen bei der Produktion führen können.

Motivation einer Haftungsübernahme liegt darin, geeignete Anreize zu setzen (siehe hierzu unsere Ausführungen in Kapitel 4).

Bezieht man die verschiedenen Risikoinstrumente mit ein und geht von einer Darlehenslaufzeit bis zu 20 Jahren aus, so erscheint ein für das Worst-Case-Szenario angemessener Gesamtabschlag auf die Plandaten, bei dem das Vorhaben noch tragfähig sein muss, in Höhe von 15 % bis 20 % realistisch und findet sich in dieser Bandbreite auch bei den verschiedenen deutschen Kreditinstituten, die diese Vorhaben finanzieren.

Die obige Darstellung ist zunächst nur als didaktische Hinführung zu verstehen, die ein erstes Gefühl dafür vermittelt, welches Kreditvolumen tragfähig erscheint. Üblicherweise wird das so ermittelte Cashflow-Modell in ein selbständiges Simulations-Tool eingespeist, das über eine Vielzahl von Simulationsrechnungen ein Rating-Ergebnis für die Projektfinanzierung ermittelt.

Während wir bislang die Risiken und die Risikoinstrumente isoliert betrachtet haben, müssen diese in ihrer gesamten Wirkung auf das Projekt analysiert und bewertet werden. Dies erfolgt im Rahmen der Risikoquantifizierung des Projekts über ein Cashflow-Modell. Das Cashflow-Modell dient dabei der Entwicklung einer projektbezogenen Finanzierungsstruktur, die unter der Berücksichtigung eines zu definierenden Sicherheitsabschlags so auszugestalten ist, dass einerseits die bankseitigen Anforderungen für die Gewährung einer Projektfinanzierung über die gesamte Finanzierungslaufzeit stets erfüllt werden und andererseits die Sponsoren eine ihrem unternehmerischen Risiko angemessene Eigenkapitalverzinsung erwarten können. Die Einzelrisiken stellen sich in einer Gesamtschau wie folgt dar (Tabelle 28):

Tabelle 28: (wiederholt): Einzelrisiken bei einem PV-Solarprojekt (e.D.)

Risiko	Risikoinstrumente	Standardabweichung gegenüber Plan-Annahmen
Elementarrisiko	Heranziehen von mindestens zwei Ertragsgutachten, die standortspezifisch erstellt werden	4,00%
Unsicherheit des Ertragsgutachtens	Explizite Nennung der Unsicherheiten im Ertragsgutachten, z.T. Eliminierung auch von Teilunsicherheiten (z.B. durch Besichtigung vor Ort)	3,00%
Verzögerte Fertigstellung	Hereinnahme einer Fertigstellungsgarantie	0,00%
Leistungsverlust der PV-Module	Verwendung von Modulen namhafter Hersteller, technische Prüfung	0,25%
Steigerung der operativen Kosten	Vertragliche Fixierung der operativen Kosten. Vorsichtige, konservative Kalkulation der Kosten	1,00%
Preis- bzw. Absatzrisiko	Absatzpreise gesetzlich garantiert und damit über Projektlaufzeit kalkulierbar	0,00%
Force Majeure	Abschluss der üblichen Versicherungen	0,00%
Gesamte Standardabweichung		5,11%

Die eigentliche zusammenfassende Quantifizierung eines Projektrisikos erfolgt über ein Cashflow-Modell, das neben der Bewertung der Projektrisiken auch eine Optimierung der Finanzierungsstruktur zulässt. Das Cashflow-Modell ist für die Risikoquantifizierung von zentraler Bedeutung, aber die Risikoquantifizierung endet nicht mit dem Cashflow-Modell. Zusätzlich erfolgen auf Basis des Cashflow-Modells - zumeist separat vorgenommene - Simulationsrechnungen über ein Rating-Tool, das verschiedene Projektverläufe bei unterschiedlichen Umweltszenarien simuliert und aus Risikosicht der Banken bewertet. Die Simulationsrechnungen werden dabei im Solarbereich wesentlich durch die Variabilität der Einstrahlungsdaten sowie der prognostizierten Entwicklung der Zinsstrukturkurven beeinflusst. Qualitative Faktoren, wie etwa die Bewertung des Fertigstellungsrisikos und die Erfahrungen des EPC-Contractors, haben gegenüber den quantitativen Faktoren eine zumeist nachrangige Bedeutung[340].

Das Cashflow-Modell dient einer ersten Abschätzung der Projektbelastbarkeit und Wirtschaftlichkeit, und das Rating-Verfahren ermöglicht es dann, dieses Cashflow-Modell innerhalb einer Simulation zu bewerten. Das Rating-Ergebnis korrespondiert mit einer Risikobepreisung. Sofern diese von der im Cashflow-Modell verwandten Risikobepreisung abweicht, die ja zunächst eine Schätzgröße abbildet, muss das Modell angepasst und die Simulationsrechnung wiederholt werden. Im Bedarfsfall muss dieser Prozess so lange wiederholt werden, bis Cashflow-Modell und Rating-Modell von denselben Annahmen ausgehen. Inso-

340 Da es sich bei den Rating-Tools um separate Software-Anwendungen handelt, die für den Benutzer lediglich Eingaben zulassen, können die Details des Verfahrens im Rahmen dieser Arbeit leider nicht vorgestellt werden.

fern ist die Cashflow-Modellierung und die Bewertung durch ein Rating-Tool ein iterativer Prozess.

Die Ziele, die mit einem Rating-Tool verfolgt werden, lassen sich wie folgt subsumieren:
1. Objektive und standardisierte Risikobeurteilung eines Projektes.
2. Kalkulation eines Gesamtrisikos für eine Projektfinanzierung - Ermittlung einer Ausfallwahrscheinlichkeit, die wiederum für die Risikobepreisung relevant ist.
3. Regulatorische Anforderungen, insbesondere die Kapitaladäquanzanforderungen nach Basel II, können eingehalten werden[341].

Das Rating-Tool geht dabei wie folgt vor:
1. Simulation der wesentlichen Risikotreiber unter einem bestimmten Annahmen-Set und unter Berücksichtigung von
2. makroökonomischen Faktoren: Zinssätze, Wechselkurse und Inflationsannahmen sowie
3. branchenspezifischen Annahmen: basierend auf einem Random-Walk-Ansatz, der auf historischen Volatilitäten und Korrelationen basiert.

In diesem Kapitel haben wir dargestellt, wie der Risikomanagementprozess - bezogen auf die Teilschritte Risikoidentifizierung und Risikoallokation - typischerweise bei einer Projektfinanzierung und spezifiziert bei CSP-Kraftwerken - abläuft. Im folgenden Kapitel werden wir den Teilschritt der Risikoquantifizierung einer Projektfinanzierung darstellen, der dann den gesamten Risikomanagementprozess abschließt.

341 Der BASELER AUSSCHUSS hat in 2004 ein Kapitalregelwerk verabschiedet (Basel II), das im Kreditwesengesetz und der Solvabilitätsverordnung in deutsches Recht umgesetzt worden ist. Siehe hierzu z.B. T. Cramme et al. (Hrsg): Handbuch Solvabilitätsverordnung, Stuttgart 2007 [Schäffer-Poeschel-Verlag].

Was ihr nicht rechnet, glaubt ihr sei nicht wahr,
Was ihr nicht wägt hat für euch kein Gewicht,
Was ihr nicht münzt das meint ihr gelte nicht.
(GOETHE, FAUST II, KAISERLICHE PFALZ, ZF. 4920-4923)

6. Entwicklung einer geeigneten Finanzierungsstruktur

Der folgende einleitende Abschnitt 6 basiert wesentlich auf meiner Publikation „Finanzierung von Erneuerbare-Energien-Vorhaben" (dort das Kapitel 3.6.4), wobei die Aspekte, die Bezug auf CSP-Vorhaben nehmen, neu hinzu gekommen sind[342].

Über die in den vorherigen Abschnitten beschriebenen Risikoinstrumente können verschiedene Einzelrisiken adressiert und durch Einbindung der verschiedenen Projektbeteiligten in ihren Auswirkungen auf das Projekt zumindest gemildert werden. Gleichwohl verbleiben Restrisiken, die über übergeordnete Sicherungssysteme aufgefangen werden müssen[343]. Für ein erfolgreiches Risikomanagement ist es wichtig, ausgehend von den identifizierten Risiken eines Projekts deren Auswirkung auf die ökonomische Leistungsfähigkeit und Belastungsfähigkeit zu erfassen. Dadurch lassen sich Erkenntnisse für die Auswahl der risikopolitischen Maßnahmen und die erfolgreiche Bewältigung von Krisensituationen gewinnen. Hierzu bedarf es einer Risikoquantifizierung, die den Einfluss der einzelnen Projektrisiken auf den Cashflow berücksichtigt[344]. Beispielhaft stellen sich die verschiedenen Risikokategorien im Zeitablauf bei einem Solarkraftwerk wie in Abbildung 40 dar:

342 J. Böttcher 2009, S. 133-143.
343 Siehe hierzu auch Abbildung 24.
344 A. Przybilla 2008, S. 101.

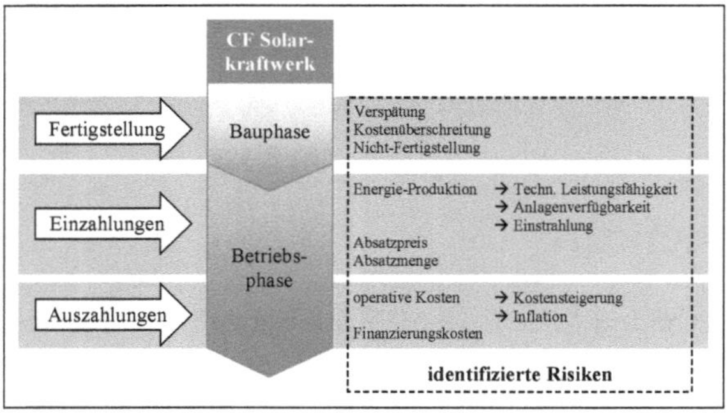

Abbildung 40: Risikoeinflüsse auf ein Solarkraftwerk[345]

Erkennbar ist, dass die Risiken quantifizierbare Auswirkungen haben und in ihrer Gesamtheit betrachtet und bewertet werden müssen. Die Quantifizierung der Chancen und Risiken eines Projekts erweist sich als der Dreh- und Angelpunkt eines übergeordneten Sicherungssystems. Die Quantifizierung ermöglicht dabei, aus Investorensicht die Wirtschaftlichkeit, aus Sicht der weiteren Projektbeteiligten die Angemessenheit der Anreiz-Beitragsstruktur und aus Fremdkapitalgebersicht die Robustheit des Projekts zu beurteilen.

Die Investoren beurteilen - wie oben skizziert - das Projekt aus einer Base-Case-Betrachtung, wobei sie in ihr Kalkül bessere und schlechtere Projektentwicklungen einbeziehen werden. Die anderen Projektbeteiligten beurteilen das Vorhaben danach, welche Beiträge sie zu leisten haben und ob die Gegenleistung dazu in einem angemessenen Verhältnis steht. Die Kreditgeber beurteilen das Projekt danach, ob bei einer Worst-Case-Betrachtung die Bedienung des Kapitaldienstes gesichert erscheint. Hierzu überprüfen sie zum einen die Reagibilität des Projekts gegenüber möglichen adversen Projektänderungen - z.B. verspätete Fertigstellung, Minder-Performance der Anlagen oder Preisverfall auf der Marktseite - und bewerten zum anderen die Möglichkeiten und Verpflichtungen des Projekts und der Projektbeteiligten, bei negativen Planabweichungen unterstützend einzuspringen. Eine Möglichkeit, von Seiten des Projekts gegenzusteuern, kann dabei z.B. die Verpflichtung sein, bei Unterschreitung bestimmter *Trigger Events* - typischerweise das Unterschreiten eines bestimmten Schuldendienstdeckungsgrades - eine beschleunigte Tilgung der Darlehen vorzunehmen (*cash sweep*).

Die verschiedenen Verpflichtungen der Projektbeteiligten gegenüber dem Projekt haben wir im Zusammenhang mit der Darstellung der Einzelrisiken disku-

345 Darstellung nach J. Böttcher; P. Blattner 2006, S. 101.

tiert. Im Zusammenhang mit der Risikoquantifizierung geht es nunmehr darum, die vertraglichen Verpflichtungen der Projektbeteiligten zu bewerten, was neben dem Umfang der möglichen Verpflichtungen auch eine Bonitätsbeurteilung der Verpflichteten erfordert. Darüber hinaus signalisiert die Verpflichtung der Projektbeteiligten ein Interesse am Projekterfolg, was über die Ebene der Quantifizierbarkeit hinaus von qualitativer Bedeutung ist.

Damit wird ersichtlich, dass Risiko-Quantifizierung und Risikoallokation in einem engen Wechselverhältnis zueinander stehen. Eine Risikoquantifizierung ist erst dann vollständig, wenn neben der isolierten Projektbetrachtung auch die verschiedenen Beiträge der Projektbeteiligten mit betrachtet werden, die bestimmte Projekt-Risiken übernehmen und das Projekt insoweit freihalten[346]. Andererseits erfordert eine Risikoallokation die Quantifizierung der Chancen und Risiken sowohl auf Ebene der einzelnen Projektbeteiligten als auch auf Ebene des Gesamtprojekts. Der einzelne Projektbeteiligte kann erst dann seine Chance-Risiko-Position beurteilen, wenn er die vollständige Risikoquantifizierung des Cashflow-Modells mit den oben beschriebenen Beiträgen der einzelnen Projektbeteiligten kennt.

An dieser Stelle wird deutlich, dass die Ermittlung einer geeigneten Finanzierungsstruktur mit der Ausgestaltung der Projektstruktur auf das Engste zusammenhängt: Einerseits bestimmt die Ausgestaltung der Finanzierungsstruktur darüber, welche Beiträge insbesondere die Sponsoren und die Kreditgeber zu leisten haben, andererseits lässt sich eine Finanzierungsstruktur nur vor dem Hintergrund der vertraglichen Verpflichtungen der verschiedenen Beteiligten beurteilen. Aus diesem Grunde ist die von Seiten der Sponsoren gestellte Frage nach der notwendigen Höhe der Eigenmitteleinbringung auch erst dann abschließend zu beantworten, wenn neben den prognostizierten Cashflow-Strömen des Projekts auch die vertraglichen Verpflichtungen der einzelnen Projektbeteiligten bekannt sind.

Für die Risikoquantifizierung spielt die Abweichungsanalyse von Soll- und Ist-Werten die wichtigste Rolle, während demgegenüber eine Jahresabschlussanalyse der Projektgesellschaft von nachrangiger Bedeutung ist, auch wenn sie über § 18 KWG gesetzlich vorgeschrieben ist.

1. Zunächst sind die Kapitalgeber über die üblicherweise vereinbarte unterjährige Berichterstattung weitaus zeitnäher über die wirtschaftliche Situation des

346 Die Stabilität einer Projektfinanzierung erfordert, dass alle Beteiligten einen positiven Anreiz-Beitrags-Saldo realisieren. Umgekehrt bedeuten unzureichende Anreize entweder den Zerfall oder die Veränderung der Organisationsziele. C. Barnard 1970, J.G. March 1958.

Projekts informiert, so dass der Jahresabschluss nur noch das wiederholt, was die Bank als Kreditgeber ohnehin schon wissen sollte.

2. Aus Sicht des Risikomanagements ist der Abgleich zwischen der tatsächlichen und der geplanten Performance des Projekts Anknüpfungspunkt für vertraglich zugesicherte Stützungsmaßnahmen. Ist die Performance wie geplant oder sogar besser, haben Investoren und Fremdkapitalgeber üblicherweise keinen Handlungsbedarf, da ihre ursprünglichen Planungen aufgehen. Ist die Performance hingegen unter den Erwartungen, wird geprüft werden, was die Ursachen sind und wie ihnen begegnet werden kann. Zu den Maßnahmen kann auch gehören, dass Projektbeteiligte aus ihren vertraglichen Pflichten in Anspruch genommen werden. In jedem Fall erfolgt der notwendige Soll-Ist-Abgleich dann aber zum einen nicht über den Jahresabschluss, sondern über die früher einsetzenden Projektberichte und zum anderen ist der Vergleichsmaßstab das der Planung zugrunde liegende Cashflow-Modell.
3. Hinzu kommt, dass Projektfinanzierungen befristet angelegt sind und insbesondere eine Re-Investition nur insoweit erfolgt, wie es zur planmäßigen Aufrechterhaltung der Performance notwendig ist. Außerdem werden die erwirtschafteten Cashflows nicht innerhalb der Projektgesellschaft thesauriert, sondern an die verschiedenen Projektbeteiligten nach den Grundsätzen des vertraglich vereinbarten „Wasserfalls“ verteilt. Das bedeutet, dass erwirtschaftete Gewinne an die Sponsoren ausgeschüttet werden, anstatt die bilanzielle Basis der Projektgesellschaft zu stärken. Dies führt regelmäßig dazu, dass zum einen die Bilanz durch die fortschreitende Abschreibung von Jahr zu Jahr verkürzt wird und zum anderen die Eigenkapitalbasis immer geringer ausfällt.

Weiter ermöglicht erst die Risikoquantifizierung die Information über die Performance des Projekts und ist damit Anknüpfungspunkt für Steuerungsmaßnahmen der Projektgesellschaft bzw. für das Auslösen von Verpflichtungen der Projektbeteiligten. Weichen Kennzahlen von Planwerten ab, werden - je nach vertraglicher Ausgestaltung - die Projektbeteiligten verpflichtet, bestimmte Beiträge zu leisten oder bestimmte Kreditsicherheiten greifen. Damit ermöglicht die Risikoquantifizierung eine dauerhafte Begleitung des Projekts im Zeitablauf und erfüllt die Funktion eines Steuerungsmechanismus[347].

Zusammenfassend erfüllt die Risikoquantifizierung folgende Funktionen:

- Quantifizierung der Wirtschaftlichkeit und der Belastbarkeit des Projekts,
- Erarbeitung einer Projektstruktur, die die Chancen und Risiken sachgerecht einzelnen Projektparteien zuweist und damit einen nachhaltigen Projekterfolg unterstützt,

---

347 Siehe hierzu auch Abbildung 24.

- Festlegung eines Frühwarnsystems, das Plan-Abweichungen erkennt und damit die Handhabe liefert, um frühzeitig Gegenmaßnahmen durch einzelne Projektbeteiligte einzuleiten.

Besteht Klarheit über das Risikoprofil des Projekts einerseits und die Einbindung der Projektbeteiligten als Risikoträger andererseits, stellt sich die Frage nach einer geeigneten Finanzierungsstruktur.

Bei der Ausgestaltung einer Projektfinanzierung steht regelmäßig die Langfristfinanzierung während der Betriebsphase, der so genannte *Term Loan*, im Mittelpunkt der Diskussion. Gleichwohl müssen zusätzliche Finanzierungsbedarfe geprüft und ggf. bereitgestellt werden. In Abbildung 41 sind diese verschiedenen Tranchen insgesamt dargestellt worden:

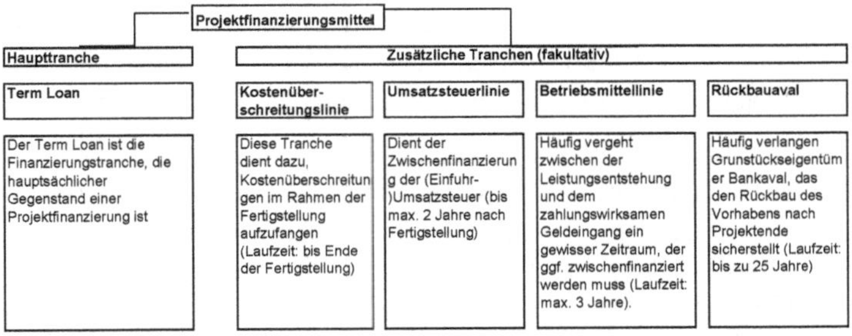

Abbildung 41: Finanzierungstranchen für eine Projektfinanzierung[348]

Die *Working Capital Facility* dient der Finanzierung von Cashflow-Defiziten, die während des Projektverlaufs als Folge von unterschiedlichen Zahlungszyklen auftreten können. Eine Finanzierungslücke kann dann entstehen, wenn die Forderungen aus Lieferungen und Leistungen die Verbindlichkeiten aus Lieferungen aus Lieferungen und Leistungen übersteigen und somit ein Betriebsmittelbedarf entsteht. Problematisch wird diese Situation dann, wenn unmittelbar fällige Leistungspflichten bestehen. Typisch ist diese Konstellation bei allen Erneuerbaren-Energien-Vorhaben, bei denen im Betrieb der Leistungsanspruch entsteht, aber vom Stromversorger erst eine gewisse Zeit später beglichen wird. In diesem Zusammenhang ist es zentral, die nationalen Gegebenheiten in Erfahrung zu bringen, damit die Höhe und Laufzeit dieser Tranche angemessen dargestellt werden.

Die *Stand-By-Fazilität* (Kostenüberschreitungslinie) kann typischerweise dann in Anspruch genommen werden, wenn der Term Loan zur Deckung der zusätz-

348 Darstellung nach J. Böttcher 2009, S. 134.

lich entstandenen Kosten in der Fertigstellungsphase nicht mehr ausreicht. Da aufgrund ihres Eventualcharakters ungewiss ist, wie hoch diese Tranche ausfallen muss, und sich bei Inanspruchnahme dieser Tranche auch ein Risiko manifestiert, ist klar, dass einerseits die Marge für die Tranche höher ausfällt als für den Term Loan und dass regelmäßig mit den Sponsoren parallel eine zusätzliche Eigenmitteleinbringungsverpflichtung (*contingent equity*) vereinbart wird.

Die *Value-Added-Tax-Facility* (Umsatzsteuerlinie) wird regelmäßig dann benötigt, wenn die Zeit der Kostenerstattung dieser Steuerart verhältnismäßig lang ist, so dass die Projektgesellschaft vor Eintritt in die Betriebsphase nicht dazu in der Lage ist, die bezahlte Umsatzsteuer bei den eigenen Ausgaben durch die der Verkäufe zu decken. Dies ist regelmäßig bei Projektfinanzierungen der Fall, da die Mehrwertsteuerpflicht bereits in der Fertigstellungsphase anfällt, in der vom Projekt noch kein Cashflow erwirtschaftet wird. Daher ist eine Finanzierungslinie notwendig, um die Mehrwertsteuervorleistungen zu finanzieren. Diese Fazilität wird dann durch die Mehrwertsteuereingänge oder die Mehrwertsteuererstattungsansprüche während der Betriebsphase nach und nach zurückgezahlt.

Rückbauavale werden regelmäßig dann verlangt, wenn die Anlagen auf fremden Grund errichtet werden. Der Grundstückseigentümer möchte gesichert sehen, dass nach Ende der Nutzungsdauer der Anlagen diese auch wieder zurückgebaut werden. Um diese Verpflichtung der Projektgesellschaft abzusichern, wird regelmäßig eine Bankbürgschaft verlangt, in der die Bank eine Bürgschaft für den Rückbau durch die Projektgesellschaft übernimmt.

Doch nunmehr zurück zum *Term Loan*, der eigentlichen Projektfinanzierungstranche. Dieses Darlehen dient der Bedienung der anteiligen Kosten in der Errichtungsphase und wird zurückgezahlt durch die operativen Cashflows des Projekts, die in der Betriebsphase erwirtschaftet werden.

Ohne auf die schier unüberschaubare Literatur zum Thema „optimale Kapitalstruktur“ eingehen zu wollen[349], soll hier stattdessen auf den Ansatz der Praxis eingegangen und skizziert werden, wie sich aus dem Risikoprofil des Projekts und den Verpflichtungen der verschiedenen Projektbeteiligten eine geeignete Finanzierungsstruktur ermitteln lässt. Immer ist auch zu berücksichtigen, dass jedes Projekt mit anderen Kapitalanlagen konkurriert, Kapital mithin nur dann anziehen kann, wenn es auf dem Kapitalmarkt wettbewerbsfähige Konditionen bietet.

---

349 Die Diskussion geht aus vom Aufsatz von MODIGLIANI und MILLER: F. Modigliani; M.H. Miller 1958; S. 261-297 und hat eine tiefe Rezeption innerhalb der Wirtschaftswissenschaft gefunden.

Ausgehend von einem bestimmten mit einem Projekt verbundenen Investitionsaufwand ergibt sich ein anfänglicher Finanzierungsaufwand, der durch eine geeignete Finanzierungsstruktur dargestellt werden muss. Die Frage nach einer geeigneten Finanzierungsstruktur bezieht sich auf mindestens vier Aspekte, nämlich 1. der Frage nach einem angemessenen Mix von Eigenkapital, Fremdkapital oder Zwischenformen dieser Idealtypen, 2. der Frage nach geeigneten Laufzeiten und Tilgungsstrukturen für die Darlehenstranchen, 3. dem Einsatz verschiedener Finanzierungsformen[350] und 4. der Frage nach eventuell notwendigen Zinssicherungsinstrumenten. Den letztgenannten Aspekt haben wir in Kapitel 5.3.7 behandelt, die erstgenannten werden wir im Anschluss über ein Beispiel illustrieren.

Weiter oben wurde dargelegt, dass Fremdkapitalgeber regelmäßig auf einem bestimmten Eigenkapitalbeitrag bestehen werden. Den unterschiedlichen Rollen und Interessen der Sponsoren entsprechend können deren Eigenkapitalbeiträge unterschiedliche Formen annehmen (z.B. Bareinzahlung, Bereitstellung von Ausrüstungsgegenständen, Einbringung von Konzessionen). Möglich sind aber auch Kapitalformen, die zwischen Eigenkapital und Fremdkapital liegen, die Eigenkapitalsurrogate. Bei der Mischung der verschiedenen Formen spielen steuerliche Überlegungen, die gewünschten Zins- und Tilgungstakte, die Platzierbarkeit am Kapitalmarkt und Beteiligungs- oder Verfügungsbeschränkungen eine Rolle. Geschäftsbankenkredite nehmen - trotz der Entwicklung neuartiger Finanzierungsinstrumente auf den Kapitalmärkten - immer noch den größten Anteil an Projektfinanzierungen in Anspruch. Geschäftsbankenkredite haben häufig eine Laufzeit bis zu fünfzehn Jahren, bei hinreichender Planbarkeit sind auch längere Laufzeiten möglich. Zur Finanzierung des Umlaufvermögens (*working capital*) werden die Kredite in Form von Kreditlinien zur Verfügung gestellt. Bei Projekten in Entwicklungsländern haben die lokalen Banken häufig hier ihren Schwerpunkt, zumal das *working capital* zumeist in Landeswährung benötigt wird, während die Finanzierung des Anlagevermögens die Domäne international tätiger, ausländischer Banken ist.

Die Frage nach einer angemessenen Eigenkapital-Ausstattung wird durch die Art des geplanten Projekts, sein Risikoprofil sowie die Möglichkeiten und Fähigkeiten der Projektbeteiligten, Risiken zu übernehmen, bestimmt. Die grundsätzliche Vorgehensweise erfolgt dabei über mehrere Prozessstufen, die ein

350 Auf eine detaillierte Darstellung der verschiedenen Finanzierungsformen soll an dieser Stelle verzichtet werden. Für eine umfassende Darstellung der Finanzierungsformen sei stattdessen auf das Standardwerk im Bereich Projektfinanzierung von P.K. Nevitt; F.J. Fabozzi 2000, S. 67 ff. verwiesen.

Cashflow-Modell, ein Rating-Modell und ein Kalkulations-Tool der Banken beinhalten.

Im Rahmen eines Cashflow-Modells werden alle zahlenmäßigen Konsequenzen der gesetzlichen Vorgaben oder Projektverträge abgebildet, wobei regelmäßig bestimmte Belastbarkeitskennziffern eingehalten werden müssen. Das Rating-Tool übernimmt die Angaben des Cashflow-Modells, ergänzt diese um qualitative Faktoren und berechnet über Simulationsrechnungen ein Rating-Ergebnis. Das Rating-Ergebnis und die zwischen Bank und Kreditnehmer ausgehandelten Kreditkonditionen werden in ein Kalkulations-Tool eingestellt, das wiederum die Zinskonditionen darstellt und die aus dem Geschäft heraus entstehende Eigenkapitalverzinsung der Bank ermittelt. Weichen die sich so ergebenden Zinskonditionen von denen im Cashflow-Modell geschätzten Werten ab, ist eine Anpassung des Cashflow-Modells notwendig, so dass sich hier ein iterativer Prozess dieser drei Teilschritte ergibt.

Während sich die Eigenkapitalquote bei einem herkömmlichen Unternehmen als Resultat einer Reihe historischer Gegebenheiten und vergangener unternehmerischer Entscheidungen darstellt, muss für jedes Projekt eine eigenständige Entscheidung über den anfänglichen Eigenmittelanteil getroffen werden. Faktoren, die hier berücksichtigt werden, sind das Risikoprofil des Projekts, das Wollen und Können der Projektbeteiligten, Risiken zu übernehmen und - neben der Verhandlungsmacht der beteiligten Parteien - die spezifische Risikowahrnehmung der Kreditgeber.

Was aus Sicht der Fremdkapitalgeber eine angemessene Belastbarkeit darstellt, hängt von einer Reihe von Gegebenheiten ab. Die Windverhältnisse in Deutschland der Jahre 2001 bis 2009 fielen - mit zwei Ausnahmen und abhängig vom Standort - bis zu 25 % niedriger aus, als es der langjährige Durchschnitt hätte erwarten lassen können. Diese Entwicklung hat Einfluss auf die Akzeptanz von Investments sowohl was die Eigenkapitalgeber betrifft, die möglicherweise gar keine Ausschüttung erhalten haben, als auch die Fremdkapitalgeber, die möglicherweise ihr Anforderungsniveau erhöhen. Umgekehrt profitieren etwa Solar-Projekte von einer im Jahresvergleich weitaus weniger schwankenden Sonneneinstrahlung, die für die meisten Standorte in Spanien unterhalb eines Wertes von 4 % um den 20jährigen Mittelwert liegt (siehe hierzu Kapitel 5.3.6). Biomasse-Projekte hingegen müssen zusätzlich das Lieferrisiko auffangen, das sich bei ihnen sowohl mit Blick auf die Menge als auch den Preis verstärkt.

Für die Ermittlung der Eigenmittelausstattung bedeutet das folgendes:

- In einem ersten Schritt wird die Risikostruktur bewertet, wobei wesentlich das Regulierungsumfeld und das technische Risiko eine Rolle spielen. Die Laufzeit einer gesicherten Vergütung ist ein erster Rahmenparameter, der zweite die Erwartung an die ökonomische Lebensdauer der verwandten Technik. Zur Vergütungsdauer: Wenn etwa die Regulierungsdauer bei 20 Jahren liegt, macht dies einen Unterschied gegenüber einer Regelung, bei der dies nur für 12 Jahre gilt und das Projekt dann darauf hoffen muss, dass es eine Anschlussregelung findet. Selbstverständlich ist eine Projektfinanzierung aus Bankensicht erst dann erfolgreich gewesen, wenn alle Darlehen zurückgeführt worden sind. Aufgrund dieser beiden limitierenden Kriterien ergibt sich eine maximale Laufzeit des Term Loans.

- Nunmehr wird von der Bank ein Downside-Szenario formuliert, das mögliche Risiken, die nicht über das Risk Sharing abgedeckt sind, abbildet. Auf Basis dieses Szenarios muss das Projekt in der Lage sein, seinen Kapitaldienst jederzeit noch zu bedienen, erforderlichenfalls unter Einrechnung von Schuldendienstreservekonten oder dem Einsatz von bedingtem Eigenkapital. Als Ergebnis dieser ersten beiden Schritte ergibt sich ein bestimmter Finanzierungsbetrag, der als Term Loan dem Vorhaben zur Verfügung gestellt werden kann.
- Unter Kenntnis der Gesamtinvestitionskosten und des unter 2. ermittelten Betrages für den Term Loan ergibt sich das Eigenkapital als Residualgröße.

Diese Vorgehensweise der Dimensionierung der Eigenmittel zeigt aber auch Folgendes:

- Die Höhe der Eigenmittel spielt für die Beurteilung der Projektqualität nur eine untergeordnete Rolle, ist aber für die glaubwürdige Unterlegung des Engagements der Sponsoren bedeutsam.
- Welche Höhe die Eigenmittel bei einem bestimmten Projekt haben müssen, ergibt sich erst unter Berücksichtigung aller Cashflow-relevanten Positionen des Projekts.

Für ein spanisches Parabolrinnen-Projekt kann sich der DSCR-Verlauf beispielhaft wie folgt darstellen (Abbildung 42):

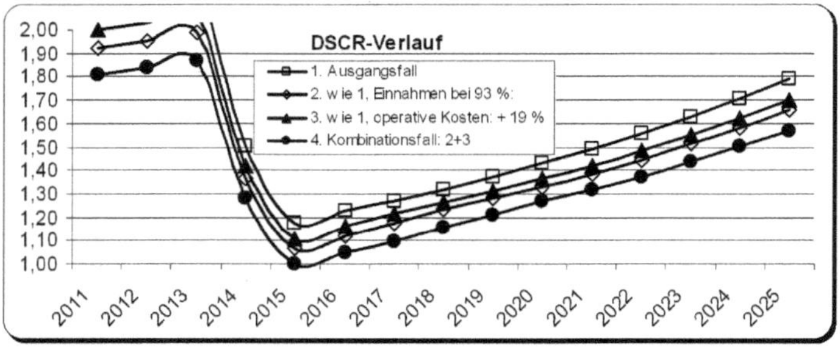

Abbildung 42: DSCR-Verlauf eines Parabolrinnen-Kraftwerks (e.D.)

Die zentralen Kennzahlen ergeben sich wie folgt:

	Min. DSCR	Ø DSCR	Break-Even bei:	IRR
1. Ausgangsfall	1,17	1,65	./.	14,04%
2. wie 1, Einnahmen bei 93 %:	1,07	1,51	.. bei 88,7 %	11,11%
3. wie 1, operative Kosten: + 19 %	1,11	1,56	.. plus 49 %	12,19%
4. Kombinationsfall: 2+3	1,00	1,42	./.	9,17%

Deutlich wird, dass die Sensitivität auf einen Anstieg der operativen Kosten relativ gering ist, während ein Einnahmenrückgang die stärkste Wirkung auf die Belastbarkeit des Vorhabens hat.

Auch die Darlehenslaufzeit ist eine bedeutende Gestaltungsvariable der Finanzierungsstruktur, wobei eine allgemeingültige Laufzeit für eine Projektfinanzierung in verschiedenen Branchen nicht genannt werden kann. Als Richtgröße für Mautstraßen kann eine Laufzeit von 20 bis 25 Jahren genannt werden, bei Großkraftwerken bis zu 20 Jahren und bei Vorhaben im Bereich Windenergie bis zu 15 Jahren[351].

Grundlegende Bezugsgröße für eine Kreditlaufzeit ist die geplante Laufzeit des Projekts, die eine Maximallaufzeit für die Kreditrückführung darstellt. Die Gültigkeitsdauer erforderlicher Genehmigungen und Lizenzen, die technisch mögliche Lebensdauer der Anlagen sowie die Laufzeit der Projektverträge beeinflussen den Betrieb und die Wirtschaftlichkeit des Projekts. Dabei spielt das Vertrauen in die Beständigkeit der Verpflichtungen aus den Projektverträgen ebenso eine zentrale Rolle wie erwartete Markt- und Branchenentwicklungen. Zudem wird regelmäßig ein zeitliches Sicherheitspolster, etwa für notwendig werdende Tilgungsaussetzungen oder - streckungen, vereinbart.

In unmittelbarem Zusammenhang mit der Kreditlaufzeit stehen die Tilgungsmodalitäten für die verschiedenen Fremdkapitaltranchen, die der Höhe nach an die

351 Siehe J.D. Finnerty für den Bereich der Mautstraßen (S. 236 ff.) und Kraftwerke (S. 204 ff.) sowie J. Böttcher 2009, S. 140 für den Bereich der Windenergie.

Belastbarkeit des Projekt-Cashflows einer Periode angepasst sein müssen. Dabei finden sich als idealtypische Ausprägungen zwei methodische Herangehensweisen:

- In kontinentaleuropäisch geprägten Projektfinanzierungen finden sich eher im Zeitablauf leicht ansteigende Schuldendienstdeckungsgrade, was mit dem Einsatz von Ratendarlehen korrespondiert[352]. Rechnerisch ergibt sich so ein Polster, das in späteren Jahren immer größer wird.
- Bei anglo-amerikanischen Projektfinanzierungen finden sich hingegen häufig im Zeitablauf konstante Schuldendienstdeckungsgrade, die wiederum den Einsatz von annuitätischen Darlehen voraussetzen[353]. Das Ziel eines konstanten DSCR dominiert hier die Ausgestaltung der Tilgungsstruktur und kann dazu führen, dass ergänzend Sonderrückzahlungen vereinbart werden. Durch einen solchen Mechanismus lehnt sich die Rückführung des Fremdkapitals eng an den Projekt-Cashflow an.

Eine Bewertung beider Vorgehensweisen ist schwierig und stark vom Blickwinkel des jeweiligen Betrachters abhängig. Leicht ansteigende Schuldendienstdeckungsgrade eröffnen dann, wenn im späteren Projektverlauf ungeplante Aufwendungen etwa für die Instandhaltung anfallen, einen Puffer, der im anderen Fall nicht besteht. Andererseits führt die Logik der Rating-Tools bei konstanten Schuldendienstdeckungsgraden zu tendenziell besseren Ratings, da eine Nicht-Bedienung des Kapitaldienstes hier erst bei relativ stärkeren Variationen erfolgt. Dies mag auch zur Konsequenz haben, dass konstante Schuldendienstdeckungsgrade häufig mit einer aggressiveren Kapitalstruktur - also etwa einem höheren Fremdkapitalanteil - einhergehen. Sachlich gerechtfertigt erscheint der Einsatz von konstanten DSCRs bei Projektfinanzierungen, die sich in einem geschützten Regulierungsumfeld bewegen und bei denen die Technik so weit entwickelt ist, dass die Kostenpositionen über die gesamte Projektlaufzeit relativ konstant sind. Dies wird man für den Bereich der Erneuerbaren Energien v.a. für den Bereich der Wasserkraft und der Photovoltaik sagen können, folgend vom Bereich der Onshore-Windenergie. Für die Bereiche Offshore-Windenergie und CSP-Kraftwerke trifft dies derzeit noch nicht zu, was in den noch nicht ausreichenden Langzeiterfahrungen begründet liegt. In der Praxis findet man häufig eine Kom-

352 Ratendarlehen zeichnen sich dadurch aus, dass die Tilgungsleistung zu den einzelnen Fälligkeitsterminen konstant bleibt. Durch die fortschreitende Tilgung des Darlehens reduziert sich die Zinsleistung, so dass der Kapitaldienst von einem Maximalwert sukzessive absinkt.

353 Annuitätendarlehen zeichnen sich durch einen gleich bleibenden Kapitaldienst aus. Um dies zu erreichen, steigt der Tilgungsanteil im Zeitablauf, während der Zinsanteil geringer wird.

bination beider Rückzahlungstypen, die zu einem Verlauf des Schuldendienstdeckungsgrades führt, der etwas flacher ansteigt als bei einer reinen Ratentilgung.

Der Tilgungsbeginn der verschiedenen Darlehen ist dabei ebenfalls ein wichtiges Gestaltungselement. Grundidee einer tilgungsfreien Zeit (so genannte *grace period*) ist, einerseits dem Projekt eine Anlaufphase einzuräumen, um ein Anfahren und Justieren der Anlage zu erlauben, und andererseits die vereinbarte Schuldendienstreserve aus dem Projekt-Cashflow aufzubauen. Grundsätzlich sollte die tilgungsfreie Zeit zum einen so bemessen sein, dass diesen beiden Zielen angemessen Rechnung getragen wird, und zum anderen berücksichtigen, dass der Kapitaldienst in den verbleibenden Perioden nicht übermäßig ansteigen darf. Die Erfahrung zeigt, dass über alle Tranchen eine tilgungsfreie Zeit zwischen 12 und 24 Monaten in der überwiegenden Anzahl der Projekte eine angemessene tilgungsfreie Zeit ist.

Zur Sicherung einer für die Bedienung des Schuldendienstes ausreichenden Liquidität ist es zweckmäßig, ein Liquiditätspolster, die so genannte Schuldendienstreserve, von dem Projekt zu fordern. Freie Liquidität sollte bis zu einem gewissen Grad zur Liquiditätssicherung im Projekt gebunden bleiben und auf einem Schuldendienstreservekonto angelegt werden. Ist der operative Cashflow zu einzelnen Kapitaldienstterminen nicht ausreichend, den Kapitaldienst zu bedienen, kann auf diese Reserve zurückgegriffen werden.

Die verschiedenen Strukturelemente - Höhe des Fremdkapitals, Laufzeit und Tilgungsmodalitäten der Darlehenstranchen sowie Zielwert der Schuldendienstreserve - müssen in ihrer Gesamtschau auf den Schuldendienstdeckungsgrad analysiert und betrachtet werden (siehe hierzu mit detaillierten Beispielsrechnungen Kapitel 6.3).

Die verschiedenen Sensitivitäten informieren über das Risikoprofil eines Projekts und machen auch deutlich, wo Sicherungsmaßnahmen notwendig sind. Insofern handelt es sich bei der Risikoquantifizierung und der Auswahl einer geeigneten Finanzierungsstruktur nicht nur um ein übergeordnetes Sicherungsinstrument, sondern die quantitativen Ergebnisse erlauben Rückschlüsse auf die Ausgestaltung der Einzelrisiken, wie wir sie weiter oben behandelt haben.

6.1. Kennzahlen zur Projektbewertung

Der folgende Abschnitt 6.1 basiert wesentlich auf meiner Publikation „Finanzierung von Erneuerbare-Energien-Vorhaben“ (dort das Kapitel 3.6.2), wobei die Aspekte, die Bezug auf CSP-Vorhaben nehmen, neu hinzu gekommen sind[354].

Nach der Identifikation der relevanten Risiken und der Abschätzung der vertraglichen Verpflichtungen der Projektbeteiligten sind die Zahlungskonsequenzen zu quantifizieren, was regelmäßig in Form von Cashflow-Modellen erfolgt. Durch eine Quantifizierung bestimmter Risiken lassen sich Aussagen über die Belastbarkeit eines Projekts begründen.

Ziel einer Risikoquantifizierung ist, die Wahrscheinlichkeit und den quantitativen Umfang möglicher negativer Abweichungen des Projekts im zeitlichen Ablauf zu ermitteln. Die hierzu in der Praxis entwickelten Methoden haben dabei die betriebswirtschaftlichen Tendenzen nachvollzogen und entwickelten sich von statischen Methoden zu dynamischen Verfahren, die nunmehr die einzelnen Risiken im zeitlichen Ablauf berücksichtigen (siehe Abbildung 43). Zum Teil sieht man allerdings auch heute noch Kalkulationsbeispiele, die darauf abzielen, eine Betrachtung für lediglich ein Jahr anzustellen oder aber eine Gewinngröße zu ermitteln. Von beiden Herangehensweisen muss dringend abgeraten werden: Zum einen sollte klar sein, dass eine statische Betrachtung künftige Veränderungen von Einzahlungen und Auszahlungen nicht abbilden und damit zu einer gravierenden Fehleinschätzung der Wirtschaftlichkeit eines Vorhabens führen kann. Zum anderen sind es lediglich die zahlungswirksamen Größen, die für die Begleichung der operativen Kosten und des Kapitaldienstes herangezogen werden können, nicht aber eine aus der Gewinn- und Verlustrechnung stammende Größe, die für Rechnungslegungszwecke entwickelt wurde. Es sollte daher Standard sein, auf dynamische Verfahren zu setzen und nur Nach-Steuern-Cashflows zu betrachten.

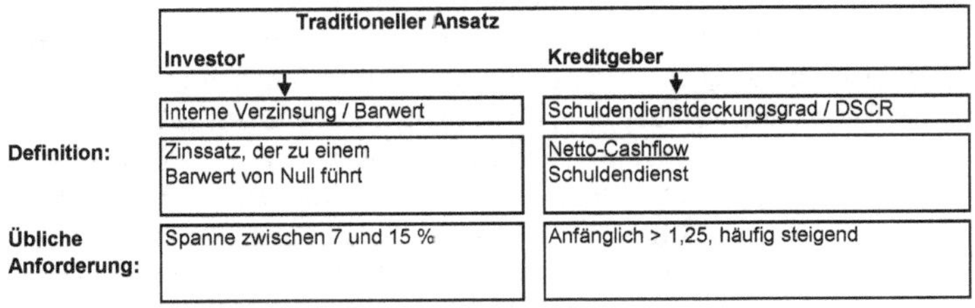

Abbildung 43: Gegenüberstellung Interner Zinssatz / Debt Service Cover Ratio[355]

354 J. Böttcher 2009, S. 119-130.

Aus Sicht des Investors werden regelmäßig die Ein- und Auszahlungen, die er leisten muss bzw. erhält, auf den Zeitpunkt der Investitionsentscheidung mit einem geeigneten Kalkulationszinssatz abgezinst[356]. Ergibt sich ein positiver Kapitalwert, erscheint das Vorhaben vorteilhaft. Alternativ - wenn auch mit gewissen theoretischen Nachteilen - kann der interne Zinssatz den Investor darüber informieren, ob eine bestimmte Mindestverzinsung seines Eigenkapitals erreicht oder überschritten wird. In der Praxis wird hierfür meist der interne Zinssatz (*Internal Rate of Return*) herangezogen. Bei dieser Methode wird der Zinssatz berechnet, bei dem die Barwerte der Einzahlungen und Auszahlungen des Investitionsvorhabens gleich groß sind. Daraus ergibt sich folgende Formel, wobei die Zielgröße der interne Zinssatz r ist:

$$\sum_{t=0}^{n} (E_t - A_t) * (1 + r)^{-t} = 0$$

E_t: Einzahlungen in Periode t
A_t: Auszahlungen in Periode t
t: Periode
n: Nutzungsdauer in Perioden des Investitionsobjektes
r: interner Zinssatz

Auf diese Weise erhält man die Effektivverzinsung eines Investitionsvorhabens. Die Investition wird unter der Annahme eines vollkommenen Kapitalmarktes dann durchgeführt, wenn der interne Zins über dem Kapitalmarktzins liegt. Für die Berechnung wird außerdem die Annahme getroffen, dass etwaige Überschüsse zum jeweiligen internen Zinssatz angelegt werden. Allerdings sind die aus den DCF-Verfahren abgeleiteten Kennzahlen nicht geeignet, die Dimensionierung und Struktur der Fremdmittel zu bestimmen. Hier kommt die Sichtweise der Fremdkapitalgeber ins Spiel.

355 J. Böttcher; P. Blattner 2006, S. 104.

356 Berücksichtigen muss man in der Betrachtung ebenfalls die zu erwartende Inflation, die bei Erneuerbare-Energien-Projekten zumeist belastend auf ein Projekt einwirkt. In der Mehrzahl der relevanten Regulierungssysteme gibt es keine Inflationsanpassung der Vergütungssätze. Umgekehrt muss das Projekt aber Kostensteigerungen auf der Kostenseite berücksichtigen. Die Finanzmärkte sind allerdings mittlerweile so weit entwickelt, dass entsprechende Hedging-Produkte angeboten werden. Ein Inflations-Swap wandelt etwa die Inflationserwartungen in fest kalkulierbare Zahlungen um, so dass ein Schutz gegen ein zukünftig steigendes Preisniveau gekauft wird. Der Einsatz von Inflations-Swaps ist grundsätzlich auch in Ländern der MENA-Region mit Laufzeiten von bis zu 15 Jahren möglich und hängt an der Bereitschaft der Banken, selber als Kontrahent Inflationsrisiken zu übernehmen und geeignete Inflationsdatenreihen auch langfristig zu erwerben (mündliche Auskunft von Jörg Mohnsame, HSH Nordbank, 11.01.2011). Siehe hierzu Kapitel 5.3.7.

Aus Sicht der Fremdkapitalgeber interessiert hingegen die Frage, wie sicher es ist, dass Zinsen und Tilgung aus dem Cashflow des Projekts erbracht werden können - je höher hier die Überdeckung und umso geringer die Schwankungsbreite der Einflussgrößen des Cashflows sind, umso robuster sollte das Projekt auf Planänderungen reagieren.

Hauptproblem der im Folgenden darzustellenden Verfahren ist die Prognose der zukünftigen Periodenerfolge, die sich - in den Planungen der Projektbeteiligten - häufig als eine einmalige Analyse der wahrscheinlichen Entwicklung des Projekts darstellt. Dabei weisen diese Verfahren zwei Mängel auf: Zum einen wird die Wechselwirkung des Projekterfolgs mit den Interessen der verschiedenen Projektbeteiligten meist nicht thematisiert. Wir haben diesen Aspekt im Rahmen des Kapitels Risikoallokation näher betrachtet (siehe Kapitel 5). Zum anderen werden Handlungsmöglichkeiten der Projektbeteiligten - v.a. der Projektgesellschaft - gegenüber Veränderungen der Umwelt, die auf das Projekt einwirken, nicht abgebildet, so dass die eher statische Sicht der traditionellen Bewertungsverfahren ergänzt werden muss. Gleichwohl sind die Kennzahlenermittlung und die Projektsteuerung mittels der Kennzahlen die zentralen Elemente jeder Risikoquantifizierung.

Der primäre Finanzierungsgedanke einer Projektfinanzierung beinhaltet, dass der generierte Cashflow ausreichen soll, um einerseits den Schuldendienst zu decken und andererseits eine angemessene Absicherung gegen den Eintritt möglicher Risiken zu bieten. Zur Umsetzung dieser Zielvorgabe werden die erwarteten Projekterlöse ermittelt und anschließend in Bezug zum ausstehenden Schuldendienst oder Kreditbetrag gesetzt.

Bei diesem Modell werden die Cashflows des Projekts unter Annahme der Plandaten periodenweise simuliert und es wird dann geprüft, inwiefern das Projekt in der Lage ist, seinen Verpflichtungen nachzukommen. Die ermittelte Über- oder Unterdeckung kann mit Hilfe des Debt Service Cover Ratio (DSCR) aggregiert dargestellt werden. Der DSCR (Schuldendienstdeckungsgrad) beschreibt dabei, inwieweit der Cashflow zur Deckung des Schuldendienstes ausreicht. Da es üblich ist, während des laufenden Betriebes zur Erhöhung der Belastbarkeit des Projekts eine Schuldendienstsreserve (SDR) aufzubauen, wird der DSCR im weiteren Verlauf der Arbeit wie folgt definiert[357]:

$$DSCR = \frac{Cashflow\ der\ Periode + Schuldendienstreserve}{Schuldendienst\ der\ Periode}$$

357 J. Böttcher 2009, S. 121.

Die so für die einzelnen Perioden ermittelten DSCR können in einem Graphen, der die gesamte Kreditlaufzeit abbildet, dargestellt werden, wodurch die für das Projekt kritischen Phasen leicht zu identifizieren sind.

Der Cashflow vor Kapitaldienst wird dabei wie folgt berechnet:

Operatives Ergebnis vor Zinsen und Steuern

- Ertragsteuern

+ Zinsaufwand

+ Abschreibungen

= Cashflow vor Kapitaldienst

Um eine Absicherung gegen Schwankungen des Cashflows vorzunehmen, besteht von Seiten des finanzierenden Kreditinstituts im Allgemeinen der Anspruch, dass das Projekt in der Lage sein muss, auch im Worst-Case-Fall einen DSCR $\geq 1{,}0$ zu generieren. Die Anforderung an die als notwendig angesehene Überdeckung hängt von dem Umfang der Risikoüberwälzung ab, so dass eine bankseitige Forderung nach einem Mindestdeckungsverhältnis durch die projektspezifische Risikostruktur mit beeinflusst wird. Je ausgeprägter die Risikoübernahme unter Berücksichtigung der Risikotragfähigkeit des betreffenden Risikoträgers ist, umso geringer kann die Überdeckung ausfallen.

Der Schuldendeckungsgrad fordert lediglich eine pauschale Überdeckung für den Risikofall. Demnach gibt der DSCR noch keine Auskunft über die Entwicklung des Cashflows unter Risikoeinfluss. Inwieweit eine im DSCR enthaltene Sicherheitsmarge im Falle einer Risikorealisation ausreichend bemessen ist, wird zunächst noch nicht ersichtlich. Erst unter Anwendung von dynamischen Analysemethoden wird der DSCR zu einer Bewertungs- und Steuerungsgröße.

Der Einsatz des Cashflow-Modells und die Betrachtung des DSCR als zentrale Kenngröße unterstützt auch die in dieser Arbeit eingenommene Sichtweise, da die aus Sicht der Kredit gebenden Bank elementare Fähigkeit des Projekts zur Leistung von Zins und Tilgung abgebildet wird (Abbildung 44).

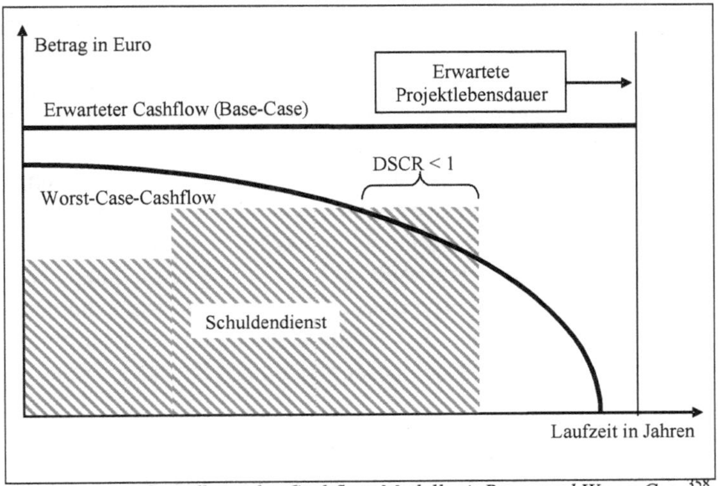

Abbildung 44: Grundlegendes Cashflow-Modell mit Base- und Worst-Case[358]

Neben der Bewertung der Ausgangssituation mit Plandaten kann mit dem Cashflow-Modell auch der Einfluss einzelner Risiken auf das Projekt bewertet werden. Mit Hilfe der Sensitivitätsanalyse wird dabei durch eine Veränderung der verschiedenen Input-Daten geprüft, inwiefern entstehende Veränderungen im Cashflow die Tragfähigkeit des Projekts beeinflussen. Ziel ist, die Reaktionsempfindlichkeit des Projekts auf veränderte Umweltbedingungen aufzuzeigen. Auf diese Weise wird ersichtlich, welche Bedeutung jeweils einem einzelnen Risikoaspekt zukommt[359].

Da sich die Einzelrisiken und die spezifischen Risikoinstrumente im zeitlichen Ablauf des Projekts wandeln können, treten neben die eher statische Betrachtung des Schuldendienstdeckungsgrades den zeitlichen Ablauf stärker betonende dynamische Methoden in den Vordergrund, nämlich die Sensitivitätsanalyse, die Szenariotechnik, die simulative Risikoanalyse und neuerdings die Methode der Real- oder Handlungsoptionen.

358 P.K. Nevitt; F.J. Fabozzi 2000, S. 12.

359 Die Betrachtung einzelner Risiken hat den Vorteil, dass sie anzeigt, auf welche Parameteränderungen der Projektcashflow besonders empfindlich reagiert. Während bei einem typischen CSP-Projekt die Betriebskosten um etwa 80 % ansteigen können, ohne dass die Bedienung des Kapitaldienstes gefährdet ist, liegt ein vergleichbarer Wert bei Biomasseprojekten bei etwa 30 %. Damit ist auch klar, dass der Strukturierung dieses Risikos bei Biomasseprojekten eine größere Bedeutung zukommt als bei CSP-Projekten.

Ziel der **Sensitivitätsanalyse** ist die Darstellung der Auswirkungen von Variationen des Wertes einzelner oder mehrerer Parameter auf das Entscheidungskriterium (z.B. Cashflow oder DSCR), um so zusätzliche Informationen über den Risikogehalt des Projekts zu gewinnen. Die Sensitivitätsanalyse kann dabei grundsätzlich in zweierlei Weise vorgenommen werden: Zum einen vom gewählten Beurteilungskriterium zum variablen Risikoparameter (Fragestellung: um wie viel darf der Risikoparameter schwanken, ohne den Zielwert beim gewählten Kriterium zu beinträchtigen? - Methode der kritischen Werte), zum anderen vom Risikoparameter zum Beurteilungskriterium (Fragestellung: Wie schwankt die Messzahl des Beurteilungskriteriums, wenn der Risikoparameter verändert wird? - Alternativenrechnung). Vorteilhaft ist dabei die Ermittlung, welche Änderungen des Datenkranzes sich besonders sensibel auf den Cashflow auswirken.

Nachteilig bei der Sensitivitätsanalyse ist der Umstand, dass sich in der Realität nur selten einzelne Parameter c.p. verändern, sondern Interdependenzen zwischen den Cashflow-Determinanten eher die Regel sind. Weiter ist mit der Sensitivitätsanalyse noch nichts für die Frage der Eintrittswahrscheinlichkeit der verschiedenen Parametereinsätze gewonnen. Das Verfahren macht jedoch deutlich, auf welche Änderungen das Projekt - gemessen am Beurteilungskriterium - am sensibelsten reagiert und weist so darauf hin, welchen Risiken besonderes Augenmerk geschenkt werden muss.

Einen Schritt weiter geht die **Szenariotechnik**[360]. Die Szenariotechnik stellt eine besondere Form der Sensitivitätsanalyse dar, bei der auf Basis verschiedener als realistisch angenommener Datenkonstellationen - so genannten Szenarien - die Auswirkungen auf den Cashflow aufgezeigt werden, gemessen über den Schuldendienstdeckungsgrad. Dadurch wird abgebildet, wie sich die Wirtschaftlichkeit des Vorhabens in Abhängigkeit der für die wichtigsten Einflussparameter hypothetisch unterstellten Entwicklungen verändern kann. Die Untersuchung wird häufig auf drei Szenarien eingegrenzt:

- Base Case (Unterstellung der wahrscheinlichsten Parameterwerte),
- Best Case und
- Worst Case.

Als Vergleichsgröße dient das Base-Case-Szenario, das die verschiedenen Projektparameter mit ihrem wahrscheinlichsten Wert berücksichtigt. Ausgehend von dem Base-Case-Szenario lässt sich durch pessimistische Schätzungen ein Worst-Case-Szenario aufstellen. Der Begriff des Worst Case ist dabei in der Fi-

360 J. Böttcher; P. Blattner 2006, S. 108.

nanzierungspraxis alles andere als klar definiert. In einem Extremszenario - etwa einer nicht erfolgten Fertigstellung - generiert das Projekt gar keine Cashflows, was im eigentlichen Wortsinn einen „Worst Case“ darstellt. Dies ist aber mit dem Begriff des Worst Case nicht gemeint. Mit einem Worst-Case-Szenario wird eine Projektsituation beschrieben, die bei einer ungünstigen, aber gleichwohl realistischen Entwicklung der Cashflow-Determinanten eintreten kann und deshalb für die Fremdkapitalgeber von besonderer Bedeutung ist[361]. Denn anhand einer Worst-Case-Betrachtung kann festgestellt werden, ob auch bei stark negativen Entwicklungen das Projekt in der Lage ist, den Schuldendienst zu erbringen. Ergeben die Auswertungen dieses Szenarios, dass eine Unterdeckung des Schuldendienstes vorliegt, müssen die Banken über mögliche Modifikationen am entworfenen Finanzierungsplan nachdenken.

Aus Sicht der fremd finanzierenden Bank ist ein besserer Verlauf als der Base Case im Regelfall nicht entscheidungsrelevant, da ihr Risikobegriff aufgrund ihrer Chance-Risikoposition als negative Zielabweichung definiert ist und der Schuldendienst unabhängig vom Projektergebnis erbracht werden muss.

Die Tatsache, dass auf der Grundlage der Sensitivitätsrechnung bzw. Szenariotechnik keine Aussage über die Eintrittswahrscheinlichkeit der unterstellten Cashflow-Konstellationen möglich ist, wird als das größte Defizit dieser Untersuchungsmethode angesehen. Um dies zu kompensieren, können aufgrund vorhandenen Fachwissens subjektive Eintrittswahrscheinlichkeiten unterstellt werden.

Bei den vorherigen Methoden wurde von der Annahme ausgegangen, dass die Auswirkungen identifizierter Projektrisiken quantifizierbar sind. Diese Bedingung trifft aber bei einigen Risikofaktoren, die den Projekterfolg beeinflussen und daher in die Risikobetrachtung mit einzubeziehen sind, nicht zu. Dazu zählen beispielsweise die Beurteilung der Verfahrenstechnik sowie die Qualifikation des Projektmanagements. Hierbei handelt es sich um nicht quantifizierbare

361 Die Definition eines Worst Case-Szenarios beruht faktisch auf Erfahrungen der Bank mit vergleichbaren Projekten und spiegelt ein bestimmtes und institutsspezifisches Annahmen-Set wider. Für ein CSP-Vorhaben könnten die relevanten Veränderungen gegenüber dem Basisfall wie folgt aussehen: 1. Die Einnahmen liegen bei 80 %, 2. nach Ende der Zinsbindung steigt der Zinssatz auf einen Wert von 9 % p.a. und 3. die Betriebskosten steigen um 30 %. Die Annahmen zeigen bereits, dass je nach angesprochener Bank die Ausprägung der Veränderungen auch unterschiedlich ausfallen kann, so dass sich ein anderes Worst-Case-Szenario ergibt. Eine Unterschreitungswahrscheinlichkeit lässt sich für das Worst-Case-Szenario auch nicht ermitteln. Dies erfolgt in der Praxis auf Grundlage des Base Case im Rahmen der Simulationsrechnungen.

Risiken, die dadurch charakterisiert sind, dass ihre Auswirkungen auf den Projekterfolg nicht numerisch erfassbar sind.

Um diese Risiken bei der Projektbeurteilung zu berücksichtigen, wird die Methode der Risikoklassifikation genutzt. Bei dieser Bewertungsmethode wird die Intensität der Ausprägung der einzelnen Risikofaktoren beschrieben, woraus sich beispielsweise ein Klassifikationsmuster, wie in Tabelle 29 dargestellt, ergeben kann.

Tabelle 29: Klassifikationsmuster für Risikofaktoren[362]

Intensitätsstufen Risikofaktoren	sehr gut	gut	zufrieden stellend	nicht zufrieden stellend
Qualität der Verfahrenstechnik				
Qualifikation des Managements				
Einschätzung der Contractors				
Qualifikation des Ingenieurs				

Die systematische Einbeziehung aller nicht quantifizierbaren Risiken erfordert das Zugrundelegen eines Vergleichsmaßstabs, der als Richtlinie für alle Projekte gilt. Der Wert eines solchen Beurteilungsrasters liegt im Zwang für den Urteilenden, schärfer zu analysieren und sein Urteil anderen verständlich zu machen. Auch lassen sich die Grenzen zwischen quantifizierbaren und nicht quantifizierbaren Risiken nicht trennscharf bestimmen. Im Rahmen des Rating-Tools der Banken fließen die qualitativen Faktoren als Scoring-Ergebnis in das Rating-Ergebnis ein, das sich aufgrund der Simulationsrechnungen des Base Case ergibt.

In den folgenden Abschnitten werden wir die verschiedenen, in der Praxis dominierenden Kennzahlen innerhalb einer Projektfinanzierung darstellen und kritisch würdigen.

Spezifische Investitionskennziffer

Seit DUPONT DE NEMOURS Anfang des 20. Jahrhunderts erstmalig ökonomische Verhältniszahlen entwickelte, sind diese ein fester Bestandteil für die Bewertung ökonomischer Aktivitäten geworden. Bei Projektfinanzierungen bestehen beim Einsatz von Kennzahlen regelmäßig zwei Besonderheiten: Zum einen liegen bestimmte Informationen nicht vor, da es sich nicht um börsengehandelte Unternehmen handelt, und zum anderen werden die Verpflichtungen einer Projektgesellschaft aus gegenwärtigen und zukünftigen Cashflows zurückgeführt, so dass lediglich zukunftsbezogene Kennzahlen zweckmäßig sind[363].

362 J. Böttcher; P. Blattner 2006, S. 111.

363 J. Böttcher 2009, S. 125-129.

Eine auch heute noch gebräuchliche Kennziffer ist die spezifische Investitionskennziffer, die wie folgt definiert ist:

$$Spezifische\ Investitionskennziffer = \frac{Gesamtinvestitionskosten}{Jahresnettoenergieertrag\ in\ kWh}$$

So sind bei Windenergieprojekten in Deutschland derzeit (Herbst 2010) Werte von 75 € Cent/kW üblich, bei Photovoltaik-Projekten in Spanien 3,00 €/kW und bei CSP-Vorhaben - wiederum in Spanien - etwa 2,30 €/kW[364]. Die Kernaussage lautet: Je höher die Kennzahl, umso weniger wirtschaftlich ist das Vorhaben. Allerdings hat diese Kennzahl eine Reihe von Nachteilen, weshalb sie im Rahmen von detaillierten Analysen nur selten verwandt wird:

- Diese Kennzahl betrachtet mit den Investitionskosten nur eine Bestandsgröße zum Investitionsbeginn. Sämtliche Einzahlungen und Auszahlungen der Betriebsphase werden nicht berücksichtigt. Wird diese Kennzahl gleichwohl verwandt, können Anlagenlieferanten einen günstigeren Wert ausweisen, indem sie Zahlungen, die ansonsten in der Anschaffungsinvestition untergebracht werden, über erhöhte Wartungskosten in die Zukunft verschieben.
- Es bleibt unklar, wie sich die Wirtschaftlichkeit aus Sicht des Investors und die Belastbarkeit aus Sicht des Fremdkapitalgebers darstellen. Hierfür benötigt man Informationen über die Ein- und Auszahlungen während der gesamten Projektlaufzeit.
- Für Vergleiche ist diese Kennzahl nur sehr begrenzt einsetzbar, da sie die zukunftsbezogenen Informationen nicht verwendet. Ein Vorhaben, das von einem Vergütungssatz von z.B. 10 Cent/kW während der Laufzeit profitiert und eine spezifische Kennzahl von 70 Cent/kW aufweist, wird c.p. wirtschaftlicher sein als eines, dass bei einem Vergütungssatz von 8 Cent/kW eine spezifische Kennzahl von 65 Cent/kW aufweist.

Letztlich ist der Aussagegehalt dieser Kennzahl beschränkt und ebenfalls manipulierbar, so dass ihre Bedeutung in der Praxis auch gering ist. Die in der Praxis dominierenden Verfahren der Kapitaldienstüberdeckung vermeiden diese Mängel und werden im Folgenden dargestellt.

Der Schuldendienstdeckungsgrad

Der Schuldendienstdeckungsgrad (Debt Service Cover Ratio, DSCR) ist die wahrscheinlich am häufigsten gebräuchliche Kennzahl innerhalb einer Projektfinanzierung[365]:

---

364 Im Jahr 2007 lag der typische Wert für PV-Vorhaben in Spanien noch bei etwa 4,20 €/kW und auch einzelne Vorhaben mit einem Wert von etwas über 5 €/kW sind finanziert worden.

365 J. Böttcher; P. Blattner 2006, S. 105.

$$DSCR = \frac{Cashflow\ der\ Periode + Schuldendienstreserve}{Schuldendienst\ der\ Periode}$$

Die zentrale Kennzahl für die Kapitaldienstfähigkeit eines Projekts ist der Schuldendienstdeckungsgrad (*Debt Service Cover Ratio*), der das Verhältnis zwischen dem Cashflow und dem Kapitaldienst einer Periode darstellt. Diese Kennzahl wird zum einen jährlich - manchmal auch zu jedem Kapitaldiensttermin - berechnet, zum anderen aber bereits zur Planung eines Projekts über die gesamte Kreditlaufzeit ausgewiesen. Die Dominanz des DSCR erklärt sich unmittelbar aus dem zentralen, wirtschaftlichen Charakteristikum einer Projektfinanzierung: Da die zur Finanzierung des Projekts aufgenommenen Darlehen ausschließlich aus dem vom Projekt generierten Cashflows zurückgeführt werden, ist es nahe liegend, den Cashflow-Verlauf dahingehend zu untersuchen, ob er in der Lage ist, den Kapitaldienst für die Darlehen zu erbringen. Auch wenn der Schuldendienstdeckungsgrad die einzige verwandte Kennzahl ist, ist dies für die Zwecke einer Projektfinanzierung aus Sicht der finanzierenden Banken gleichwohl ausreichend[366].

Der DSCR gibt an, um welchen Faktor der erwartete Cashflow den Kapitaldienst in jedem Jahr über- oder unterdeckt. Banken sind aufgrund ihrer Risikopräferenzen nur bereit, Projektkredite bei Überschreitung bestimmter Überdeckungsverhältnisse zur Verfügung zu stellen. Wenn der DSCR unter 1,00 fällt, kann das Projekt seinen Verpflichtungen aus dem Kreditvertrag nicht mehr vollständig nachkommen und muss entweder Eigenmitteleinschüsse erhalten oder gemeinsam mit den Fremdkapitalgebern eine Restrukturierung der Darlehen erreichen. Die Kennzahl ist im besonderen Maße dafür geeignet, das Rückzahlungsprofil eines Projekts zu bestimmen. In der oben genannten Verwendung beinhaltet sie die Schuldendienstreserve: Dies hat zwar den Nachteil, dass im Basisfall der DSCR strukturell überschätzt wird, aber den deutlichen Vorteil, dass in einem Belastungsfall - und vor allem dieser interessiert die Kreditgeber - die Belastbarkeit des Vorhabens inklusive aller Reserven aufgezeigt wird.

Wenn die Kennzahl wie oben benutzt wird, sollte sich die Interpretation auf einen Belastungsfall beziehen. In einem Basisfall ist zu berücksichtigen, dass der DSCR um die Schuldendienstreserve zu hoch ausgewiesen wird. Keinesfalls dürfen hier andere Konten als die Schuldendienstreserve eingerechnet werden, wie z.B. eine Wartungskostenreserve.

---

366 Die Eigenkapitalgeber beurteilen das Vorhaben regelmäßig auf Basis der diskontierten freien Cashflows und demnach nach einem etablierten investitionstheoretischen Verfahren. J. Böttcher 2010 a, S. 41 f.

Der Schuldendienstdeckungsgrad ist eine hochgradig verdichtete Kennzahl, da sie sämtliche Einzahlungen und Auszahlungen eines Vorhabens vor dem Hintergrund der Kapitaldienstfähigkeit darstellt. Damit ergeben sich bestimmte Teilaspekte, die bei der Interpretation dieser Kennzahl beachtet werden müssen:

- Definition des DSCR: Es mag sich trivial anhören, aber bei allen Beteiligten einer Projektfinanzierung sollte einheitlich klar sein, wie sich der DSCR berechnet. Allein ein Blick in ein beliebiges Standardlehrwerk zur Betriebswirtschaftslehre wird zeigen, dass es eine Vielzahl von Definitionen des Cashflows gibt. Wird hier nicht von Anfang an für Klarheit gesorgt, sind spätere Diskussionen unausweichlich. Bei Projektfinanzierungen wird typischerweise der DSCR an mindestens zwei Stellen vertraglich fixiert: Einerseits bei der Klärung, wie die Projekteinnahmen den verschiedenen Anspruchsberechnungen in welcher Priorisierung zu Gute kommen (*Cashflow Waterfall*), andererseits bei der Umsetzung innerhalb eines Cashflow-Modells.
- Hinzu kommt: Der Cashflow ist zwingend auf einer Nach-Steuer-Basis zu berechnen, da Steuerzahlungen vorrangig gegenüber dem Kapitaldienst zu leisten sind. Einzige Ausnahme läge dann vor, wenn die Steuerzahlungen von Dritten getragen würden (was in den USA häufiger der Fall ist).
- Methodische Vorgehensweise: Die reine Angabe des DSCR beinhaltet folgende Probleme:

  - Verknüpfung zwischen Strom- und Bestandsgrößen: Häufig werden Stromgrößen - operative Cashflows während einer Periode - und Bestandsgrößen - der Stand einer Schuldendienstreserve - im Rahmen einer Kennzahl verdichtet. Ist die Schuldendienstreserve erst einmal dotiert und ist der operative Cashflow ausreichend, um den Kapitaldienst zu decken, weist der DSCR systematisch die einmal angesparte Schuldendienstreserve mit aus.

    Um eine systematische Überschätzung der Belastbarkeit eines Vorhabens zu vermeiden, empfiehlt es sich, das Vorhaben unter einem Stress-Szenario zu beurteilen, um so beurteilen zu können, wie lange ein Vorhaben kapitaldienstfähig bleibt, wenn auch die Reserven des Projekts abgeschmolzen werden.
  - Vorsicht ist bei der Interpretation von Schuldendienstdeckungsgraden geboten, die sich auf verschiedene Darlehenstranchen beziehen (*Multi-Tranche Ratio*): Bestehen etwa eine vorrangig zu bedienende Senior Tranche und eine nachrangig zu bedienende Junior Tranche, können sich folgende Konstellationen ergeben. Angenommen sei, dass der für den gesamten Kapitaldienst verfügbare Cashflow 150 GE betrage, der Kapitaldienst für den Senior Loan 60 GE und der für den Junior Loan 40 GE. Stellt man den DSCR im Sinne eines Cashflow-Waterfalls dar, ergibt sich für den

Senior Loan ein $DSCR_{Senior\ Loan}$ von 2,50 und für den Junior Loan ein $DSCR_{Junior\ Loan}$ von 2,25. Berücksichtigt man allerdings, dass der gesamte Cashflow nur für den gesamten Kapitaldienst zur Verfügung steht, ergibt sich eine Kapitaldienstüberdeckung von nur noch 1,50, was die kombinierte Sicht der Fremdkapitalgeber abbildet.

Der DSCR sollte immer berechnet werden, indem der Cashflow auf den gesamten Kapitaldienst bezogen wird, den ein Vorhaben zu erbringen hat.

- Unterschiedliche Vorstellungen zu den Basisannahmen des Projekts: Jeder Projektierer wird mit einem bestimmten Annahmen-Set die für eine Projektfinanzierung in Frage stehende Bank informieren und nicht alle wirtschaftlichen Rahmendaten werden während der Planungsphase eines Projekts fixiert oder bekannt sein. Dabei kann nun folgendes Problem bestehen: Stellt der Projektierer das Projekt schlechter dar als es wahrscheinlich sein wird (dieser Fall ist gar nicht so selten) und nimmt die Bank diesen Fall als Ausgangspunkt für die Dimensionierung der Fremdmittel an, wird dieses Projekt mit weniger Fremdmittel ausgestattet werden als es aufgrund seiner „objektiven" Qualität erhalten könnte. Umgekehrt liegt der Fall bei überoptimistischen Annahmen eines Entwicklers zu einem Projekt.

  Da die Informationsasymmetrie zwischen Projektierern und Fremdkapitalgebern zu einer Adversen Selektion führen kann (siehe hierzu Kapitel 3.3), werden Banken versuchen, ein realistisches Bild eines Projekts zu erlangen und dabei auch die Hilfe von Beratern in Anspruch nehmen.

- Verknüpfung mit der Tilgungsstruktur: Über die Gestaltung der Tilgungsstruktur werden die Kapitaldienstzahlungen während der Finanzierungslaufzeit definiert. Grundsätzlich gibt es folgende Tilgungsmodalitäten, die jeweils ein typisches DSCR-Verlaufsmuster nach sich ziehen:
  - Ratentilgung: Es erfolgt pro Rückzahlungstermin ein gleich bleibender Tilgungsbetrag. Durch die fortschreitende Tilgung sinkt im Zeitablauf der Zinsanteil auf die verbleibenden Darlehen, so dass der Kapitaldienst mit fortschreitender Projektdauer immer geringer wird. Diese Tilgungsstruktur führt zu tendenziell steigenden Überdeckungsrelationen.
  - Annuitätentilgung: Bei der Annuitätentilgung bleibt der Kapitaldienst während der gesamten Rückzahlung konstant; es verändert sich lediglich der Anteil der Zins- und Rückzahlungsanteile innerhalb der Kapitaldienstrate. Bei annähernd gleich bleibenden Einnahmen und operativen Kosten führt der Einsatz dieser Rückzahlungsstruktur tendenziell zu gleich bleibenden Überdeckungsrelationen.
  - Maßgeschneiderte Tilgung, die einen konstanten DSCR während der Finanzierungslaufzeit garantiert: Bei dieser Variante wird das Ziel eines be-

stimmten, fixierten Schuldendienstdeckungsgrades vorgegeben. In Abhängigkeit von den sonstigen Ein- und Auszahlungen verbleibt dann ein bestimmter Cashflow, der für die Rückzahlungen zur Verfügung steht. Hier können sich nun wiederum zwei Varianten ergeben; einerseits die Vorgehensweise, diesen Rückzahlungsstrom vor Financial Close zu fixieren oder aber das Prinzip der Bemessung des DSCR auch während der Projektlaufzeit beizubehalten. In diesem letzteren Fall wird die Rückzahlungsdauer der Darlehenstranche dann regelmäßig schwanken, da typischerweise nicht alle Ein- und Auszahlungen fixiert sein werden. Diese Herangehensweise korrespondiert mit der Idee, den Rückzahlungsstrom möglichst eng an die vom Projekt generierten Cashflows zu binden.
  - Tilgung mit Restbetrag: Ebenfalls denkbar ist die Kombination einer der oben genannten Tilgungsstrukturen, wobei zu einem bestimmten späteren Zeitpunkt ein größerer Restbetrag entweder vollständig zurückgezahlt werden muss oder eine neue Entscheidung über eine Refinanzierung dieses Betrages erfolgen muss („*balloon payment*“). Derartige Tilgungsstrukturen weisen dann regelmäßig - bis auf das letzte Jahr - gute Deckungsrelationen auf, bringen aber auch Unsicherheit über die sich anschließende Tilgung. Insbesondere muss bedacht werden, ob der ausstehende Kreditbetrag aufgrund der wirtschaftlichen, technischen und rechtlichen Gegebenheiten des Vorhabens zum Ablösungszeitpunkt auch refinanziert werden kann.
- Berücksichtigung des Risikoprofils eines Vorhabens: Entscheidend für die Dimensionierung der zu erzielenden DSCR ist die Prognostizierbarkeit des Cashflows, die sich aus dem Zusammenspiel der Wirtschaftlichkeit des Vorhabens unter Berücksichtigung vertraglicher Verpflichtungen der Projektbeteiligten ergibt. Je schwieriger die Prognose der Cashflows bzw. je geringer die Einbindung der Projektbeteiligten ist, umso höher werden typischerweise die Schuldendienstdeckungsgrade ausfallen. So findet man beispielsweise bei Minenprojekten in Südamerika deutlich höhere Deckungsrelationen als bei Windenergieprojekten in Deutschland.
- Manipulierbarkeit der Kennzahl durch die Sponsoren: Ein besonderes Problem kann sich etwa dann stellen, wenn die Sponsoren Gestaltungsmöglichkeiten so verändern, dass sie zu ihrem unmittelbaren Vorteil sind, aber die Wirtschaftlichkeit des Projekts verschlechtern, so dass auch die Gefahr des vorzeitigen Rückzugs der Sponsoren vom Projekt steigt. Hierzu folgendes Beispiel: Es ist nicht völlig ungewöhnlich, dass bei der Projektbewertung steuerliche Aspekte ausgeblendet werden. Dies erfolgt mit dem Hinweis darauf, dass eine Projektfinanzierung Cashflow-orientiert ist, und damit Abschreibungen, die nicht liquiditätswirksam sind, hier keine Rolle spielen.

Dies ist allerdings zu kurz gegriffen, da die Abschreibungen regelmäßig dazu führen, dass sich die Bemessungsbasis für Steuern ändert. Die Steuerzahlungen sind aus Projektsicht effektive Belastungen, die den Cashflow, der für die Bedienung des Kapitaldienstes und die Ausschüttung an die Sponsoren zur Verfügung steht, deutlich verändern können. Daher sind in einem Cashflow-Modell auch immer die Cashflow-Größen auf einer Nach-Steuerbasis zu ermitteln. Nun kann es sein, dass die Sponsoren steuerliche Abschreibungsmöglichkeiten geltend machen, die von der geplanten Steuersystematik abweichen. Je nach Steuergesetzgebung können dabei die Anreize so gestaltet sein, dass einerseits erhebliche Abschreibungsmöglichkeiten in den ersten Jahren anfallen, dass andererseits aber der *Tax Shield* in den Folgejahren entfällt und das Vorhaben mit erheblichen Steuern belastet wird. Daraus ergeben sich mindestens zwei Effekte: Zunächst können sich erhebliche Veränderungen in der Wirtschaftlichkeit des Vorhabens ergeben - während in den ersten Jahren alles planmäßig läuft, verschlechtert sich die Wirtschaftlichkeit in einer Nach-Steuer-Betrachtung deutlich. Weiter muss man verstehen, dass sich das Interesse der Sponsoren an einem Vorhaben nicht allein auf den Cashflow des Vorhabens beziehen wird, sondern auch auf die steuerlichen Abschreibungsmöglichkeiten und den potentiellen Verkaufserlös des Projekts während der Betriebsphase. Ein Abandon-Risiko mag dann vorliegen, wenn die steuerlichen Vorteile bedeutend und bereits ausgenutzt sind.

In jedem Fall sei davor gewarnt, allein auf den minimalen Schuldendienstdeckungsgrad eines Vorhabens zu sehen. Dies ist ein eher allgemeiner Merksatz, der bereits in einer Reihe von Rechnungslegungssystemen festgeschrieben ist: Es existiert keine Möglichkeit, die Performance eines Unternehmens in einer Kennzahl auszudrücken. Daher sollte keine alleinige, übertriebene Bedeutung auf eine noch so wichtige Kennzahl gelegt werden, sondern zusätzlich untersucht werden, welche Parameter realistischerweise wie weit schwanken können und welche Konsequenzen sich insoweit auf die Belastbarkeit des Vorhabens ergeben.

Je nach Risikoeinschätzung kann der festgesetzte Mindestdeckungsgrad stark variieren. Entsprechend schwanken die Überdeckungsverhältnisse in Abhängigkeit von den Erfahrungen der Branche und dem jeweiligen Risikoprofil eines Projekts. Wichtig ist die Frage, wie robust das Projekt gegenüber negativen Planabweichungen reagiert und welche Sicherungsmechanismen greifen, um daraus eine Mindestdeckungsrelation für die Vergabe von Projektkrediten zu ermitteln.

Die Bedeutung der Risikoabsicherung nach dem Kriterium des Schuldendienstdeckungsgrades zeigt auch eine Schwäche dieses Verfahrens: Sein Ausgangspunkt ist nicht die Analyse der Risiken als solche und ihre Bemessung, sondern die auf die möglichen Folgen abgestellte Bemessung eines Risikopolsters, mit dem die verbleibenden Risiken pauschal abgesichert werden sollen. Solange das pauschal bestimmte Sicherheitspolster eine ausreichende Abfederung verschafft, mag dies genügen. Je dünner allerdings die Polster werden, umso stärker können wiederum die Einzelrisiken und die spezifischen Risikoinstrumente in den Vordergrund rücken[367].

Loan Life Cover Ratio

Neben dem Schuldendienstdeckungsgrad werden folgende Kennzahlen eingesetzt[368]:

$$\text{Loan Life Cover Ratio} = \frac{\text{Barwert der zukünftigen Cashflows}}{\text{Ausstehende Kreditbeträge}}$$

$$\text{Project Life Cover Ratio} = \frac{\text{Barwert der zukünftigen Cashflows der Projektlaufzeit}}{\text{Ausstehende Kreditbeträge}}$$

Ziel der Berechnung dieser Kennzahlen und des DSCR ist zu überprüfen, inwiefern das Projekt in der Lage ist, den Schuldendienst aus dem erwarteten Cashflow zu erbringen. Die drei Überdeckungsrelationen unterscheiden sich insoweit, dass unterschiedliche Zeiträume zur Betrachtung herangezogen werden. Während beim DSCR die Periode der Leistungserbringung und bei der Loan Life Cover Ratio die Kreditlaufzeit entscheidend sind, wird bei der Project Life Cover Ratio die Projektlaufzeit als Beurteilungszeitraum zugrunde gelegt.

Während in der bisherigen Bankpraxis Kapitaldeckungen aufgrund des DSCR vorgenommen wurden, berücksichtigt die *Loan Life Cover Ratio* (LLCR) die Kapitaldienstdeckung während der gesamten Finanzierungslaufzeit. Allerdings informiert sie nicht darüber, wie hoch die Belastbarkeit in einem einzelnen Jahr des Betrachtungszeitraumes ist.

Die Bedeutung der LLCR liegt darin, dass sie darüber informiert, wie hoch die Überdeckung des gesamten Kapitaldienstes durch zukünftige Cashflows ist und damit mitteilt, wie viel Puffer bei einer möglichen Restrukturierung einer Projektfinanzierung besteht. In der eher theoretischen Betrachtung der Projektfinanzierung werden die Banken typischerweise nur einen bestimmten Anteil des

367 Durch eine vertragliche Verpflichtung eines Projektbeteiligten kann ein Cashflow-Defizit aufgefangen werden, wie wir es in Kapitel 4 dargestellt haben.

368 J. Böttcher 2009, S. 125.

Barwertes der für den Kapitaldienst verfügbaren Cashflows zur Verfügung stellen können[369].

Alleine ist die LLCR nur beschränkt aussagefähig: Würde man alleine auf sie abstellen, könnte etwa die Situation eintreten, dass sich in einzelnen Jahren eine Unterdeckung des Kapitaldienstes ergäbe (DSCR < 1,0), gleichwohl aber ein auskömmlich hoher LLCR ausgewiesen wird, der zukünftige Cashflow-Überschüsse ausweist. Eine derartige Herangehensweise wäre nur dann akzeptabel, wenn bereits vor Financial Close klar ist, wer die Unterdeckungen des Kapitaldienstes trägt und ob diese Partei diese Verpflichtung auch erfüllen kann. Als Träger kommen grundsätzlich die Projektgesellschaft, deren Sponsoren oder die fremd finanzierenden Banken in Frage. Wird die Klärung dieser Frage versäumt, würde strukturell eine Unterdeckung entstehen, die zu einer Restrukturierung des Vorhabens führen würde. Selbstverständlich kommt es bei der Beurteilung dieser Frage darauf an, ob wir uns über ein Downside-Szenario oder das als wahrscheinlich angesehene Base Case-Szenario unterhalten.

Hinzu kommt: Wie bei jeder Kalkulation, die auf der Diskontierung von Zahlungsströmen basiert, kann das Ergebnis durch eine Reihe von Wahlmöglichkeiten beeinflusst werden, wie die Wahl des Diskontierungssatzes. Wird dieser relativ niedrig gewählt, steigt die LLCR an, ohne dass sich an dem Projekt etwas geändert hätte. Insgesamt sollte die LLCR niemals allein verwandt werden, sondern immer gemeinsam mit dem DSCR-Verlauf.

Nachdem wir in diesem Kapitel die aus Sicht der verschiedenen Kapitalgeber relevanten Beurteilungskennziffern dargestellt haben, wenden wir uns nun der Entwicklung einer Finanzierungsstruktur bei einem CSP-Vorhaben zu.

6.2. Entwicklung einer Finanzierungsstruktur anhand eines Fallbeispiels

Im Folgenden soll ein Solarthermie-Vorhaben mittels einer Analyse seiner Risikopotentiale auf seine Projektfinanzierungsfähigkeit hin untersucht werden.

Die Entwicklung einer Finanzierungsstruktur erfolgt dabei in zwei Schritten: Zunächst wird eine belastbare Finanzierungsstruktur entwickelt, die dann über ein Rating-Verfahren überprüft wird. In diesem Zusammenhang müssen die in einer Projektfinanzierung gewährten Kredite von den Kredit gebenden Banken entsprechend ihrer Ausfallwahrscheinlichkeit nach Risikostufen klassifiziert (geratet) werden. Dies ergibt sich einerseits rechtlich aus den Mindestanforderungen an das Risikomanagement (MARISK) und der Solvabilitätsverordnung

369 J. D. Finnerty 2007, S. 130 ff..

(SOLVV), andererseits aus der wirtschaftlichen Zielsetzung einer risikoadäquaten Bepreisung von Risiken.

Die Ratingnote bestimmt, ob überhaupt eine Projektfinanzierung in Frage kommt und mit welchem Risikoaufschlag sie versehen wird. Wir greifen wiederum auf das in Tabelle 16 dargestellte Fallbeispiel zurück, das wir hier kurz wiederholen.

Tabelle 30: Rahmendaten eines Solarthermie-Projekts in Spanien (wiederholt)

Projektname:	Solar BERENGAR
Projektstandort:	Südliches Spanien
Technologie:	Parabolrinne mit Thermoöl-Verfahren
Gesamtinvestitionsvolumen:	EUR 368.300.000,--
Fremdkapitalvolumen:	EUR 276.000.000,--
Eigenkapitalvolumen:	EUR 92.300.000,--
Finanzierungsstruktur:	Rückzahlung der Projektfinanzierungsdarlehen über 20 Jahre mit linearem Tilgungsverlauf (Ratendarlehen) bei drei tilgungsfreien Jahren.
Summe der Betriebskosten p.a.:	EUR 9.810.000,--
Inbetriebnahmezeitpunkt:	01.07.2011
Nennleistung:	49,9 MW
Jahresenergieproduktion:	165,4 GWh
Einspeisetarif:	Anfänglich 27,12 € Cent/kWh für die ersten 25 Jahre Projektbetrieb; der Tarif wird jährlich in Abhängigkeit zur Inflation in Spanien angepasst, in den Cashflow-Berechnungen wird eine prognostizierte Inflationierung des Tarifes von 2 % jährlich berücksichtigt. Die variable Stromkomponente ist dabei noch nicht berücksichtigt.
Projektbeteiligte:	Zwei Sponsoren als Projektentwickler und Eigenkapitalgeber (DINGUS und MALLARD); Spanische Projektgesellschaft als Eigentümer der Projektanlage, Auftraggeber für die Projektverträge und Darlehensnehmerin der Projektfinanzierungskredite; Finanzierendes Bankenkonsortium; Generalunternehmer als Lieferant einer schlüsselfertigen Projektanlage; Betreibergesellschaft für den technischen und kaufmännischen Betrieb der Projektanlage; Energieversorgungsunternehmer als gesetzlich verpflichteter Abnehmer des erzeugten Stroms; Weitere Beteiligte wie Versicherungen, Gutachter usw.

Auf Basis dieser Daten wurde von den Sponsoren ein erstes Cashflow-Modell als Sponsors-Case erstellt. Dieses Modell stellt die Ausgangsbasis für die Analyse einzelner Projektrisiken dar, bevor es später im Rahmen der Risikoquantifizierung unter Berücksichtigung sämtlicher zu bewertenden Risiken zur Entwicklung einer geeigneten und tragfähigen Projektfinanzierungsstruktur dient. Dabei stellen sich die DSCR-Verläufe im Sponsors Case wie in Abbildung 45 dar:

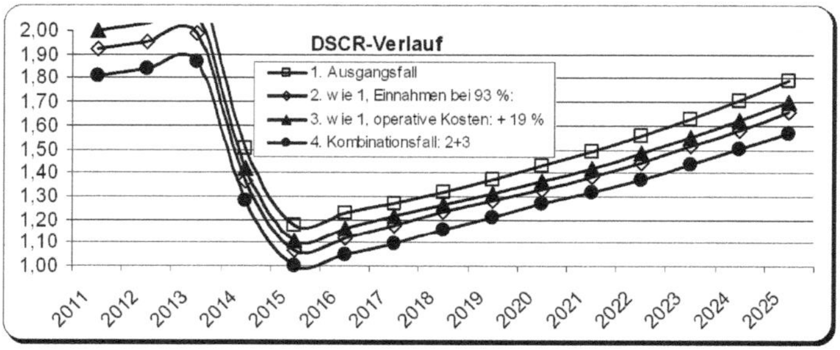

Abbildung 45: DSCR-Verlauf Solarthermie-Projekt (Sponsors-Case, e.D.)

	Min. DSCR	Ø DSCR	Break-Even bei:	IRR
1. Ausgangsfall	1,17	1,65	./.	14,04%
2. wie 1, Einnahmen bei 93 %:	1,07	1,51	.. bei 88,7 %	11,11%
3. wie 1, operative Kosten: + 19 %	1,11	1,56	.. plus 49 %	12,19%
4. Kombinationsfall: 2+3	1,00	1,42	./.	9,17%

Zinssatzänderung

Anhand des Fallbeispiels werden die Auswirkungen von Zinsänderungen in verschiedenen Abstufungen dargestellt. Dabei werden ausgehend von der von den Sponsoren vorgeschlagenen Finanzierungsstruktur der Zinssatz des Projektfinanzierungskredites in diesem Modell verändert und die hieraus resultierenden Ergebnisse im Folgenden beschrieben (Abbildung 46).

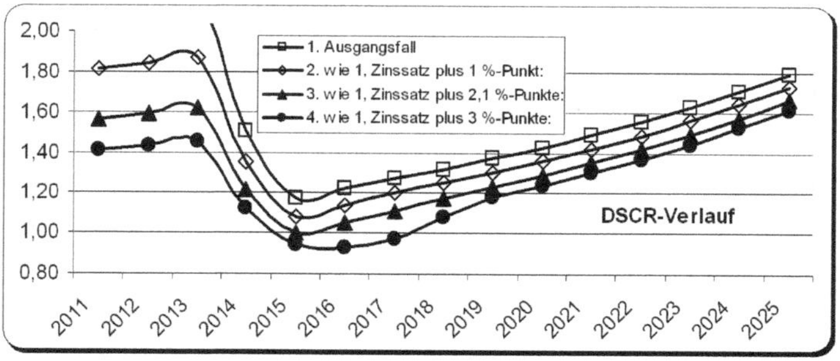

Abbildung 46: DSCR-Verlauf bei unterschiedlichen Zinssätzen (e.D.)

	Min. DSCR	Ø DSCR	IRR
1. Ausgangsfall	1,17	1,65	14,04%
2. wie 1, Zinssatz plus 1 %-Punkt:	1,08	1,55	12,29%
3. wie 1, Zinssatz plus 2,1 %-Punkte:	1,00	1,45	10,50%
4. wie 1, Zinssatz plus 3 %-Punkte:	0,93	1,38	9,15%

Die Erhöhung der Zinssätze führt dazu, dass der DSCR durchgängig über die gesamte Finanzierungslaufzeit unterhalb der Ausgangslage liegt. Bei dem betrachteten Anstieg des Zinssatzes des Projektfinanzierungskredites um 2,1 Prozentpunkte auf einen Satz von 8,1 % jährlich beträgt der DSCR im ersten Jahr nach Tilgungsbeginn noch 1,0, was bedeutet, dass der Kapitaldienst gerade noch geleistet werden kann. Bei einem noch höheren Zinsanstieg wäre dies nicht mehr sichergestellt und die bankseitigen Anforderungen der jederzeitigen und vollständigen Leistung des Kapitaldienstes würden verfehlt. Die betrachtete Höhe des Zinsanstieges stellt somit die Grenze der Projektbelastbarkeit dar.

Die Differenz von 2,1 Prozentpunkten bis zur Erreichung der Projektbelastbarkeitsgrenze kann als Sicherheitspuffer des Projekts für das Zinsänderungsrisiko verstanden werden. Die Höhe dieses Sicherheitspuffers zeigt dabei, dass das Projekt recht empfindlich auf einen Zinsanstieg reagiert. Diese Beobachtung kann generell bei Projektfinanzierungen im Bereich Solarenergie gemacht werden, da diese eine relativ hohe Kapitalintensität aufweisen und damit von einem Zinsänderungsrisiko wesentlich stärker betroffen sind als Vorhaben in den Bereichen Windenergie oder Biomasse.

Aufgrund dieser hohen Anfälligkeit gegenüber Zinssatzänderungen werden die Zinssätze regelmäßig für einen geeigneten Zeitraum, mindestens aber zehn Jahre, abgesichert. Gleichwohl verbleibt ein Risiko bis zum Eingehen der Zinssicherung während der Planungsphase sowie bei Erreichen des Zinsanpassungstermins[370].

Betriebskostenänderung

Die im allgemeinen Teil dargestellten Folgen aus dem Eintritt des Betriebs- und Managementrisikos (siehe Kapitel 5.3.2) werden über eine Variation der Betriebskosten dargestellt und die hieraus resultierenden Ergebnisse im Folgenden beschrieben. Die jährlichen Betriebskosten werden in verschiedenen Szenarien um Schritte von jeweils 20 %-Punkte erhöht. Die genannten Beträge beziehen sich auf den Ausgangswert der Betriebskosten im ersten Betriebsjahr ohne Berücksichtigung des im Modell generell kalkulierten Betriebskostenanstiegs von 2 % jährlich.

Die entgegen der Ausgangslage im Sponsors-Case zusätzlich anfallenden Betriebskosten müssen durch den unveränderten Projekt-Cashflow gedeckt werden.

---

370 Die Empfindlichkeit gegenüber Zinssatzänderungen zum Zinsanpassungstermin rührt noch aus einem anderen Umstand. Solarvorhaben weisen mit die längsten Laufzeiten im Bereich der Projektfinanzierungen auf. Nach 10 Jahren sind typischerweise noch 60 % der Darlehenssumme ausstehend (bei Solar BERENGAR 61,8 %), bei Windprojekten in Deutschland läge ein typischer Wert in einer Spanne von 35-40 %.

Dadurch sinkt der Teil des Projekt-Cashflows, der für die Bedienung des Kapitaldienstes zur Verfügung stehen kann. Die Kapitaldienstfähigkeit in Form des DSCR sinkt folglich über die gesamte Finanzierungslaufzeit, wie es die nachfolgende Abbildung 47 veranschaulicht.

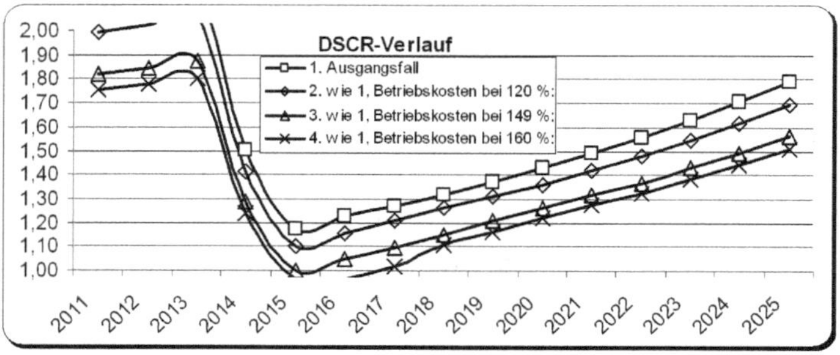

Abbildung 47: DSCR-Verlauf bei veränderten Betriebskosten (e.D.)

	Min. DSCR	Ø DSCR	IRR
1. Ausgangsfall	1,17	1,65	14,04%
2. wie 1, Betriebskosten bei 120 %:	1,10	1,56	12,09%
3. wie 1, Betriebskosten bei 149 %:	1,00	1,42	9,12%
4. wie 1, Betriebskosten bei 160 %:	0,96	1,36	7,95%

Es zeigt sich, dass auch hier der DSCR durch die vorgenommene Veränderung durchgängig unterhalb der Ausgangslage im Ausgangsfall liegt. Bis zu einem Betriebskostenanstieg von 49 % kann das Projekt den Kapitaldienst noch leisten. Bei noch höheren Betriebskosten ist dies nicht mehr sichergestellt und die bankseitigen Anforderungen der jederzeitigen und vollständigen Leistung des Kapitaldienstes würden verfehlt.

Insgesamt zeigt sich das Projekt als - in Grenzen - robust gegenüber einem Betriebskostenanstieg, weil die Betriebskosten im Verhältnis zu Investitionsvolumen, Projekt-Cashflow und Kapitaldienst einen relativ kleinen Anteil ausmachen. Allerdings kann sich die Quote der Betriebskosten auch deutlich verändern, je nachdem, inwieweit das Vorhaben etwa als Fondsprodukt konzipiert ist oder im erhöhten Maße auf bestimmte Zulieferungen wie Wasser und Strom angewiesen ist.

Einnahmenrückgang

Die dargestellten Folgen aus dem Eintritt des Ressourcenrisikos und die sich hierdurch ergebenden Auswirkungen haben wir im Folgenden über eine Variation des Jahresenergieertrags in mehreren Szenarien abgebildet. Die Kapitaldienstfähigkeit in Form des DSCR sinkt folglich über die gesamte Finanzierungslaufzeit, wie es die nachfolgende Abbildung 48 veranschaulicht.

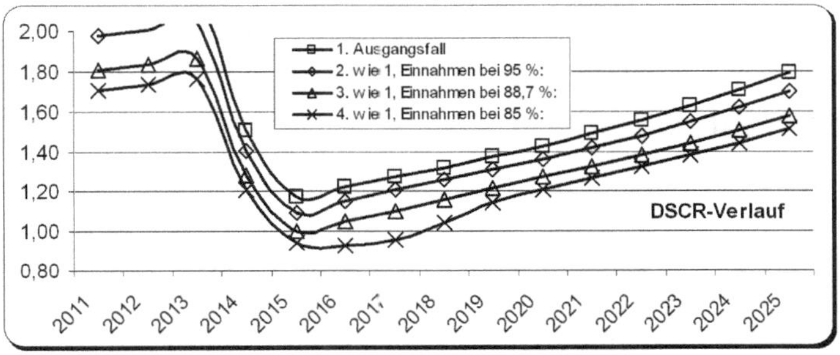

Abbildung 48: DSCR-Verlauf bei Einnahmenveränderung (e.D.)

	Min. DSCR	Ø DSCR	IRR
1. Ausgangsfall	1,17	1,65	14,04%
2. wie 1, Einnahmen bei 95 %:	1,10	1,55	11,96%
3. wie 1, Einnahmen bei 88,7 %:	1,00	1,43	9,25%
4. wie 1, Einnahmen bei 85 %:	0,93	1,35	7,63%

Durch die vorgenommene Veränderung liegt der DSCR durchgängig unterhalb der Ausgangslage im Sponsors-Case. Bei einer Senkung des Jahresenergieertrages um 11,3 % erreicht der DSCR im vierten Betriebsjahr des Projekts sein Minimum von 1,0. Das hier betrachtete Ausmaß des Absinkens des Jahresenergieertrags stellt folglich die Grenze der Projektbelastbarkeit dar.

Die Differenz von 11,3 % bis zum Erreichen der Projektbelastbarkeitsgrenze aus Sicht des Ausgangsfalls kann somit auch als dessen Sicherheitspuffer im Hinblick auf das Ressourcenrisiko verstanden werden. Die Höhe des Sicherheitspuffers ist dabei als sehr knapp zu bewerten, selbst wenn man die geringe durchschnittliche Schwankung der jährlichen Direkteinstrahlung in Spanien berücksichtigt (siehe Abbildung 37).

Die Abbildung 37 zeigt, dass die jährliche Direkteinstrahlung in Spanien hoch und recht stabil ist. Dem theoretischen Sicherheitspuffer von 11,3 % im Cashflow-Modell steht eine gutachterlich ausgewiesene Standardabweichung der Direktstrahlung in Höhe von etwa 3 % am Projektstandort gegenüber.

Die beispielhafte Analyse der vom Sponsor vorgeschlagenen Finanzierungsstruktur mit Blick auf die Veränderung wichtiger Cashflow-Treiber hat gezeigt, dass das Vorhaben mit dieser Finanzierungsstruktur gegenüber Planabweichungen wenig robust ist. Außerdem empfindet die für die Fremdfinanzierung angefragte Bank die Laufzeit der Darlehen mit 20 Jahren als zu lang und drängt auf eine Verkürzung. Im Folgenden sollen die Möglichkeiten skizziert werden, für das beschriebene Projekt eine aus Sicht der Fremdkapitalgeber und der Sponsoren tragfähige Finanzierungsstruktur zu entwickeln.

6.3. Hinweise zur Optimierung der Finanzierungsstruktur

Investoren und Kreditgeber haben das gleichgerichtete Interesse, ein Projekt so wirtschaftlich wie möglich zu gestalten. Ein hoher Cashflow-Überschluss bedeutet einerseits, dass die Fremdkapitalgeber mit größerer Sicherheit ihre festen und erfolgsunabhängigen Rückzahlungsansprüche erfüllt sehen, aber auch, dass die Sponsoren mehr bzw. frühzeitigere Ausschüttungen realisieren können. Während beide Gruppen ein gleichgerichtetes Interesse haben, den Projektwert zu steigern, besteht ein Wettbewerb um die Verwendung der Cashflows. Wie bereits oben angesprochen, haben die Sponsoren ein Interesse daran, möglichst viel Cashflow frühzeitig auszuschütten, während die Fremdkapitalgeber möglichst schnell getilgt werden wollen. Die Erarbeitung einer Finanzierungsstruktur beinhaltet damit immer auch einen Verhandlungsprozess zwischen den beiden Kapitalgebergruppen. Das folgende Beispiel soll verdeutlichen, wie ein Prozess zur Entwicklung einer Finanzierungsstruktur aussehen kann und welche Möglichkeiten bestehen, ein Projekt aus Sicht beider Kapitalgebergruppen zu verbessern[371]. Dabei handelt es sich um ein explizites Optimierungsproblem, bei dem - aus Bankensicht - ein bestimmter DSCR-Verlauf in einem Worst Case erreicht werden muss. Es geht dann darum, unter den vorgegebenen Restriktionen - wie einer maximalen Laufzeit, einer maximalen durchschnittlichen Laufzeit und einer minimalen Eigenkapitalquote - eine Finanzierungsstruktur zu finden, die genau dies leistet. Dabei gibt es aus Sicht der Fremdfinanzierer nicht eine optimale Finanzierungsstruktur, sondern regelmäßig mehrere gleichwertige Lösungen. Dies liegt darin begründet, dass bestimmte Parameter zueinander in einem Trade-Off stehen - so wäre es beispielsweise möglich, eine geringere Eigenmittelausstattung zuzulassen, wenn im Gegenzug der Zielwert der Schuldendienstreserve erhöht wird.

Zunächst sei die Veränderung der tilgungsfreien Zeit des Vorhabens anhand der Abbildung 49 dargestellt.

---

371 J. Böttcher 2009, S. 181 ff., bei dem die Strukturen für ein Photovoltaik-Projekt berechnet werden.

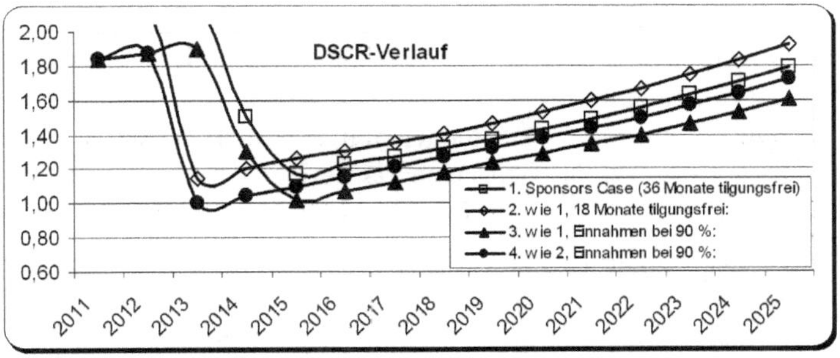

Abbildung 49: DSCR-Verlauf bei Veränderung der tilgungsfreien Zeit (e.D.)

	Min. DSCR	Ø DSCR	IRR
1. Sponsors Case (36 Monate tilgungsfrei)	1,17	1,65	14,04%
2. wie 1, 18 Monate tilgungsfrei:	1,15	1,68	13,11%
3. wie 1, Einnahmen bei 90 %:	1,02	1,46	9,82%
4. wie 2, Einnahmen bei 90 %:	1,00	1,48	9,36%

Während bei der ursprünglichen Struktur eine tilgungsfreie Zeit von 36 Monaten vorgeschlagen wurde, ist diese nunmehr auf achtzehn Monaten gekürzt worden, wobei die Gesamtlaufzeit der Darlehen bis zu ihrer vollständigen Rückführung gleich geblieben ist.

Erkennbar ist, dass der Schuldendienstdeckungsgrad im Ausgangsfall fast durchgängig geringer ist als bei einer um 18 Monate kürzeren tilgungsfreien Zeit. Dies korrespondiert mit einer verbesserten Belastbarkeit der geänderten Struktur in einem Belastungsfall. Während die Belastbarkeit im Sponsors-Case bei einem Einnahmenniveau von 91 % liegt, verbessert sie sich im zweiten Fall um 3,0 Prozentpunkte auf 88,0 %. Allerdings geht die Verbesserung der Belastbarkeit mit einem Rückgang der internen Rendite einher, und zwar von 14,0 % auf 13,1 %.

Der Grund für die unterschiedlichen Belastbarkeiten ergibt sich aus folgender Überlegung: Angenommen sei, man verzichte bei gegebener Gesamtlaufzeit des Darlehens auf eine tilgungsfreie Zeit. In diesem Fall ergeben sich einerseits insgesamt mehr Rückzahlungszeitpunkte, in denen das Darlehen zurückgezahlt werden kann, so dass sich die jeweiligen Tilgungsbeträge reduzieren und die ausgewiesenen Schuldendienstdeckungsrelationen erhöhen. Andererseits besteht in einem Belastungs-Szenario praktisch keine Möglichkeit mehr, die Schuldendienstreserve aus dem Cashflow des Projekts aufzubauen, so dass kein Risikopuffer vorhanden ist. Im umgekehrten Fall einer verhältnismäßig langen tilgungsfreien Zeit kann zwar auch in einem Belastungs-Szenario die Schuldendienstreserve aufgebaut werden, aber die Tilgungsbeträge steigen pro Rückzahlungstermin an, da relativ weniger Rückzahlungstermine zur Verfügung stehen. Aus Sicht der Fremdkapitalgeber ergibt sich damit eine Optimierungsaufgabe mit Blick auf die Ausgestaltung der tilgungsfreien Zeit, die jeweils projektspezifisch zu lösen ist. Die Sponsoren haben tendenziell ein Interesse daran, eine möglichst lange tilgungsfreie Zeit durchzusetzen, da sie ihnen ermöglicht, früher Ausschüttungen vorzunehmen, so dass sich ihre interne Rendite verbessert.

Die Schuldendienstreserve spielt auch bei dem zweiten Beispiel zur Verbesserung der Finanzierungsstruktur eine wichtige Rolle. Ein Diskussionspunkt zwischen Banken und Projektgesellschaft ist die angemessene Höhe der Schuldendienstreserve. Wiederum seien die beiden Extrempositionen betrachtet: Würde auf die Schuldendienstreserve verzichtet, stünden bei Schwankungen des operativen Cashflows möglicherweise nicht genügend liquide Mittel zur Verfügung, um den Kapitaldienst zu bedienen. Um dies von vornherein zu vermeiden, würden die Banken ihre Belastbarkeitsprüfung rein auf Basis der operativen Cashflows auslegen, so dass sich c.p. eine höhere Eigenmittelausstattung und damit auch eine niedrigere interne Rendite ergäbe. Auf der anderen Seite ist es aber weder durchsetzbar noch notwendig, die Schuldendienstreserve übermäßig zu dimensionieren. Zum einen wirkt der Einbau einer Schuldendienstreserve in eine Finanzierungsstruktur als eine faktische Ausschüttungssperre, da sie aus dem Cashflow zwar nach dem Kapitaldienst dotiert wird, aber vor den Ausschüttungen. Daher wird die interne Rendite umso niedriger ausfallen, je mehr Liquidität in die Dotierung der Schuldendienstreserve umgeleitet wird, anstatt an die Sponsoren ausgeschüttet zu werden. Zum anderen muss der Cashflow des Vorhabens auch so strukturiert sein, dass realistischerweise der Zielwert der Schuldendienstreserve erreicht werden kann. Wenn unter einem Stress-Szenario das Projekt nicht in der Lage ist, einen bestimmten Zielwert der Schuldendienstreserve zu erreichen, ist es auch aus Kapitalgebersicht nicht zielführend, auf diesem überhöhten Zielwert zu beharren.

In unserem Beispiel wird gegenüber dem Ausgangsfall eine Schuldendienstreserve in Höhe von 50 % des Kapitaldienstes des Folgejahres eingeführt. Damit wird während der tilgungsfreien Zeit ein Teil des Cashflows in die Dotierung der Schuldendienstreserve umgeleitet, so dass einerseits die Belastbarkeit des Vorhabens steigt, andererseits aber die interne Rendite des Vorhabens von 14,0 % auf 13,1 % sinkt. Die folgende Abbildung 50 zeigt die Ergebnisse der Berechnung.

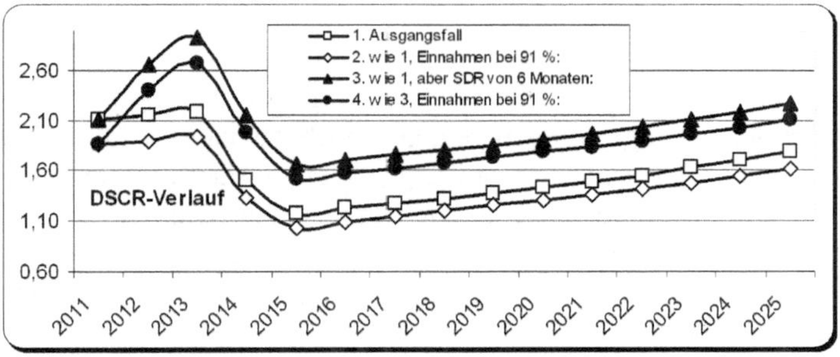

Abbildung 50: DSCR-Verlauf bei veränderter Höhe der Schuldendienstreserve (e.D.)

	Min. DSCR	Ø DSCR	IRR
1. Ausgangsfall	1,17	1,65	14,04%
2. wie 1, Einnahmen bei 91 %:	1,04	1,48	10,25%
3. wie 1, aber SDR von 6 Monaten:	1,66	2,12	13,09%
4. wie 3, Einnahmen bei 91 %:	1,52	1,94	9,73%

Neben der Höhe der Schuldendienstreserve gibt es weitere Gestaltungselemente, die bei der Ausgestaltung der Schuldendienstreserve eine Rolle spielen, die aber nur skizziert werden sollen:

- In unserem Fallbeispiel wird die Schuldendienstreserve aus dem Cashflow des Vorhabens aufgebaut. Alternativ ist denkbar, dass diese von Anfang an als zusätzliche Kreditlinie durch die finanzierenden Banken zur Verfügung gestellt wird. Aus Sicht der Sponsoren ergibt sich der Vorteil, dass für die Verfügung dieser Kreditlinie lediglich Bereitstellungsprovisionen anfallen und Ausschüttungen früher möglich sind. Da die Kreditgeber das Vorhaben vorrangig unter einem Belastungsszenario bewerten, werden sie nur dann bereit sein, eine derartige Fazilität zur Verfügung zu stellen, wenn das Vorhaben eine Verschuldungskapazität hat, die die Inanspruchnahme und planmäßige Rückführung dieser Linie mit abdeckt. Regelmäßig kommt diese Variante daher dann in Frage, wenn die Überdeckungsrelationen des Vorhabens besonders gut sind. Eine Variante dieser Fazilität besteht darin, dass sich eine dritte Partei verbürgt, etwaige operative Cashflow-Defizite aufzufangen. In jedem Fall ist die Entscheidung, ob eine der vorgenannten Varianten gewählt wird, auch aus Sicht der Sponsoren ein Rechenexempel, bei dem Bereitstellungsprovisionen und etwaige Zinszahlungen mit dem Vorteil früherer Ausschüttungen verglichen werden müssen.
- Die Höhe der Schuldendienstreserve kann in Abhängigkeit gebracht werden von der Performance des Projekts. In Phasen mit geringeren Überdeckungsrelationen kann etwa der Zielwert der Schuldendienstreserve höher sein als in Phasen mit höheren Überdeckungsrelationen.

Eine dritte Möglichkeit der Verbesserung der Wirtschaftlichkeit eines Vorhabens besteht in der Ausgestaltung von Verträgen, die zumindest zum Teil performance-abhängig ausgestaltet sind. Diese Betrachtung geht über die Kapitel 4 vorgenommene Betrachtung der Anreizwirkungen noch hinaus. Im folgenden Beispiel (Abbildung 51) sei gegenüber dem Ausgangsfall vertraglich vereinbart, dass die Kosten für Wartung und Instandhaltung variabel sind. Während sich im Basisfall dieselben Kosten und damit auch die gleichen Belastbarkeiten ergeben, ergeben sich im Belastungsfall Kosteneinsparungen für das Projekt, die die Belastbarkeit und auch die Wirtschaftlichkeit verbessern.

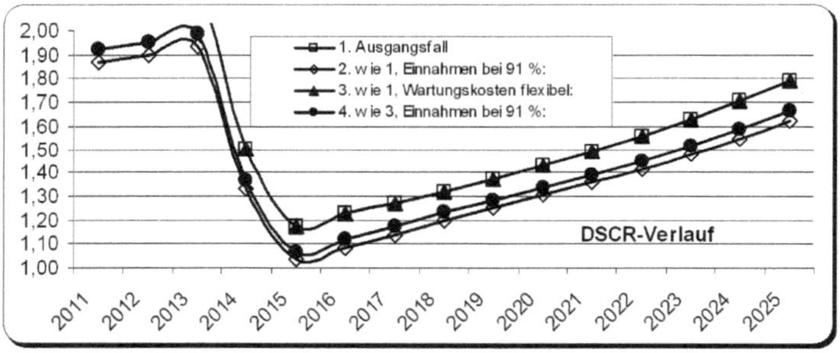

Abbildung 51: DSCR-Verlauf bei Flexibilisierung der Wartungskosten (e.D.)

	Min. DSCR	Ø DSCR	IRR
1. Ausgangsfall	1,17	1,65	14,04%
2. wie 1, Einnahmen bei 91 %:	1,04	1,48	10,25%
3. wie 1, Wartungskosten flexibel:	1,17	1,65	14,04%
4. wie 3, Einnahmen bei 91 %:	1,07	1,52	11,16%

Erkennbar ist, dass der Schuldendienstdeckungsgrad und die Wirtschaftlichkeit bei einer Flexibilisierung der Betriebskosten gegenüber dem Ausgangsfall fast durchgängig höher sind. Während die Belastbarkeit im Sponsors-Case bei einem Einnahmenniveau von 88,7 % liegt, verbessert sie sich bei Flexibilisierung der Wartungskosten um 3,3 Prozentpunkte auf 85,4 %. Da es diesmal die Vertragspartner des Projekts sind, die zu Zugeständnissen im Belastungsfall bereit sind, verbessert sich auch die interne Rendite bei Eintreten eines Belastungsfalls.

Die Beispiele zeigen, dass die angesprochenen Veränderungen einzelner Finanzierungsparameter hinsichtlich der Verwendung der Cashflows im Regelfall in einem Konkurrenzverhältnis stehen. Zwar verbessert sich durch einzelne Maßnahmen die Belastbarkeit aus Sicht der Fremdkapitalgeber, andererseits verschlechtert sich die interne Rendite der Sponsoren. In der Diskussion der beiden

Kapitalgebergruppen wird neu auszutarieren sein, wie sich die endgültige Finanzierungsstruktur darstellt.

Nach einem Verhandlungsprozess zwischen Sponsoren und Banken könnte eine geänderte Finanzierungsstruktur wie folgt aussehen:

- Zielwert der Schuldendienstreserve bei 50 % des Kapitaldienstes des Folgejahres,
- Tilgungsfreie Zeit läuft aus nach achtzehn Monaten,
- Die gesamte Laufzeit des Darlehens wird auf 17 Jahre nach Fertigstellung begrenzt,
- Erhöhung des Term Loans um T€ 14.000 auf insgesamt T€ 290.000.

Unter diesen Rahmendaten verändern sich die Wirtschaftlichkeit und Belastbarkeit gemäß der nachfolgenden Abbildung 52:

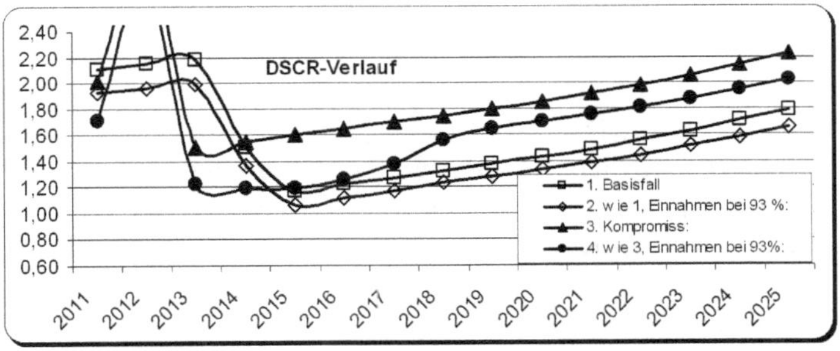

Abbildung 52: DSCR-Verlauf (Vergleich Ausgangsfall mit Kompromiss-Lösung, e.D.)

	Min. DSCR	Ø DSCR	Break-Even:	IRR
1. Basisfall	1,17	1,61	./.	14,04%
2. wie 1, Einnahmen bei 93 %:	1,07	1,49	..bei 88,7 %	11,11%
3. Kompromiss:	1,50	1,94	..bei 81,2 %	12,35%
4. wie 3, Einnahmen bei 93%:	1,19	1,69	./.	8,39%

Die Belastbarkeit des Vorhabens verbessert sich von ursprünglich 11,3 % auf 18,8 %, die interne Rendite verschlechtert sich von 14,0 % auf 12,4 %. Erst die Änderungen an der Finanzierungsstruktur erlauben es, eine tragfähige und für eine Bank akzeptable Lösung zu finden.

Natürlich stellt sich an dieser Stelle die Frage, ob und inwieweit die Ergebnisse zur Finanzierungsstruktur auf andere CSP-Technologien und -Projekte übertragbar sind. Hierzu lässt sich Folgendes festhalten:

- Ein funktionsfähiger Wettbewerb bewirkt einen ständigen Such- und Entdeckungsprozess, bei dem die Marktteilnehmer durch Versuch und Irrtum entdecken, wie Produkte oder Leistungen besser hergestellt werden können. Die Kosten spiegeln auch das auf der produzierenden Marktseite angewandte aktuelle Wissen wider, das dezentral entstanden und nicht vorhersagbar ist. Wenn man davon ausgeht, dass sich die Marktpreise an den Produktionskosten orientieren, so können diese auch nicht vorher bestimmt werden. Dies ist zunächst einmal ein volkswirtschaftlicher Erklärungsansatz.

- Andere CSP-Vorhaben, die in einem vergleichbaren Regulierungsumfeld stattfinden, zeigen allerdings, dass die zentralen Kennziffern der internen Rendite aus Eigenkapitalgebersicht und der Belastbarkeit aus Fremdkapitalgebersicht sehr ähnliche Werte aufweisen. Überraschenderweise gilt dies nicht nur für Vorhaben, die eine gleiche Technologie verwenden, sondern etwa auch im Vergleich zwischen Parabolrinnenkraftwerk und Fresnel-Kraftwerk. Eine mögliche Erklärung könnte darin liegen, dass es zu wenige öffentlich bekannte CSP-Transaktionen gibt und daher die durchschnittlich bekannte Qualität als Maßstab für die Strukturierung von Projektfinanzierungen herangezogen wird (siehe hierzu unsere Überlegungen in Kapitel 3.3).

Als Ergebnis der Risikoquantifizierung des Fallbeispiels über ein Cashflow-Modell ist festzuhalten, dass die Projektfinanzierung von CSP-Kraftwerken aus Bankensicht grundsätzlich möglich ist. Die hierfür notwendige Anforderung nach einem gut prognostizierbaren, auskömmlichen, stabilen und verlässlichen Projekt-Cashflow kann von CSP-Kraftwerken auch unter der Berücksichtigung eines Sicherheitsabschlags grundsätzlich erfüllt werden. Die Analyse hierzu ist jedoch von Projekt zu Projekt neu durchzuführen, so dass der vorgenannten Aussage keine Allgemeingültigkeit beizumessen ist. Den maßgeblichen Einflussfaktor zur Erfüllung der oben genannten bankseitigen Anforderung stellen dabei die zum wirtschaftlichen Betrieb von CSP-Kraftwerken notwendigen staatlich garantierten Fördersysteme mit ausreichend hoch bemessenen und während der Projektfinanzierungslaufzeit stabilen Einspeisetarifen dar.

In diesem Abschnitt haben wir deutlich gemacht, dass es eine Reihe von Möglichkeiten gibt, eine Finanzierungsstruktur in dem Sinne zu verbessern, dass sich aus Sicht der Investoren eine bessere Rendite ergibt und aus Sicht der Fremdkapitalgeber eine höhere Belastbarkeit. Im folgenden Abschnitt stellen wir dar, warum die Einbindung von Versicherungen in eine Projektstruktur notwendig ist und welche Vorteile sich insbesondere aus Refinanzierungssicht ergeben, wenn Exportkreditversicherungen eingebunden werden können.

Wir haben so viel Rechte hingegeben,
Dass uns auf nichts ein Recht mehr übrig bleibt.
GOETHE, FAUST II, ZIFFER 4839 - 4840.

6.4. Einbindung von Versicherungen

Ein auf das Projekt bezogenes Risikomanagement bedarf eines zugeschnittenen Versicherungsprogramms während der Errichtungs- und Betriebsphase. Der Erwerb von Versicherungsschutz ist der entgeltliche Transfer bestimmter eigener Risiken in die Bilanzen von Versicherungen. Ökonomisch besteht damit kaum ein Unterschied zwischen der Risikoübertragung auf eine Versicherung oder andere Beteiligte, so dass die obigen Überlegungen zum Risikotransfer und der Partnerwahl auch hier gelten (Kapitel 4). Allerdings gibt es folgende Besonderheiten:

- Bei Projektfinanzierungen gilt ein gestuftes Subsidiaritätsprinzip: Zunächst wird nach ökonomischen Prinzipien verhandelt, welche Projektpartei welches Risiko übernimmt, bevor die Einbindung einer Versicherung erfolgt. Die Entscheidung ob, wann, zu welchen Konditionen und in welchem Umfang ein Risikotransfer vorgenommen werden muss, ist keine isolierte Entscheidung, sondern Teil eines geschlossenen Risikomanagementprozesses.
- Versicherungen werden den Versicherungsnehmer regelmäßig auf bestimmte Verhaltensweisen und Informationspflichten verpflichten, die wiederum Rückwirkung auf die Vertragserfüllung auch anderer Verträge haben werden.

Bei der Einbindung von Versicherungen in ein Risikomanagementkonzept sind folgende Aspekte zu beachten.

Zunächst einmal muss die Versicherung prüfen, ob ein Risiko überhaupt versicherbar ist, wobei verschiedene Prüfungsebenen zu unterscheiden sind: In einem ersten Schritt wird geprüft, ob die Risiken anreizkompatibel verteilt sind: Dies verlangt, dass Projektbeteiligte, die ein Risiko auch üblicherweise kontrollieren können, dies auch im konkreten Einzelfall tun. Umgekehrt: Eine Versicherung wird beispielsweise kaum ein Fertigstellungsrisiko übernehmen, wenn der Anlagenbauer nicht einen wesentlichen Teil dieses Risikos selbst übernimmt.

Als weitere, versicherungs-mathematische Bedingungen werden dabei der Zufallsgrad eines Schadenseintritts, die eindeutige Zurechenbarkeit des Versicherungsfalls auf ein versichertes Ereignis und die Abschätzbarkeit der finanziellen Konsequenzen bei Risikoeintritt untersucht. Zentral für die Versicherbarkeit von Projektrisiken ist, dass überhaupt ein Sachschaden an den versicherten Sachen entstanden ist und dass dieser unvorhergesehen eingetreten ist. Dies bedeutet zunächst, dass einzelne Teil der Projektanlage zerstört oder beschädigt sein müssen; die bloße Mangelhaftigkeit einer Sache genügt nicht[372].

Ebenfalls wird kein Versicherungsschutz greifen, wenn ein Schadenereignis unvermeidbar ist und definitiv eintreten wird. Die Zufälligkeit bzw. die Ungewissheit über das Entstehen, den Zeitpunkt und/oder die Schadenhöhe sind zwingend erforderlich. Zu den vorhersehbaren Schäden von CSP-Vorhaben zählen insbesondere Schäden durch Abnutzung und Verschleiß. Es ist eindeutig, dass einzelne Komponenten nur eine begrenzte Lebensdauer aufweisen und damit kein zufälliges Schadensereignis ursächlich ist. Der Versicherungsnehmer muss damit rechnen, dass Verschleißteile nach einer gewissen Zeit zwangsläufig ausgetauscht werden müssen. In diesem Sinne werden auch Schäden durch Korrosionen nicht versicherbar sein, da es sich um einen Vorgang handelt, der im Laufe der Zeit eintritt und somit vorhersehbar ist. Vorhersehbar sind ebenfalls Schäden durch bekannte Mängel, welche nicht versicherbar sind. Sind Mängel bekannt, so ist die Projektgesellschaft verpflichtet, diese zu beseitigen. Ohne Versicherungsschutz käme der Sachschaden wahrscheinlich gar nicht erst zustande, da sofort Maßnahmen zur Verhinderung eingeleitet worden wären. Aus diesem Grund wird eine Versicherung nicht eine Entschädigung leisten, die grob fahrlässig aufgrund der Kenntnis des Versicherungsschutzes verursacht worden ist.

Eine besondere Thematik ergibt sich im Bereich der Serienschäden. Treten einige Jahre nach Ablauf der Gewährleistung gleichartige Schäden an einer bestimmten Komponente auf, kann dies in den ersten Fällen als zufälliges Schadensereignis angesehen werden. Wird aber deutlich, dass alle gleichartigen Komponenten betroffen sind, werden die folgenden Schäden an weiteren Anlagen vorhersagbar, da es sich dann um Schäden aufgrund bekannter Mängel handelt. Unklar ist dann noch, zu welchem Zeitpunkt solche Schäden für die Projektgesellschaft vorhersehbar werden und entsprechende Maßnahmen eingeleitet werden müssen. Damit ergibt sich ein deutliches Konfliktpotential zwischen der Projektgesellschaft und dem Versicherer, weil oftmals Uneinigkeit vorliegen wird, ob ein Serienschaden vorliegt oder nicht.

Schließlich haben auch die Höhe der Investitionskosten und die noch geringen Erfahrungswerte einen Einfluss auf die Versicherbarkeit von CSP-Vorhaben. Bislang konnten nur wenige CSP-Vorhaben realisiert werden, so dass die bereits

372 Parabolrinnenkraftwerke könnten aufgrund ihrer Konstruktion anfällig sein für Stürme und temporär nicht betrieben werden. Zwar wird regelmäßig ein Sturm - ab einer bestimmten Windstärke - ausdrücklich als versicherte Gefahr genannt sein. Kommt es allerdings zu keinem Sachschaden an den Anlagen, ist der entstandene Ertragsausfall auch nicht im Rahmen der Betriebsunterbrechung versichert. Analog zur Argumentation von T. Haukje; T. Kottke 2010, S. 60 f.

vorhandenen Schadenserfahrungen nur bedingt auf die noch folgenden CSP-Projekte übertragen werden können. Daher fehlen noch aussagekräftige Schadenstatistiken, die eine Bewertung der Projekte erleichtern würden. Einzelne CSP-Technologien können von Versicherern als Prototypen betrachtet werden, die entsprechende Risiken bergen können. Die Versicherungssummen derartiger Projekte liegen bei einigen hundert Millionen Euro und überschreiten in der Regel die Kapazitäten eines einzelnen Versicherers. Um trotzdem großvolumige CSP-Vorhaben versichern zu können, findet eine Zusammenarbeit zwischen mehreren, insbesondere auch ausländischen Erst- und Rückversicherern statt[373].

Aus Sicht der Projektgesellschaft hilft eine Kosten-Nutzen-Analyse bei der Entscheidung, ob eine Versicherung zur Risikoallokation eines bestimmten Risikos abgeschlossen werden sollte, denn die Versicherungsprämie belastet grundsätzlich den Cashflow. Ist der erwartete Nutzen aus der Versicherung jedoch höher als die Kosten, steht der Risikoallokation durch eine Versicherung nichts im Wege. Dabei ist insbesondere zu beachten, dass eine Projektgesellschaft typischerweise nur geringe Reserven hat, um einen Schadensfall zu tragen, es sei denn durch Versicherungsschutz.

Die wichtigsten Versicherungen einer Projektfinanzierung sind die Sachversicherung und die Betriebsunterbrechungsversicherung. Die Sachversicherung deckt i.a. Schäden durch Wasser, Feuer, Diebstahl, Vandalismus und Naturkatastrophen während der Errichtungs- und Betriebsphase. Eine Betriebsunterbrechungsversicherung bietet Sicherheit für den Fall, dass das Projekt zeitweise nicht betrieben werden kann. Unterschiedliche Versicherungsverträge von privaten und staatlichen Versicherern werden in der Praxis als risikopolitische Strategie zur Kompensation von Schadensfällen aus eventuell eintretenden Projektrisiken abgeschlossen. Eine Übersicht über verschiedene Versicherungsprodukte bietet Tabelle 31.

373 D. Farny 2006, S. 37 ff..

Tabelle 31: Relevante Versicherungsprodukte für CSP-Projekte (e.D.)

Versicherungsprodukt	Versicherungsgegenstand	Auslösepunkt	Relevanz
Construction All Risks	Jegliche Schäden inkl. der Schäden durch die verschiedenen Contractors	Schadensfall während der Fertigstellungsphase	z.B. Schäden bei der Kabelverlegung
Delay in Start Up	Einkommenverluste aufgrund von verspäteter Fertigstellung	Ein Schadensfall während der Fertigstellung führt zu Verzögerungen in der Fertigstellung	Auswechselzeit für größere Komponenten
Operating All Risks	Alle Risiken	Plötzliche und unvorhergesehene Verluste während der Betriebsphase	
Machinery Breakdown	Mängel am Material, dem Design oder der Errichtung	Plötzlicher Ausfall der Anlagen, der eine Reparatur erforderlich macht	Bedenken hinsichtlich des Designs
Business Interruption	Einkommensverluste aufgrund einer Betriebsunterbrechung	Plötzlicher und unvorhersehbarer Schaden an den Anlagen, der zu einer Unterbrechung des Betriebs führt	Zerstörung der parkexternen Kabelanbindung
Third Party Liability	Ansprüche von Dritten aufgrund von Schäden, die sie durch die Anlage erlitten haben	Vertragliche oder gesetzliche Versicherungspflicht	

Bei der oben angesprochenen Möglichkeit, dass Projekte über ein Multi-Contracting dargestellt werden, ergeben sich besondere Aufgaben für die Versicherung. Da jeder Zulieferer bezogen auf sein Gewerk einen individuellen Vertrag mit der Projektgesellschaft schließt, der jeweils eigene Ausgestaltungen hinsichtlich Gefahrtragung, Gefahrenübergang, Gewährleistung und Haftung umfasst, besteht für das Versicherungsunternehmen die Aufgabe, ein abgestimmtes Versicherungskonzept zu entwerfen[374].

Die Einnahmen aus Versicherungen sollten den Kreditgebern abgetreten sein. Von dieser Regel kann während der Fertigstellungsphase eine Ausnahme gemacht werden, wenn die Sponsoren sich zur Fertigstellung verpflichtet haben oder verpflichtet sind, die Darlehen vollständig zurückzuzahlen, sollte das Projekt nicht realisiert werden. Auch muss im Darlehensvertrag klar geregelt sein, unter welchen Umständen die entsprechenden Erlöse für den Wiederaufbau des Projekts verwandt werden sollen oder zur Rückführung der Darlehensverbindlichkeiten benutzt werden müssen.

Die folgende Tabelle 32 soll grundsätzlich die Möglichkeiten des Einsatzes von gewerblichen Versicherungen verdeutlichen:

374 T. Haukje, T. Kottke 2010, S. 44.

Tabelle 32: Möglichkeiten der Einbindung von gewerblichen Versicherungen[375]

Versicherungsgegenstand	Versicherung gegen	Versicherungsmöglichkeit
Alle Risiken	Physische Verluste	groß
Funktions-Risiko	Mangelhaftes Design bzw. Unter-Performance	gering
Verlust von Gewinnen	Folgerisiko aus unternehmerischen Entscheidungen	praktisch nicht
politisch	Enteignung, Krieg, Moratorium	mittel / groß
Insolvenz	Bonität eines Dritten (z.B.Garanten)	überhaupt nicht / gering
Unerwartetes Ereignis	Reduktion der Absatzmenge	überhaupt nicht / gering

Möglichkeiten der Einbindung von Versicherungen

Eine besondere und auch qualitativ herausgehobene Bedeutung für Projektfinanzierungen bietet die Möglichkeit der Einbindung von Exportkreditversicherungen, die wir im Folgenden skizzieren wollen. Ihre Bedeutung steht in engem Zusammenhang mit einem Erklärungsansatz für Projektfinanzierungen, die ihren Bedarf gerade bei internationalen Großprojekten in der Verknüpfung von Anlagenlieferung und Anlagenfinanzierung sieht. Zur Absicherung des Kreditrisikos bei Exportgeschäften stellt eine Reihe von Ländern ihren Exporteuren Ausfuhrgewährleistungen, Kapitalanlagegarantien und so genannte ungebundene Finanzkredite zur Verfügung. Die staatliche Risikoabsicherung ist erst dort vonnöten, wo eine private Risikoabsicherung nicht erhältlich ist, also insbesondere wenn wesentlich politische Risiken versichert werden sollen oder wirtschaftliche Risiken aus anderen Gründen nicht marktgängig sind (z.B. aufgrund des großen Volumens oder der langen Laufzeit). In den Fällen, in denen eine staatliche Absicherung benötigt wird, sind die Exportkreditversicherungen von zentraler Bedeutung.

Auch mit einer staatlichen Exportkreditversicherung werden der Projektgesellschaft, den Exporteuren und Banken nicht das gesamte Risiko abgenommen[376]. Mit dem in Deutschland üblichen Hermes-Instrumentarium lassen sich grundsätzlich nur die deutschen Lieferanteile absichern. Hinzu kommt, dass der für Deutschland verbindliche OECD-Konsensus für öffentlich unterstützte Exportkredite vom ausländischen Besteller An- und Zwischenzahlungen in Höhe von 15 % des Lieferwertes verlangt. Aus diesem Spannungsfeld zwischen den Grenzen der staatlichen Risikoabsicherung einerseits und dem Wunsch der Besteller nach einer zinsgünstigen Vollfinanzierung - möglichst aus einer Hand oder durch wenige große Banken - andererseits ergeben sich besondere Anforderungen für die finanzierenden Banken: Sie müssen regelmäßig die Finanzierung der 15 %-igen An- und Zwischenzahlungen ohne Hermes-Deckung bereitstellen. Sie müssen darüber hinaus häufig ausländische und lokale Lieferanteile im eigenen Risiko finanzieren, sofern diese nicht in die Bundesdeckung einbezogen werden

375 J. Böttcher 2009, S. 148.
376 J. Böttcher 2010 b, S. 37.

können. In Einzelfällen kann bei der Finanzierung ausländischer Lieferanteile auf die Deckung durch die betreffenden ausländischen Exportkreditversicherer zurückgegriffen werden. Eine Risikoabsicherung der lokalen Lieferungen und Leistungen hingegen ist häufig nicht möglich. Bestenfalls kann hier auf Garantien lokaler Banken zurückgegriffen werden.

Im Folgenden wollen wir die Auswirkungen einer Exportkreditversicherung auf eine Projektfinanzierung darstellen. Diese erschöpfen sich nicht allein in der Absicherungsfunktion und der dagegen stehenden Versicherungsprämie, sondern müssen insbesondere die niedrigeren Liquiditätskosten der Refinanzierung berücksichtigen. Wir starten zunächst mit einem Überblick über die Risikoparameter, die für die Risikobemessung bei einer Bank relevant sind.

Zunächst kann eine Bank durch die Einbindung einer Finanzkreditdeckung 95 % ihrer Darlehensforderung durch den staatlichen Träger gegen wirtschaftliche und politische Risiken absichern. Diese Sicherheit wirkt sich im internen Rating grundsätzlich nur auf den *Loss Given Default* („LGD“) aus. Dieser Kreditrisikoparameter dient zur Bestimmung des Verlustes bei Ausfall des Kredites. Da die Finanzkreditdeckung auch erst bei einem Ausfall wirkt, beeinflusst sie deshalb hinsichtlich des Ratings zunächst nur den LGD. Dabei wird das Projektrisiko durch das Risiko des Deckung gebenden Staates ersetzt. Dieses Risiko wiederum nimmt Einfluss auf die Eigenkapitalkosten und die Risikoprämie.

Grundsätzlich müssen Banken gemäß den Baseler Eigenkapitalvereinbarungen ihr Kreditrisiko risikoadäquat mit Eigenmitteln unterlegen. Dabei haben die Banken die Wahl zwischen dem Standardansatz und dem Internal-Ratings-Based-Ansatz (IRB-Ansatz)[377]. Während im Standardansatz die Eigenmittelunterlegung mittels externer Ratings bestimmt wird, basiert der IRB-Ansatz auf bankinternen Ratings. Innerhalb des IRB-Ansatzes wird wiederum zwischen dem Basis-Ansatz (Foundation IRB-Ansatz) und dem fortgeschrittenen Ansatz (Advanced IRB-Ansatz) unterschieden. Wir werden im Folgenden den Fortgeschrittenen Ansatz verwenden, da bei diesem Ansatz neben der Ausfallwahrscheinlichkeit (*Probability of Default*, PD) auch der *Loss Given Default* (LGD) und das *Exposure at Default* (EAD) geschätzt werden müssen und nicht als Parameter vorgegeben sind.

Mit Hilfe dieser Parameter lassen sich dann aus Bankensicht erwartete und unerwartete Verluste aus ihren Engagements abschätzen. Während sich der erwartete Verlust aus einer Durchschnittsbetrachtung ergibt, berücksichtigt der unerwartete Verlust die Abweichung des tatsächlichen Verlusts vom erwarteten Verlust. Der erwartete Verlust (*Expected Loss*, ED) errechnet sich auf der Einzelge-

---

377 Siehe hierzu H.E. Büschgen; C.J. Börner 2003, S. 336 f..

schäftsebene aus der Ausfallwahrscheinlichkeit eines Kreditnehmers (PD), der erwarteten Inanspruchnahme zum Zeitpunkt des Ausfalls (EAD) und der Verlustquote (LGD).

$$EL = PD * EAD * LGD$$

Der erwartete Verlust wird über die Risikoprämie in der Kalkulation berücksichtigt. Der unerwartete Verlust (*Credit Value at Risk*) hingegen soll durch die Eigenkapitalunterlegung mit ökonomischem Eigenkapital, das als Risikopuffer dient, aufgefangen werden. Die Berechnung des zu unterlegenden Eigenkapitals gemäß dem FIRB-Ansatz ergibt sich durch die Bestimmung eines Risikogewichts, das von den Risikoparametern PD, LGD, EAD und der effektiven Restlaufzeit abhängig ist.

Da sich durch die Finanzkreditdeckung die Verlustquote durch die erhöhte Sicherheit verringert, wird somit auch das ökonomische Eigenkapital geschont und die Risikoprämie niedriger, da beide Größen von der LGD beeinflusst werden.

Dem Vorteil einer verbesserten LGD stehen als Kehrseite verschiedene Kosten für die Anbahnung und die Hereinnahme einer Finanzkreditgarantie und ggf. einer erweiternden Verbriefungsgarantie gegenüber, die regelmäßig vom Projekt getragen werden müssen und damit den Finanzierungsbedarf erhöhen. Die verschiedenen Kostenkomponenten belasten das Vorhaben und führen - isoliert betrachtet - zu einer tendenziellen Verschlechterung der Ratingnote.

Der zweite, nicht unmittelbar erkennbare Vorteil einer Finanzkreditdeckung liegt in günstigeren Refinanzierungskosten begründet. Eine Finanzkreditdeckung hat zunächst zwar keinen Einfluss auf die Liquiditätskosten der Bank, da die Forderung in Verbindung mit der Finanzkreditgarantie nicht den Kriterien des Pfandbriefgesetzes für die Aufnahme in einen Deckungsstock entspricht. Diese Kriterien können aber erfüllt werden, indem die Finanzkreditdeckung um eine Verbriefungsgarantie ergänzt wird, so dass die Deckungsstockfähigkeit der Forderung erlangt wird. Dies eröffnet Kreditinstituten, die eine Pfandbrieflizenz besitzen und öffentliche Pfandbriefe begeben, die Möglichkeit, sich günstiger über den Pfandbriefmarkt zu refinanzieren. So führt die Finanzkreditdeckung zu geringeren Liquiditätskosten, da der zu zahlende *Spread* bei öffentlichen Pfandbriefen wesentlich geringer ist als bei einer ungedeckten Refinanzierung. Durch die günstigere Einwerbung von Liquidität am Markt fallen die Liquiditätskosten, die seit der Finanzkrise auf den Kundenzins starken Einfluss nehmen, erheblich geringer aus.

Ein weiterer Vorteil der Begebung von Pfandbriefen, der in Zeiten der Finanzkrise weiter an Bedeutung gewonnen hat, ist die Möglichkeit, jederzeit bei der

Europäischen Zentralbank (EZB) als *Lender of last Resort* Liquidität einzuwerben.

Die verschiedenen Vorteile und Nachteile der Hereinnahme einer Finanzkreditgarantie wollen wir anhand unseres bekannten Fallbeispiels darstellen. Dies erfolgt in einer Stufenfolge, die zunächst den Prozess der Anforderungsprüfung kursorisch beschreibt und dann sukzessive die verschiedenen Teileffekte einer Finanzkreditgarantie beschreibt. Im Überblick lassen sich die Prüfungsschritte wie folgt beschreiben:

1. Erfüllt das Vorhaben die Basisanforderungen der OECD an eine Projektfinanzierung?

Es wurde eine rechtlich selbständige Projektgesellschaft gegründet, die zum Projektbeginn mit mehr als 15 % ausreichend Eigenkapital aufweisen wird. Die Risikoverteilung (*Fair Burden Sharing*) entspricht projekttypischen Standards und ist durch entsprechende Verträge festgelegt.

Die Berechnungen des Cashflow-Modells ergeben, dass die prognostizierten Cashflows der Projektgesellschaft zur Deckung der Betriebskosten und zur Bedienung des Schuldendienstes ausreichen werden. So ist der Schuldendienstdeckungsgrad im Basisfall stets größer als eins. Der vorrangige Einsatz der Projekterlöse zur Deckung der Betriebskosten und des Schuldendienstes ist darüber hinaus vertraglich festgelegt.

Das Sicherheitenkonzept für das Vorhaben beinhaltet projekttypische Sicherheiten, wie den Aufbau einer Schuldendienstreserve, Verpfändung der Geschäftsanteile an der Projektgesellschaft sowie aller relevanten Konten der Projektgesellschaft in Deutschland und dem Sitzland an den Kreditgeber. Darüber hinaus ist die Einräumung erstrangiger Sicherheiten an sämtlichen Aktiva der Projektgesellschaft, einschließlich der Abtretung sämtlicher Rechte aus den Projektverträgen (Step-in-Rechte), u.a. von Pfandrechten an allen Anlagen sowie von Grundpfandrechten.

Im Ergebnis erfüllt das Projekt Solar BERENGAR alle *Basic Criteria* der OECD.

2. Erfüllt das Vorhaben die allgemeinen Übernahmekriterien des Bundes?

Im nächsten Schritt müssen die vom Bund formulierten Kriterien für die Übernahme von Ausfuhrgewährleistungen erfüllt sein. Ohne auf die Details eingehen zu wollen, sind dies die Aspekte Förderungswürdigkeit[378], risikomäßige Vertret-

378 Die Förderungswürdigkeit wird regelmäßig bei Exporten vermutet, es sei denn, dem Export stehen wichtige staatliche Interessen Deutschlands entgegen. Eine eingeschränkte Förderungswürdigkeit kann sich etwa aus der politischen Situation des Besteller-

barkeit, Vertragsbedingungen[379] und haushaltsrechtliche Einschränkungen[380]. Der aus Sicht einer Projektfinanzierung interessanteste Aspekt ist der der risikomäßigen Vertretbarkeit, der in Bezug zur Kreditwürdigkeit des Kreditnehmers und im Hinblick auf die mit der Durchführung des Ausfuhrgeschäftes verbundenen politischen Risiken im Fallbeispiel vertretbar ist. Da aber bei einer Projektfinanzierung nicht die historische Leistungsfähigkeit beurteilt werden kann, ist es die zukünftige wirtschaftliche Tragfähigkeit des Projekts, die in diesem Zusammenhang bewertet wird. Die Prüfung entspricht damit im Prinzip dem in dieser Darstellung beschriebenen Prüfalgorithmus.

3. Erfüllt das Projekt die allgemeinen Bedingungen für Finanzkreditgarantien des Bundes?

Eine Finanzkreditdeckung steht allen deutschen Kreditinstituten sowie allen deutschen Niederlassungen ausländischer Banken zu. Wesentlich ist, dass dem zu deckenden Finanzkredit ein Ausfuhrgeschäft zu Grunde liegt.

Im Ergebnis ist damit eine Indeckungnahme für das Projekt Solar BERENGAR möglich. Im nächsten Schritt verlassen wir die Prüfungsebenen der Exportkreditversicherung und erweitern sie um eine Frage, die für die Refinanzierung der fremdfinanzierenden Bank von hoher Relevanz ist:

4. Kann eine günstigere Refinanzierung über Pfandbriefe erfolgen?

Der betrachtete Spezialfall einer Refinanzierung über Pfandbriefe ohne weiteres zwischengeschaltetes Unternehmen mittels einer Verbriefungsgarantie setzt voraus, dass das Kreditinstitut nach § 2 PfandBG dazu berechtigt ist, öffentliche Pfandbriefe zu emittieren. Dies sei im Folgenden als gegeben unterstellt.

Im folgenden Schritt wollen wir die Auswirkungen der Exportkreditdeckung auf den Beispielfall aus Sicht der internen Ertrags- und Risikosteuerung einer Bank darstellen.

Dazu müssen wir im Rahmen einer Ertrags- und Risikosteuerung neben der sich aus dem Rating-Tool ergebenden LGD und dem Deckungsbeitrag aus dem Ge-

---

landes oder aus der Warenart ergeben. Bei Exporten von Erneuerbaren Energien spielen praktisch nur Beschränkungen hinsichtlich der Bestellerländer eine Rolle.

379 Vor allem in Bezug auf die Zahlungsbedingungen und Tilgungsmodalitäten sollten die unterstützten Exportgeschäfte den zwischenstaatlichen Vereinbarungen und den international abgestimmten Richtlinien entsprechen. Vgl. § 2 Abs. 3 „Richtlinien für die Übernahme von Ausfuhrgewährleistungen".

380 Sollte der im Haushalt festgesetzte Höchstbetrag der Gewährleistung nicht ausreichen oder mit der Inanspruchnahme des Bundes mit hoher Wahrscheinlichkeit gerechnet werden, darf keine Exportkreditgarantie übernommen werden. Euler Hermes 2008, S. 2.

schäft die risikoadjustierte Ergebnisgröße RAROC verwendet[381]. Der RAROC ist definiert als das Verhältnis des risikoadjustierten Nettoergebnisses eines Geschäfts zum eingesetzten Risikokapital. Um die Ergebnisse nachvollziehen zu können, ist es sinnvoll, sich zunächst den Prozess vom Rating über die Kalkulation in der Bank anzuschauen und die Einflussgrößen näher zu betrachten. Die Exportkreditversicherung wirkt sich sowohl auf das interne Rating, als auch im Rahmen der Kalkulation auf den RAROC und Deckungsbeitrag aus.

Zunächst ermittelt das Rating-Tool eine Risikobeurteilung der Projektfinanzierung, die die Größen PD, Rating-Note, LGD, EAD und EL beinhaltet. Die Rating-Note und die ermittelte LGD fließen dann in die Kalkulation mit ein, über die die Steuerungsgröße RAROC ermittelt wird.

Zur Betrachtung der Auswirkungen werden drei Fälle ohne, mit Finanzkreditgarantie sowie mit Finanzkreditgarantie und Verbriefungsgarantie berechnet.

Im Ausgangsfall - d.h. ohne Finanzkreditgarantie - erhält das Projekt eine Rating-Note von 3 und eine ermittelte LGD von 25,09 %[382].

In der ersten Erweiterung kommt nun die Finanzkreditgarantie hinzu. Da für die Indeckungnahme ein Entgelt erhoben wird, erhöhen sich die Investitionskosten um diesen Betrag, in diesem Fall um 3,5 M€. Da die Finanzierungsnebenkosten sowie die Bauzeitzinsen deckungsfähig sind, sind sie entgeltpflichtig. Durch die erhöhten Investitionskosten ergibt sich auch ein erhöhter Darlehensbetrag, da annahmegemäß die Kosten für die Finanzkreditgarantie über ein Darlehen finanziert werden. Unter der Hermes-Tranche können folgende Investitionskosten zur Deckung beantragt werden: 85 % des GU-Vertragswertes, 100 % der Bauzeitzinsen und 100 % der Finanzierungsnebenkosten.

Durch die Sicherheit über 95 % der Darlehensforderung der Hermes-Tranche reduziert sich die LGD des gesamten Projekts um zwei Drittel des ursprünglichen Werts auf 8,26 %. Im internen Rating werden nur für die verbleibenden 5 Prozent der gedeckten Darlehensforderung ein politisches und ein ökonomisches Risiko berücksichtigt, da bei der Verlustquotenberechnung davon ausgegangen wird, dass eine Exportkreditgarantie des Bundes nicht ausfallen kann. So wird eine Ausfallwahrscheinlichkeit für die Finanzkreditdeckung vernachlässigt. Das Risiko des Projekts wird so durch das Risiko des staatlichen Deckungsgebers ausgetauscht, das in diesem Fall gleich Null ist. Da sich der Darlehensbetrag um die Finanzierungskosten von 3,5 M€ erhöht hat, steigt die PD deutlich und auch die Rating-Note verschlechtert sich aufgrund der stärkerem Belastung

381 M. Kern 2008, S. 97.

382 Für den Beispielsfall Solar BERENGAR sind im Rahmen des Rating-Tools verschiedene Ratings unter den jeweilig veränderten Parametern ermittelt worden.

um 2 Abstufungen („Notches"). Trotz der 95 %-igen Finanzkreditdeckung ändert sich an den Liquiditätskosten nichts, da bei der Entscheidung über die Verwendung der gedeckten oder ungedeckten Liquiditätskostenkurve eine Deckungsstockfähigkeit gemäß des Pfandbriefgesetzes erreicht sein muss. Die Ergebnisse der Kalkulation des Geschäfts zeigen eine deutliche Verbesserung des RAROC auf 9,2 % und einen positiven Deckungsbeitrag.

Im nächsten Schritt sei unterstellt, dass zusätzlich zur Finanzkreditdeckung noch eine Verbriefungsgarantie gewährt wird, durch die die Deckung der Bankforderung durch den Bund auf 100 % angehoben wird und so die Deckungsstockfähigkeit erreicht wird. Für die Verbriefungsgarantie wird eine weitere Einmalprämie in Höhe von 860 T€ fällig, so dass sich die Investitionskosten weiter erhöhen. Die LGD bleibt weiterhin auf einem sehr niedrigen Niveau, steigt aber wegen des etwas erhöhten Darlehensbetrages auf 8,35 % an.

Durch die Deckungsstockfähigkeit der Forderung ist es der Bank nun möglich, öffentliche Pfandbriefe zu begeben und sich die dortigen günstigeren Liquiditätsquellen zu erschließen. Die diesbezüglichen Vorteile hängen von den Liquiditätskosten für Pfandbriefe einerseits ab, andererseits von den bankspezifischen Liquiditätskosten der finanzierenden Bank für Interbankendarlehen. Eine Differenz zwischen 50 und 120 Basispunkten wird derzeit eine faire Schätzung sein, die für die ganz überwiegende Zahl der Banken in Deutschland gilt. Die günstigeren Liquiditätskosten wirken sich bereits im Rating positiv auf die Rating-Note aus, die sich nun wieder auf 3 verbessert. Die erhöhte Belastung des Projekts durch die zusätzlichen Kosten aus Deckungsentgelt und Kosten für die gutachterliche Stellungnahme werden durch diesen Effekt aufgefangen. Die LGD verschlechtert sich durch die erhöhte Darlehenssumme unwesentlich um 0,09 %, allerdings verbessert sich der RAROC nochmals wesentlich auf 25,8 %. Unter Risiko- und Renditeaspekten wird daher eine Bank regelmäßig die Variante mit Verbriefungsgarantie wählen. Die Tabelle 33 zeigt einen Vergleich der Vorteilhaftigkeit der Einbindung einer ECA-Deckung aus Bankensicht.

Tabelle 33: Vergleich der Vorteilhaftigkeit der Einbindung einer ECA-Deckung (e.D.)

	Ausgangsfall	Hereinnahme einer Finanzkreditdeckung	Hereinnahme einer Finanzkreditdeckung und Verbriefungsgarantie
Rating-Note	3	5	3
PD in %	0,17	0,39	0,17
LGD in %	25,09	8,26	8,35
EL (Basispunkte)	16	8	5
RAROC in %:	7,2	16,8	25,8

In der Gegenüberstellung der drei Varianten ist deutlich zu erkennen, dass durch die Einbindung einer Finanzkreditdeckung bereits eine erhebliche Verbesserung der LGD erreicht wird, die sich positiv auf eine Entscheidungsgröße der finanzierenden Bank, den RAROC, auswirkt. Die Hereinnahme einer Verbriefungsgarantie verbessert das Ergebnis nochmals wesentlich, da diese eine günstigere Refinanzierung ermöglicht und damit ebenfalls höhere Deckungsbeiträge der Bank zulässt.

Die Vorteile der Hereinnahme einer Finanzkreditgarantie - ggf. mit Verbriefungsgarantie - werden umso größer ausfallen,

- je größer der Unterschied zwischen dem besseren Länderrating des Garantielandes und dem Projektrating ausfällt und
- je größer der Spread zwischen den Refinanzierungskosten auf Basis ungedeckter Assets bzw. der Kurve der Liquiditätskosten für Pfandbriefe ausfällt.

Dies bedeutet zum einen, dass man erwarten kann, dass Finanzkreditgarantien eine besonders große Relevanz in Sitzländern mit einem verhältnismäßig schlechtem Rating haben werden, denn die übliche Rating-Logik der Banken berücksichtigt das Rating des Sitzlandes als limitierende Größe für das Projekt-Rating.

Weiter lohnt sich der Einbau von Finanzkreditgarantien insbesondere bei Projekten, die tendenziell ein eher schlechteres Rating haben. Bei den meisten Solarprojekten wird dieser Effekt eher gering ausfallen, da sie - aufgrund der oben beschriebenen relativ geringen Volatilität der Cashflows - ein gutes Rating erhalten. Wichtiger wäre dieser Aspekt bei Windenergieprojekten, die tendenziell höhere Standardabweichungen beim Elementarrisiko aufweisen.

Zum anderen bedeutet dies auch, dass die Attraktivität des Einsatzes von Finanzkreditgarantien in dem Maße sinkt, in dem sich die beiden Refinanzierungskosten - Pfandbriefe versus ungedeckte Assets - annähern. Hier spielen wiederum verschiedene Einflussfaktoren herein - das absolute Rating des Deckungsstocks, der Emissionsbedarf des begebenden Kreditinstituts, das Rating der Bank und die Liquiditätskosten des Pfandbriefmarktes. Mindestens die drei letztgenannten Aspekte sind auch eine Resultante der Finanzkrise.

In jedem Fall erscheint es aber gerade bei großvolumigen CSP-Vorhaben angeraten zu überprüfen, ob eine Finanzkreditgarantie - mit oder ohne Verbriefungsgarantie - nicht eine sinnvolle Ergänzung der Finanzstruktur darstellt, was in der Praxis eine Einbindung der Exportkreditversicherungen spätestens zum Zeitpunkt der Bankenansprache verlangt.

In der Gesamtbetrachtung erweisen sich Versicherungen als äußerst vielschichtige Strukturelemente für die Absicherung und Optimierung von Projektfinanzierungen. Einerseits erlauben sie unter den beschriebenen Voraussetzungen eine notwendige residuale Absicherung gegenüber spezifischen Projektrisiken und sind damit ein unverzichtbarer Bestandteil einer Risikoallokation. Andererseits ermöglichen Exportkreditversicherungen die Mobilisierung von Fremdkapital zu günstigeren Konditionen als sie jedenfalls im Zuge der Finanzkrise üblich sind. Gerade in Sitzländern eines Projektes mit einem schwächeren Rating sind sie ein unverzichtbarer Baustein innerhalb einer Finanzierungsstruktur.

6.5. Risikomanagement: eine Rückschau

Die Behandlung von Projektrisiken zeigt, dass es sowohl möglich als im Interesse des nachhaltigen Projekterfolges auch nötig ist, bestimmte, spezifizierbare Risiken einzelnen Projektbeteiligten zuzuordnen. Die verschiedenen Risikoinstrumente und Risikoträger haben wir im Rahmen des Themen-Komplexes Risikomanagement umfänglich dargestellt. Über diese Zuweisung von Einzelrisiken zu einzelnen Projektbeteiligten wird zum einen erreicht, dass das Projekt von einer Reihe von Risiken freigehalten wird. Zum anderen signalisieren die Risikoträger glaubwürdig ihr Interesse am Projekterfolg.

Verbleibende, nicht zugeordnete Risiken müssen über übergeordnete Sicherungskonzepte aufgefangen werden. In diesem Zusammenhang kam der Risikoquantifizierung über eine Cashflow-Rechnung eine herausragende Bedeutung zu. Sie ermöglicht, während des Betriebs über einen Soll-Ist-Abgleich ein effizientes Informationssystem zu etablieren, eine tragfähige Finanzierungsstruktur zu entwickeln und Informationsasymmetrien zwischen den Projektbeteiligten zu begrenzen. Der Qualität der Cashflow-Rechnungen kommt daher eine besondere Bedeutung bei[383].

Ohne eine Risikoquantifizierung ist eine Projektfinanzierung nicht denkbar. Sie bildet das gesetzliche und vertragliche Rahmenwerk in seinen monetären Konsequenzen für das Projekt ab und ist damit Grundlage der Investitionsentscheidung aus Sicht der Eigenkapitalgeber und Fremdkapitalgeber. Darüber hinaus ermöglicht sie zu überprüfen, welche Risikoinstrumente für welches Risiko am besten geeignet sind und welche Finanzierungsstruktur den verschiedenen Interessen der Projektbeteiligten am ehesten entspricht. Allerdings: Eine Risiko-

383 Die Technik der Cashflow-Prognoserechnungen bietet in der Tat Raum für Verbesserungsansätze: Hier geht es darum, Informationsasymmetrien und die Chance-Risiko-Struktur der einzelnen Projektbeteiligten besser als bisher zu erkennen. Insbesondere die Erkenntnis, dass die Realität des Projektablaufs typischerweise von den Planwerten abweichen wird, dass es aber andererseits Handlungsmöglichkeiten der einzelnen Projektbeteiligten bei Planabweichungen gibt, zeigt an, dass die Berücksichtigung von Handlungsoptionen zu besseren Prognoseergebnissen führen kann (siehe Kapitel 4.7).

quantifizierung ist nur sinnvoll in ihrer Einbettung in einen vollständigen, den Projektlebenslauf begleitenden Risikomanagementprozess.

Über die Fragestellungen nach einer adäquaten Abbildung der Projektverträge und der damit verbundenen Cashflows hinaus, erweist sich die Aufgabe, anreizkompatible Verträge zu entwickeln, als eine der Kernaufgaben bei der Gestaltung von Projektfinanzierungen. Nochmals sei klar betont, dass es nicht das Ziel der Risikoallokation ist, alle Risiken vom Projekt auf andere Projektbeteiligte zu verlagern, sondern die Risiken nur insoweit zu verlagern, dass die Projektbeteiligten einen hinreichenden Anreiz haben, neben ihren eigenen Interessen auch die des Projekts nachhaltig zu fördern.

Eine zentrale Fragestellung war eingangs, welche Voraussetzungen erfüllt sein müssen, damit CSP-Vorhaben als Projektfinanzierung realisiert werden können. Zentral ist sicher, dass die Prognostizierbarkeit des Cashflows und die angemessene Einbindung der zentralen Projektbeteiligten in das Projekt die wesentlichen Erfolgsfaktoren einer Projektfinanzierung sind. Die Fragestellung lässt sich dahingehend erweitern, dass man nach den Vorteilen einer Projektfinanzierung für die verschiedenen Projektbeteiligten fragt.

Auch wenn Eigenkapitalgeber und Fremdkapitalgeber partiell - insbesondere bei der Ausgestaltung der Kreditverträge zwischen Projektgesellschaft und den Banken - unterschiedliche Interessen verfolgen, sind sie doch gleichermaßen am Wohlergehen des Projekts interessiert.

Die anderen Projektbeteiligten - zuallererst die Projektgesellschaft - sind zwar für die Funktion einer Projektfinanzierung unabdingbar, spielen aber zumeist nur eine nachgeordnete Rolle bei der Entscheidung, ob eine Projektfinanzierung zustande kommt. Die Projektgesellschaft wird im Regelfall als das Vehikel anzusehen sein, mit dem der Sponsor eine Projektidee umsetzen und seine wirtschaftlichen Ziele realisieren will. Es ist daher eine zulässige Vereinfachung, zunächst von einer Interessenidentität zwischen Projektgesellschaft und Sponsoren auszugehen[384]. Letztlich sind es die Kapitalgeber, die entscheiden, ob ein Vorhaben als Projektfinanzierung realisiert wird: Die Sponsoren müssen eine angemessene Eigenkapitalverzinsung bei einer Haftungsbegrenzung erwarten können und die Banken müssen sich mit dem Risikoprofil komfortabel fühlen.

384 Dies muss nicht unbedingt gelten: Ist etwa der Anlagenbauer des Projektes auch einer seiner Sponsoren - was häufig bei internationalen Projektfinanzierungen der Fall ist - ergibt sich bereits bei der Aushandlung des Anlagenliefervertrages ein Interessenkonflikt: Die Projektgesellschaft möchte tendenziell eine weitgehende Haftungseinbindung des Anlagenlieferanten, die dieser naturgemäß vermeiden will.

Gelingt es, diesen Spagat zwischen den divergierenden Interessen beider Kapitalgebergruppen zu leisten, so stellen sich die Vorteile wie folgt dar (Tabelle 34):

Tabelle 34: Chancen einer Projektfinanzierung aus Sicht der Kapitalgeber[385]

	Eigenkapitalgeber	Fremdkapitalgeber
Risikoisolierung und Risikoallokation	1. Mit Abschluss der Fertigstellung des Projektes werden die Sponsoren im Regelfall aus ihrer Haftung für das Projekt entlassen. 2. Während der Projektlaufzeit kann die explizite Risikoaufteilung zwischen den Projektbeteiligten die richtigen Handlungsanreize setzen, so dass auch eine Reduzierung des Gesamtrisikos erreicht werden kann.	Zweiseitiges Verhältnis: 1. Der Kreditgeber muss ein isoliertes Individualrisiko, aber kein Globalrisiko eines Unternehmens bewerten. 2. Neben der reinen Cashflow-Betrachtung des Projektes ist die Risikoallokation entscheidend dafür, wie die Projektqualität einzuschätzen ist.
Kontrollmöglichkeiten		Verbesserte Informationsbasis: Über die üblichen Unterlagen zur Offenlegung der wirtschaftlichen Verhältnisse hinaus erhält die Bank üblicherweise während der Fertigstellungsphase fortlaufende Bautenstandsberichte und während der Betriebsphase mehrmals jährlich Betriebsberichte.
Ertragskomponenten	Freie Cashflows fließen üblicherweise als Ausschüttungen in die Gewinn- und Verlustrechnung der Sponsoren, während die operativen Kosten des Projektes auch von diesem getragen werden müssen.	

Aus Sicht der Sponsoren liegt der zentrale Vorteil einer Projektfinanzierung gegenüber einer Unternehmensfinanzierung in der zeitlich befristeten Haftung für die Kredite gegenüber den fremd finanzierenden Banken.

Aus Sicht der fremdfinanzierenden Bank ergeben sich die Vorteile einer Projektfinanzierung aus dem bankbetrieblichen Zielsystem einerseits in Form von preispolitischen Erfolgsbeiträgen und einer besseren Risikoeinschätzung und Risikovermeidung andererseits[386]. Wesentlich ist, dass die Bank in den gesamten Risikomanagementprozess umfassend eingebunden ist, die relevanten Projektverträge in der Tiefe prüft, zum Teil Projektparteien mit in die Projektstruktur einbindet und die projektspezifischen Risiken über die Darlehens- und Sicherheitenstruktur des Vorhabens nicht nur bewerten, sondern zu einem frühen Zeitpunkt auch mit steuern kann.

Fragt man weiter, welche Faktoren die Prognostizierbarkeit und Auskömmlichkeit des Cashflows bestimmen, so ergibt sich aufgrund unserer Erfahrung folgende Prioritätenfolge, die mit kleineren Abstufungen für das Gros der Projektfinanzierungen gilt:

- Stabilität und Verlässlichkeit des rechtlichen und regulatorischen Umfeldes,
- angemessene Chance-Risiko-Allokation für alle Projektbeteiligten,
- Einsatz ausschließlich bewährter Technik,
- Standortqualität (Ressourcenangebot).

385 J. Böttcher 2009, S. 40.
386 M. Gröhl 1990, S. 33.

Wenn man sich diese - zugegebenermaßen subjektive - Einschätzung zu Eigen macht, kann man für die Realisierung von Projekten nur den Rat geben, sich unbedingt Länder mit einem stabilen politischen und rechtlichen Umfeld auszusuchen. Planungsunsicherheiten sind Gift für Investitionsentscheidungen, die einen Zeitraum von meist mehr als zehn Jahren erfolgreich überstehen sollen.

Für die meisten Projektfinanzierungen heißt das auch, dass zentrale Fragen bei ihrer Ausgestaltung als Gegensatzpaare erscheinen:

- Die Verträge in der Betriebszeit - Preisfixierung oder Marktorientierung: Oftmals vermittelt die Möglichkeit einer Preisfixierung zentraler Verträge (z.B. des Absatzvertrages) den Eindruck der gewünschten Planungssicherheit. Entwickelt sich der relevante Markt aber so, dass es für den Vertragspartner unwirtschaftlich wird, den Vertrag zu erfüllen, kann die vermeintliche Planungssicherheit schnell verschwunden sein.
- Die verwandte Technik - bewährt oder neu? Es ist ein eherner Finanzierungsgrundsatz, dass nur bewährte Technologie Gegenstand einer Projektfinanzierung sein darf, da ansonsten der Cashflow im hohen Maße instabil wäre. So richtig der Grundsatz auch ist, darf er doch nicht den Blick darauf verstellen, dass andererseits auch keine veraltete Technologie finanziert werden darf, die schnell nicht mehr wettbewerbsfähig sein kann.
- Das methodische Verfahren der Risikoquantifizierung: „Versuche, die Zukunft zu berechnen" oder „Versuche, auf die Zukunft vorbereitet zu sein". Vielfach wird die Ausgestaltung einer Projektfinanzierung auf die Cashflow-Orientierung reduziert, die dann auch die Ausgestaltung der Finanzierungsstruktur bestimmt. Die Erfahrung zeigt aber zum einen, dass Projektfinanzierungen häufig anders verlaufen als geplant und zum anderen, dass die Projektgesellschaft bei Planabweichungen Möglichkeiten genutzt hat, an die zum Planungsbeginn kaum jemand gedacht hat. Das Denken in Handlungsmöglichkeiten, in Realoptionen, erscheint als eine wesentliche Ergänzung der traditionellen Methode der Risikoquantifizierung bei einer Projektfinanzierung.

Für die Gestaltung einer Projektfinanzierung gibt es auf jede der oben genannten Fragen nicht per se den Königsweg, sondern es ist bei jedem Projekt spezifisch zu prüfen, welche strukturellen Ausgestaltungen angemessen sind.

Ebenso sollte deutlich geworden sein, dass der Projekterfolg nicht allein von der Wirtschaftlichkeit des Projekts abhängt, sondern insbesondere von dem gemeinsam geteilten und umgesetzten Verständnis der Projektbeteiligten, dass der langfristige Projekterfolg davon abhängt, Chancen und Risiken im Rahmen der Möglichkeiten der Beteiligten fair zu teilen. Die Methode der Projektfinanzierung bietet die notwendige Flexibilität, um diese Wachstumschancen auch umzusetzen.

Könnte man es schaffen, eine Checkliste zu entwickeln, die einmal und für alle Zeiten beschreibt, welche Vorhaben für eine Projektfinanzierung in Frage kommen, würde man als reicher Projektfinanzierer in die Annalen der Finanzierungspraxis eingehen. Tatsächlich gibt es - wahrscheinlich ob dieser Aussicht - auch Autoren, die sich an dieser Aufgabe versuchen, und beispielsweise Branchen ausmachen, die mehr oder weniger gut geeignet sind für eine Projektfinanzierung[387]. Auch wenn dieses Vorgehen zunächst charmant erscheint, da eine einfache Management-Regel präsentiert wird, greift es doch zu kurz und ignoriert, dass Menschen lernfähig sind und Strukturen üblicherweise angepasst werden, wenn sie sich als nicht tauglich erwiesen haben.

Zwei Beispiele: Bis zur Jahrtausendwende erschienen Kraftwerks-Projektfinanzierungen als ein Selbstgänger im Bereich Projektfinanzierungen, so gut waren die Erfahrungen in der Vergangenheit: Die Fertigstellung stellte kaum ein Problem dar, die verwandten Turbinen liefen zuverlässig und die Produkte konnten problemlos auf den Märkten untergebracht werden. Die Erfahrungen im britischen Poolmarkt und einzelne Turbinen-Probleme wiesen deutlich darauf hin, dass auch Erfahrungen in die Irre führen können, wenn man nicht eine dynamische Sicht auf die verschiedenen Risikofaktoren vornimmt. Zweites Beispiel: Glasfaserverbindungen, die neue Kommunikationsmöglichkeiten ermöglichen sollten, erschienen ab Mitte der 90er Jahre als eine perfekte Möglichkeit, sichere Cashflows zu generieren, da die bestehenden Leitungen vielfach nicht den erweiterten Anforderungen genügten und die neuen Vorhaben als natürliches Monopol praktisch nicht angreifbar erschienen. Ärgerlicherweise erfolgte ein massiver Technologieschub, da über eine Neuprogrammierung der bereits bestehenden Leitungen eine Vervielfachung ihrer Leistungen erfolgte, der wiederum zur Folge hatte, dass die neuen Glasfaserkabel keinen Markt mehr hatten - diese Investitionen waren im wörtlichen Sinne versunken.

Die Erfahrung mit existierenden Projektfinanzierungen sollte also zur Vorsicht mahnen und zur Bescheidenheit anhalten. Allerdings wird man Prinzipien ausmachen können, die die Erfolgswahrscheinlichkeit von Projektfinanzierungen erhöhen und solche, die sie verringern.

Zentral ist sicher die Aussage, dass die Stabilität des Cashflows und damit der weitgehende Ausschluss der oben beschriebenen Risiken eine notwendige Voraussetzung für den Erfolg einer Projektfinanzierung ist. Daher kann ein Blick

387 R. Tinsley 2000, S. 76 f. Der Autor warnt beispielsweise vor Vorhaben im Bereich Petrochemie, bei denen der Produktname auf „-lene“ endet oder empfiehlt umgekehrt Glasfaser-Projekte.

auf die folgende Tabelle 35 einen ersten Anhaltspunkt geben, ob eine Projektfinanzierung in Frage kommt:

Tabelle 35: Risiko-Checkliste für Projektfinanzierungen[388]

	Risikobewältigung
Technisches Risiko (Technology Risk)	1. Einsatz ausschließlich "bewährter Technologie" durch den Hersteller, 2. Gewährt der Hersteller eine Leistungsgarantie (Frage: Dimensionierung, Laufzeit)? 3. Zeitraum des technologischen Wandels unterschreitet Kreditlaufzeit.
Fertigstellungsrisiko (Construction Risk)	1. Technikerfahrung der Anlagenhersteller (Referenzanlagen)?, 2. Wird eine spezielle Vertragsform - der "lumpsum, fixed-timescale turnkey-Vertrag" eingesetzt? Dabei ist der Anlagenbauer zur schlüsselfertigen Lieferung zum Festpreis und zu einem bestimmten Zeitpunkt verpflichtet. 3. Besteht eine ausreichend dimensionierte Fertigstellungsgarantie der Sponsoren?, 4. Gibt es einen Verantwortlichen für die Gesamtfertigstellung? 5. Gibt es eine Nachschussverpflichtung der Sponsoren bei Kostenüberschreitungen?
Betriebsrisiko (Operating Risk)	1. Verfügbarkeit und Know-how der Arbeitskräfte? 2. Arbeitsmoral (Streikhäufigkeit, Lohnniveau)?, 3. Angemessenheit des Betreibervertrages zwischen der Projekt- und der Betreibergesellschaft?
Versorgungsrisiko (Supply risk)	1. Langfristige Bezugsverträge (Laufzeit mindestens gleich Kreditlaufzeit plus Puffer für Prolongationen) mit Preisbindung, zugesicherten Qualitäten und Quantitäten sowie einer Absicherung über Konventionalstrafen [so genannte "Pönalen"], 2. u.U. Deliver-or-Pay-Verträge (Zusage der Lieferung einer bestimmten Menge, widrigenfalls Zahlung einer Entschädigung), 3. Gibt es mehrere Bezugsquellen oder besteht eine Lieferantenabhängigkeit? 4. Reserve bei der Projektgesellschaft? 5. Verkehrsinfrastruktur angemessen?
Absatzrisiko (Offtake Risk)	1. Bestehen langfristige Produktabnahmeverträge auf Take-or-Pay-Basis (entweder werden die Quantitäten abgenommen oder die Projektgesellschaft kann für die Mindermenge eine Kompensation verlangen)?, 2. Liegen Exportgenehmigungen vor? 3. Besteht ein Weltmarkt, auf dem die Projektprodukte abgesetzt werden können? 4. Einrichtung einer Kontenstruktur zur Aufnahme aller Projekterlöse mit Erlösverteilung nach dem Wasserfallprinzip (zuerst Betriebskosten, dann Schuldendienst, dann Dividenden).
Finanzielles Risiko (Financial Risk)	1. Sicherung der Eigenmittelaufbringung (Bonität der Gesellschafter), 2. Fertigstellungsgarantie für die Bauphase (d.h. Garantie für die Rückzahlung der Fremdmittel bei Fehlschlagen des Projektes), 3. Kostenüberschreitungsreserve, 4. Verfügbarkeit einer Schuldendienstreserve (meist in Höhe des nächstfälligen halbjährlichen Schuldendienstes), 5. Einschränkung von Folgeinvestitionen
Politisches Risiko (Länderrisiko)	1. Vollständige Devisengenerierung des Projektes vorliegend oder alternativ Devisensicherungsgeschäfte vorgenommen?, 2. Innenpolitische Stabilität (insbesondere Akzeptanz bei der lokalen Bevölkerung), 3. Führung aller Bankkonten außerhalb des Projektlandes, 4. Staatliche Exportkreditversicherung
Höhere Gewalt (Force Majeure)	marktübliches und versicherungssummenmäßig ausreichend dimensioniertes Versicherungspaket, das mindestens eine Bauversicherung, eine Bauhaftpflicht und Sachversicherung umfasst.
Rechtsrisiko	1. Beauftragung externer Juristen mit der Vertragserstellung, 2. Rechtsauswahl eines bekannten Rechtskreises, 3. Rechtliche Bestimmungen des Projektlandes westlichen Standards entsprechend, 4. Rechtsprüfung aller Verträge durch Legal Opinions renommierter Anwälte.
Umweltrisiko	1. Umweltverträglichkeitsprüfung, 2. Einhaltung internationaler Umweltstandards, 3. Keine Altlastenproblematik, 4. Umweltschonender Produktionsprozess, 4. Entsorgung von Reststoffen gesichert, 5. Keine Verschärfung von Umweltstandards absehbar.

In einem zweiten Schritt sollte untersucht werden, ob die zentralen Projektverträge so ausgestaltet werden, dass jeder der Vertragsparteien daran interessiert ist, sich im Interesse des Projekts zu verhalten. Dies ist selbst bei Kenntnis der Projektverträge allerdings nur sehr schwer möglich, da ein Projekt nicht losgelöst von der restlichen Welt in einem ansonsten risikofreien Orbit schwebt, sondern sich immer auch in einem Geflecht von dynamischen Märkten, politischen Zielvorstellungen und verändernden Anreizen behaupten muss, die die ursprünglichen Pläne schnell obsolet machen können.

388 J. Böttcher; P. Blattner 2006; S. 138 f.

Letztlich gelten die im Ausblick beschriebenen Gegensatzpaare auch hier: Natürlich gibt es eine Präferenz für bewährte Technik, für Festpreisverträge und für die traditionelle Methode der Cashflow-Berechnung. Aber für alle genannten Bereiche lassen sich auch Beispiele finden, bei denen die Erfahrungen der falsche Ratgeber waren und die Entscheidungen für neue Technologie, für marktbasierte Verträge und für die Berücksichtigung von Handlungsoptionen besser gewesen wären.

7. Zusammenfassende Würdigung

Die zentrale Fragestellung dieser Arbeit war, ob und unter welchen Rahmenbedingungen eine Projektfinanzierung als eine Finanzierungsmethode für CSP-Vorhaben geeignet ist. Ohne nochmals auf die Details dieser Arbeit eingehen zu wollen, lässt sich zunächst festhalten, dass CSP-Vorhaben als Projektfinanzierungen realisiert werden können, sofern aus der methodischen Sicht der Projektfinanzierung gewährleistet ist, dass die technischen, rechtlichen und wirtschaftlichen Rahmendaten einen wirtschaftlich auskömmlichen Betrieb ermöglichen.

Da die Realisierung von CSP-Vorhaben über die Finanzierungsmethode der Projektfinanzierung verhältnismäßig neu ist, müssen sich bestimmte Finanzierungsstandards zwischen den Projektbeteiligten erst einspielen. Diese Wahrnehmung war der Anlass, in den beiden Grundlagenkapiteln (Kapitel 3 und 4) zunächst die methodischen Grundlagen zu beschreiben, die für eine Projektfinanzierung relevant sind. Die Marktversagenstatbestände, die wir in Kapitel 3 dargestellt haben, erwiesen sich dabei als ein ergiebiges Untersuchungsfeld: Zum einen können sie begründen, in welchen Fällen der Staat regulierend in ein Marktgeschehen eingreifen kann und welche ökonomischen Grundsätze er dabei beachten sollte. Zum anderen erklärt ein Marktversagenstatbestand, der der asymmetrischen Informationsverteilung, die Ausgestaltung von Projektverträgen. Dabei wird auch deutlich, dass die Auswahl von Contractors bei mehrfachen Transaktionen - also etwa während der Betriebsphase - etwas anderen Prinzipien unterliegt als es bei einmaligen Transaktionen der Fall ist. Im Rahmen der Strukturierung der Projektverträge muss sichergestellt werden, dass die verschiedenen Projektbeteiligten einen hinreichenden Anreiz haben, auf den Projekterfolg hinzuarbeiten. Hierzu haben wir durch die Diskussion der methodischen Grundlagen eine Reihe von Hinweisen gegeben, wie anreizkompatible Verträge ausgestaltet werden sollten und nach welchen Kriterien die Auswahl der Vertragspartner erfolgen sollte (siehe Kapitel 4).

Aus einer technischen Sicht können Parabolrinnen- und Solarturmkraftwerke bereits heute als bewährte Technik gelten, während die anderen Verfahren sich noch in einer frühen technischen Entwicklungsphase befinden (siehe Kapitel 5.3.2). Aus rechtlicher Sicht wird es darauf ankommen, ein verlässliches und durchsetzbares Regulierungsumfeld zu etablieren (Kapitel 5.3.5). Dabei zeigt die Erfahrung aus anderen Branchen, dass ein Festpreissystem deutliche Vorteile bei der Etablierung eines Marktes aufweist. Auch wenn die Datenbasis derzeit noch relativ dünn ist, scheint das Elementarrisiko vergleichbar mit dem von Photovoltaik-Projekten und damit attraktiv für Kapitalgeber zu sein (Kapitel 5.3.6). Die verschiedenen anderen typischen Risiken, die auf ein CSP-Projekt einwirken können, erscheinen bei Anwendung des typischen Risikomanagementprozesses einer Projektfinanzierung als handhabbar.

Die Wirtschaftlichkeit folgt letztlich der technischen und rechtlichen Machbarkeit: bereits die bestehenden Vorhaben zeigen, dass sich Kapitalgeber finden lassen, die bereit sind, Projektfinanzierungen bei CSP-Vorhaben zu begleiten. Mit einem weiteren technischen Fortschritt und möglicherweise noch verbesserten Einspeisedaten nahe dem Äquator wird sich dieser Aspekt noch verbessern.

Die weitere Entwicklung der Erneuerbaren Energien im Allgemeinen wird von zwei gegenläufigen Entwicklungen getrieben, der globalen Finanz- und Wirtschaftskrise einerseits und einer weit reichenden politischen Unterstützung der Erneuerbaren Energien andererseits.

Die Finanzkrise hat in 2008 bis mindestens 2010 zu Verwerfungen auch in den Teilbereichen der Erneuerbaren Energien geführt, da die Verfügbarkeit von Bankkrediten eingeschränkt gewesen ist. Allerdings sind die unterschiedlichen Teilbereiche der Erneuerbaren Energien ebenso unterschiedlich betroffen wie bestimmte Ländergruppen. Allgemein gilt, dass die Kapitalgeber sich risikoaverser verhalten: Gefragt sind „sichere“ Vorhaben in „sicheren“ Ländern. Die Erneuerbaren Energien werden aber recht schnell wieder Tritt fassen, und auch den Investitionsstau der letzten Monate aufholen. Ob dies in 2011 gelingt, hängt von Dauer und Tiefe der Krise ab, wobei zusätzlich ein Vorlauf bei der Realisierung von Projekten zu berücksichtigen ist. Ein potentielles exogenes Risiko für Vorhaben im Bereich Solarenergie liegt in der weiteren Entwicklung des langfristigen Zinsniveaus. Im Gefolge der Finanzkrise und aufgrund der Interventionen der Zentralbanken ist das langfristige Zinsniveau derzeit sehr niedrig. Ein deutlicher Anstieg der Zinsen kann Solarvorhaben aufgrund ihrer hohen Kapitalintensität relativ schnell - insbesondere aus Sicht der Eigenkapitalgeber - unwirtschaftlich machen.

Die teilweise geäußerte Erwartung, dass gerade der Umwelt- und Klimaschutz einen zentralen Beitrag zur Lösung der Finanz- und Wirtschaftskrise leisten kann, würde ich so nicht teilen: Zunächst hat die Finanzkrise ihre Folgen auch bei den Erneuerbaren Energien gezeigt. Weiter würde man die Erneuerbaren Energien überfrachten, wenn man in ihnen den Heilsbringer für die Weltwirtschaft ausmachen würde. Im globalen Maßstab sind Erneuerbare Energien zunächst eher kleinteilige Erzeugungsformen, und erst Offshore-Windparks bzw. große CSP-Vorhaben haben einen Kraftwerksähnlichen Charakter. Schließlich wäre diese Rettung nicht ursachenadäquat: Wichtig ist vielmehr, dass für die Finanzsysteme Mechanismen etabliert werden, die einen nochmaligen Kollaps dieser Größenordnung ausschließen. Aber dies war nicht das Thema dieser Arbeit.

Wesentlich ist: Die Erzeugung von Strom aus CSP-Kraftwerken ist aufgrund seiner vielfältigen ökonomischen, ökologischen und sozialen Vorteile eine der Energieformen, die ein erhebliches Wachstumspotential versprechen. Die hohen Primärenergiepotentiale, ihre breite regionale Verteilung und hohe soziale Akzeptanz lassen CSP-Kraftwerke als einen zentralen Baustein für ein zukunftsfähiges Energiesystem in Europa und der MENA-Region erscheinen. Ihre Vorteile sind überzeugend:

- Solarthermische Kraftwerke stellen eine vergleichsweise kostengünstige Stromerzeugungsoption dar, die in sonnenreichen Regionen über ein großes Potential verfügen und auch als Exporttechnologie von Bedeutung sind. Der Import von solarthermischem Strom aus Nordafrika über HGÜ-Leitungen kann eine wichtige zukünftige Ergänzung innerhalb der Energieversorgung der Europäischen Union darstellen.
- Die Preise für Strom aus den ersten solarthermischen Kraftwerken liegen heute zwischen 15 und 25 Cent/kWh abhängig von Standort und Größe. Die Industrie glaubt, diese bei Installation von 5 GW um mehr als die Hälfte senken zu können und damit die ersten voll wettbewerbsfähigen Nischenmärkte zu erreichen. Je nach Ausbaudynamik könnte dies in den nächsten 15 Jahren möglich sein.
- Der Export von Wüstenstrom erschließt den Ländern in der MENA-Region eine neue Einnahmenquelle, die für die weitere Entwicklung dieser Länder dringend gebraucht wird.

CSP-Vorhaben können einen Baustein für die zukünftige Energieversorgung darstellen. Wichtig erscheint aber auch darauf hinzuweisen, dass vor der Realisierung eine Reihe von erheblichen Anforderungen zu erfüllen ist, die zumindest großvolumige Vorhaben wie das DESERTEC-Konzept noch als eine Vision erscheinen lassen.

Die Realisierung von CSP-Vorhaben wird im großen Maßstab nur in Form von Projektfinanzierungen gelingen, die neben einer Technikreife auch ein stabiles regulatorisches Umfeld erfordern. Zum Ende 2009 konnten wir anhand des Verlaufs und des Ergebnisses im Rahmen der Kopenhagen-Konferenz sehen, wie schwierig es ist, sich auf ein von der internationalen Gemeinschaft getragenes Protokoll als Nachfolger des Kyoto-Protokolls zu verständigen. Allerdings - so meine Einschätzung - wird dies kurzfristig kaum Einfluss auf die Realisierungsperspektiven von konkreten Projekten haben, da sich diese eher an den bestehenden nationalen Regulierungssystemen orientieren, die die Wirtschaftlichkeit der Vorhaben unmittelbar bestimmen. Nach vorne gerichtet kann es aber an einer breiten politischen Vorgabe fehlen, die die nationalen Anstrengungen erlahmen lassen kann, wenn auch die Nachfolge-Konferenz von Cancún einen positiveren Ausblick zulässt.

- Kurzfristig sollte man sich darauf beschränken, die Infrastrukturen vor Ort zu entwickeln und die solarthermische Stromerzeugung zunächst in der MENA-Region selbst zu nutzen. Dies wird dort zu Wertschöpfung, Wirtschaftswachstum und Beschäftigung führen sowie das Einkommen der Bevölkerung verbessern und den Migrationsdruck mindern. In einem zweiten Schritt sollte dieser Kern systematisch ausgebaut werden und auch zur Stromlieferung nach Europa genutzt werden. Es verbleibt in dieser Phase als wesentliche Herausforderung die Ausgestaltung eines geeigneten Rechts- und Regulierungsrahmens und die Entwicklung von einklagbaren Vertragsbedingungen.
- Wesentlich wird die Entwicklung durch die zeitlich vorlaufende Entwicklung von CSP-Vorhaben in Südeuropa gefördert werden. Im Rahmen dieser Vorhaben können die Projektbeteiligten vielfältige Erfahrungen sammeln, die letztlich den späteren Vorhaben in der MENA-Region zugute kommen werden. Die Einschätzungen zu den möglichen Techniken werden sich verfestigt haben, ebenso die Anforderungen an tragfähige Projektverträge und die Ausgestaltung von Finanzierungsstrukturen.

Projektfinanzierungen sind typischerweise keine generalisierbaren und replizierbaren Vorhaben, sondern verlangen eine transaktionsspezifische Strukturierung eines Projekt- und Finanzierungskonzeptes. Dies mag höhere Prüfungskosten mit sich bringen, bietet aber auch die Möglichkeit, Risikoprofile sehr detailliert zu erfassen und zu bewerten. Das genau spezifizierbare Einzelrisiko wird auf absehbare Zeit einem allgemeinen Globalrisiko aus Risikosicht sicherlich vorgezogen. CSP-Vorhaben sind bereits jetzt Gegenstand von Projektfinanzierungen und sollten aufgrund ihrer positiven politischen, ökonomischen und ökologischen Eigenschaften in den nächsten Jahren noch deutlich an Bedeutung gewinnen.

Literaturverzeichnis

Albert; Irmtraut; Högsdal, Bernt: Trendanalyse: Projektüberwachung mit Hilfe von Meilenstein- und Kosten-Fremdanalyse, Köln 1987 [Verlag TÜV Rheinland]

Arbeitsgemeinschaft Energiebilanzen e.V. (Hrsg.) [AGEB]: Energieverbrauch in Deutschland im Jahr 2008, Köln 2009 [EW Medien und Kongresse GmbH], alternativ abrufbar über: http://www.ag-energiebilanzen.de/AGEB_Jahresbericht2008_20090220[1].pdf

Augenblick, Mark; Custer, B. Scott Jr.: The Build, Operate, and Transfer ("BOT") Approach to Infrastructure Projects in Developing Countries, Working Paper No. 498, Washington 1990 [Policy Research Working Paper Series; World Bank]

Beattie; Donald A.: History and Overview of Solar Heat Technologies, o.O. 1997 [Massachusetts Institute of Technology, Boston]

Becker, Gary Stanley: Human Capital: A Theoretical and Empirical Analysis, with Special References to Education, 2nd edition, New York 1975 [Columbia University Press]

Beckerman, Wilfred: Small is stupid: Blowing the whistle on the Greens, London 1995 [Duckworth Pub.]

Benoit, Philippe: Project Finance at the World Bank - An Overview of Policies and Instruments, in: World Bank Technical Paper Number 312, Washington 1996

Beyer, Sven: Messung und Management von Kreditrisiken, in: Beyer, Sven; Eberts, Manfred (Hrsg.): Praxisrelevante Fragestellungen aus Investmentanalyse und Finanzierung, Stuttgart 2000, S. 1-27 [Schaeffer-Poeschel Verlag]

Blankart, Charles B.: Öffentliche Finanzen in der Demokratie, 6. Auflage, München 2006 [Vahlen Verlag]

Blattner, Peter: Globales Risikomanagement für Banken, München und Wien 2003 [Oldenbourg Verlag]

Bloomberg (ed.): Wind, Solar - Research Note, o.O. 15.07.2010

Böttcher, Jörg: Cashflow-orientierte Kreditvergabe bei PV-Projekten anhand von Case Studies, in: Euroforum (Hrsg.): Solarenergie (Management-Lehrgang), Düsseldorf 2010 [Böttcher 2010 a]

Böttcher, Jörg: Finanzierung von Erneuerbare-Energien-Vorhaben, München und Wien 2009 [Oldenbourg-Verlag]

Böttcher, Jörg: Finanzierung von Offshore-Windparks, in: Euroforum (Hrsg.): Offshore-Windenergie (Management-Lehrgang), Düsseldorf 2010, [Böttcher 2010 b]

Böttcher, Jörg: Projektfinanzierung, in: Deutsche Energie-Agentur GmbH (Hrsg.): Finanzierungs-Know-how: Handbuch für Erneuerbare Energien im Ausland, Berlin 2004, S. 136-181

Böttcher, Jörg; Blattner, Peter: Projektfinanzierung, München und Wien 2006 [Oldenbourg Verlag]

Böttcher, Jörg (Hrsg.): Biogas, Berlin u.a. O [Springer-Verlag, im Erscheinen]

Breitenbücher, Martin; Kretschmer, Joachim: Interne Risikostreuung im Blickpunkt von Marktrisiken, in: Conrad, Christian A.; Stahl, Markus (Hrsg.): Risikomanagement an internationalen Finanzmärkten, Stuttgart 2000, S. 241-253 [Schäffer-Poeschel Verlag]

Brundtland-Kommission (Hrsg.): Unsere gemeinsame Zukunft, Greven 1987 [Eggenkamp Verlag]

Büschgen, Hans E.; Börner, Christoph J.: Bankbetriebslehre, 4. Auflage, Stuttgart 2003 [UTB Verlag]

Buljevich, Esteban C.; Park, Yoon S.: Project Financing and the International Financial Markets, Boston, Dordrecht, London 1999 [Kluver Academic Press]

Bundesministerium für Umwelt, Naturschutz und Reaktorsicherheit (Hrsg.): Erneuerbare Energien - Innovationen für eine nachhaltige Energiezukunft, 2009, http://www.erneuerbare-energien.de/files/pdfs/application/pdf/ee_innovationen_energiezukunft_bf.pdf, Zugriff: 25.05.2010

Busch, Ralph; Gabler, Andreas; Treibmann, Beate: Regulatorischer und vertraglicher Rahmen für Offshore-Projekte, in: Euroforum (Hrsg.): Offshore-Wind, Düsseldorf 2010

Cech, Christian: Die IRB-Formel - Zur Berechnung der Mindesteigenmittel für Kreditrisiko, Wien 2004 [Eigenverlag]

Cieleback, Marcus: Entstehungsursachen der Asienkrise, in: Conrad, Christan A.; Stahl, Markus (Hrsg.): Risikomanagement an internationalen Finanzmärkten, Stuttgart 2000, S. 65-70 [Schäffer-Poeschel Verlag]

Coface (Hrsg): Handbuch Länderrisiken 2009, Frankfurt am Main 2009 [F.A.Z.-Institut]

Cramme, Torsten; Gendrisch, Thorsten; Gruber, Walter; Hahn, Ronny (Hrsg.): Handbuch Solvabilitätsverordnung, Stuttgart 2007 [Schäffer-Poeschel-Verlag]

Decker, Christian: Internationale Projektfinanzierung: Konzeption und Prüfung, Norderstedt 2008 [Books on Demand GmbH, Norderstedt]

Degenhart, Heinrich; Pehl, Katrin: Merkmale des Ratings von Windenergie-Projektfinanzierungen in der Bankpraxis, in: Kredit & Rating Praxis (6/2009), S. 25-30

Delmon, Jeffrey: Private Sector Investment in Infrastructure, o.O. 2009 [Kluwer Law International]

Desertec Foundation (ed.): Clean Power from Deserts: The Desertec Concept for Energy, Water and Climate Security, Whitebook, 4th Edition, Bonn 2009, http://www.desertec.org/fileadmin/downloads/DESERTEC-WhiteBook_en_small. pdf, Zugriff: 17.01.2010

D'Olier-Lees, Trevor; Samson, Solomon B.: Key Credit Factors: Methodology and Assumptions on Risks for concentrating Solar Thermal Power Projects, in: Standard & Poor's (ed.): Global Credit Portal, http://www.standardandpoors.com/ratingsdirect/pdf, Zugriff: 19.01.2010

Duffie, John Atwater; Beckman, William A.: Solar Engineering of Thermal Processes, 3rd edition, New Jersey 2006 [Wiley]

Edenhofer, Otmar; Stern, Lord Nicolas: Towards a Global Green Recovery, Recommendations for Immediate G20 Action, London 2009, http://www.pik-potsdam.de/members/edenh/publications-1/global-green-recovery_pik_lse, Zugriff: 15.05.2010

EEX (Hrsg.): Marktdaten / Spotmarkt, http://www.eex.com/Marktdaten/ Handelsdaten, Zugriff: 03.08.2010

Eickhof, Norbert: Marktversagen, Wettbewerbsversagen, staatliche Regulierung und wettbewerbspolitische Bereichsausnahmen - Zur normativen und positiven Theorie ordnungspolitischer Ausnahmeregelungen, Diskussionsbeitrag Nr. 5, Potsdam 1995

Eickhof, Norbert: Zur Legitimation ordnungspolitischer Ausnahmeregelungen, in: ORDO, Jg. 44 (1993), S. 203-222

Eickhof, Norbert; Kreikenbaum, Dieter: Die Liberalisierung der Märkte für leitungsgebundene Energien, Diskussionsbeitrag Nr. 24, Universität Potsdam, o.O. 1998

Enz, Rouven: Risikomanagement in Projekten - Ein Konzept zur systematischen Identifikation, Bewertung und Behandlung von Risiken, Köln und Duisburg 2008 [WiKu-Verlag für Wissenschaft und Kultur]

EPIA (ed.): Global Market Outlook for Photovoltaics until 2014, http://www.epia.org/fileadmin/EPIA_docs/public/Global_Market_Outlook_for_Photovoltaics_until_2014.pdf, Zugriff: 18.05.2010

Erdmann, Georg: Solarenergie - Ökonomische und technische Grundlagen, in: Euroforum (Hrsg): Solarenergie, Düsseldorf 2010

Estache, Antonio; Strong, John: The Rise, the Fall, and .. the Emerging Recovery of Project Finance in Transport, in: The World Bank (ed.): Policy

Research Working Paper, No. 2385, auch abrufbar über: http://www-wds.worldbank.org/servlet/WDSContentServer/WDSP/IB/2000/08/14/000094946_00072705354795/Rendered/PDF/multi_page.pdf, Zugriff: 03.11.2010

Esty, Benjamin C.: Modern Project Finance, Boston 2004 (Wiley)

Europäische Union (Hrsg.): Richtlinie 2009/28/EG des Europäischen Parlaments und des Rates vom 23.04.2009, in: Amtsblatt der Europäischen Union vom 05.06.2009, http://eur-lex.europa.eu/LexUriServ/LexUriServ.do?uri=OJ:L:2009:140:0016:0062:DE:PDF, Zugriff: 16.11.2010

EWEA (ed.): Wind Energy - The Facts, London 2009

Fahrholz, Bernd: Neue Formen der Unternehmensfinanzierung: Unternehmensübernahmen, Big Ticket-Leasing, Asset Backed- und Projektfinanzierungen; die steuer- und haftungsrechtliche Optimierung durch Einzweckgesellschaften (Single Purpose Companies), München 1998 [C.H. Beck Verlag]

Farny, Dieter: Versicherungsbetriebslehre, 4. Auflage, Karlsruhe 2006 [Verlag Versicherungswirtschaft GmbH, Karlsruhe]

Finnerty, John D.: Project Finance, New Jersey 2007 [Wiley]

Finsinger, Jörg: Wettbewerb und Regulierung, München 1991

Fritsch, Michael; Wein, Thomas; Ewers, Hans-Jürgen: Marktversagen und Wirtschaftspolitik, 7. Auflage, München 2007 [Vahlen Verlag]

Frohböse, Peter: Das Fertigstellungsrisiko bei Offshore-Projekten: Risiken während Fertigung, Montage, Transport, Installation und Logistik, Düsseldorf 2010

Gleißner, Werner: Grundlagen des Risikomanagements im Unternehmen, München 2008 [Vahlen Verlag]

Greenpeace; EREC (ed.): Energy [R]evolution, 3rd edition, o.O. 2010

Greenpeace International; Solar Paces; Estela (Hrsg.): Sauberer Strom aus den Wüsten - Globaler Ausblick auf die Entwicklung solarthermischer Kraftwerke 2009, http://www.fdbr.de/wwwfdbr/fdbr/content_aktuelles/Solarthermie-KW_2009-. Studie.pdf, Zugriff: 17.01.2010

Gröhl, Matthias: Bankpolitische Konsequenzen der Projektfinanzierung, Dissertation, Marburg 1990

Grosse, Paul B.: Projektfinanzierung aus Bankensicht, in: Backhaus, Klaus (Hrsg.): Projektfinanzierung - wirtschaftliche und rechtliche Aspekte einer Finanzierungsmethode für Großprojekte, Stuttgart 1990, S. 41-62 [Schäffer-Poeschel Verlag]

Grüner, Hans Peter: Wirtschaftspolitik, Berlin und Heidelberg 2008 [Springer Verlag]

Hardin, Garrett: The Tragedy of the Commons, in: Science, Vol. 162 (1968), S. 1243-1248

Haukje, Thomas; Kottke, Thomas: Versicherbarkeit und Versicherungslösungen bei Off-shore-Projekten, Düsseldorf 2010

Hinsch, L. Christian; Horn, Norbert: Das Vertragsrecht der internationalen Konsortialkredite und Projektfinanzierungen; Berlin und New York 1985 [de Gruyter]

Höpfner, Kai-Uwe: Projektfinanzierung - Erfolgsorientiertes Management einer bankbetrieblichen Leistungsart, Göttingen 1995 [Schwartz Verlag]

Hupe, Michael: Steuerung und Kontrolle internationaler Projektfinanzierungen, Frankfurt am Main u.a.O. 1995 [Europäische Hochschulschriften Lang]

International Energy Agency (IEA): Ensuring Green Growth in a Time of Economic Crisis: The Role of Energy Technology, Paris 2009 [IEA 2009a]

International Energy Agency (IEA): World Energy Outlook, Paris 2009 [IEA 2009b]

Jonas, Hans: Das Prinzip Verantwortung, o.O. 1979

J.P. Morgan (ed.): European Utilities Basics 3.0 - Renewable Electricity, o.O. 2010

Jürgens, Werner H.: Projektfinanzierung: neue Institutionenlehre und ökonomische Realität, Wiesbaden 1994 (Gabler Verlag)

Jütte-Rauhut, Judith: Internationale Marktregulierungen als Risikofaktor bei Projektfinanzierungen im Bergbau, Dissertation, Baden-Baden 1988 [Nomos Verlag]

Jung, Hans: Personalwirtschaft, 8. Auflage, München und Wien 2008 [Oldenbourg Verlag]

Kahnemann, Daniel; Tversky, Amos: Prospect Theory: An Analysis of Decision under Risk, in: Econometrica, Vol. 47 (1979), No. 2, S. 263-291

Kalogirou, Soteris A.: Solar Energy Engineering, Burlington 2009 [Oxford Elsevier Ltd.]

Kaltschmitt, Martin; Streicher, Wolfgang; Wiese, Andreas: Erneuerbare Energien - Systemtechnik, Wirtschaftlichkeit und Umweltaspekte, 4. Auflage, Berlin u.a.O. 2009 [Springer Verlag]

Katz, Lawrence F.; Murphy, Kevin M.: Changes in Relative Wages, 1963-87: Supply and Demand Factors, in: Quarterly Journal of Economics, Vol. 107 (1992), S. 35-78

Kern, Marco: Kapitalmarktorientierter Kreditrisikotransfer, Wiesbaden 2008 [Gabler Verlag]

Kruschwitz, Lutz; Decker, Rolf O.A.; Röhrs, Michael: Übungsbuch zur betrieblichen Finanzwirtschaft, 7. Auflage, München und Wien 2007 [Oldenbourg Verlag]

Kuhn, Thomas S.: The Structure of Scientific Revolutions, Third Edition, Chicago 1996 [University of Chicago Press]

Lazear, Edward Paul: Job Security Provisions and Employment, in: Quarterly Journal of Economics, Vol. 105 (1990), S. 699-726

Leggewie, Claus: Partizipation statt Paternalismus, in: Spiegel der Forschung, Jg. 25 (2009), Bd. 2, S. 16-21 [http://geb.uni-giessen.de/geb/volltexte/2009/6736/]

Le Goff, Pierrick: Die Vertragsstrafe in internationalen Verträgen zur Errichtung von Industrieanlagen, Berlin 2005 [Juristische Reihe TENEA, Bd. 86]

Lehmann, Harry et al.: Ökologische Chancen und Risiken großtechnisch angelegter solarthermischer Kraftwerke. http://www.isusi.de/downloads/solarthermie.pdf, Zugriff: 17.01.2010

Levy, Sidney M.: Build, Operate, Transfer - Paving the Way for Tomorrow's Infrastructure, New York u.a.O. 1996 [John Wiley & Sons]

Masakazu, Ito; Komoto, Keiichi; van der Vleuten, Peter; Faiman, David; Kurokawa, Kosuke (eds.): Energy from the Desert, Sterling 2009 [Earthscan]

Mendonça, Miguel; Jacobs, David; Sovacool, Benjamin: Powering the Green Economy - The feed-in tariff handbook, London 2010 [Earthscan]

Milgrom, Paul; Roberts, John: Economics, Organization and Management, New Jersey 1992 [Prentice-Hall]

Modigliani, Franco; Miller, Merton H.: The Cost of Capital, Corporation Finance and the Theory of Investment, in: American Economic Review, Vol. 48 (1958), S. 261-297

Mohr, Markus; Svoboda, Petr; Unger, Hermann: Praxis solarthermischer Kraftwerke, Berlin u.a.O. 1999 [Springer Verlag]

Moselle, Boaz; Padilla, Jorge; Schmalensee, Richard: Harnessing Renewable Energy, Washington 2010 [Earthscan]

Müller-Steinhagen, Hans; Trieb, Franz: Concentrating Solar Power (Part 1), http://www.dlr.de/tt/portaldata/41/Resources/dokumente/institut/system/publications/Concentrating-Solar_Power_Part1.pdf, Zugriff: 17.01.2010

Murphy, Kevin M.; Welch, Finis: The Structure of Wages, in: Quarterly Journal of Economics, Vol. 107 (1992), S. 285-326

Neumann, Kirsten: Technologieförderung und -export, Düsseldorf 2008

Nevitt, Peter K.; Fabozzi, Frank J.: Project Financing, Seventh Edition, London 2000 [Euromoney Books]

Nicholson, Martin: Energy in a Changing Climate, o.O. 2009 [Rosenberg Publishing Pty Ltd.]

OECD (ed.): Green Recovery and Climate Change, Siracusa 2009

Pauli, Christian: Entwicklung einer Entscheidungshilfe zur Beurteilung der PPP-Eignung kommunaler Bauvorhaben, Kassel 2009 [kassel university press GmbH]

Pohl, Hans (Hrsg.): Historische Erfahrungen mit Projektfinanzierungen, Frankfurt am Main 1998

Przybilla, Anne: Projektfinanzierungen im Rahmen des Risikomanagements von Projekten, Bremen 2008 [Salzwasser Verlag]

Renewable Energy Network for the 21st Century (ed.): Global Status Report 2009, http.//www.ren21.net/pdf/RE_GSR_2009_Update.pdf, S. 23, Zugriff: 25.05.2010

Reuter, Alexander: Projektfinanzierung und Kapitalmarkt, in: Zeitschrift für Wirtschafts- und Bankrecht, 63. Jg. (2009), S. 2057-2063

Reuter, Alexander; Wecker, Claus: Projektfinanzierung: Anwendungsmöglichkeiten, Risikomanagement, Vertragsgestaltung, bilanzielle Behandlung, Stuttgart 1999 [Schäffer-Poeschel Verlag]

Richter, Rudolf; Furubotn, Eirik Grundtvig: Neue Institutionenökonomik - Eine Einführung und kritische Würdigung, 3. Auflage, Tübingen 2003 [J.C.B. Mohr (Paul Siebeck)]

Riley, John G.: Silver Signals: Twenty-Five Years of Screening and Signalling in: Journal of Economic Literature, Vol. 39 (2001), S. 432-478

Ringel, Marc: Fostering the Use of Renewable Energies in the European Union: the Race between Feed-in Tariffs and Green Certificates, in: Renewable Energy, Vol. 31 (2006), S. 1-17

Rudolph, Bernd: Projektfinanzierung aus ökonomisch-theoretischer Sicht, in: Hans Pohl (Hrsg.): Historische Erfahrungen mit Projektfinanzierungen, Frankfurt am Main 1998, S. 53-64

Schäfer, Daniel: Solarthermie - Physik und Technik der Solarthermie in Afrika, in: Spiegel der Forschung, Jg. 25 (2009), Bd. 2, S. 11-15 [http://geb.uni-giessen.de/geb/volltexte/2009/6731/]

Schallenberg, Kuno: Solarstrom, Düsseldorf 2009 [Euroforum]

Schierenbeck, Henner: Risikokalküle im Ertragsorientierten Bankmanagement, in: Schierenbeck, Henner; Rolfes, Bernd; Schüller, Stephan (Hrsg.): Handbuch Bankcontrolling, 2. Auflage, Wiesbaden 2001 [Gabler Verlag]

Schill, Jörg: Projektfinanzierung aus der Sicht des Anlagen-Lieferanten in: Backhaus, Klaus et al. (Hrsg.): Projektfinanzierung - wirtschaftliche und rechtliche Aspekte einer Finanzierungsmethode für Großprojekte, Stuttgart 1990, S. 29-39 [Schäffer-Poeschel]

Schmitt, Wolfram: Internationale Projektfinanzierung bei deutschen Banken, Frankfurt am Main 1989 [Knapp Verlag]

Schneider, Dieter: Betriebswirtschaftslehre, München und Wien 1993 [Oldenbourg Verlag]

Schüssler, Frank: Ein „Meer aus Spiegeln" - aber wo?, in: Spiegel der Forschung, Jg. 25 (2009), Bd. 2, S. 40-47 [http://geb.uni-giessen.de/geb/volltexte/2009/6734/]

Schulte-Althoff, Monica: Projektfinanzierung - Ein kooperatives Finanzierungsverfahren aus Sicht der Anreiz-Beitrags-Theorie und der Neuen Institutionenökonomie, Münster und Hamburg 1992

Solarpaces (ed.): Solar Power and Chemical Energy Systems, http://www.solarpaces.org/inicio.php, Zugriff: 07.10.2010

Specht, Katja; Gohout, Wolfgang: Grundlagen der Kapitalmarkttheorie und des Portfoliomanagements, München und Wien 2009 [Oldenbourg Verlag]

Speitkamp, Winfried; Stange, Daniel: Energiepolitik in Afrika - Energiepartnerschaft mit Afrika, in: Spiegel der Forschung, Jg. 25 (2009), Bd. 2, S. 40-47 [http://geb.uni-giessen.de/geb/volltexte/2009/6736/]

Stern, Nicholas: The Economics of Climate Change: The Stern Review, Cambridge 2007

Stiglitz, Joseph Eugene: The Contribution of the Economics of Information in Twentieth Century Economics, in: Quarterly Journal of Economics, Vol. 115 (2000), Nr. 4, S. 1441-1478

Strohbach, Hannes: Build Operate Transfer-Modelle zur Finanzierung von Infrastrukturinvestitionen: eine Untersuchung im Lichte der neo-institutionalistischen Theorie, Frankfurt am Main u.a.O. 2001

Strunz, Herbert; Dorsch, Monique: Management im internationalen Kontext, 2. Auflage, München und Wien 2009 [Oldenbourg Verlag]

Terberger-Stoy, Eva: Die Rolle der Bankenaufsicht in der Asienkrise, in Gans, Oskar; Friedewald, E.: Die südostasiatische Wirtschaftskrise - Diagnosen, Therapien und Implikationen für Südasien, Stuttgart 1999, S. 27-41

Tinsley, Richard: Advanced Project Financing - Structuring Risk, London 2000 [Euromoney Books]

Trieb, Franz: Trans-Mediterranean Interconnection for Concentrating Solar Power - Final Report (2006), http://www.dlr.de/tt/en/portaldata/41/Resources/dokumente/institut/system/projects/Trans-CSP_Full_Report_Final.pdf, Zugriff: 17.01.2010

Trieb, Franz et al.: Characterization of Solar Electricity Import Corridors from MENA to Europe - Potential, Infrastructure and Costs, http://www.dlr.de/

tt/Portaldata/41/Resources/dokumente/institut/System/publications/Solar_import_DLR_2009_07.pdf, Zugriff: 25.05.2010

Trieb, Franz et al.: Combined Solar Power and Desalination Plants: Techno-Economic Potential in Mediterranean Partner Countries - WP1 - Final Report (2009), http://www.dlr.de/tt/en/portaldata/41/Resources/dokumente/institut/system/projects/MED-CSD-WP1-Final.pdf, Zugriff: 17.01.2010

Tytko, Dagmar: Zukunftsorientierte Kreditvergabeentscheidungen, Frankfurt am Main u.a.O. 1999

Uekermann, Heinrich: Risikopolitik bei Projektfinanzierungen: Maßnahmen und ihre Ausgestaltung, Wiesbaden 1993 [Deutscher Universitäts-Verlag]

Uekermann, Heinrich: Technik der internationalen Projektfinanzierung, in: Backhaus, Klaus; Sandrock, Otto; Schill, Jörg; Uekermann, Heinrich (Hrsg.) : Projektfinanzierung - wirtschaftliche und rechtliche Aspekte einer Finanzierungsmethode für Großprojekte, Stuttgart 1990, S. 13-28

Van Laak, Dirk: Turmbauten der Moderne - Die Neigung zu technischen Großprojekten im 20. Jahrhundert, in: Spiegel der Forschung, Jg. 25 (2008), Nr. 2, S. 48-55 [http://geb.uni-giessen.de/geb/volltexte/2009/6737/]

van Suntum, Ulrich: Verkehrspolitik, München 1986 [Vahlen Verlag]

Varian, Hal Ronald: Grundzüge der Mikroökonomik, München und Wien 2007 [Oldenbourg Verlag]

Vinter, Graham D.: Project Finance - A Legal Guide, London 1995

Vinter, Graham D.: Project Finance, 3rd edition, London 2006

Vogel, Martin: Vertragsgestaltung bei internationalen Projektfinanzierungen, Köln 1997

Vogel, Werner; Kalb, Henry: Large-Scale Solar Thermal Power: Technologies, Costs and Development, Weinheim 2010

Watter, Holger: Nachhaltige Energiesysteme - Grundlagen, Systemtechnik und Anwendungsbeispiele aus der Praxis, Wiesbaden 2009

Westphal, Kirsten: Der Solarplan für das Mittelmeer, in: Spiegel der Forschung, Jg. 25 (2009), Bd. 2, S. 22-27 [http://geb.uni-giessen.de/geb/volltexte/2009/6733/]

Wiese, Andreas; Schallenberg, Kuno: Solarthermie-Projekte, in: Jörg Böttcher (Hrsg.): Solarenergie, München u.a.O. 2011, S. 133-173 [Oldenbourg-Verlag, im Erscheinen]

Williamson, Oliver: Credible Commitments: Using Hostages to Support Exchange, in: American Economic Review, Vol. 73 (1983), S. 519-540

Winker, Peter; Preußner, Christoph: Solarkraftwerke in Nordafrika und Energiepartnerschaft mit Europa, in: Spiegel der Forschung, Jg. 25 (2008), Nr. 2, S. 34-39

Wolke, Thomas: Finanzierungsmöglichkeiten für rationelle Energieverwendung und erneuerbare Energie, Idstein 1998

Woll, Artur: Zur Lehre vom Marktversagen, in: Manfred Borchert et al. (Hrsg.): Markt und Wettbewerb, Festschrift für Ernst Heuß zum 65. Geburtstag, Bern und Stuttgart 1987, S. 449-463

World Bank: Financing technology to support low-carbon and climate-resilient growth, Siracusa 2009

Wuppertal Institut (Hrsg.): Ökonomische Chancen für die deutsche Industrie resultierend aus einer weltweiten Verbreitung von CSP (Concentrated Solar Power) - Technologien, Wuppertal 2009

Schriften zur empirischen Wirtschaftsforschung

Herausgegeben von Peter M. Schulze und Peter Winker

Band 1 Christoph Balz: Multivariate Überprüfung von Hysteresiseffekten. Eine empirische Analyse ausgewählter Arbeitsmärkte. 1999.

Band 2 Daniel Porath: Fiskalische Beurteilung der Staatsverschuldung mit ökonometrischen Methoden. Eine empirische Studie für die Bundesrepublik Deutschland. 1999.

Band 3 Martina Johannsen: Theorie und Empirie von Arbeitsmärkten. Eine ökonometrische Analyse für Rheinland-Pfalz. 2000.

Band 4 Peter M. Schulze: Regionales Wachstum und Strukturwandel. Quantitative Analyse mit Regionaldaten für die Bundesrepublik Deutschland. Unter Mitarbeit von Christoph Balz. 2001.

Band 5 Nora Lauterbach: Tertiarisierung und Informatisierung in Europa. Eine empirische Analyse des Strukturwandels in Deutschland, Frankreich, Italien und Großbritannien. 2004.

Band 6 Robert Skarupke: Renditen von Bildungsinvestitionen. Paneldaten-Schätzungen für die Bundesrepublik Deutschland. 2005.

Band 7 Manfred Scharein: Zur Theorie skalenparametergesplitteter Verteilungen und ihrer Anwendung auf den deutschen Aktienmarkt. 2005.

Band 8 Ke Ma: Quantitative Renditeanalysen am deutschen Aktienmarkt mit Multifaktoren-Modellen. 2005.

Band 9 Jens Ulrich Hanisch: Rounding of Income Data. An Empirical Analysis of the Quality of Income Data with Respect to Rounded Values and Income Brackets with Data from the European Community Household Panel. 2007.

Band 10 Yvonne Lange: Fertilität und Erwerbsbeteiligung von Frauen in Deutschland. Eine empirische Analyse. 2007.

Band 11 Jörg Schmidt: Relative Deprivation, Arbeitszufriedenheit und Betriebswechsel. Eine Analyse auf Basis von Linked Employer-Employee Daten. 2008.

Band 12 Tanja Kasten: Monetäre und nicht-monetäre Effekte von Erwerbsunterbrechungen. Eine mikroökonometrische Analyse auf Basis des SOEP. 2008.

Band 13 Alexander Prinz: Quantitative Analysen zum deutschen und internationalen Luftfrachtmarkt. 2008.

Band 14 Anke Koch: Regionale Verteilung der Beschäftigung in Deutschland. Panel- und Zähldatenmodelle. 2009.

Band 15 Martin Mandler: Geldpolitische Reaktionsfunktionen und makroökonomische Unsicherheit. 2010.

Band 16 Verena Dexheimer: Einreisetourismus in Deutschland. Paneldatenanalysen und SARIMA-Prognosen. 2010.

Band 17 Julia König: Gesundheitsausgaben in Deutschland. Eine Kointegrationsanalyse. 2010.

Band 18 Akwum Onwunta: Contributions to Credit Portfolio Modeling and Optimization. 2011.

Band 19 Vahidin Jeleskovic: Agentenbasierte Modelle für empirische Wechselkurse. Ökonometrische Schätzung und Evaluierung. 2011.

Band 20 Jörg Böttcher: Möglichkeiten einer Projektfinanzierung bei CSP-Vorhaben. 2012.

www.peterlang.de

Peter Lang · Internationaler Verlag der Wissenschaften

Christian Babl / Paschen von Flotow / Dirk Schiereck (Hrsg.)

Projektrisiken und Finanzierungsstrukturen bei Investitionen in erneuerbare Energien

Frankfurt am Main, Berlin, Bern, Bruxelles, New York, Oxford, Wien, 2011.
X, 117 S., zahlr. Abb., Tab. und Graf.
Finanzmärkte und Klimawandel.
Herausgegeben von Dirk Schiereck und Paschen von Flotow. Bd. 1
ISBN 978-3-631-61529-4 · geb. € 27,80*

Das Buch präsentiert konkrete Herausforderungen für Investitionsentscheidungen im Kontext der Projektfinanzierung für erneuerbare Energien. Die Autoren zeigen zunächst die spezifischen Problemfelder der Projektfinanzierung für verschiedene Technologieanwendungen auf. Der Schwerpunkt der Analysen liegt dann auf der Ermittlung von Erfolgskriterien und der Beherrschung der spezifischen Projektrisiken. Die praxisnah angelegten, aus technischer und betriebswirtschaftlicher Sicht bearbeiteten Themen widmen sich insbesondere den Technologiefeldern Windkraft, Biomasse und Geothermie und zeigen aktuelle Möglichkeiten und Grenzen der Projektfinanzierung für Investitionen in erneuerbare Energien umfassend auf.

Aus dem Inhalt: Technologische Reife und standardisierte Projektfinanzierung im Bereich der erneuerbaren Energien · Grundlagen der Projektfinanzierung im Bereich der erneuerbaren Energien · Zur Wirtschaftlichkeit neuer Windenergieanlagen: Eine Beispielrechnung für einen Standort in Rheinland-Pfalz · Energie und Wärme aus Biomasse: Anreizkompatible Eigenkapitallösungen für Lieferanten- und Abnahmerisiken · Risiken der Projektfinanzierung bei der Energieerzeugung durch tiefe Geothermieprojekte

*inklusive der in Deutschland gültigen Mehrwertsteuer. Preisänderungen vorbehalten

Frankfurt am Main · Berlin · Bern · Bruxelles · New York · Oxford · Wien
Auslieferung: Verlag Peter Lang AG
Moosstr. 1, CH-2542 Pieterlen
Telefax 0041(0)32/3761727
E-Mail info@peterlang.com

FSC
www.fsc.org
MIX
Papier | Fördert
gute Waldnutzung
FSC® C083411

Kolibri 360 GmbH
Ferdinand-Jühlke-Straße 7
99095 Erfurt, Deutschland
produktsicherheit@kolibri360.de